调解员高级研修（职业培训）丛书

知识产权纠纷调解理论与实务

倪 静 著

法律出版社
LAW PRESS·CHINA

总序

作为纠纷解决的一种方式，调解在我国历史悠久、源远流长。早在两千多年前的西周，就出现了专门负责调解事务的官员——“调人”。在历史长河中，调解已不仅是一种治理策略，也是人们追求无讼与和谐社会的实现路径。新时代，被誉为“东方经验”的调解，在中华民族实现伟大复兴的征途上无疑将承担更加艰巨的历史使命。

我国有数百万名调解员，他们是调解工作的具体承担者、践行者。伴随着时代的深刻变迁，人们对公平正义有了更高的诉求，矛盾纠纷更加多元、复杂，从而对调解员的工作提出了更高的要求。大规模地开展系统性、专业性的调解员业务培训，已显得刻不容缓。

党的十九届四中全会通过的《中共中央关于坚持和完善中国特色社会主义制度　推进国家治理体系和治理能力现代化若干重大问题的决定》指出：“完善人民调解、行政调解、司法调解联动工作体系”，“完善社会矛盾纠纷多元预防调处化解综合机制”，对构建多元调解机制提出了新要求。人民调解、行政调解、仲裁调解、社会组织调解、律师调解等，是具有中国特色的非诉讼纠纷解决方式，有利于消除纷争，促进和谐，实现社会长治久安。根据中央精神，我们要鼓励探索协商、中立评估、第三方调解等各种解纷机制，促进各类非诉讼争议解决方式蓬勃发展，为人们提供更加便捷、丰富、专业的法律服务。

建立调解员高级研修（职业培训）教材体系，是新时代进一步提升调解员专业化、职业化水平的重要举措。鉴于此，我们组织复旦大学、华东政法大学、上海政法学院等著名高校的一流专家学者，以法学专业为主，兼及社会学、心理学、管理学等专业，计划用 3 ~ 5 年的时间，编写一套框架合理、前瞻性、实用性强的“调解员高级研修(职业培训)丛书”。上海市司法局、上海市人民调解协会在调解领域拥有丰富的实践经验,也十分重视调解理论研究,他们对本套“调解员高级研修(职业培训)丛书”的策划、编撰、出版提供了极具建设性的指导意见和有力的经费支持,直接促成了本丛书的及早面世。

迄今全国尚无一套涉及人民调解、行政调解、社会组织调解、仲裁调解等各类调解的综合性调解员研修(职业培训)丛书,本套丛书的出版,填补了业内空白。我们相信,这套丛书将为上海、为全国的调解员专业研修、为调解工作深化发展提供启迪和帮助。

丛书编委会

2020 年 7 月

序

对知识产权纠纷多元化解决机制的关注始于我在厦门大学攻读法学博士学位的时候，在随后进入中国社会科学院法学研究所从事博士后研究以及华东政法大学任教期间，我对这一问题的研究和关注从来没有中断过。这十年间，我欣喜地看到我国知识产权多元化纠纷解决机制建设从无到有，从边缘化学说发展成为主流权威政策，这不仅与发达国家知识产权纠纷解决机制发展路径不谋而合，也符合知识产权纠纷解决的客观规律和我国当前的社会实践。

各类诉讼外知识产权纠纷解决机制的提倡及发展，不仅为了缓解或者弥补司法解决知识产权的压力或者不足，更是因为仲裁以及调解等方式更恰当地满足了知识产权纠纷解决本身对纠纷解决者及机制在专业性、国际性、保密性以及更高的纠纷解决效率方面的诉求。这十年间，我陆续出版了《知识产权仲裁机制研究》《知识产权纠纷多元化解决机制》两本专著，承接了国家知识产权局、上海市知识产权局和上海市司法局等有关知识产权纠纷解决机制课题。

调解，历来被誉为东方经验，无论是人民调解、行政调解还是诉讼调解，近年来在知识产权纠纷解决领域的发展都可圈可点。为进一步推动知识产权调解工作的发展，撰写本书。感谢我的研究生汤恩、元静、戚熠完成了知识产权基础理论部分的写作，后半部分关于知识产权调解的分析则源自我这些年对该领域相关制度的观察和领悟，不当之处敬请读者们予以批评与指正。

岁月流逝，但是对该领域的关注必将一直持续，投身其中，愿日就月将，与时俱进。

倪　静

2020 年 6 月

目录

上编　知识产权基础知识

上　　编

知识产权基础知识

第一章 知识产权法总论

第一节 知识产权的概念、范围及性质

一、知识产权的起源

将一切来自知识活动领域的权利概括为“知识产权”，最早见于17世纪中叶的法国学者卡普佐夫，后为比利时法学家皮卡第所发展。[1] 他将一切基于智力成果而产生的权利均概括为知识产权，包括著作权和工业产权。[2] 事实上，自十七八世纪以来，市民阶级在生产领域中开始广泛采用科学技术成果，从而在资本主义市场中产生了一个保障知识财产私有的法律问题。市民阶级要求法律确认对知识财产的私人占有权，使知识产品同一般客体成为自由交换的标的。他们寻求不同于以往财产法的新的法律制度，作为获取财产权利的新方式：在与商品生产直接有关的科学技术发明领域出现了专利权；在商品交换活动中起重要作用的商品标记范畴出现了商标权；在文学艺术作品以商品形式进入市场的过程中出现了著作权。这些法律形式最后都被概括为知识产权。

知识产权是近代科学技术与商品经济发展的产物。一般认为，英国于1623年制定了世界上第一部专利法——《垄断法》，1709年制定了世界上第一部著作权法——《为鼓励知识创作授予作者及购买者就其已印刷成册的图书在一定时期内之权利的法》（《安娜法令》）。法国于1857年制定了世界

---

〔1〕 吴汉东、胡开忠：《无形财产权制度研究》，法律出版社2005年版，第33～34页。

〔2〕 李玉香：《论知识产权的私权性和权利让渡》，载《人民司法》2003年第5期。

上第一部商标法——《关于以使用原则和不审查原则为内容的制造标记和商标的法律》,被视为近代意义的知识产权制度的开端。自 1967 年《建立世界知识产权组织公约》(Convention Establishing the World Intellectual Property Organization,以下简称 WIPO 公约)签订以后,"知识产权"这一概念得到了大多数国家和众多国际组织的承认。

《与贸易有关的知识产权协议》(Agreement on Trade – Related Aspects of Intellectual Property Rights,TRIPs)在其前言中开宗明义地要求全体世界贸易组织成员都要认识到"知识产权属于私权",并且不允许成员对该条款作出保留。知识产权制度确立知识产品的私人所有制并将知识产权分配给不同的创造者,其根本目的在于禁止权利主体以外的他人对其创造的知识利用(与利益有关)行为,限制保证权利人获取收益,通过利益机制鼓励创造,激励知识创新活动。

二、知识产权的概念界定

关于知识产权概念界定,存在概括式和列举式两种不同的方法。

概括式界定方法中,常将"知识产权"界定为"知识产权是基于智力的创造性活动所产生的权利"〔1〕或"知识产权指的是人们可以就其智力创造的成果所依法享有的专有权利"〔2〕等。此种定义方式虽然符合大陆法系的思维方式,但是通过概括知识产权客体共有特征而给知识产权下定义非常困难,例如,它容易混淆智力成果权与知识产权,因为智力活动直接产生的并不是法律上的某项权利,而只是某种智力成果。并非所有的智力成果都能作为知识产权的客体受到法律保护。另外,该概念的外延不够周全,未涉及知识产权中诸多重要客体,如商业标志等。

近年来,学者们开始重视从扩大概念外延的角度给知识产权下定义。其中,比较有代表性的有刘春田教授、吴汉东教授的观点。例如,刘春田数授主张:"知识产权是基于创造性智力成果和工商业标记依法产生的权利的统称。"这一表述与之前的知识产权概念相比,具有如下特点:第一,智力成果概念使之与智力劳动概念划清了界限,仅有智力劳动没有智力劳动成果

---

〔1〕 中国大百科全书总编辑委员会编:《中国大百科全书:法学》,中国大百科全书出版社 1984 年版,第 751 页。

〔2〕 郑成思主编:《知识产权法教程》,法律出版社 1993 年版,第 1 页。

并不产生知识产权，将知识产权界定为基于智力劳动产生的权利不够确切；第二，“创造性智力成果的概念”使之将非创造性的智力成果排除在知识产权的保护对象之外；第三，知识产权之所以划分为创造性的智力成果权和工商业标记权，是因为作为财产权，这两者的价值来源截然不同，创造性的智力成果权的概念不能涵盖工商业标记权的内容。[1] 吴汉东教授也有类似观点。而王迁教授则认为将知识产权的客体限定在“智力成果”和“工商业标记”上稍显保守和狭窄，而应当界定为：“知识产权是人们依法对自己的特定智力成果、商誉和其他特定相关客体等享有的权利。”[2] 因此，更为常见的给知识产权下定义的方式是列举式，如国际条约等就是通过列举的方式来定义知识产权的。

无论采用前述哪种观点，总体来说，我们在理解知识产权的概念时，需要注意以下几点：

1. 知识产权的客体不是有形的物质，而是智力成果或商誉等非物质性客体。无论是智力创造成果还是负载于工商标志的商誉都是非物质性的，不占据空间，无论以何种形式表现出来，其本身都是无形的，在事实上不能被人直接占有或控制，人们对它的占有表现为对某种经验、知识的认识与感受。

2. 知识产权不能望文生义地理解为“对知识的财产权”。因为并非任何知识都能产生知识产权这种财产权，只有符合知识产权法规定的特定形态和特征的知识形态才可能成为知识产权的客体。比如，公有领域中的知识，如历史、地理知识，本身不可能成为任何人的财产，也就没有知识产权可言。

3. “知识产权”这一术语容易使人形成一个印象，那就是只有智力活动创造出的知识才是知识产权的客体。也正因如此，知识产权曾经长期被称为“智力成果权”，我国台湾地区则将知识产权称为“智慧财产权”。事实上，随着对知识产权概念的理解的加深，有一些知识产权的客体与人类的智力创造并无直接关系，但经过法定程序后仍可以归入知识产权客体范畴。例如，经营者完全可以将自然界客观存在的奇花异石的图案、形状或公共领域内的词汇注册为商标并加以使用，并享有商标权。

总体来说，由于全球科技、经济的飞速发展，知识产权保护客体范围和

---

〔1〕 刘春田：《知识产权法》（第2版），中国人民大学出版社2002年版，第6页。

〔2〕 王迁：《知识产权法教程》（第4版），中国人民大学出版社2014年版，第19页。

内容不断扩大和深化，也不断给知识产权法律制度和理论研究提出崭新的课题，而知识产权概念是所有知识产权立法、司法和理论研究的基础，因此知识产权的概念永远是一个动态发展并且迫切需要深化研究的对象。

三、知识产权的范围

（一）国际条约对知识产权范围的界定

1967 年签订的《建立世界知识产权组织公约》，对知识产权做了系统和广泛的解释，该公约第 2 条第 8 项划定了知识产权的范围：(1) 与文学、艺术及科学作品有关的权利；(2) 与表演艺术家的表演活动、与录音制品及广播有关的权利；(3) 与人类创造活动的一切领域内的发明有关的权利；(4) 与科学发现有关的权利；(5) 与工业品外观设计有关的权利；(6) 与商品商标、服务商标、商号及其他商业标记有关的权利；(7) 与防止不正当竞争有关的权利；(8) 一切其他来自工业、科学及文学艺术领域的艺术创作活动所产生的权利。

总体来说，根据《建立世界知识产权组织公约》划定的体系范围，有三方面值得关注：(1) 公约不仅涉及人类一切智力创造结果，将知识产权外延无限扩大化，而且规定了兜底条款，为以后新的知识产权入围提供了空间。(2) 规定了发明权、发现权，但是，该类权利能否进入知识产权制度体系存在较大争议。持肯定观点的人认为，“发现”无可争议地是智力活动应享有知识产权有关的权利；更多的人则认为，将科学发现权视为知识产权不太合适，因为科学发现作为对物质世界中尚未认识的现象、性质或规律能够证明的规律的认识，其本身不能予以直接应用，不具有财产性质，人们承认发现人的人身权利及获取奖励的权利，并非赋予智力成果以专有使用权，而知识产权具有专有财产权的性质，迄今任何一个国家的法律或国际条约均未授予科学发现以财产权利。[1] (3) 公约首次涉及建立世界知识产权组织公约传统知识和遗传资源的保护问题。

1992 年，国际保护知识产权协会（International Association for the Protection of Intellectual Property，AIPPI）在东京大会上则对知识产权从广义上进行了划分，即知识产权包括“创造性成果权利”和“识别性标记权利”。

〔1〕 李琛：《论知识产权法的体系化》，北京大学出版社 2005 年版，第 94 页。

前者是指民事主体基于自己的智力创造成果而享有的权利，包括著作权、专利权、商业秘密权、集成电路布图设计权、植物新品种权等，后者是民事主体对其经营管理活动中的标记而依法享有的权利，包括商标权、商号权、地理标记权、域名权和其他与反不正当竞争有关的识别性标记权。

（二）我国法律对知识产权范围的界定

《民法典》（自2021年1月1日起施行）在"民事权利"一章明确规定民事主体依法享有知识产权，对知识产权客体作了概括性规定，以统领各知识产权单行法律。《民法典》第123条规定，民事主体对作品、发明、实用新型、外观设计、商标、地理标志、商业秘密、集成电路布图设计、植物新品种及法律规定的其他客体依法享有知识产权。

从《民法典》的整体结构上可以看出，《民法典》对知识产权的规定主要源于现有单行法律的系统整合。《民法典》中与知识产权相关的规定共52条。

与之前的《民法总则》相比，本次《民法典》对知识产权内容修改最大的亮点在于直接规定了惩罚性赔偿。为了加强对知识产权的保护，提高侵权违法成本，《民法典》第1185条规定"故意侵害他人知识产权，情节严重的，被侵权人有权请求相应的惩罚性赔偿"。事实上，在2013年修改通过的《商标法》第63条首次明确规定了商标侵权行为中惩罚性赔偿；2019年1月4日，全国人大常委会公布的《专利法修正案（草案）》中，也包含了惩罚性赔偿的条文规定；2019年《反不正当竞争法》第17条规定了惩罚性赔偿；2020年4月26日全国人大常委会公布的《著作权法修正案（草案）征求意见》第53条规定了惩罚性赔偿。2020年3月19日，最高人民法院办公厅发布关于印发《最高人民法院2020年度司法解释立项计划》的通知，计划在2021年上半年完成"关于知识产权侵权惩罚性赔偿适用法律若干问题的解释"项目工作。可以预见，在不久的将来，知识产权侵权类纠纷中都将引入惩罚性赔偿。这对建设知识产权强国、培育全社会尊重知识产权意识、促进创新创意产业的发展都大有裨益。

此外，《民法典》中规定的知识产权的网络侵权责任规则也是一大亮点，该规则是对《侵权责任法》《电子商务法》《消费者权益保护法》的借鉴完善，是《民法典》"侵权责任编"规定的网络侵权责任的特别法。

四、知识产权的性质

（一）知识产权是私权

知识产权所反映和调整的社会关系是平等主体的自然人、法人之间的财产关系，因而具备了民事权利的最本质的特征；民事权利被称作“私权”，民法被称作“私法”；私法调整具有平等地位的私人之间的人身与财产关系，知识产权具有“私权性”，这不仅在国内立法中得到确认，而且在国际立法中也得到明确。TRIPs 在其前言部分充分肯定有效保护知识产权的必要性时，也要求其成员承认知识产权是“私权”。

（二）知识产权的行使仍受国家公权力调整和干预

在现代社会，私权普遍在某种程度上受到国家公权力依法进行的调整和干预。而在知识产权领域，公权力的调整和干预相对显得多一些。最突出的是专利权、商标权的运行机制，公权力参与其中。若没有一个具有公信力的机构对当事人请求事项中的技术问题以及可能发生的利益冲突等问题进行必要的审核，专利权、商标权这种独占的、排他的权利就难以确认。这种现象很容易给人造成错觉，使人对专利权、商标权，以至于整个知识产权的私权属性产生疑问与动摇，出现了“私权公授”“知识产权是行政许可”“知识产权私权公权化的趋势”的错误观点。

有必要指出，社会生活中公权力与私权往往交织在一起，但二者却有本质的区别。在私法体系中，私权和公权力之间，私权始终居于目的、实体、主体、第一性的地位，公权力则居于手段、程序、辅助、第二性的地位。在私法体系中，为保障私权秩序的合理、公平，经常需要借助于公权力的介入，须有公法规范。但是公权力在其中也只是辅助的手段，体现公权力的是程序规范。[1] 在判断权利究竟是公权还是私权的时候，其标准仍然是主体之间关系究竟是平等的关系还是不平等的关系、权利的行使主要以国家单方面意志为主还是以各方意思自治为主。在知识产权领域，尽管存在公共权力的调整和干预，但它调整的关系主要是民事主体之间等

〔1〕 刘春田：《知识产权作为第一财产权利是民法学上的一个发现》，载《知识产权》2015 年第 10 期。

价有偿的财产关系，权利的行使取决于民事主体之间的意思自治，所以知识产权是私权。

第二节　知识产权的特征

研究一种权利的法律特征，是为了弄清楚该权利在主体、客体、内容等方面的特点，并把它和其他的权利区别开来，指导人们的学习和司法实践。作为知识产权的法律特征，必须符合两个基本要求：其一，不能是所有民事权利的共同特点，否则便不能将知识产权与其他民事权利区别开来；其二，必须是所有知识产权都具备的特点，仅部分知识产权所具有的特点不能作为知识产权的共同特点，否则会给知识产权的学习造成疑惑和困难。

按照这一要求，笔者认为，以下特点可以作为知识产权的法律特征。

一、客体的无形性（非物质性）

知识产权的客体是一种处在知识形态的劳动产品。无论是智力创造成果还是负载于工商标志的商誉都是无形的，这里所说的“无形”，是相对于动产、不动产的“有形”而言的，即它不占据空间，无论以何种形式表现出来，其本身都是无形的，在事实上不能被人直接占有或控制、人们对它的占有表现为对某种经验和知识的认识与感受。

在此我们需要注意的一点是，权利都是无形的，权利乃观念之物，都是基于法律的赋予形成的，不仅知识产权，任何权利包括物权、债权、人格权都是无形的。但是权利的客体，即权利指向的对象并非都是无形的。知识产权具有无形性，但这并不足以成为知识产权的特征之一，但是知识产权的客体的无形性，却是知识产权的特征之一。

要理解知识产权客体的无形性，例如将知识产权和物权在观念上加以区分，有些时候，知识产权的权利人和物权的权利人往往为同一人，但权利指向的对象却并不相同。例如，一个画家独立创造出一幅油画，就这幅有形的油画而言，画家拥有了完整的所有权，此时这名画家既是油画的所有权人也是油画作品的著作权人。但是著作权的客体却并非是这幅有形的油画，而是从该物质载体上抽离出来的某种艺术设计和艺术信息，我们对有形的油画加以利用，如出卖、出租，是对所有权的处分，而我们对这种抽离出来的无形的设计和艺术信息加以“复制”“展览”，则构成了对该作品著作权的使用。两者并不交叉也不矛盾。例如，画家将自己创作的油画售出之后，仍然享有美术作品的著作权，但却丧失了承载美术作品的画纸的所有权。因此，画家不得仅凭油画著作权人的身份，要求购买者返还油画原件。而购得油画的人虽然取得了画纸这一物质载体的所有权，但对纸上承载的美术作品却不享有著作权。

二、专有性

专有性，又称独占性、排他性，是指未经知识产权权利人许可，任何人不得利用该项知识产权，否则将构成侵权并承担法律责任。知识产权的专有性与私权性是相辅相成的关系。离开私权性，知识产权的专有性没有存在的理由；而离开专有性，知识产权的私权性也将无法得到保障。知识产权专有性具体体现在以下几个方面：

1. 权利人依法可以独占其知识产权。如专利权人对其发明创造的专有实施权，商标权人对其注册商标在指定的商品上的专用权等。

2. 知识产权的使用必须置于知识产权人的直接控制下，任何人未经其许可或法律特殊规定不得行使其知识产权。

3. 一项知识产品只能赋予一个专有权，不能同时具备两个或两个以上的专有权。例如，两人分别做出同样的发明，无论是依据先申请原则还是先发明原则，专利权只能授予其中的一项。

4. 每一项知识产权只能授予一次专有权。当然，知识产权的专有性并不排除相同知识产品中知识产权共有的可能。知识产权的专有性使受法律保护的知识产品亦具有独一无二性。[1]

与物权相比，知识产权的专有性在权能方面受到的法律限制更多。如著作权法中的合理使用制度，社会公众可以借助合理使用制度对他人享有著作权的作品进行使用而不必事先获得著作权人的许可并支付报酬。

三、地域性

知识产权的地域性，是指除非有国际条约、双边或多边协定的特别规定，否则知识产权的效力只限于本国境内。这一点与所有权形成了鲜明对比。

---

〔1〕 冯小青：《论知识产权的专有性——以“垄断”为视角》，载《知识产权》2006 年第 5 期。

当你出行到另一国家,没有人会怀疑你的行李是属于你的,但是知识产权不同,每到一个新的国家,知识产权都必须重新申请保护,否则就难以得到保护。为什么知识产权会具有地域性呢？根本原因在于知识产权是法定权利,同时也是一国公共政策的产物,必须通过法律的强制规定才能存在,其权利的范围和内容也完全取决于本国法律的规定。而各国有关知识产权的获得和保护的规定各不相同,所以一国的知识产权在他国不能自动获得保护。

创意产品可以迅速简便地“漂洋过海”,同时在其他国家被复制或使用,尤其在互联网时代,传播迅速,知识产权的地域性有被淡化的趋势。而且在一些地区组织中,各成员方通过国际条约来实现知识产权一体化保护。即便如此,笔者认为,知识产权的地域性只是在一定程度上被削弱,相对于其他权利类型,知识产权,尤其是专利和商标等注册性知识产权的地域性特征仍然非常突出。

四、时间性

所谓知识产权的时间性,是指知识产权“仅在法律规定的期限内受到保护,一旦超过法律规定的有效期限,这一权利就自行消灭,相关知识产品即成为整个社会的共同财富,为全人类所共同使用”。[1]

知识产品本来就是全人类共同的财富,而知识产权创设的初衷在于使国家与知识产品的所有人签订契约,国家以赋予知识产品的创造者一定期限的垄断利益为代价,换取其向公众公开知识产品。这样便能在鼓励人们踊跃投入到创新活动中去的同时促进社会前进的步伐。所谓“专利给智慧之火增添利益之油”,便是对此原理的形象描述。但是如果知识产权的保护期间过长,就违背了这一制度设立的初衷。然而,知识产权的保护期限也并非越短越好。因为如果保护期过短,虽然有利于公众早日自由使用这些成果,但会使权利人的投资难以收回,或者获得利益过低,严重挫伤人们长期投入于创新活动的积极性。[2] 所以,立法者应当综合考虑本国社会经济发展现状,平衡权利人与社会利益,规定一个适当保护期限。

我国发明专利权的保护期限是20年;实用新型专利权和外观设计专利

---

〔1〕 吴汉东主编:《知识产权法》(第4版),中国政法大学出版社2007年版,第15页。

〔2〕 Richard A. Posner,“The law & Economics of Intellectual Property”, *Daedalus*, 2002, 131(2):5 –12.

权的保护期限是10年;著作权人享有的著作财产权的保护期限为作者有生之年加死后的50年;商标权的保护期限是10年,期满以后可以续展,续展次数不限。如果商标权人按照规范使用商标和续展商标,可以永久享有商标权。有些知识产权,如商业秘密,法律并未明确规定保护期限,其权利的存续是通过权利人采取保密措施维持。但是一旦商业秘密保护的信息发生泄露或他人通过自行研究、反向工程等方式获取,权利人就不可对相关信息继续主张商业秘密保护。

但也有部分学者认为,时间性并不是所有知识产权的共同特征。[1]《商标法》之所以规定商标注册的有效期,不是为了限制商标权的存续期间,而是为了防止大量死亡商标充斥注册簿,造成商标资源的浪费。实际上,各国《商标法》除规定注册的有效期外,还对注册商标规定了使用要求,连续不使用商标达到法定期限,注册将被注销。这些规定都是为了从注册簿中清除死亡商标,方便他人的注册申请。另外,对于著作权中的人身权利,如署名权、修改权、保护作品完整权等,也没有时间限制。例如,老舍、傅雷作品虽然已进入公共版权领域,但不意味着就可以对其作品进行歪曲篡改,我国对著作人身权的保护没有时间限制。

第三节 我国知识产权法的渊源和体系

一、我国知识产权法的渊源

"法的渊源"一词有多种含义,它可以指法的历史渊源、哲学渊源、形式渊源、文件渊源等,我们主要讲的是形式渊源。

法的形式渊源,是指法律规范的各种表现形式。知识产权法的形式渊源主要是制定法,即由国家最高立法机关制定的法律。此外,各行政主管部门制定的法规、条例以及国际条约也被列为特定意义上的法律渊源,它们构成了知识产权法的统一整体。

(一)宪法

《宪法》是我国的根本大法,它是国家法律、法规等规范性法律文件的立

[1] 张玉敏:《知识产权的概念和法律特征》,载《现代法学》2001年第5期。

法依据，其基本原则必须为各部门法所遵循。2018 年 3 月 11 日第十三届全国人民代表大会第一次会议通过了《中华人民共和国宪法修正案》，现行《宪法》第 5 条、第 20 条、第 22 条、第 47 条、第 89 条涉及知识产权的保护。例如，《宪法》第 20 条规定："国家发展自然科学和社会科学事业，普及科学和技术知识，奖励科学研究成果和技术发明创造。"第 47 条规定："中华人民共和国公民有进行科学研究、文学艺术创作和其他文化活动的自由。国家对于从事教育、科学、技术、文学、艺术和其他文化事业的公民的有益于人民的创造性工作，给以鼓励和帮助。"第 89 条规定了国务院行使领导和管理科学文化工作的职权。国家立法机关和知识产权行政主管部门应当根据《宪法》中的这些原则性规定，制定知识产权法律、法规。

（二）法律

法律是由国家最高立法机关颁布的规范性文件，它是知识产权法的重要渊源。我国目前还没有统一的知识产权法典，作为知识产权法的渊源的法律主要包括：

1.《民法典》

民法是调整平等主体之间的财产关系和人身关系的法律。民法的许多原则都适用于知识产权法，它是知识产权法的重要法律渊源。2020 年 5 月 28 日，第十三届全国人民代表大会第三次会议通过了《民法典》，这部法律将自 2021 年 1 月 1 日起施行。对比《民法总则》，《民法典》涉及知识产权的条款主要分布在第一编（总则）、第二编（物权）、第三编（合同）、第五编（婚姻家庭）、第七编（侵权责任）中，《民法典》在《民法总则》《物权法》《合同法》《婚姻法》《侵权责任法》的基础上对部分知识产权条款作了适当修改。《民法典》没有将知识产权的内容单独制定成编，其原因，一是我国知识产权立法一直采用民事特别法的立法方式，二是知识产权制度仍处于快速发展之中，国内立法、司法需要不断调整适应。因此，全国人大经研究认为，在目前条件下，我国知识产权立法仍适宜采用民事特别法的立法方式。

2.《刑法》

《刑法》是国家重要的基本法，其调整范围涉及各个领域。《刑法》规定了侵犯知识产权相关的犯罪与刑罚，对故意侵害他人知识产权，情节严重的行为，追究刑事责任。此外，从事知识产权管理工作的国家机关工作人员以及其他有关国家机关工作人员玩忽职守、滥用职权、徇私舞弊，构成犯罪的，同样应当追究刑事责任。

3.《著作权法》

1986年4月，第六届全国人民代表大会第四次会议审议通过《民法通则》，其第94条规定："公民、法人享有著作权(版权)，依法有署名、发表、出版、获得报酬等权利。"1990年9月，第七届全国人民代表大会常务委员会第十五次会议审议通过《著作权法》，将《宪法》和《民法通则》确定的著作权保护精神和原则具体化，全面规范了著作权保护的主体、客体、权利限制、权利行使、法律救济等内容。经济全球化浪潮、网络技术革命、版权产业发展，经济社会发展不断冲击着知识产权法律体系。我国的著作权法自颁布至今已经走过了近30个年头，历经两次修改，目前处于第三次修改阶段。

2001年10月《著作权法》经历了第一次修法，是为满足加入世界贸易组织基本条件，主要对不符合世界贸易组织《与贸易有关的知识产权协议》规定的条款进行了修改。2010年2月，《著作权法》作了第二次修法，仅为履行世界贸易组织贸易争端裁决，对个别条款进行了修改。2011年7月启动《著作权法》第三次修法，分别于2012年3月、2012年7月和2012年10月公布了《中华人民共和国著作权法(修改草案)》的第一稿、第二稿和第三稿，并向社会公开征求意见。

2014年6月，国务院法制办公室公布了国家版权局报请国务院审议的《中华人民共和国著作权法(修订草案送审稿)》，共8章，90条，公开征求意见。

2020年4月26日，《著作权法修正案(草案)》提请第十三届全国人大常委会第十七次会议审议。同年4月30日，公布了《中华人民共和国著作权法修正案(草案)》，向社会公众征求意见。这意味着酝酿了十年的著作权法第三次修改迈出了重要的一步。

不同于前两次修法在被动局面下改动个别条文的做法，《著作权法》的第三次修改从解决实际问题的角度出发，是一次主动、全面、历时长久的法律修改，力争平衡产业利益与公共利益，兼具国际化与本土化，满足互联网时代新的发展诉求，解决阻碍出版业媒体融合发展的一系列难题。其加强知识产权保护的建议和提案，呼吁完善知识产权保护相关法律法规，加大对恶意侵权行为惩治力度。

4.《专利法》

我国《专利法》于1984年制定，历经1992年、2000年及2008年三次修正，现行版本为2008年修正案。2019年1月4日，《中华人民共和国专利法修正案(草案)》在经过第十三届全国人大常委会第七次会议审议后,向广大社会公众征求意见。这标志着我国《专利法》第四次修改的正式启动。2020年6月28日至30日举行的第十三届全国人大常委会第二十次会议,对《专利法修正案(草案)》进行审议。

本次修订规定了故意侵权的惩罚性赔偿并且将酌定赔偿数额提高到了10万元以上500万元以下,大大加强了对侵权人的法律威慑,增加了侵权人的违法成本,从而为专利权人提供了有力的法律保障。另外,针对专利权人举证难的问题,规定了"在权利人已经尽力举证,而与侵权行为相关的账簿、资料主要由侵权人掌握的情况下,可以责令侵权人提供与侵权行为相关的账簿、资料;侵权人不提供或者提供虚假的账簿、资料的,人民法院可以参考权利人的主张和提供的证据判定赔偿数额。"

5.《商标法》

我国《商标法》是1982年8月23日第五届全国人民代表大会常务委员会第二十四次会议通过并公布,自1983年3月1日起施行。此后,《商标法》经历了1993年第一次修正,2001年第二次修正,2013年第三次修正。

《商标法》是以保护商标专用权为核心的一部关于保护知识产权的重要法律。《商标法》自施行以来,对保护生产力,促进国际间经济技术合作,发展我国社会主义商品经济发挥了积极的作用,推动了我国商标事业的发展。

2019年4月23日,第十三届全国人民代表大会常务委员会第十次会议通过了对《商标法》的修改,这是我国第四次修改《商标法》,修改条款自2019年11月1日起施行。

本次修改内容主要有以下五点:第一,增加了"不以使用为目的的恶意商标注册申请,应当予以驳回"的规定;第二,增加了商标代理机构对"不以使用为目的的恶意商标注册申请行为"的合理注意和审查义务;第三,新增了申请商标异议的法定事由,即"将不以使用为目的的恶意商标注册申请"作为申请商标异议的法定事由;第四,新增了申请注册商标无效的法定事由,即将不以使用为目的的恶意商标注册申请行为作为申请注册商标无效的法定事由;第五,提高对侵犯商标权的处罚力度,将恶意侵犯注册商标专用权的侵权赔偿额计算倍数由原来的"一倍以上三倍以下"提高到"一倍以上五倍以下",并将法定赔偿额由原来的"三百万元以下"提高到"五百万元以下"。

6.《反不正当竞争法》

《反不正当竞争法》自1993年施行以来,于2017年第十二届全国人民代表大会常务委员会第三十次会议进行第一次修订。2019 年 4 月 23 日，第十三届全国人大常委会第十次会议通过《反不正当竞争法》的修正案，自 2020 年 1 月 1 日起施行。这次作出 4 处的修改，2 处与商业秘密内容相关，另外 2 处规定了惩罚性赔偿及提高法定赔偿（由原来的 300 万元提高至 500 万元），这些条款的修改将有利于商业秘密的保护、遏制不正当竞争的行为。

7. 其他有关法律

知识产权问题涉及面广，除了上述法律以外，还需受其他有关法律补充调整，如《对外贸易法》《产品质量法》《环境保护法》《民事诉讼法》《刑事诉讼法》《行政诉讼法》等。

（三）行政法规、部门规章

行政法规主要是指由国家最高行政机关在其职权范围内制定和颁布的规范性文件。目前作为知识产权法的渊源的行政法规主要有《专利法实施细则》《专利代理条例》《商标法实施条例》《著作权法实施条例》《计算机软件保护条例》《信息网络传播权保护条例》《知识产权海关保护条例》等。

部门规章指由国务院各部委颁布的管理其职权范围内事务的规定，例如，国家知识产权局颁布的《专利代理管理办法》（2019 年 5 月 1 日起施行）、《专利优先审查管理办法》（2017 年 8 月 1 日起施行）、《关于专利电子申请的规定》（2010 年 10 月 1 日起施行）、《发明专利申请优先审查管理办法》（2012 年 8 月 1 日起施行）等，也构成我国知识产权法的法律渊源。

（四）地方性法规、规章

各省、自治区、直辖市制定的地方性法规、自治条例和单行条例、地方政府规章，以及特别行政区基本法中关于知识产权的规定也是知识产权法的渊源。如《上海市专利保护条例》《浙江省著名商标认定和保护条例》《深圳经济特区知识产权保护条例》等。

（五）国际条约

国际条约，是指我国与外国缔结或者我国加入并生效的国际规范性文件。这些国际条约一旦在我国生效，与我国的国内法具有相同的约束力。所以，国际条约也是我国知识产权法的渊源之一，后文详述。

二、我国知识产权的立法体系

中国知识产权的结构表现为实体法与程序法并存，它既有实体法的一般规范：主体、客体、权利内容、权利限制、法律责任；也有程序法的规范构成：权利取得程序、权利的利用、权利的管理（如专利的申请、取得、无效）等规定。

纵观我国知识产权法的发展历史，虽然知识产权立法起步较晚，但发展速度很快，经历了三十余年的发展已经形成了一套较为完整的知识产权立法体系（见图1－1）。

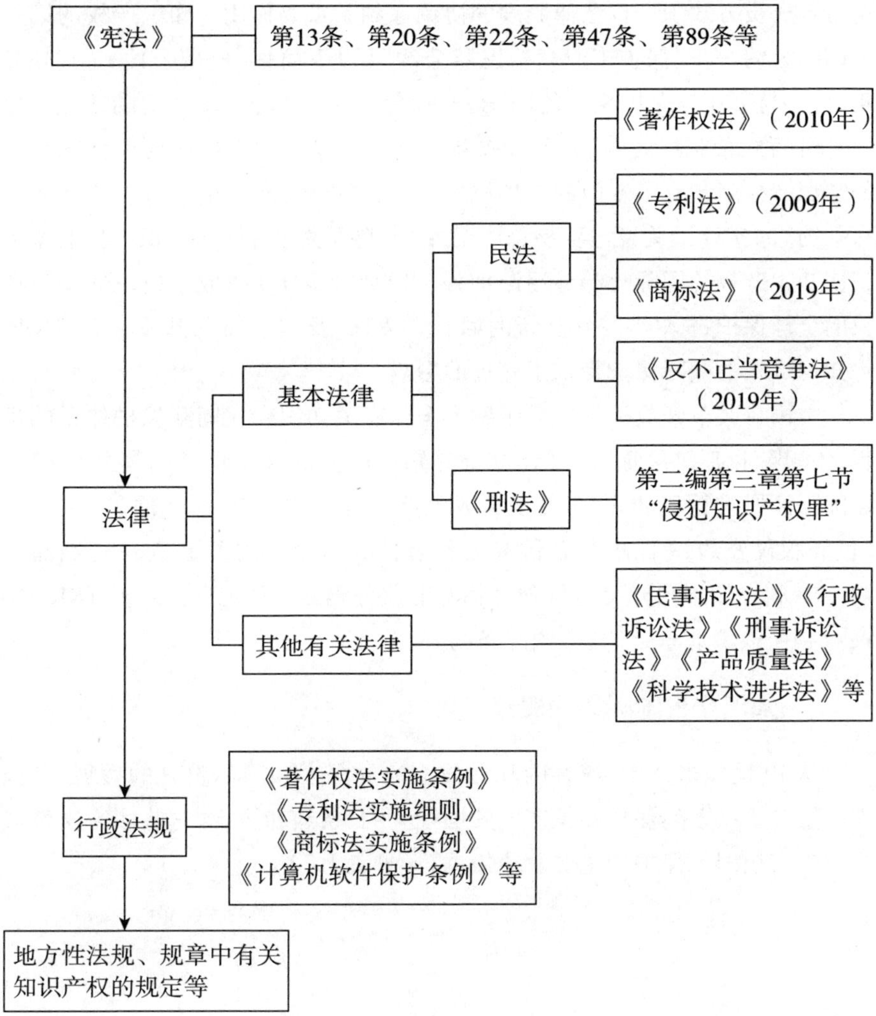

图1－1　我国知识产权立法体系

第四节 国际条约及国际组织

知识产权保护制度从其诞生之日起就蕴含着国际协调问题，随着这一制度在世界范围内的普遍施行，知识产权的国际协调日益增强。世界知识产权组织（World Intellectual Property Organization，WIPO）和世界贸易组织（World Trade Organization，以下简称世贸组织或 WTO）作为知识产权保护的重要国际组织，管理一系列与知识产权保护相关的国际公约，这些国际公约对各成员方知识产权法律制度的协调起到了重要作用。知识产权的第一个国际公约——《保护工业产权巴黎公约》（以下简称《巴黎公约》）于 1883 年诞生，与著作权保护相关的国际公约《保护文学和艺术作品伯尔尼公约》（以下简称《伯尔尼公约》）于 1886 年制定。1967 年 WIPO 的诞生使国际性的知识产权问题有了专门的管理机构。此后《巴黎公约》的修订、《实体专利法条约》的签订、《关税与贸易总协定》的谈判以及各种双边知识产权的谈判都使知识产权的国际化趋势逐渐加强。1994 年 WTO 的成立更是使知识产权的全球保护进入了一个全新的时代。WTO 及其下属的基本协议 TRIPs 为知识产权的国际保护带来了深远的影响。

中国自改革开放后就开启了融入全球有关知识产权国际保护体系的进程，1980 年以后陆续加入了《建立世界知识产权组织公约》《巴黎公约》《商标国际注册马德里协定》《关于集成电路的知识产权条约》《伯尔尼公约》《世界版权公约》《保护录音制品制作者防止未经许可复制其录音制品公约》《专利合作条约》《商标注册用商品和服务国际分类尼斯协定》《TRIPs 协议》《视听表演北京条约》等国际条约。

一、知识产权国际条约概述

从 19 世纪末开始，随着国际科技交流的深入和国际贸易的发展，各国先后签订了一系列保护知识产权的国际公约、条约和协定，这些法律文件成为知识产权国际保护的主要法律依据。（见表 1－1）

表1-1　保护知识产权的国际公约、条约和协定

条约类型	条约全称	签署时间	条约简称
知识产权综合公约、协定	《建立世界知识产权组织公约》	1967年	《WIPO公约》
	《与贸易有关的知识产权协议》	1994年	《TRIPs协议》
	《世界知识产权组织与世界贸易组织合作协定》	1996年	—
著作权和邻接权公约、条约和协定	《保护文学和艺术作品伯尔尼公约》	1886年	《伯尔尼公约》
	《世界版权公约》	1952年	—
	《保护表演者、唱片制作者和广播组织的国际公约》	1961年	《罗马公约》
	《保护录音制品制作者防止未经许可复制其录音制品公约》	1971年	《录音制品公约》
	《关于播送由人造卫星传播载有节目的信号的布鲁塞尔公约》	1974年	《卫星条约》
	《避免对版权适用费双重征税的多边公约》	1979年	—
	《视听作品国际注册条约》	1989年	—
	《世界知识产权组织版权条约》	1996年	WCT
	《世界知识产权组织表演和录音制品条约》	1996年	WPPT
	《视听表演北京条约》	2012年	—
工业产权公约、条约和协定	《保护工业产权巴黎公约》	1883年	《巴黎公约》
	《制止商品产地虚假或欺骗性标记马德里协定》	1891年	—
	《商标国际注册马德里协定》	1891年	—
	《工业品外观设计国际保存海牙协定》	1925年	—
	《商标注册用商品和服务国际分类尼斯协定》	1957年	《尼斯协定》
	《保护原产地名册及其国际注册里斯本协定》	1958年	—
	《保护植物新品种国际公约》	1961年	—
	《建立工业品外观设计国际分类洛迦诺协定》	1968年	—
	《专利合作条约》	1970年	—

续表

条约类型	条约全称	签署时间	条约简称
	《国际专利分类斯特拉斯堡协定》	1971 年	—
	《商标注册条约》	1973 年	—
	《建立商标图形要素国际分类维也纳协定》	1973 年	—
	《国际承认用于专利程序的微生物保存布达佩斯条约》	1977 年	—
	《保护奥林匹克会徽内罗毕条约》	1981 年	—
	《关于集成电路的知识产权条约》	1989 年	《华盛顿条约》
工业产权公约、条约和协定	《商标法条约》	1994 年	—
	《商标法新加坡条约》	2006 年	—

二、世界知识产权组织(WIPO)

WIPO 是联合国组织系统下 16 个专门机构之一。WIPO 是根据 1967 年 7 月 14 日由 51 个国家在斯德哥尔摩签署的《建立世界知识产权组织公约》而成立的一个政府间组织。WIPO 的由来要追溯到 1883 年《巴黎公约》和 1886 年《伯尔尼公约》的签订。以上两个公约都规定成立“国际局”或“秘书处”,并于 1893 年合并,成为“保护知识产权联合国际局”(BIRPI),该国际局构成世界知识产权组织的前身。

(一)WIPO 的宗旨、法律地位与职责

WIPO 的宗旨是通过国际合作,在适当的情况下与任何其他国际组织进行协作,促进全世界对知识产权的保护,同时保证各联盟在行政管理上的合作。

《建立世界知识产权组织公约》第 12 条对 WIPO 的法律地位作了规定。据此,WIPO 在各成员方领土上,在符合各该国家法律的条件下,应享有为完成本组织宗旨和行使其职权所必需的权利能力;可与其他成员方缔结双边或多边协定,使本组织及其官员和一切成员方的代表享有为完成本组织宗旨和行使其职权所必需的特权与豁免;总干事可以就上述协定进行谈判,并经协调委员会批准后代表本组织缔结和签订协定。

WIPO 的主要职责是：(1)采取并改进各种办法以促进全世界对知识产权的有效保护，协调各国在该领域的立法；(2)执行巴黎联盟、与该联盟有联系的各专门联盟以及伯尔尼联盟的行政任务；(3)担任或参加任何其他旨在促进保护知识产权的国际协定的行政事务；(4)鼓励缔结旨在促进保护知识产权的国际协定；(5)对于在知识产权领域内请求法律、技术援助的国家给予合作；(6)收集并传播有关保护知识产权的情报，从事并促进该领域内的研究，并公布这些研究的成果；(7)维持有助于知识产权国际保护的服务机构，在适当情况下提供这方面的注册以及有关注册的公开资料。

此外，WIPO 还重点向发展中国家在知识产权的国内立法、政府机构现代化、加入国际公约、保护本国知识产权、提高在国际科技和贸易交往中的竞争能力等方面提供援助。

(二) WIPO 管理机构

WIPO 的管理机构由大会、成员方会议、协调委员会、国际局和秘书处构成。

1. 大会。大会是 WIPO 的最高权力机构，由既是世界知识产权组织成员方又是任何一个联盟(巴黎联盟、伯尔尼联盟等)成员方的所有成员方组成。大会主要任务是任命总干事、审批总干事关于该组织的工作报告、审批财政预算、确定秘书处工作语言、确定观察员国家或组织。

2. 成员方会议。成员方会议由全体成员方组成。成员方会议主要任务是讨论有关知识产权方面共同关注的所有问题、制订发展中国家两年发展计划、财政预算、修改组织公约、确定观察员国家或组织。

3. 协调委员会。协调委员会是一般问题的咨询机构，又是大会和成员方会议的执行机构。协调委员会每年召开一次，就一切有关的行政、财务及共同关心的问题提出意见，拟定大会和成员方会议的议事日程等。

4. 国际局和秘书处。国际局和秘书处是 WIPO 的常设办事机构，总负责人是总干事。国际局和秘书处的任务是：组织会议、准备文件、收集报告、分发情报、出版刊物、办理国际注册等。

三、世界贸易组织(WTO)及《TRIPs 协议》

知识产权的国际协调一开始就与国际贸易相联系，之后更是超出各国间科技合作与交流的范围。知识产权问题与国际贸易已成为不可分割的统一体:一方面,知识产权的价值体现只有通过贸易才能实现;另一方面,国家间的贸易摩擦有相当一部分是因知识产权保护而引起的,并由此影响了国家间的整个经济贸易关系。

(一)WTO

WTO 的前身是《关税与贸易总协定》(General Agreement on Tariffs and Trade,GATT)。GATT 在 1995 年 1 月 1 日被 WTO 取代前,是一个涉及面极广的国际性的关税与贸易组织,与世界银行(World Bank)和国际货币基金组织(International Monetary Fund,IMF)一起被称为世界金融贸易体系的三大支柱。中国于 2001 年 12 月 11 日成为 WTO 的正式成员。

WTO 的职能主要是:(1)促进《建立世界贸易组织协定》以及多边、双边贸易协定的管理与实施;(2)为各成员方之间的谈判提供场所;(3)解决成员之间的贸易争端;(4)实施贸易政策审查机制;(5)与国际货币基金组织和世界银行进行合作。执行这些职能的主要机构是部长会议和总理事会。部长会议由各成员方贸易部长参加,每两年举行一次会议,会议期间依成员方的要求,有权依据《建立世界贸易组织协定》及有关多边贸易协议关于决策的具体规定,对任何多边贸易协定规定的事项作出决定;总理事会是部长会议休会期间履行部长会议职能的常设机构。

以《建立世界贸易组织协定》为基本规则的 WTO 是具有一整套法律规则体系的国际性经济组织。它有几大基础实体协定:《关税与贸易总协定》(GATT)、《货物贸易多边协定》(MATG)、《服务贸易总协定》(GATS)和《与贸易有关的知识产权协议》(《TRIPs 协议》)。为了监督这些协定的执行,WTO 在其总理事会之下分别设立了货物贸易理事会、服务贸易理事会和知识产权理事会。在这几个理事会中,与国际知识产权保护有关的是知识产权理事会,它在 WTO 知识产权保护机制中处于核心地位。

从历史上看,知识产权制度并不是在 WTO 框架下建立起来的,但是 WTO 框架为知识产权制度的一体化创造了前所未有的条件。这种一体化是建立在《TRIPs 协议》有关知识产权最低保护水平之上的。在知识产权与国际贸易结为一体的大背景下,“强保护”的知识产权为发达国家进入发展中国家市场提供了极大的制度惠益。

（二）《TRIPs 协议》

《TRIPs 协议》是关贸总协定乌拉圭回合谈判形成的最终文件之一，也是世界贸易组织的基本法律文件之一。

1.《TRIPs 协议》的历史背景

知识产权的国际协调，背后是国家与地区间的利益争夺。自 20 世纪 70 年代以来，随着市场的全球化以及市场贸易中技术所占商品和服务的价值的急剧提高，技术上发达的西方国家与进行工业化的后进国家在知识产权保护上的分歧趋于激烈。技术大国希望加强知识产权国际保护以维持技术竞争力，新型工业化国家则更愿意采取知识产权“弱保护”的策略以提高科技能力，以便以更快、更低的成本实施“追赶策略”并最终打破原有国际劳动分工格局。

在这一背景下，从 20 世纪 70 年代开始，技术发达国家和地区就积极寻求提高知识产权保护水平的途径。一方面，美国、加拿大、日本和欧洲国家和地区组成了反假冒联盟，并开始动议修改知识产权公约。但是，修改公约的意图受到许多发展中国家的激烈反对。《巴黎公约》和《伯尔尼公约》的多次修改会议都无一建树。由于在 WIPO 框架内无法实现其目标，发达国家转而努力将假冒、盗版问题纳入《关贸总协定》工作项目当中，并最终取得成功。这为乌拉圭回合谈判的顺利进行和《TRIPs 协议》的签订奠定了基础。

另一方面，在寻求国际协调的同时，美国迫于国内工业界的压力，运用国内法和双边谈判的方式单方推进知识产权“强保护”。备受争议的美国贸易法“301 条款”即是这个时期美国运用国内法实施知识产权保护的主要工具之一，它包括《1974 年贸易法》“301 条款”、《1988 年综合贸易与竞争法》“超级 301 条款”（Super 301）和“特殊 301 条款”（Special 301）。依照这些条款，在确定未给美国提供充分知识产权保护的“重点国家”后，美国贸易代表办公室（USR）有权启动调查程序，并可以采取包括限制进入美国市场在内的贸易制裁措施。

自 20 世纪 80 年代以来，许多发展中国家被列入美国的“重点观察员名单”，包括中国。1992 年 1 月 17 日签订的《中美政府关于保护知识产权谅解备忘录》，就是中国自被列入“重点名单”后，同美国政府进行六轮异常艰辛和曲折的知识产权问题谈判的结果。美国贸易法“301 条款”的运用，间接地影响了许多国家的知识产权保护制度。

正是在美国等发达国家的强大压力下,知识产权问题第一次正式纳入国际贸易制度中,知识产权的全球保护趋势加强,保护的水平也得到提高。《TRIPs 协议》充分体现了这一特征。但是,对许多正在进行工业化的发展中国家来说,知识产权的强势保护必会加重其技术吸收和转化的负担。

2.《TRIPs 协议》的主要特征

(1)《TRIPs 协议》运作依赖于其他国际公约和协定。《TRIPs 协议》以《巴黎公约》《伯尔尼公约》《罗马公约》《华盛顿条约》为基础,通过承认这些条约的相关内容,将其吸收到协议中,同时附加了一些新的内容。此外,它与《WTO 协定》的有关条款以及其他附属协定密切相关,尤其在争端解决机制上更是如此。

(2)《TRIPs 协议》提升了知识产权保护水平。由于与国际贸易挂钩,知识产权保护的国际化和统一化程度得到提高,保护的地域范围扩大。此外,该协议更加注重知识产权的立法和执法保护,并为此规定了详细的执法措施。例如,协议规定了有关行政和司法程序的具体义务,还对证据、禁令、损害赔偿、反假冒的边境措施和侵权行为的惩罚等作出了专门的规定。

(3)《TRIPs 协议》将知识产权争端纳入 WTO 统一的争端解决机制。《TRIPs 协议》规定了知识产权保护的最低标准,所有 WTO 成员方必须在其国内法中对这些最低标准作出规定,保证不与之发生冲突。如果成员方在不遵守最低标准的问题上发生争议,则依照《争端解决谅解》进入多边程序。一旦确定存在违反最低标准的行为,受影响的国家可以在 WTO 范围内,对违反义务的国家采取诸如进口限额等 WTO 协定下的交叉报复措施。这有助于避免类似美国贸易法“301 条款”的单方报复行为,凸显了《TRIPs 协议》的目标之一:“强调通过多边程序达成加强的承诺以解决与贸易有关的知识产权争端从而减少紧张的重要性。”

问题与思考

一、与物权相比,知识产权有哪些法律特征?

二、请根据我国现行法律规定,简要阐述知识产权的范围。

三、如何理解知识产权客体的无形性?

四、试论述我国知识产权法的主要法律渊源。

第二章 著作权法律制度概述

第一节 著作权及著作权法概述

一、著作权的概念及特点

(一)著作权的概念界定

著作权,也称版权,一般均指的是法律赋予民事主体依法享有的对作品及相关客体的专有权利。[1] 一般而言,大陆法系国家多使用"著作权"的概念,而"版权"常出现在英美法系条文中。版权的英文为"copyright",因此最初即指的是复制权,也就是赋予权利人有权禁止他人未经其许可复制作品的权利,英美法系国家多侧重于保护作者的经济权利;而大陆法系国家所使用的著作权,英文为"author's right",将著作权客体视为作者人格和意志的体现,即"天赋人权"或"自然权利",注重保护作者的精神权利。当然,随着《伯尔尼公约》的生效以及两大法系的逐渐融合和借鉴,两个概念的差异在逐步缩小。就我国而言,虽然是大陆法系国家,但是著作权法的体系中仍然存在大量英美法系版权法的规则和内容,而在实践中,著作权法和版权法的概念在我国并没有区别。

"著作权"一词有狭义和广义之分。狭义的著作权仅指作者和从作者手中继受权利的人对作品所享有的一系列专有权利。广义的著作权还包括邻接权,即作者之外的民事主体对作品之外的客体享有的一系列专有权利。

---

〔1〕 王迁:《著作权法》,中国人民大学出版社 2015 年版,第 1 页。

(二)著作权的特点

著作权保护的对象是智力创作成果,它既有知识产权最基本的专有性、时间性、地域性等特点,又有其特别之处。

1. 权利自动产生

著作权基于作品的创作而产生。著作权的获得不须经过任何部门审批,作品一经完成就自动产生权利。在这一点上,著作权区别于知识产权中的商标权和专利权,商标权和专利权的取得必须经过申请和审批,经主管部门授权后才能享有权利。有些国家的著作权采取登记制度和特别标识制度,但是由于《伯尔尼公约》的作用,成员方都承认自动产生原则。

2. 突出对人身权的保护

著作权中的署名权、修改权、保护作品完整权没有保护期限,永远归属作者享有。这些人身权不会因作品进入公有领域而丧失,且不能被继承。

二、我国《著作权法》发展的历史沿革

中华人民共和国成立以后,长期没有制定一部专门系统的《著作权法》。直到 1986 年 4 月 12 日,第六届全国人大第四次会议通过的《民法通则》第 94 条明确规定:"公民、法人享有著作权版权,依法有署名、发表、出版、获得报酬等权利。"这标志着我国著作权法律制度已进入了一个新的历史时期。1990 年 9 月 7 日,第七届全国人大常委会通过《著作权法》,并于 1991 年 6 月 1 日正式实施。这是中华人民共和国成立以来第一部全面而又系统地规定著作权的法律,是我国著作权法历史上新的里程碑。

1992 年 7 月 10 日和 30 日,中国政府分别向世界知识产权组织和联合国教育、科学、文化组织递交了《伯尔尼公约》和《世界版权公约》的加入书。从 1992 年 10 月 15 日和 30 日起,中国分别成为《伯尔尼公约》和《世界版权公约》的成员方。自 1990 年《著作权法》颁布实施以来,经历了两次修订,但这两次修订都是在"被动"情况下进行的局部性修改。2001 年 10 月完成的第一次修法,是为满足加入世界贸易组织基本条件,主要对不符合世界贸易组织《与贸易有关的知识产权协议》规定的条款进行了修改。2010 年 2 月完成的第二次修法,仅为履行世界贸易组织贸易争端裁决,对个别条款进行了修改。

目前具有主动、全面性的《著作权法》第三次修订工作自 2011 年 7 月启

动以来已近十年,而且已经进入国务院审议的阶段,2012 年 3 月国家版权局公布《著作权法修改草案(征求意见稿)》(以下简称《修改草案》第一稿)与同年 7 月、10 月公布的《中华人民共和国著作权法修改草案》(征求意见稿)(以下简称《修改草案》第二稿、第三稿),在立法目的上强调《著作权法》保护传播者的相关权利;在体例上规定了出版者权、表演者权、录音制作者权与广播组织权四种权利形式;在内容上增加了表演者的出租权、"二次获酬权"、广播电台电视台的积极权利等。

2014 年 6 月 6 日,国务院法制办公室决定将国家版权局报请国务院审议的《中华人民共和国著作权法修订草案(送审稿)》及其修订说明全文公布,征求社会各界意见。

2018 年 9 月 7 日,第十三届全国人大常委会立法规划公布,分为三大类项目,其中条件比较成熟、任期内拟提请审议的法律草案里,包括了对现行《专利法》、现行《著作权法》的修改。《著作权法修正案(草案)》已于 2020 年 4 月 26 日提请十三届全国人大常委会第十七次会议审议,并于 2020 年 4 月 30 日在中国人大网公布,向社会公众征求意见。本次修改值得关注的内容包括从引入侵权惩罚性赔偿制度、大幅提高侵权法定赔偿额上限,加强法律衔接并落实有关国际条约义务等。总体来说,此次对《著作权法》的修改是该法颁布以来首次自主、全面的修改,是为了适应中国经济发展和科技发展的需要,实施中国国家知识产权战略纲要的体现,也使我国的《著作权法》更加符合相关国际条约的规定。修改草案整合了散见于行政法规、司法解释等法律文件的相关规定,试图解决社会各界长期关注的问题,对于提高中国的著作权保护水平,妥善处理创作者、传播者和社会公众利益的平衡,具有重大和深远的意义。

第二节　著作权的客体与内容

一、著作权的客体

著作权的客体是作品。我国《著作权法实施条例》第 2 条规定:"著作权法所称作品,是指文学、艺术和科学领域内具有独创性并能以某种有形形式复制的智力成果。"随着时代的发展,文学、艺术、科学作品的种类日益增多,表现形式多样,但是要成为著作权法上的作品,应当满足以下三个要件。

（一）作品须为人类的智力成果

《著作权法》的立法目的是鼓励作品的创作，而人的智力活动才能被称为“创作”，才能受到立法的“鼓励”。纯粹的自然风光和声音虽然可能很优美、具有欣赏价值，可以被称为“大自然的杰作”，但它不是人类智力创作的结果，也不能成为著作权法意义上的作品。例如，黄山的一景——怪石，无疑是大自然雕刻而成的艺术品。它并非由人类创作而成，因此，任何人都不可能对黄山怪石享有著作权。但是，如果有摄影师通过对拍摄角度、光线明暗、距离和光圈的选择而拍摄了一幅怪石的艺术照片，该艺术照片则是摄影师创作的作品，摄影师作为作者享有著作权。

（二）作品须是能够被他人感知的外在表达

思想或者情感本身属于主观范畴，看不见、摸不着。纯粹大脑中的构思、想象，无论多么缜密、多么完美都无法作用于他人的感官。一种思想或者情感，若要为他人所了解，必须借助一定的外在表达，如通过特定的语言、艺术或科学符号形式等，否则就无法使社会公众加以阅读、欣赏或感知，无法被复制和传播，也就没有任何社会价值，当然也无法由《著作权法》加以保护。作品是思想或者情感的表现形式，“思想与表达二分法”被认为是现代版权法上的一个基本原则，自 19 世纪末被英美法院确立以来为世界各国所公认。例如，《TRIPs 协议》第 9 条第 2 款规定，版权的保护应该延及表述方式，但不延及思想、程序、操作方法或数学概念本身。著作权法之所以不保护思想，最基本原因在于，如果设定思想有著作权，那么任意使用他人的思想就可能构成侵权。但是社会公共利益的维护需要文明思想的引燃与存续，垄断思想无益于社会的进步。“就作者与后续作者之间的关系而言，思想/表达二分法将思想置于公共领域，而给了不同的作者重新表达的机会，充分体现了现代私法要求的机会平等精神。”〔1〕

（三）作品具有独创性

独创性，也称原创性，即作者独立创作，而非剽窃或抄袭他人作品。

---

〔1〕 冯小青：《著作权法中思想与表达二分法原则探析》，载《湖南文理学院学报》2008 年第 1 期。

"独",强调独立创作、源于本人,既包括从无到有的创作,也包括在他人作品基础上再创作,但是要求产生的作品与原作品存在可以被客观识别的差别;"创",强调一定程度的智力创造性,能够体现作者独特的智力判断与选择并达到一定创作高度。就独创性而言,大陆法系国家和英美法系国家有不同的判断标准:因为大陆法系国家以人格价值观作为法哲学基础,较多关注作者的精神权利,所以对独创性的要求一直比较高,即要求作品不仅是作者独立创作的,而且应当体现出作者的个性,其创作高度要超过一般人的平均智力创作水平;英美法系国家则以商业版权说为法哲学基础,较为注重对作者财产利益的保护,对独创性的要求明显低于大陆法系国家。

总体来说,著作权法保护人类智力创造成果,但是并非所有的智力创造成果均受著作权法保护。除了要求具有独创性等,部分其他成果属于其他法律制度调整范畴,如专利法、反不正当竞争法等。此外,我国《著作权法》第5条还规定了不受著作权保护的对象,主要有政府性质的文件、时事新闻、历法、通用数表、通用表格和公式等,具体可参见本节第三部分。

二、作品的分类

不同作品存在不同的著作权保护和适用规则,不仅独创性要求不同,权利人享有的专有权利不同,而且不同作品的归属与权利行使原则也不同等。我们通常按照作品的表现形式,将其分为以下几类:

1. 文字作品

文字作品,是指小说、诗词、散文、论文等以文字形式表现的作品,以文字、数字或者书写符号等语言作为表达工具的作品。值得注意的是,语言表达方式不仅包括文字,还包括数字、符号、电讯等。有些作品虽然表现为文字符号,但是并非文字组合,而是追求文字的艺术内涵,比如,书法并非文字作品,而是美术作品。另外,我国《著作权法》虽然把计算机软件单独列为一类作品,但是在国际上,计算机软件也属于文字作品,即源代码和目标代码均属于语言范畴。

2. 口述作品

口述作品,是指即兴的演说、授课、法庭辩论等以口头语言形式表现的作品。这类作品如果没有以有形载体记录或者固定下来,在英美等国家是不受著作权法保护的。例如,《美国著作权法》第102条(a)款规定,作品受版权法保护的前提条件是它已经被规定在任何有形媒介上。在我国,虽然口述作品享有著作权，但是没有固定在物质载体上的口述作品如果主张权利保护，则在举证方面存在很大的困难。另外，口述作品不同于口头形式表演作品，前者是以口头形式即兴创作出来具有独创性的表达，而后者一般是指按照已经存在的文字讲稿进行表演，如果文字讲稿具有独创性可以享有著作权，但是表演文字讲稿的人不享有口述作品的著作权，而可能成为他人作品的表演者，享有的是表演者权。

3. 音乐作品

音乐作品，是指以符号、数字或其他记号创作以旋律表现其内容的作品或者是指歌曲、交响乐等能够演唱或者演奏的带词或者不带词的作品，比如，乐谱、交响乐、进行曲、歌曲等。需要考虑的是歌词是文字作品还是音乐作品呢？首先，歌词无论是作为文字作品还是音乐作品作为著作权法保护的作品类型没有区别；其次，一般认为，歌词属于音乐作品的一部分，而非单纯的文字作品。

4. 戏剧作品

戏剧作品，是指话剧、歌剧、地方戏等供舞台演出的作品。戏剧作品保护的究竟是剧本还是以舞台的演出形式而存在的综合艺术呢？笔者认为，著作权法意义上的戏剧作品指的是上演作品本身，一般通过对话、旁白、配词等构成的剧本加以体现。但是，戏剧作品不等同于剧本，因为有些戏剧没有或者不需要剧本。因此，戏剧作品是通过演员在舞台上的表演将故事活灵活现地展示在观众面前的一种表达形式。

5. 曲艺作品

曲艺作品，是指以相声、快书、大鼓、评述等说唱为主要形式表演的作品，通过连续动作、姿态、表情表现。当然，有学者认为，曲艺作品其实可以拆分为文字作品、音乐作品或者口述作品，单独再界定成一类作品没有实践意义。我们认为，曲艺作品多为我国传统文学艺术作品或者文艺创作成果，单独划定为曲艺作品，对加强这类作品保护具有较强的现实意义。

6. 舞蹈作品

舞蹈作品，是指将赋予美感的一连串的动作、姿势编在一起供一人或多人跳舞的作品，通过人体连续的动作、姿势、表情等表现思想、情感的作品。舞蹈作品不是指在舞台上的表演，而是指被表演的舞蹈动作的设计，既包括以文字表述的舞谱、动作标记、绘图示意、录制舞蹈画面等，也包括没有任何物质载体，但是编舞者可以据此由自己或指导他人表演出来的作品。

7. 杂技艺术作品

杂技艺术作品,是指杂技、魔术、马戏等通过形体动作和技巧表现的作品。这类作品在我国2001年修订《著作权法》时首次明确列为保护对象,一般认为,杂技艺术作品同样体现了思想、观念,以及一定的美感和独创性,应当予以法律保护。

8. 美术作品

美术作品,是指绘画、书法、雕塑等以线条、色彩或者其他方式构成的有审美意义的平面或者立体的造型艺术作品。“审美意义”是一个主观判断标准,一般认为只要创作者将其独特的美学意义表达体现在物质载体上,符合最低限度创造性就应当获得保护。正如美国霍姆斯法官所言:“由那些只受过法律训练的人来判断美术作品的价值是危险的。一方面,有些极具天才的绘画一开始不被人们所欣赏。另一方面,有些在法官看来缺乏美学价值和教育意义的作品能够被一些民众所接受。不能因为这些民众的口味低就认为这幅绘画不受版权保护。”〔1〕

9. 建筑作品

建筑作品,是指以建筑物或构筑物形式表现的有审美意义的作品。值得注意的是,我国著作权法意义上的建筑作品不包括平面建筑设计图和建筑模型,因为其属于另外一类独立的“图形作品、模型作品”,这里的建筑作品仅指三维的建筑物或构筑物。

10. 摄影作品

摄影作品,是指借助器械在感光材料或者其他介质上记录客观物体形象的艺术作品。作者在创作摄影作品时需要合理利用光学、化学原理,将客观物体的形象再现于一定的介质。但所谓的再现,并不是简单的复制,它必须包含作者的创造。例如,简单的证件照和医院的X光照片不属于摄影作品。

11. 视听作品

视听作品,是指摄制在一定介质上,由一系列有伴音或无伴音的画面组成,并且借助适当装置放映或以其他方式播放的作品。值得注意的是,《著作权法》第三次修改《送审稿》中将“视听作品”作为新的作品类型提出来,将电影作品和以类似摄制电影的方法创作的作品、录像制品统一整合为“视

〔1〕 Bleistein v. Donalds on Lithographing Co. 188U. S239, at 251 (1903).

听作品”,并定义为“由一系列有伴音或者无伴音的连续画面组成,并且能够借助技术设备被感知的作品,包括电影、电视剧以及类似制作电影的方法创作的作品”。

12. 图形作品

为施工、生产绘制的工程设计图、产品设计图,以及反映地理现象、说明事物原理或结构的地图、示意图等作品。

13. 模型作品

为展示、试验或观测等用途,根据物体的形状和结构,按照一定比例制成的立体作品。

三、不受著作权法保护的客体

(一)官方文件

法律、法规、国家机关的决议、决定、命令和其他具有立法、行政、司法性质的文件及其官式译文统称为“官方文件”。

官方文件不适用著作权法保护不意味着它们不具有作品的特征,而是因为这些文件中的信息需要尽快为社会所知,应当鼓励传播和宣传,以便充分发挥其社会效益。凡是由官方发布的文件都属于此列,如法院的判决书、专利局公开的专利文献、高考试题等,以国家名义征集的认证标识,最终如果以官方文件的名义发布,原来的设计者也不再享有著作权。例如,在建设部征集的“中国国家级风景名胜区”标志案中,法院认定徽志制作是建设部根据国务院关于风景名胜区管理的有关规定进行,并由建设部以文件的形式发布,具有政府行政行为的性质,徽志属于具有行政性质的文件,不属于著作权法调整的对象。但是有些国际组织的标志不属于“官方文件”,如国际奥委会的一系列标志都享有著作权,每个国家举办奥运会时都必须获得这些标志的著作权授权。

(二)时事新闻与客观表述

时事新闻,是指通过报纸、期刊、广播电台、电视台等媒体报道的单纯事实消息,一般是指即时发生的短小的新闻报道。

对时事新闻不给予著作权法保护有两个重要的原因:一是公民的知情权,国家重大新闻应当及时让公众得知;二是“唯一表达”的限制,单纯的时事新闻都是对客观事务的简单报道,几乎没有“创作”成分。对时事新闻的著作权保护是有区别的。深度的新闻评论、新闻专题、新闻调查、新闻访谈类节目和类似纪录片性质的新闻纪实类节目是有著作权的,著作权法不保护的是那些单纯的事实消息。但是事实消息组成的报纸、数据库也不能当然被排除在著作权保护之外,还要考虑对这些数据、事实的编辑是否构成汇编作品。

同样,其他一些对客观事实的描述和唯一表达,也不受著作权法保护,如电视节目预告表、名词解释、电话号码本、通讯名录等。对于字典是否属于著作权保护的客体也要看具体情况,字典中有相当一部分字词的解释是固定的,这部分内容应当属于客观表达,不享有著作权,对于在字词解释之后的例句,不同的编辑人会有不同的选择,带有个人特征的例句构成的字词解释,进而形成的字典就可能构成受《著作权法》保护的汇编作品。

(三)通用工具

历法、通用数表、通用表格和公式可以认为属于人类共有的文化资源,不应纳入专有权保护。

这些通用工具或历史久远或被广泛应用,已经成为公共财富,每一个人都应当有权使用,一旦纳入著作权法保护范围,会侵害到公共利益。但是,对历法内容本身不保护,不意味着对历法的各种表达不给予著作权保护,如每一年新年都会有各种年历,编排的不同会产生不同表达形式的年历,编辑者对这些独特表达的年历享有著作权。如果在历法的基础上对历史纪年有整理和考证也受著作权保护。《辞海》附录《历史纪年表》即是历史学家经过多年的研究而完成的作品。

四、著作权的内容

著作权的内容即指著作权人享有的各项权利的总和,是著作权法中最为核心的部分。著作权人的权利可分为著作人身权和著作财产权,其中著作人身权包括发表权、署名权、修改权、保护作品完整权。著作财产权包括复制权、发行权、出租权、展览权、表演权、放映权、广播权、信息网络传播权、摄制权等权利。

（一）著作人身权

大陆法系国家认为著作权是天赋人权，这种权利是作者因为创作而自然产生的，不是国家授权的结果，因此著作权的首要保护对象应当是作品所体现的作者的人格利益。依据我国《著作权法》相关规定，著作人身权包括发表权、署名权、修改权和保护作品完整权。

1. 发表权

发表权是指作者有权决定是否将其作品公之于众，于何时、何地、何种形式公布的权利。所谓公之于众，指著作权人自行或许可他人将作品向不特定人公开，使作品处于为不特定人可得而知的状态。而公布的方式则没有限制，可以是出版发行、广播、展示等各种方式。值得注意的是，发表权是一次性权利，一旦作者将作品自行或许可他人公开，即完成了对作品的发表，发表权行使完毕。此时，若他人未经许可下载或复制其作品，不构成对发表权的侵害。例如，作家将作品上传到向公众开放的微博中，有的出版社未经许可下载后并出版，此时，作家只能以出版社侵犯其复制权和发行权等为由起诉，而不能以侵犯其发表权起诉。另外，我国《著作权法实施条例》规定，对于作者生前未发表的作品，如果作者未明确表示不发表，作者死亡后50年内，其发表权可由继承人或者受遗赠人行使；没有继承人又无人受遗赠的，由作品原件的所有人行使。

2. 署名权

署名权即表明作者身份，在作品上署名的权利。一方面，作者有权决定是否在作品上署名，署真名还是假名，合作作者署名的顺序，以及享有在演绎作品上署名的权利等。比如，电影公司根据金庸先生小说拍摄同名电影之后，应当注明"根据金庸同名小说改编"。另一方面，作者有权禁止未参加创作的人在作品上署名。使用他人作品，应当指明作者姓名、作品名称等。另外，关于合作作品的署名顺序规则为：有约定按约定；无约定，可按照创作作品付出的劳动、作品排列、作者姓氏笔画等确定。

3. 修改权

修改权是指修改或者授权他人修改作品的权利。根据有关解释，修改是对作品内容作局部变更，以及文字、用语的修正。[1] 它不同于改编，后者

---

〔1〕 胡康生主编：《中华人民共和国著作权法释义》，法律出版社2002年版，第56页。

是在不改变作品基本内容的情况下，改变作品的表达形式或者用途。修改权表现为两方面，作者有权修改作品或者授权他人对其作品进行修改，同时作者有权禁止他人未经许可而修改自己的作品。

4. 保护作品完整权

保护作品完整权即指保护作品不受歪曲、篡改的权利。歪曲是指故意改变事物的内容或性质，篡改是指用作伪的手段对经典、理论、政策等进行改动或曲解。在判断行为是否构成“歪曲、篡改”作品时，实务界和学术界主要存在主观标准和客观标准两种理解。在主观标准下，只要对作品的改变和使用违背了作者在作品中表达的原意，即构成对保护作品完整权的侵权；在客观标准下，“歪曲、篡改”作品以客观上是否造成作者声誉受损为判断标准。如果对作品的修改实质上改变了原本作者想要表达的思想、感情而导致作者声誉受到损害，即是对受保护作品完整权的侵害。

（二）著作财产权

著作财产权也称经济权利，是指作者和其他著作权人享有的以特定方式利用作品并获得经济利益的专有权利。我国《著作权法》规定了 12 种著作财产权。

1. 复制权

复制权即以印刷、复印、拓印、录音、录像、翻录、翻拍等方式将作品制作一份或者多份的权利。复制权是著作财产权中最核心的权利。受复制权控制的复制行为要件有二：一是要将作品在有形物质载体上再现。二是作品需相对稳定持久地固定在物质载体上。例如，某摄影家将自己的摄影作品上传到网络上，我们在网上浏览时会产生照片的临时复制件，但因其无相对稳定性和持久性，且无独立经济价值，不构成著作权法意义上的复制行为，未侵犯摄影家的复制权。复制行为根据涉及的载体类型，可以分为从平面到平面的复制，如常见的复印、打印、照相翻拍、录像带翻录、上传和下载等；从平面到立体的复制，主要是指按照美术作品或设计图制作立体艺术品以及根据建筑设计图建造建筑作品的行为。世界各国著作权法都选择利用复制权来控制未经许可按照建筑设计图来建造建筑作品的行为，条件是立体艺术品和建筑作品是著作权法保护的对象。

2. 发行权

发行权即以出售或者赠与方式向公众提供作品的原件或者复制件的权

利。发行权提供的对象是"公众",方式是公开的销售或赠与,且发行权的行使须有作品载体(原件或复印件)所有权的转移。需要注意的是,发行权和发表权一样都是一次性权利。经著作权人许可向公众出售或者赠与作品的原件或复制件后,该特定原件或复制件上的发行权消灭。他人向公众的再销售、再赠与的行为不侵犯发行权。发行权一次用尽原则是著作权法限制版权人专有权利的基本原则。

3. 出租权

出租权即有偿许可他人临时使用电影作品和以类似摄制电影的方法创作的作品、计算机软件的权利。依据我国《著作权法》相关规定,仅有四种人享有出租权,即电影作品的著作权人、以类似摄制电影方法创作作品的著作权人、计算机软件的著作权人(计算机软件不是出租的主要标的除外)、录音和录像制品的制作者。

4. 展览权

展览权即公开陈列美术作品、摄影作品的原件或者复制件的权利。根据这一概念,只有美术作品和摄影作品的著作权人才享有展览作品的专有权利。需要注意的是,我国《著作权法》对于美术作品规定了展览权利的例外:"美术等作品原件所有权的转移,不视为作品著作权的转移,但是美术作品原件的展览权由原件所有人享有。"之所以限制美术作品作者的展览权,是因为这类作品原件价值具有特殊性,美术作品原件的购买者在很多情形下,不仅是为了个人欣赏,也是出于展示或者转售的目的。如果美术作品原件展览权控制在作者手中,将严重影响购买者的利益,从而阻碍美术作品交易市场的发展。对此世界各国著作权法均对美术作品原件展览权进行了特殊限制。

5. 表演权

表演权即公开表演作品,以及用各种手段公开播送作品的表演的权利。受表演权控制的行为主要包括两大类:一是现场表演,如公开演奏乐曲、演唱歌曲、上演剧本、朗诵诗歌、授课等。二是机械表演,指将现场表演录制于唱片、影片、光盘上,然后利用机械设备向公众传播的一种表演方式。仅指将作品的表演使用机器设备予以公开播放的行为,如歌舞厅、商场、超市、酒店等所播放的背景音乐,但是不包括公开放映电影和通过广播传播作品,因为后者分别属于放映权和广播权。另外,表演权不能控制两种行为:一是非公开表演,如在家庭范围内的表演。二是免费的公开表演,其中"免费"是指既不向观众收取费用，也不向表演者支付报酬。所以，向观众收取费用的“赈灾义演”不属于免费的公开表演。

6. 放映权

放映权即通过放映机、幻灯机等技术设备公开再现美术、摄影、电影和以类似摄制电影的方法创作的作品等的权利。放映权意味着相关商业和非商业场所，包括宾馆、餐厅、学校、工厂和机关等播放电影等作品都应当经过著作权人的许可并支付报酬。知识产权制度较为发达的国家一般通过电影作品著作权集体管理组织开展对放映权的集体管理，统一发放许可并收取许可费。

7. 广播权

广播权即以无线方式公开广播或者传播作品，以有线传播或者转播的方式向公众传播广播的作品，以及通过扩音器或者其他传送符号、声音、图像的类似工具向公众传播广播的作品的权利。广播权控制三种向公众提供作品的行为，主要分为：无线广播作品；以无线或有线方式转播作品；公开播放接收到的广播作品。

8. 信息网络传播权

信息网络传播权即以有线或者无线方式向公众提供作品，使公众可以在其个人选定的时间和地点获得作品的权利。信息网络传播权控制的行为主要为：凡未经著作权人许可，将作品上传到有线或者无线信息网络上，使公众可以在其个人选定的时间和地点在线浏览或者下载作品，就侵犯了著作权人的信息网络传播权。所谓信息网络，包括以计算机、电视机、固定电话机、移动电话机等电子设备为终端的计算机互联网、广播电视网、固定通信网、移动通信网等信息网络，以及向公众开放的局域网络。

9. 摄制权

摄制权即以摄制电影或者以类似摄制电影的方法将作品固定在载体上的权利。根据摄制权，将他人的小说、戏剧等作品拍摄成电视剧、电影等影视作品应当经过原作品著作权人的许可并支付一定费用。

10. 改编权

改编权是指改变作品并创作出具有独创性的新作品的权利。一般认为仅根据原作品的思想创作出新作品并不是受改编权控制的行为，只有在保留原作品基本表达的情况下，通过改变原作品创作出新作品，才是著作权法意义上的改编行为。例如，将长篇小说改编成一套漫画、将抒情歌曲改编为摇滚乐,将戏剧改编成电影剧本等。同时,改编作品与在先作品之间又必须具有表达上的实质性相似,只有在保留在先作品基本表达的情况下通过改变在先作品创作出新作品,才是著作权法意义上的改编行为,否则该改编完成的作品即属于独立创作完成的新作品,与在先作品不存在关联,亦不涉及对在先作品的侵权。

11. 翻译权

翻译权即将作品从一种语言文字转换成另一种语言文字的权利。但需要注意的是,并非所有的转换作品表达方式的行为都是著作权法意义上的翻译行为。例如,将汉语写成的小说改成盲文并非翻译行为,因为任何懂汉语和盲文的人只要按照规则正确地进行转换,都会得到相同的结果,这种转换行为缺乏起码的创造性。因此,这种转换行为只是复制行为,而非翻译行为。

12. 汇编权

汇编权即将作品或者作品的片段通过选择或者编排,汇集成新作品的权利。要构成汇编作品,必须在选择或者编排作品方面体现出独创性,否则不属于汇编权控制的行为。例如,某出版社精选出三毛的20篇小说,编成《三毛小说精选》,该书即为汇编作品,因为出版社至少在选择被汇编的小说方面体现出了智力创造性。但是,如果该出版社将三毛的全部小说按发表时间顺序编成《三毛小说全集》,则无论在选择还是编排方面都没有独创性。因为既然三毛的全部小说都被收录,就不涉及有智力创造性的选择过程,同时,按照发表时间排序又是一种最为常规和传统的方法,也没有体现出智力创造性。

第三节 著作权的主体和著作权的归属

一、著作权的主体

著作权的主体即享有著作权的人。成为著作权人的途径,既可以是基于创作作品的行为、法律的规定及合同的约定等原始取得著作权,也可以通过继承、遗赠或合同转让而继受他人的著作权。对于著作权人,可以按照不同标准划分为以下几类:

1. 作者作为著作权人和非作者作为著作权人

著作权是基于创作行为而产生的,除了特殊情形之外,创作作品的自然人是作者,享有对作品的完整著作权。但“作者”并不能与“著作权主体”或“著作权人”这两个概念画等号。作者主要说明的是创造作品的人,是表明一种事实,而著作权人是指一种权利归属,指的是作品的著作权由谁享有。

虽然作者与著作权人大部分是重合的,但是也存在作者与著作权人指向对象不同一的情形。例如,作者可以将著作权中的全部或部分财产权转让给他人。在这种情况下,作者仍然享有著作人身权,但全部或部分财产权由他人享有,作者和受让著作财产权的人均可以被称为“著作权人”,均是著作权主体。例如,在许多英美法系国家,音乐作品的词曲作者会将音乐作品的全部财产权利转让给出版社或唱片公司。因此,如果出现他人未经许可使用音乐作品的情形,一般由出版社或唱片公司以版权人的身份向侵权人主张权利。

另外,在特定情况下,作者并不享有著作权或只享有有限的著作权。主要是利用单位的物质技术条件创作,并由单位承担责任的工程设计图、产品设计图、地图、计算机软件,这样的职务作品,作者只有署名权,其他著作权归单位;合同约定权利属于他人的,作者不是著作权人。例如,委托创作合同、单位的劳动合同:出版社的编辑根据出版社交给的任务编写的书,一般根据合同著作权属于出版社;唱片公司的职员编写的歌曲,一般根据约定著作权属于单位;编剧创作的剧本,著作权的归属也主要由合同约定。

2. 原始取得著作权的人和继受取得著作权的人

原始取得著作权的人,是指作品在创作完成之时就取得了著作权的人。创作作品的作者当然可以原始取得著作权,而作者之外的其他人根据法律的特别规定或合同约定也可以原始取得著作权。例如,在委托创作作品的合同中,委托人和受托人约定作品的著作权归委托人,则在作品创作完成之时,委托人就原始取得了著作权。

当然,著作权可以通过受让、继承、受赠和其他法定方式从原始著作权人手中继受取得。著作权中的财产权利可以像普通财产权利那样通过转让、继承或遗赠而被他人取得。例如,音乐作品的词曲作者将著作财产权转让给出版社之后,出版社就成为该音乐作品著作财产权的继受者。如果著作权人是法人或其他组织,法人或者其他组织变更、终止之后,著作权中的财产权利就由承受其权利、义务的法人或者其他组织享有。如果公民死亡后无人继承又无人受遗赠,或法人、其他组织变更、终止后无其他单位承受其权利、义务的,著作财产权归国家所有。

二、著作权的归属

我国著作权法律制度规定了著作权归属的一般规则和特殊规则。

(一)一般规则

作者系著作权的原始主体,著作权属于作者,但法律另有规定的除外。对于作者的认定,需要特别注意以下几点:首先,创作作品的自然人是作者;其次,为他人创作进行组织工作,提供咨询意见、物质条件,或者进行其他辅助工作(如打印、校正)均不视为创作,这些辅助人员不是作者;再次,由法人或者其他组织主持,代表法人或者其他组织意志创作,并由法人或者其他组织承担责任的作品(如大型软件、百科全书、地图等),法人或者其他组织视为作者;最后,一般推定在作品上署名的公民、法人或者其他组织为作者。

(二)特殊规则

作者原始享有作品的著作权,并可根据著作权法的规定独立行使著作权。这是著作权归属的一般规则。与此同时,基于鼓励投资和促进作品利用等政策因素,著作权法针对特定情形,还规定了作品著作权归属的一些特殊规则。

1. 合作作品

合作作品是指两个以上的作者经过共同创作所形成的作品。我国的合作作品不反包括不可分割使用的合作作品,也包括可以分割使用的合作作品。一般认为,要构成合作作品,合作作者须有共同合作的合意,应当意识到自己是在与他人共同创作一部作品。如果一方未经对方同意,就将对方的作品合入自己的作品,或者对对方的作品进行一定的修改、补充后就认为是该作品的合作作者,这种情况,不仅不能成为该作品的合作作者,还侵犯了该作品的著作权。合作作品的作者必须是参加创作的人,没有参加创作的人,不能成为合作作品的作者。所谓参加创作,是指对作品的思想观点、表达形式付出了创造性的智力劳动,或者构思策划,或者执笔操作。如果没有对作品付出创造性的劳动,那么只是为他人提供咨询意见、物质条件、素材或者进行其他辅助工作的人不能成为合作作者。

针对合作作品著作权的归属,我国《著作权法》第 13 条、《著作权法实施条例》第 9 条、第 14 条对此作了详细规定。合作作品著作权由合作作者共同享有;合作作者之一死亡后,其对合作作品享有的著作财产权由其继承人继承,无人继承又无人受遗赠的,由其他合作者享有。合作作者对著作权的行使不能协商一致的,若合作作品是可以分割使用的,作者对各自创作的部分可以单独享有著作权,但行使著作权不得侵犯合作作品整体的著作权。若合作作品是不可以分割使用的,任何一方不得阻止他方行使除转让以外的其他权利,但所得收益应当合理分配给所有合作作者。合作作者之一死亡的,分配给其继承人。

2. 委托作品

委托作品,是指受托人根据委托人的委托而创作的作品。我国《著作权法》第17条规定了委托作品的著作权归属。原则上,若委托人与受托人之间有关于委托作品著作权归属的约定,则依照其约定;若无约定,著作权归受托人,此时,委托人享有在约定范围内或在委托创作的特定目的范围内使用该作品。例外的情形包括:一是当事人合意以特定人物经历为题材完成的自传体作品的归属,有约定的,按照约定;没有约定的,著作权归该特定人物,执笔人或整理人有权获得适当的报酬。二是由他人执笔,本人审阅定稿并以本人名义发表的报告、讲话等作品的归属,若构成单位作品的,由所在单位享有著作权;若不构成单位作品,著作权归报告人或者演讲人,执笔人可获得一定报酬。

3. 职务作品

公民为完成法人或者其他组织工作任务所创作的作品。其特征是:创作的作品应当属于作者的职责范围;对作品的使用应当属于作者所在单位的正常工作或业务范围之内。在我国,除法律特殊规定以外,职务作品的著作权属于事实作者,即自然人作者。此为一般职务作品。这里“工作任务”指的是公民在该法人或者该组织中应当履行的职责。这里“物质技术条件”,是指该法人或者该组织为公民完成创作专门提供的资金、设备或者资料。作者为完成其所在单位“应当履行的职责”所创作的作品是职务作品。

职务作品的著作权归属,单位与作者有约定的,按照约定;没有约定的,因该职务作品系一般职务作品或特殊职务作品,其著作权的归属规则有所不同:一般职务作品的著作权归属没有约定的,著作权由作者享有。但自一般职务作品完成2年(自作者向单位交付作品之日起计算)内,单位在其业务范围内享有优先使用的权利;特殊职务作品,即主要是利用单位的物质技术条件创作,并由单位承担责任的工程设计图、产品设计图、地图、计算机软件等职务作品。特殊职务作品的著作权归属，没有约定的，著作权由单位享有。作者仅享有署名权、获得奖励权、获得报酬权。

4. 演绎作品

对于演绎作品，我国《著作权法》第 12 条规定：“改编、翻译、注释、整理已有作品而产生的作品，其著作权由改编、翻译、注释、整理人享有，但行使著作权时不得侵犯原作品的著作权。”由此可见，演绎作品的著作权由演绎作品的作者享有。第三人使用演绎作品时须经演绎作品著作权人以及原作品著作权人的同意，并向演绎作品著作权人以及原作品著作权人支付报酬。例如，甲将《飘》翻译成中文，此时甲对中文版的《飘》享有著作权，若某出版社未经许可出版中文版的《飘》，即侵犯了甲的著作权。原创作品和演绎作品是著作权法对作品类型的基本分类，二者的独创性程度不同导致其保护范围存在差异。演绎作品的独创性仅体现在演绎作者所贡献的演绎成分上，因此，对于演绎作品的著作权应在严格区分原创作品的基础上界定其保护范围。在不同演绎作品选用题材部分重合但不构成实质性近似的情况下，可以认定在后的演绎作品未侵害在先演绎作品的相关权利。

5. 汇编作品

对于演绎作品，我国《著作权法》第 14 条规定：“汇编若干作品、作品的片段或者不构成作品的数据或者其他材料，对其内容的选择或者编排体现独创性的作品，为汇编作品，其著作权由汇编人享有，但行使著作权时，不得侵犯原作品的著作权。”和演绎作品一样，汇编作品的著作权由汇编作品的作者享有。第三人使用汇编作品时须经汇编作品著作权人以及原作品著作权人的同意，并向汇编作品著作权人以及原作品著作权人支付报酬。

6. 影视作品

对于影视作品，我国《著作权法》第 15 条规定：“电影作品和以类似摄制电影的方法创作的作品的著作权由制片者享有，但编剧、导演、摄影、作词、作曲等作者享有署名权，并有权按照与制片者签订的合同获得报酬。电影作品和以类似摄制电影的方法创作的作品中的剧本、音乐等可以单独使用的作品的作者有权单独行使其著作权。”由此可见：(1)作为一个整体的影视作品，著作权归于制片者；(2)如无相反证明，在作品上署名的公民、法人或者其他组织享有影视作品的著作权。显然，对于电影作品著作权归属的规定，我们采纳大陆法系国家的做法。首先承认电影作品或以类似摄制电影的方法创作的作品是由编剧、导演、摄影、作词、作曲等作者创作完成的，但考虑到制片人的投资和商业运作，将电影作品的著作权赋予制片人，将著作权法定转让给了制片人。但是，编剧、导演、摄影、作词、作曲等作者仍享有署名权和获得报酬权。影视作品中的剧本、音乐等可以单独使用的作品的作者有权单独行使其著作权。

第四节　邻　接　权

一、邻接权的概述

（一）邻接权概念

在我国《著作权法》中，邻接权特指表演者对其表演活动、录音录像制作者对其制作的录音录像、广播组织对其播出的广播信号以及出版者对其版式设计所享有的专有权利。

邻接权产生的原因在于某些有保护必要的智力创造成果由于不具备作品所要求的独创性而无法获得保护，主要为作品传播者和非作品创造者的权利。例如，表演艺术家对作品的表演具有很大的艺术价值，但是无法达到作品独创性的高度。因为艺术表演最终仍然是对作品的展示，创造性有限，但是鼓励艺术表演行为对作品的传播至关重要。因为没有传播，作品显然也就失去价值和意义，因此将这类权利单独界定为著作权法上的一类新型权利，用于保护那些不符合独创性要求但是与作品有一定联系的劳动成果。随着传播手段多样化和技术迅猛发展，这类权利保护重要性日益凸显。

（二）邻接权与著作权的联系与区别

在前文论述中可知，著作权有广义和狭义之分，广义著作权包括邻接权。而邻接权与狭义著作权也有较为密切的联系：

1. 邻接权的客体与作品存在一定关联。例如，表演活动是指对作品的表演，录音制品大多是对音乐作品演唱的录制，而广播电台、电视台所播出的节目信号多数也与音乐、电影、电视剧等作品有关。

2. 邻接权与狭义著作权在性质上都是专有权利。邻接权人享有的许多专有权利不仅与狭义著作权人享有的专有权利名称相同，而且控制相同行为。例如，我国《著作权法》规定录音制品制作者享有复制权、发行权、信息网络传播权和出租权，而电影作品、计算机软件的著作权人也享有这些权利,控制着同种性质的行为。

但是,邻接权与狭义著作权之间的差异也很明显:

1. 两者客体不同。狭义著作权的客体是符合独创性要求的作品,而邻接权的客体是传播作品过程中产生的成果,如某甲录制歌星某乙的唱片贩卖,获得利益,那么邻接权保护的就是这些"利益";而著作权的客体就是作品本身。

2. 邻接权客体的创造性程度低于作品,其受法律保护的水平也相应较低。因此,邻接权人享有的专有权利要少于狭义著作权人,其受法律保护的时间也短于著作权。例如,我国《著作权法》并未赋予表演者和录音制品制作者以机械表演权以及对商业性机械表演获得报酬权。这意味着舞厅等经营性场所播放唱片只需要经过音乐著作权人许可并向其支付报酬,而无须经过表演者和录音制品制作者许可。

3. 邻接权的主体多为法人或其他组织,而著作权的主体则多为自然人。因为创作是从构思到表达完成的过程,所以客观上,只有自然人才是唯一的文学艺术和科学作品的作者。而邻接权作为一种传播权,其主体多为新闻媒体等组织或法人。

4. 邻接权的行使也要受到作品著作权人的制约。例如,表演者表演作品,有权许可他人录音录像并获得报酬,但如果被表演作品的著作权人不同意,表演者的这种许可就是无效的。

二、邻接权的内容

根据我国相关法律规定,邻接权主要包括表演者权、录音录像制作者权、广播组织者权、出版者的版式设计权。

(一)表演者权

表演者权是指表演者对其表演活动所享有的专有权利。

我国《著作权法实施条例》规定:"表演者,是指演员、演出单位或者其他表演文学、艺术作品的人。"显然,只有表演作品的人才能成为著作权法意义上的表演者,才能享有作为邻接权之一的表演者权。我国《著作权法》通过法律拟制也将演出单位认定为表演者,赋予其参与权利分配的资格。

表演者权的客体是表演活动,也就是表演者根据自己对作品的理解和诠释,以自己的声音、动作或表情或借助乐器等道具表现作品的内容。当然,表演者权保护的是表演者对作品的再创作和表演的传播,至于作品是否过了著作权保护期,甚至作品是否曾经受到著作权法的保护,都不影响表演权的成立。例如,我国的古曲《春江花月夜》《高山流水》《十面埋伏》等早在著作权法出现之前就创作完成的作品,从来就没有受到过著作权法的保护。但是,今天演奏这些古曲的艺术家仍然是著作权法意义上的表演者,对其表演活动享有表演权。

表演者权的内容包括人身权和财产权,人身权包括表明表演者身份权及保护表演形象不受歪曲的权利。财产权包括许可他人现场直播和公开传送其现场表演并获得报酬;许可他人录音录像并获得报酬;许可他人复制、发行录有其表演的录音录像制品并获得报酬;许可他人通过信息网络向公众传播其表演并获得报酬等权利。其中针对人身权的保护期,我国《著作权法》对此不做限制。其他权利的保护期为 50 年,截止于该表演发生后第 50 年的 12 月 31 日。

表演者权是一种邻接权,表演者要表演著作权人的作品,应当征得著作权人的同意并支付报酬。表演者在表演一个作品后,可以许可他人录音录像,或以电视转播的方式进行许可传播,而此时,根据《著作权法》第 37 条的规定:"使用他人作品演出,表演者(演员、演出单位)应当取得著作权人许可,并支付报酬。演出组织者组织演出,由该组织者取得著作权人许可,并支付报酬。使用改编、翻译、注释、整理已有作品而产生的作品进行演出,应当取得改编、翻译、注释、整理作品的著作权人和原作品的著作权人许可,并支付报酬。"故表演者在表演之前,表演者或主办方就应在事前获得著作权人许可并支付报酬;改编作品的,在得到改编作者同意的前提下,也应该得到原作者的同意并支付报酬。这里需要指出的是,著作权法规定的"表演权",即公开表演作品,以及用各种手段公开播送作品的表演的权利,属于著作财产权的范畴,不同于这里的"表演者权"。表演者权是表演者基于对作品的表演而产生的权利,是表演者获得作者授权之后才产生的权利,是由作者的表演权派生出来的权利。例如,汪峰作为《春天里》的词曲作者,享有表演权,可以自己将作品进行公开表演,也可以许可他人进行表演。旭日阳刚作为歌手表演者,未经表演权人汪峰许可,则不能表演该作品。

(二)录音录像制作者权

录音录像制作者权是指录音、录像制品的制作者对其制作的录音、录像制品享有的专有权利。

录制者权的主体即录音、录像制品的制作者，是指首次制作录音、录像制品的人。录音录像制作者权的客体是录音录像制作品。我国《著作权法实施条例》将录音制品界定为“任何对表演的声音和其他声音的录制品”，将录像制品界定为“电影作品和以类似摄制电影的方法创作的作品以外的任何有伴音或者无伴音的连续相关形象、图像的录制品”。

录音录像制作者权的内容因其为录音还是录像制品有所不同。录音制品制作者权的内容包括复制权、发行权、出租权及信息网络传播权。录像制品制作者权的内容包括复制权、发行权、出租权、信息网络传播权及广播权。后者比前者多了一个“广播权”。

2011 年我国启动《著作权法》第三次修改后，录音录像制作者是否应该享有对其制作的录音制品的广播权与公开表演权成了热议话题。原因在于，在互联网环境下，录音制品制作者的复制权和发行权过去所一贯依赖的实体唱片市场急剧萎缩；网络环境下录音制品的出租市场基本没有形成，造成录音制品制作者对其录音制品的出租权形同虚设；录音制作者虽能从数字音乐市场中收取一部分录音制品信息网络传播权收益，但无法收回对音乐作品表演者和音乐作品创作者的前期投入，也难以正常维持唱片公司的再发展与再创作。在这种情况下，希望享有录音制品的广播权和公开表演权对录音制作者来说自然而然地成为十分现实的选择和期盼。

2012 年公布的《著作权法》（修改草案第二稿）中明确设置了录音制品制作者对其制作的录音制品的广播权和公开表演获酬权。几易其稿后，2020 年提交全国人大常委会送审的《著作权法修正案（草案）》保留了现行《著作权法》中规定的录音制品制作者的广播权的付酬权，但未赋予录音制品制作者的公开表演权。

（三）广播组织权

广播组织权是指广播组织就自己播放的节目信号享有的专有权利。

广播组织权的主体即广播组织，包括广播电台和电视台等。在我国，《著作权法》等没有对“广播电台、电视台”进行定义，只有在《广播电视管理条例》第 8 条规定：“本条例所称广播电台、电视台是指采编、制作并通过有线或者无线的方式播放广播电视节目的机构。”

广播组织权的客体不同于广播组织制作的广播、电视节目，而是广播组织播放节目的信号。例如,中央电视台拍摄的电视连续剧,此时中央电视台以制片人的身份享有著作权,而依据"播放节目"获得广播组织权;再如,中央电视台转播国外重大赛事,需要向赛事的主办方支付高额费用购买转播权,而这些现场直播的比赛节目画面并不是中央电视台自己制作的,但中央电视台作为广播组织,对我国境内其现场直播的比赛节目信号享有专有权利。

我国《著作权法》没有明文规定"广播组织权"这一概念,也没有规定广播组织权具有哪些具体的权利类型,而是着重规定了其"禁止权"。一般认为,主要体现在该法第 45 条,即"广播电台、电视台有权禁止未经其许可的下列行为:其一,将其播放的广播、电视转播;其二,将其播放的广播、电视录制在音像载体上以及复制音像载体。前款规定的权利的保护期为五十年,截止于该广播、电视首次播放后第五十年的 12 月 31 日"。综上所述,《著作权法》将广播组织权分为"转播权、录制权、复制权"三种,但该法并未对"转播"进行界定,而相关法规和司法解释也没有进行补充解释。目前对广播节目的转播既可以通过无线方式,包括卫星转播,又可以通过有线方式转播。但是,是否涵盖了禁止通过互联网进行转播的行为则存在较大争议。

另外,最新的《著作权法修正案(草案)》将广播组织做了如下修改:"第四十五条 广播电台、电视台对其播放的载有节目的信号享有下列权利:(一)许可他人转播;(二)许可他人录制以及复制;(三)许可他人通过信息网络向公众传播。"显然,根据新的《著作权法修正案(草案)》,广播组织权将之前的"禁止权"更改为"许可权"。

(四)版式设计权

版式设计权即出版者有权许可或者禁止他人使用其出版的图书、期刊的版式设计的权利。

版式设计权的主体为出版者,即各出版社。出版者的版式设计权的客体为版式设计。版式设计是指对印刷品的版面格式的设计,包括对版心、排式、用字、行距、标点等版面布局因素的安排。版式设计包含设计者的许多劳动成果,如不同版本的字体的设计、格式的编排等,尤其是音乐作品的版式设计更具有独创性——不同版本的音乐作品的绘谱(根据不同使用性质如独奏、合奏等对音乐作品进行设计)、曲目的编排、音符的间距等是不同的;根据相同音乐作品的不同版本进行表演或者演奏,其难度、效果是不一样的。这种智力投入应当得到著作权法的保护。

出版者的版式设计权的内容为出版者有权许可或禁止他人使用其出版的图书、期刊的版面设计。结合版式设计的含义、用途和出版行业惯例等因素综合考虑,版式设计权的保护范围比较狭小,一般仅以专有复制权为限。考虑到出版行业发展和版式设计表达空间有限,对版式设计只能在有限、狭窄的范围内给予保护。即一般是在原样复制,或在原版式设计基础上只做很简单、很小改动使用时,才构成侵权。另外,在目前的司法实践中,一般认为,信息网络传播权的权利客体限于作品、表演、录音录像制品,版式设计并非信息网络传播权的权利客体。

该权利的保护期为 10 年,截至使用该版式设计的图书、期刊首次出版后第 10 年的 12 月 31 日。例如,出版者使用其版式设计的图书首次出版的时间为 2010 年 10 月 10 日,则其保护期限至 2020 年 12 月 31 日。

第五节　对著作权的限制

我国著作权法规定了著作权人和邻接权人的诸多财产权利,其目的并不在于让创作者对作品进行绝对垄断,而是通过赋予权利人有限垄断权,保障其从创作中获得合理收入,以鼓励和刺激更多人投入创造性劳动之中,形成更多的推动社会发展和人类进步的智力创作成果。

但是,著作权法鼓励创作的最终目的在于满足社会对知识和信息的需要,正如《伯尔尼公约》第 9 条第 2 款规定,成员方法律有权允许在某些特殊情况下(不经作者许可)复制作品,只要这种复制不致损害作品的正常使用,也不致无故危害作者的合法利益。尽管其仅允许各成员方对复制权规定例外,但是仍然为各国规定著作权的限制制度提供依据。我国《著作权法》规定了对著作权的两类限制:法定许可和合理使用。两者的区别在于根据法定许可使用作品,无须经过著作权人许可,但应当支付报酬,而根据合理使用对作品进行使用,既不需要经过著作权人许可,也不需要支付报酬。

一、合理使用

合理使用是指将他人已经发表的作品(表演、录音录像制品、广播电视节目信号)以法定方式使用,可以不经权利人允许,亦无须支付报酬,且不构成侵权的使用方式。我国《著作权法》第 22 条列举了 12 种合理使用的情况,同时,《信息网络传播权保护条例》第 6 条也规定了 8 种数字在此环境中

“合理使用”的情形，具体如下：

1. 为个人学习、研究或者欣赏，使用他人已经发表的作品。这种“合理使用”情形限制了目的、主体和对象三个内容。目的只能是学习、研究或欣赏，而不能扩大到出版、出租等；主体只能是个人，而不能扩大到家庭；对象只能针对已发表的作品，未发表的作品不在合理使用之列。

2. 为介绍、评论某一作品或者说明某一问题，在作品中适当引用他人已经发表的作品，必须具备下列条件：(1)引用目的仅限于介绍、评论某一作品或者说明某一问题。(2)所引用部分不能构成引用人作品的主要部分或者实质部分；被引用部分所起到的作用只能是辅助说明，如果构成新作品的主要内容超越了适度范围，那么就滑向抄袭的边缘。(3)不得损害被引用作品著作权人的利益，包括应当指明作者姓名、作品名称，使读者明了引用部分非其独创，从而保护著作权人的合法权益。

3. 为报道时事新闻，在报纸、期刊、广播电台、电视台等媒体中不可避免地再现或者引用已经发表的作品。在这种情形下使用的目的是为报道时事新闻，因此不能超过时事报道引用已经发表作品的必要限度。例如，电视台为了制作演唱会的新闻，不可避免地会将歌手演唱的片段纳入新闻节目播出，而这涉及对音乐作品的复制和广播，只要没有超出时事报道的限度，就可以构成合理使用。但是，如果电视台把歌手的整首歌全部录制下来并播出，就不再属于合理使用的范畴。

4. 报纸、期刊、广播电台、电视台等媒体刊登或者播放其他报纸、期刊、广播电台、电视台等媒体已经发表的关于政治、经济、宗教问题的时事性文章，但作者声明不许刊登、播放的除外。这类对时事性文章使用的合法性规定，在于保障公民参加国家政治生活并参与民主政治的合法权利。各国著作权法大多规定在作者没有做出保留声明情况下，对时事性文章的刊登、播放或者转载不构成侵犯著作权的行为。

5. 刊登、播放或通过网络传播在公众集会上的讲话，但作者声明不许刊登、播放的除外。这条立法理由也在于保障公民了解和参与政治生活的基本权利。当然，从本条的立法目的来看，合理使用的范围应当限定在关于政治、经济和宗教方面的讲话，而不包括一般的学术讲座、科学报告等，而且使用方式也应当限定在刊登和播放行为，也就是实时传播行为是合法的。

6. 为学校课堂教学或者科学研究，翻译或者少量复制已经发表的作品，供教学或者科研人员使用，但不得出版发行。《著作权法》规定这种合理使用，主要目的是保护对他人作品具有附加价值的使用，促进教育事业的进步。构成这种不侵权抗辩使用必须具备：第一，目的是学校课堂教学或者科学研究。《著作权法》并没有明确规定“学校”的范围，在通常情况下，营利性教育机构被排除在外。同时，非营利性教育机构如果从事营利行为，也被排除在外。第二，使用形式只限于翻译和少量复制。所谓的少量复制，是指仅满足具体教学人员或者科研人员需要的复制，这关键是看这种使用行为是否实质性地影响到著作权人的交易市场。

7. 国家机关为执行公务在合理范围内使用已经发表的作品。国家机关是指从事国家管理和行使国家权力的机关，国家机关使用已发表的作品必须是为执行公务需要。公务是指法律规定的各国家机关职责范围内的事务。国家机关执行公务通常包括两种形式：一种是国家机关自行执行公务；另一种是国家机关授权或委托其他单位执行公务，最重要的是国家机关应当在合理范围内使用他人的作品。所谓合理的范围应当是以执行公务所必须或者无可代替为限度。例如，法院在审理案件中可以复印一部著作的片段作为参考资料，但是，政府机关不能以执行公务为借口将他人的作品印制在政府的手册上、接待用的一次性纸杯上或者使用盗版软件等。

8. 图书馆、档案馆、纪念馆、博物馆、美术馆等为陈列或者保存版本的需要，复制本馆收藏的作品，包括以数字化形式复制本馆收藏的作品。此种“合理使用”情形只适用于图书馆、档案馆、纪念馆、博物馆、美术馆等，不可扩大解释。当前，数字图书馆数字技术的发展给传统合理使用制度带来了巨大挑战，在数字图书馆服务模式下，成百上千人可以同时在线阅读，且不存在纸质书籍磨损等问题，对著作权人利益的不利影响不言而喻。为了解决网络环境下的著作权问题，我国 2006 年颁布《信息网络传播权保护条例》，第 7 条规定，数字图书馆合理使用作品要遵循以下几个严格要件：第一，数字作品的传播对象仅限于图书馆馆舍内的服务对象，可供浏览的网络也只局限于图书馆内部的局域网，而不是开放式的互联网。第二，使用的只能是本馆收藏的作品，也就是说，数字图书馆只能对本馆收藏的作品在一定条件下进行数字化传播。第三，数字图书馆向用户提供的数字作品，一是本馆收藏的合法出版的数字作品，即从著作权人处购买的电子版作品；二是本馆收藏的依法为陈列或者保存版本的需要以数字化形式复制的作品，这类作品必须是已经损毁、濒临损毁、丢失，或者其存储格式已经过时，并且在市场上无法购买或者只能以明显高于标定的价格购买的作品。第四，数字图书馆在合理使用作品过程中不得直接或者间接获得经济利益，即出于非商业性目的的使用。

9. 免费表演已经发表的作品，该表演未向公众收取费用，也未向表演者支付报酬。这种“合理使用”要求既不能向公众收取费用，也不能向表演者支付报酬。这里的“费用”和“报酬”包括以任何名义收取或支付的，与欣赏或表演作品有关的直接或间接的费用和报酬，如向表演者支付的车马费、出场费或实物对价，以及向观众收取的餐饮费、场地费、会员费等。如果一家餐馆有偿聘用一名歌手在席间弹唱享有著作权的歌曲，即使餐馆并未向歌手支付任何费用，也没有向前来就餐者直接收取餐费之外的额外费用，该表演也不属于合理使用，原因是这种营利性场所的表演是一种招揽顾客的手段，而且顾客所支付的餐费或服务费中已经包含了欣赏音乐的费用。因此，歌手表演享有著作权歌曲必须征得著作权人的同意，否则就会构成侵权。

10. 对设置或者陈列在室外公共场所的艺术作品进行临摹、绘画、摄影、录像。这种“合理使用”的方式仅限于临摹、绘画、摄影、录像，不能进行其他方式的使用。室外公共场所的艺术品的复制行为虽然性质上属于著作权人所享有的复制权，但是由于这类艺术作品已经成为社会公众文化生活的重要组成部分，应当鼓励公众的使用和传播，所以纳入合理使用范畴。当然，这并不意味着作品被放置在公共场所，他人就可以通过临摹、拍摄等手段进行商业性使用，因为这已经影响到作品正常使用方式和著作权人的合法利益。

11. 将中国公民、法人或者其他组织已经发表的以汉语言文字创作的作品翻译成少数民族语言文字作品在国内出版发行。在适用这一款时需要注意以下几点：一是翻译的是中国公民、法人或者其他组织已经发表的以汉语言文字创作的作品，外国人作品不行；二是要翻译成少数民族语言文字作品；三是必须在国内出版发行，提供地域也是特定的。前述三项条件必须全部满足才符合这种“合理使用”。主要目的是增加少数民族获得信息和受教育的机会，从而促进少数民族社会和经济的发展。

12. 将已经发表的作品改成盲文出版。需要注意的是，这一种与第十一种不同，并未将允许被改成盲文的作品限定于中国公民、法人或者其他组织已经发表的汉语作品。当然目的也在于帮助盲人像正常人一样获得信息，确保知识产权法不构成不合理或歧视性阻碍盲人获得知识和信息。

《信息网络传播权保护条例》第6条第6款还规定,合理使用包括不以营利为目的,以盲人能够感知的独特方式向盲人提供已经发表的文字作品。

二、法定许可使用

"法定许可使用"是指法律明确规定实施某种原本受专有权利控制的行为无须经过著作权人许可,却应向著作权人支付报酬。我国《著作权法》一共规定了5种"法定许可",《信息网络传播权保护条例》又增加了一种"法定许可"和一种"准法定许可"。

(一)报刊转载的法定许可

作品刊登后,除著作权人声明不得转载、摘编的外,其他报刊可以转载或者作为文摘、资料刊登,但应当按照规定向著作权人支付报酬。该项"法定许可"是对文字作品复制权的限制,意在使著作权人获得合理报酬的情况下,为通过报刊转载促进优秀作品的传播提供便利。其中"转载"是指报纸、期刊原封不动或者略有改动之后刊登已经其他报刊发表的作品,"摘编"则是指对原文主要内容进行摘录、缩写。但是,这项"法定许可"只适用于报刊之间的相互转载,并不适用于书籍之间、书籍与报刊之间的相互转载。除此之外,发表在网络上的作品不适用法定许可。进行转载、摘编的报刊不能侵犯著作权人的其他合法权益,特别是应当尊重作者的署名权、保持作品的完整性。例如,为了进行摘要转载而概括原文观点时,不能以偏概全、断章取义,从而歪曲、篡改和割裂作者的观点,对作者的声誉造成损害。在实践中,报刊转载其他期刊已发表作品时,往往不知道作者的联系方式,直接向作者支付报酬存在困难,因此,一般可向文字作品的集体管理组织——中国文字著作权协会送交报酬,由协会进行转递。

(二)制作录音制品法定许可

录音制作者使用他人已经合法录制为录音制品的音乐作品制作录音制品,可以不经著作权人许可,但应当按照规定支付报酬;著作权人声明不许使用的不得使用。该法定许可只是针对为将音乐作品制作成录音制品出版所涉及的音乐作品著作权人的复制权和发行权,并不包括对表演者和录音制品制作者享有的复制权和发行权的许可。如果直接翻录他人制作的录音制品，或在翻录的基础上以技术手段进行加工和编辑，制成新的录音制品出版，将同时构成对表演者和前一录音制品制作者复制权和发行权的侵权。因此，“制作录音制品法定许可”实际上只允许使用词曲本身。从该法条的用语来看，“制作录音制品的法定许可”只允许“制作”录音制品，那是否允许在未经著作权人许可的情况下，发行由此制作完成的录音制品呢？显然如果该法定许可只允许“制作”而不允许“发行”，那么“制作”又有什么意义呢？音乐著作权人完全可以通过拒绝许可“发行”根据法定许可制作的录音制品，达到垄断唱片市场的目的，这与本条法定许可的精神格格不入。因此，应将“制作录音制品的法定许可”解释为：在符合法定条件的情况下允许制作并发行录音制品。[1] 类似地，根据“法定许可”使用他人音乐作品制作录音制品的制作者应在使用之日起 2 个月内向代表音乐著作权人管理音乐著作权的集体管理组织——中国音乐著作权协会支付报酬，由协会转交给会员。

（三）播放作品的法定许可和播放录音制品的法定许可

广播电台、电视台播放他人已发表的作品，可以不经著作权人许可，但应当支付报酬；广播电台、电视台播放已经出版的录音制品，可以不经著作权人许可，但应当支付报酬。这两种法定许可是为了在不影响作者发表权和其经济利益的情况下，促进作品通过广播在更大范围的传播，因此均是对“广播权”的限制，分别适用于已经发表的作品和已经出版的作品的录音制品。但是，本条并不适用于广播电台、电视台播放他人已经发表的电影作品及以类似摄制电影的方法创作的作品、录像制品。例如，一位流行歌手已经发表了其创作的多首歌曲，那么电视台可以不经过其许可，在流行乐欣赏栏目中播放这些歌曲，但是，如果这些歌曲被一家音像公司录制成录像制品发行，那么电视台就必须经过歌手同意才能播放这些录像制品。另外，需要指出的是，由于《著作权法》没有为表演者和录音制品制作者规定针对已录制的表演和录音制品的广播权，因此广播电台、电视台播放录音制品可以不经著作权人许可。

---

〔1〕 最高人民法院（2008）民提字第 51 号民事判决书。

(四)编写出版教科书法定许可

为实施九年制义务教育和国家教育规划而编写出版教科书,除作者事先声明不许使用的外,可以不经著作权人许可,在教科书中汇编已经发表的作品片段或者短小的文字作品、音乐作品或者单幅的美术作品、摄影作品,但应当按照规定支付报酬,指明作者姓名、作品名称,并且不得侵犯著作权人依照《著作权法》享有的其他权利。上述规定适用于对出版者、表演者、录音录像制作者、广播电台、电视台的权利的限制。

该法定许可适用范围较广,不仅限制文字作品、音乐作品、美术作品和摄影作品著作权人的汇编权、复制权和发行权,还限制出版者的专有出版权和广播电台、电视台对其所播出节目的复制权,以及表演者、录音录像制作者对其表演和录音录像制品的复制权、发行权。与其他几类法定许可一样,使用者必须尊重作者的署名权,注明出处并支付报酬。且"编写出版教科书法定许可"对使用作品的目的和数量作了严格限制,只有"为实施九年制义务教育和国家教育规划"而编写教科书才能援引这项法定许可。这就意味着为其他教育目的,如国家教育规划之外的社会培训而编写教科书,或编写教科书之外的辅导材料等,均不属于法定许可的范围。同时,编写者只限于使用作品片段和短小的文字作品、音乐作品或单幅的美术作品、摄影作品。

(五)制作课件法定许可

《信息网络传播权保护条例》第 8 条规定:"为通过信息网络实施九年制义务教育或者国家教育规划,可以不经著作权人许可,使用其已经发表作品的片断或者短小的文字作品、音乐作品或者单幅的美术作品、摄影作品制作课件,由制作课件或者依法取得课件的远程教育机构通过信息网络向注册学生提供,但应当向著作权人支付报酬。"该条法定许可的立法目的与"编写出版教科书法定许可"相同,都是为了促进九年制义务教育的实施,实际上是将"编写出版教科书法定许可"延伸到了网络环境。随着网络技术的发展,许多教育机构开设了远程网络教育课程,需要使用作品片段制作多媒体课件供学生通过网络在远端加以使用。当然,根据《信息网络传播权保护条例》第 8 条的规定,在网络远程教育中使用该课件的教学机构应当采取技术措施,防止服务对象以外的其他人获得著作权人的作品。这意味着这些教学机构应当采用身份验证或地址控制等技术手段,仅允许九年制义务教育或者国家教育规划项目中符合条件的特定学生群体使用。

(六)通过网络向农村提供特定作品的准法定许可

《信息网络传播权保护条例》第9条[1]规定了一种类似法定许可,但又不是严格意义上法定许可的权利限制。因为该条对此项权利的使用设置了严格的条件限制:首先,作品的作者范围被限定在中国公民、法人或者其他组织;其次,作品的范围被限定在已经发表的种植养殖、防病治病、防灾减灾等与扶助贫困有关的作品和适应基本文化需求的作品;再次,网络服务提供者必须依法定程序进行公告,给予著作权人提出异议的权利;最后,不得直接或者间接获得经济利益。本条立法目的是满足农村地区不同于城市的特殊需要,即保障农村居民能够享受基本的物质与文化生活。比如,向农村地区的公众免费提供种植基础知识的讲座,应在提前公告在讲座中拟提供的作品及其作者、拟支付报酬的标准。自公告之日起满30日,著作权人没有异议的,网络服务提供者可以提供其作品,并按照公告的标准向著作权人支付报酬。

第六节 著作权侵权行为及法律责任

一、著作权侵权行为的主要类型

侵犯著作权的行为可分为直接侵权和间接侵权,如果他人在未经著作

[1] 我国《信息网络传播权保护条例》第9条规定:"为扶助贫困,通过信息网络向农村地区的公众免费提供中国公民、法人或者其他组织已经发表的种植养殖、防病治病、防灾减灾等与扶助贫困有关的作品和适应基本文化需求的作品,网络服务提供者应当在提供前公告拟提供的作品及其作者、拟支付报酬的标准。自公告之日起30日内,著作权人不同意提供的,网络服务提供者不得提供其作品;自公告之日起满30日,著作权人没有异议的,网络服务提供者可以提供其作品,并按照公告的标准向著作权人支付报酬。网络服务提供者提供著作权人的作品后,著作权人不同意提供的,网络服务提供者应当立即删除著作权人的作品,并按照公告的标准向著作权人支付提供作品期间的报酬。依照前款规定提供作品的,不得直接或者间接获得经济利益。"

权人的许可和缺乏法律依据的情况下实施受著作权专有权利控制的行为，构成对著作权的直接侵权。而教唆、引诱他人实施著作权侵权，或在知晓他人侵权的情况下，对该侵权行为提供实质帮助，则构成对著作权的间接侵权。

区分直接侵权与间接侵权的重要意义在于，直接侵权并不要求行为人具有主观上的过错，而间接侵权则以行为人具有主观过错为要件。

基于著作权专有权利的绝对权性质，除非法律有例外规定，只要未经许可实施受专有权利控制的行为即构成直接侵权，主观过错并非构成直接侵权的必要条件，只影响赔偿责任的承担。而构成间接侵权的各种行为则都不在著作权专有权利的控制范围内，将其界定为对著作权的侵犯是出于适当扩大著作权保护范围的政策考量以及这些行为的可责备性，因此，必须以行为人具有主观过错为构成要件。

（一）直接侵权

行为人未经著作权人许可，又缺乏“合理使用”“法定许可”等抗辩理由，而实施受专有权利控制的行为，即构成直接侵权。因此，一项特定行为是否构成直接侵犯著作权的行为，关键在于这项行为是否受到专有权利的控制，以及是否存在特定的法定免责事由。著作权侵权是否要求侵权人具备主观过错则在学术界和实务界存在较大争议。一般认为，行为人是否具有主观过错，只影响损害赔偿数额或救济方法，而不影响行为是否构成直接侵权的认定。

（二）间接侵权

著作权间接侵权主要是教唆、引诱他人进行侵权以及明知他人的行为构成侵权，但仍然给予实质性帮助的。间接侵权是相对于直接侵权而言的，它是指行为人并未直接实施受专有权利控制的行为，如果其行为与他人的直接侵权行为之间存在特定关系，且行为人具有特定的主观过错，也可基于公共政策原因而被法律定为侵权行为。间接侵权一般包括以下两种情形：(1)行为人因帮助、教唆或引诱他人直接侵权而构成间接侵权；(2)行为人因特定关系而对他人的侵权行为承担责任。包括：受托人为履行合同义务而侵权时，委托人为间接侵权人；单位雇员为完成本职工作而侵权时，雇主或单位为间接侵权人。

二、法律责任

一般情况下侵权人应视情况承担停止侵权、赔礼道歉或支付损害赔偿等民事责任,但如果侵权行为同时损害了公共利益,还可能承担行政责任,而严重损害公共利益的侵权行为还可能导致刑事责任。

(一)民事责任

1. 停止侵害

停止侵害,是指阻止加害人正在对受害人实施的侵犯人身权利或财产权利的情形,其基础目的是防止损害的发生或损害结果的扩大。在未取得著作权人许可或缺乏法律依据的情况下擅自进行受专有权利控制的行为,此时无论侵权者的主观状态如何,都应承担立即停止侵权行为的民事责任。比如,停止录音录像制品出售、停止原创书籍传播、停止电视剧播出等。停止侵害是唯一一项可直接达致制止侵权行为发生的方式,其他诸项则更侧重于强调侵权行为已经发生,侵权后果已经酿成,权利人在无可奈何之下主张的补偿性或恢复性请求,而事实上这种恢复性请求通常并不能达到权利人获得完整补偿或权利恢复的效果。

2. 消除影响、赔礼道歉

在知识产权法领域中,只有《著作权法》明确将"消除影响、赔礼道歉"纳入民事责任承担方式。为什么《著作权法》会规定此种责任承担形式呢?主要的原因在于著作权包括精神权利和经济权利(又称人身权和财产权),消除影响、赔礼道歉适用于侵犯精神权利的行为,由侵权者公开或书面向受害者表示歉意。赔礼道歉是消除影响的手段,消除影响是赔礼道歉的后果。当侵权行为侵犯了著作人身权,导致其人格利益受到损害时,就无法单纯通过经济赔偿挽回对著作权人造成的损害,法院就应当判令侵权人通过完成某些必要的行为来消除对著作权人的声誉造成的不良影响或者对著作权人进行精神抚慰。例如,报刊登载他人作品时因疏忽大意未能正确署名的,应当通过在显著位置登载声明而加以更正。而篡改、歪曲他人作品的则应当根据作者的声誉受损的程度和范围,以适当的方式向作者进行赔礼道歉。

3. 赔偿损失

作为著作权侵权民事责任的承担方式,损害赔偿请求权具备弥补已经发生损害的权能，区别于其他的债权请求权，著作权侵权领域中损害赔偿请求权的适用有其独特的规则。

首先，侵权行为人存在过错是其应承担损害赔偿责任的必要前提。侵权人具有过错并非构成直接侵权的要件，但具有过错是承担赔偿损失这一民事责任的前提。侵权行为人道德的可责备性是要求其承担赔偿责任的法理基础。过错是著作权损害赔偿责任成立的基本构成要件，侵权行为人若无过错，虽然侵权行为成立，但不能要求其承担损害赔偿的民事责任。当侵权者具有过错，且侵权行为导致著作权人蒙受损失时，侵权人应承担赔偿损失的民事责任。

其次，同普通的民事损害赔偿责任追责方式不同，在著作权侵权领域中，损害赔偿责任采取举证责任倒置的分配原则。即为更好地保护著作权人的合法权益、加重对侵权行为人的问责力度，立法设定了由侵权行为人对自己的无过错主张承担举证责任的制度。一般而言，被告主张自己没有过错的，应当承担举证责任，否则须承担不利的法律后果。立法通过加重侵权行为人的举证责任，可以更有效地维护著作权人的利益。

最后，全面赔偿原则，又称填平原则、全部赔偿原则等，是指确定的侵权赔偿数额应当能够全面而充分地弥补原告因被侵权而受到的损失。我国《著作权法》第 49 条规定“侵犯著作权或者与著作权有关的权利的，侵权人应当按照权利人的实际损失给予赔偿”。我国《著作权法(草案)》第 53 条第 1 款规定“对于故意侵犯著作权或与著作权有关的权利，情节严重的，可以在按照上述方法确定数额的一倍以上五倍以下给予赔偿”。这首次在著作权法律制度中引入了惩罚性赔偿制度，是我国知识产权民事责任立法的新发展和新突破。

我国《著作权法》第 49 条规定了三种计算赔偿数额的方式：

第一种方式是侵权人应当按照权利人的实际损失给予赔偿。根据最高人民法院《关于审理著作权民事纠纷案件适用法律若干问题的解释》第 24 条的规定，实际损失可以根据权利人因侵权所造成复制品发行减少量或者侵权复制品销售量与权利人发行该复制品单位利润乘积计算。发行减少量难以确定的，按照侵权复制品市场销售量确定。

第二种方式是实际损失难以计算的，可以按照侵权人的违法所得给予赔偿。虽然《著作权法》并没有对“违法所得”的概念作出规定，但一般认为它应当是侵权人因侵权行为而获得的利润。实践中一般以侵权人的营业利润作为赔偿数额。根据《著作权法》第 49 条第 1 款的规定，赔偿数额还应当包括权利人为制止侵权行为所支付的合理开支。这意味着无论按照权利人的实际损失还是侵权人的违法所得计算赔偿数额，都应当包括权利人为制止侵权行为所支付的合理开支。

第三种方式是适用法定赔偿金。在法院无法查清受害人实际损失和侵权人营利数额，或者受害人直接要求按法定最低赔偿额进行赔偿的，法院按法律规定的赔偿数额确定赔偿数额。鉴于著作权保护对象的特殊性，其损害事实、后果的不易确定性，不少国家的著作权立法规定了著作权侵权损害赔偿的法定赔偿制度。我国《著作权法》第 49 条第 2 款规定："权利人的实际损失或者侵权人的违法所得不能确定的，由人民法院根据侵权行为的情节，判决给予五十万元以下的赔偿。"同时，最高人民法院《关于审理著作权民事纠纷案件适用法律若干问题的解释》第 25 条第 2 款规定，法院在确定赔偿数额时，应当考虑作品类型、合理的使用费、侵权行为性质、后果等情节综合确定。需要注意的是，《著作权法（草案）》第 53 条将法定最高损害赔偿额增加到 500 万元。

（二）行政责任

当侵权人的特定侵权行为同时损害公共利益时，侵权人除了要根据权利人的诉讼请求和法院判决向权利人承担民事责任之外，还可能要承担行政责任。即由著作权行政管理部门对侵权人予以行政处罚。

我国《著作权法》按照侵权行为的性质在第 47 条和第 48 条分别列举了两类侵权行为，只有第 48 条列举的 8 类侵权行为，同时损害公共利益的，才能适用行政责任。[1] 另外，《计算机软件保护条例》也是按照侵权行为的性

---

〔1〕我国《著作权法》第 48 条规定："有下列侵权行为的，应当根据情况，承担停止侵害、消除影响、赔礼道歉、赔偿损失等民事责任；同时损害公共利益的，可以由著作权行政管理部门责令停止侵权行为，没收违法所得，没收、销毁侵权复制品，并可处以罚款；情节严重的，著作权行政管理部门还可以没收主要用于制作侵权复制品的材料、工具、设备等；构成犯罪的，依法追究刑事责任：

（一）未经著作权人许可，复制、发行、表演、放映、广播、汇编、通过信息网络向公众传播其作品的，本法另有规定的除外；

（二）出版他人享有专有出版权的图书的；

（三）未经表演者许可，复制、发行录有其表演的录音录像制品，或者通过信息网络向

质，在第23条和第24条分别列举了两类侵权行为，只有第24条列举的5类侵权行为，同时损害公共利益的，才可以适用行政责任。[1]《信息网络传播权保护条例》第18条、第19条规定了两类给予行政处罚的行为。[2]

公众传播其表演的，本法另有规定的除外；

（四）未经录音录像制作者许可，复制、发行、通过信息网络向公众传播其制作的录音录像制品的，本法另有规定的除外；

（五）未经许可，播放或者复制广播、电视的，本法另有规定的除外；

（六）未经著作权人或者与著作权有关的权利人许可，故意避开或者破坏权利人为其作品、录音录像制品等采取的保护著作权或者与著作权有关的权利的技术措施的，法律、行政法规另有规定的除外；

（七）未经著作权人或者与著作权有关的权利人许可，故意删除或者改变作品、录音录像制品等的权利管理电子信息的，法律、行政法规另有规定的除外；

（八）制作、出售假冒他人署名的作品的。"

〔1〕我国《计算机软件保护条例》第24条规定："除《中华人民共和国著作权法》、本条例或者其他法律、行政法规另有规定外，未经软件著作权人许可，有下列侵权行为的，应当根据情况，承担停止侵害、消除影响、赔礼道歉、赔偿损失等民事责任；同时损害社会公共利益的，由著作权行政管理部门责令停止侵权行为，没收违法所得，没收、销毁侵权复制品，可以并处罚款；情节严重的，著作权行政管理部门并可以没收主要用于制作侵权复制品的材料、工具、设备等；触犯刑律的，依照刑法关于侵犯著作权罪、销售侵权复制品罪的规定，依法追究刑事责任：

（一）复制或者部分复制著作权人的软件的；

（二）向公众发行、出租、通过信息网络传播著作权人的软件的；

（三）故意避开或者破坏著作权人为保护其软件著作权而采取的技术措施的；

（四）故意删除或者改变软件权利管理电子信息的；

（五）转让或者许可他人行使著作权人的软件著作权的。

有前款第一项或者第二项行为的，可以并处每件100元或者货值金额1倍以上5倍以下的罚款；有前款第三项、第四项或者第五项行为的，可以并处20万元以下的罚款。"

〔2〕我国《信息网络传播权保护条例》第18条规定："违反本条例规定，有下列侵权行为之一的，根据情况承担停止侵害、消除影响、赔礼道歉、赔偿损失等民事责任；同时损害公共利益的，可以由著作权行政管理部门责令停止侵权行为，没收违法所得，非法经营额5万元以上的，可处非法经营额1倍以上5倍以下的罚款；没有非法经营额或者非法经营额5万元以下的，根据情节轻重，可处25万元以下的罚款；情节严重的，著作权行政管理部门可以没收主要用于提供网络服务的计算机等设备；构成犯罪的，依法追究刑事责任：

（一）通过信息网络擅自向公众提供他人的作品、表演、录音录像制品的；

（二）故意避开或者破坏技术措施的；

（三）故意删除或者改变通过信息网络向公众提供的作品、表演、录音录像制品的权利管理电子信息，或者通过信息网络向公众提供明知或者应知未经权利人许可而被删除或者改变权利管理电子信息的作品、表演、录音录像制品的；

（四）为扶助贫困通过信息网络向农村地区提供作品、表演、录音录像制品超过规定

《著作权行政处罚实施办法》第4条规定了对违法行为，著作权行政管理部门可以依法责令停止侵权行为，并给予警告、罚款、没收违法所得、没收侵权制品等行政处罚。

1. 警告

行政机关对违法行为人提出的先诫和谴责，主要适用于情节比较轻微的违法行为。

2. 没收非法所得

没收非法所得，是指将侵权人通过侵权行为所获得的全部收益上缴国库。这种处罚形式是前一种处罚形式的补充。

3. 没收侵权制品

为防止侵权人将制作出来的侵权制品发行，继续对受害人造成损害，有必要没收侵权制品。

4. 没收侵权复制品的制作设备、制作材料和工具

对那些本可能继续侵权的侵权人，为从根本上消除其继续制作侵权复制品的可能性，有必要没收其制作侵权复制品的设备。

5. 罚款

我国2013年修订的《著作权法实施条例》第36条规定："有著作权法第

范围，或者未按照公告的标准支付报酬，或者在权利人不同意提供其作品、表演、录音录像制品后未立即删除的；

（五）通过信息网络提供他人的作品、表演、录音录像制品，未指明作品、表演、录音录像制品的名称或者作者、表演者、录音录像制作者的姓名（名称），或者未支付报酬，或者未依照本条例规定采取技术措施防止服务对象以外的其他人获得他人的作品、表演、录音录像制品，或者未防止服务对象的复制行为对权利人利益造成实质性损害的。"

我国2013年《信息网络传播权保护条例》第19条规定："违反本条例规定，有下列行为之一的，由著作权行政管理部门予以警告，没收违法所得，没收主要用于避开、破坏技术措施的装置或者部件；情节严重的，可以没收主要用于提供网络服务的计算机等设备；非法经营额5万元以上的，可处非法经营额1倍以上5倍以下的罚款；没有非法经营额或者非法经营额5万元以下的，根据情节轻重，可处25万元以下的罚款；构成犯罪的，依法追究刑事责任：

（一）故意制造、进口或者向他人提供主要用于避开、破坏技术措施的装置或者部件，或者故意为他人避开或者破坏技术措施提供技术服务的；

（二）通过信息网络提供他人的作品、表演、录音录像制品，获得经济利益的；

（三）为扶助贫困通过信息网络向农村地区提供作品、表演、录音录像制品，未在提供前公告作品、表演、录音录像制品的名称和作者、表演者、录音录像制作者的姓名（名称）以及报酬标准的。"

四十八条所列侵权行为，同时损害社会公共利益，非法经营额5万元以上的，著作权行政管理部门可处非法经营额1倍以上5倍以下的罚款；没有非法经营额或者非法经营额5万元以下的，著作权行政管理部门根据情节轻重，可处25万元以下的罚款。”

著作权行政管理部门实施行政处罚，应当适用《行政处罚法》规定的一般程序。除此之外，《著作权行政处罚实施办法》还从立案、调查取证、作出处理决定、进行处罚等几个方面对处罚程序作出了较详细的规定，例如，对个人处以2万元以上、对单位处以10万元以上的罚款，当事人有要求听证的权利；当事人对地方著作权行政管理部门的行政处罚不服的，可以向该部门的本级人民政府或者其上一级著作权行政管理部门申请行政复议；如对国家版权局的行政处罚不服的，可以向国家版权局申请行政复议；当事人对行政处罚或者行政复议决定不服的，可以依法提起行政诉讼。

（三）刑事责任

根据我国《刑法》《著作权法》《著作权法实施条例》和最高人民法院、最高人民检察院《关于办理侵犯知识产权刑事案件具体应用法律若干问题的解释》的相关规定，目前在著作权方面主要存在侵犯著作权罪与销售侵权复制品罪两个罪名。

1. 侵犯著作权罪

侵犯著作权罪是指以营利为目的，有下列侵犯著作权情形之一，违法所得数额较大或者有其他严重情节的，处3年以下有期徒刑或者拘役，并处或者单处罚金；违法所得数额巨大或者有其他特别严重情节的，处3年以上7年以下有期徒刑，并处罚金：(1)未经著作权人许可，复制发行其文字作品、音乐、电影、电视、录像作品、计算机软件及其他作品的；(2)出版他人享有专有出版权的图书的；(3)未经录音录像制作者许可，复制发行其制作的录音录像的；(4)制作、出售假冒他人署名的美术作品的。以营利为目的，包括以刊登收费广告等方式直接或者间接收取费用的情形；复制发行，包括复制、发行或者既复制又发行的行为。通过信息网络向公众传播他人文字作品、音乐、电影、电视、录像作品、计算机软件及其他作品的行为，应当视为复制发行。侵权产品的持有人通过广告、征订等方式推销侵权产品的，属于发行。以营利为目的，实施上述所列侵犯著作权行为之一，违法所得数额在3万元以上的，属于违法所得数额较大；违法所得数额在15万元以上的，属于违法所得数额巨大。

2. 销售侵权复制品罪

销售侵权复制品罪是指以营利为目的，销售明知是上述侵犯著作权罪规定中所列的侵权复制品，违法所得数额巨大的，处3年以下有期徒刑或者拘役，并处或者单处罚金。具体而言，违法所得数额在10万元以上的，属于违法所得数额巨大。而“非法经营数额”是指行为人在实施侵犯知识产权行为过程中，制造、储存、运输、销售侵权产品的价值。已销售的侵权产品的价值，按照实际销售的价格计算。制造、储存、运输和未销售的侵权产品的价值，按照标价或者已经查清的侵权产品的实际销售平均价格计算。侵权产品没有标价或者无法查清其实际销售价格的，按照被侵权产品的市场中间价格计算。

问题与思考

一、试述职务作品著作权的归属。

二、署名权是作者的人身性权利，著作权转让能否包含该部分权利的转让？

三、试述我国《著作权法》规定的合理使用的情形。

四、我国《著作权法》规定的著作权侵权损害赔偿额计算方式有哪些？

第三章 专利法律制度概述

第一节 专利及专利法概述

一、专利的概念和特征

（一）专利的概念

“专利”一词译自英语“patent”。Patent 实际上是 letter patent 的简写，意为“公开的信件”，因此，patent 的首要含义就是“公开”。就专利制度而言，除了个别例外情形，申请人只有将其发明创造或设计向社会公开，才能获得专利权。英语“patent”还有“授予特权”的意思。这意味着专利权是一种需要由国家经过法定程序专门授予的特权，而非像著作权那样是依法自然产生的权利。

“专利”一词有多种含义，既可以指“专利权”，也可以指一国的“专利制度”。结合英语“patent”的原意及各国专利法律制度，可以将“专利权”定义为：专利权是指国家根据发明创造人或设计人的申请，以向社会公众公开发明创造或设计的内容及发明创造或设计对社会具有符合法律规定的利益为前提，根据法定程序在一定期限内授予发明创造人或设计人的一种排他性权利。

（二）专利权的特征

专利权是知识产权体系的重要组成部分，“专利”包括“公开”与“授予特权”双重含义。基于此，专利权具有与著作权等其他类型知识产权不同的鲜明特征。

1. 支配权

支配权是权利主体得支配其权利保护对象,享受其利益并排斥他人干涉的权利。只要权利人的支配行为不违反反不正当竞争法律的规定,且不侵害他人的合法权益和社会公共利益,其行为即受法律保护。支配权属于绝对权(对世权),除权利人之外,其他所有人都是义务主体,负有不侵害其权利的消极义务。

需要注意的是,专利权是法律赋予的一种独占权,但专利权的行使并非不受任何限制。专利权的行使应当遵循诚实信用原则,在法律允许的范围内、以法律允许的方式进行。滥用专利权损害公共利益、妨碍技术进步的行为应当受到专利法及其他法律法规的规制。现行《专利法》已经包含了对专利权行使进行限制的制度,如强制许可、不视为侵权的规定等,2015 年 12 月国务院法制办出台的《专利法修订草案(送审稿)》则在第 14 条增加了“原则性条款”,明确要求行使专利权应当遵循诚实信用原则,不得损害公共利益,不得不正当地排除、限制竞争,不得阻碍技术进步。[1]

2. 公开性

专利权的取得必须以向社会公开技术为条件。这一点与著作权不同,在著作权法律制度中,不将作品公之于众虽然无法利用作品的价值,但作者选择不发表作品并不会影响其取得著作权,作品完成之时作者自动享有著作权。发明创造人或设计人要想获得专利权,必须向社会公开其技术方案或设计。

我国《专利法》目前对发明专利还实行“早期公开、迟延审查”制度:申请获得发明专利的技术方案自申请期满 18 个月即向社会公开,而此后该申请完全有可能因技术方案不符合新颖性、创造性或实用性的要求而被驳回,导致申请人既无法将该技术方案作为商业秘密保护,也无法再次就相同的技术方案申请专利权。这样近乎苛刻的公开要求是与专利权近乎绝对的垄断性质相适应的,因为一旦授予一个发明创造人对某项技术方案的专利权,除了个别例外情形之外,他人未经许可均不得使用这项技术。为了促进技术的进步与发展,法律要求发明创造人以向社会公开其技术方案来换取专利

---

〔1〕 我国《专利法修订草案(送审稿)》(2015 年)第 14 条规定:“申请专利和行使专利权应当遵循诚实信用原则。不得滥用专利权损害公共利益,或者不合理地排除、限制竞争。”

权。这样,其他人虽然不能未经许可实施受到专利保护的技术,但却可以从公开的技术方案中获得技术信息和启示。通过将公开技术方案作为授予专利的前提,专利法在保护发明创造人的同时,也有力地促进了研究和创造活动。

3. 时间性

专利权的时间性,即指法律对专利权的保护具有一定的时间限制,也就是法律规定的保护期限。各国的专利法对于专利权的有效保护期均有各自的规定,而且计算保护期限的起始时间也各不相同。

我国《专利法》第42条规定:"发明专利权的期限为二十年,实用新型专利权和外观设计专利权的期限为十年,均自申请日起计算。"

4. 地域性

它是指一个国家或一个地区所授予和保护的专利权仅在该国或地区的范围内有效,对其他国家和地区不发生法律效力,其专利权是不被确认与保护的。如果专利权人希望在其他国家享有专利权,那么必须依照其他国家的法律另行提出专利申请。[1] 除非加入国际条约及双边协定另有规定之外,任何国家都不承认其他国家或者国际性知识产权机构所授予的专利权。多数知识产权都要受到地域性和时间性等方面限制,但专利权在地域性和时间性等方面受到的限制较著作权更为突出。

在绝大多数国家加入《伯尔尼公约》之后,著作权的地域性受到很大削弱,这是因为《伯尔尼公约》要求缔约国实行自动保护制度,同时在著作权保护方面实行国民待遇。这意味着中国作者一旦创作完成一部作品,其著作权不但自动产生,而且在所有《伯尔尼公约》缔约国都得到承认,并按当地法律受到保护。与之形成鲜明对比的是,专利权并非自动产生,而是要经过国家专利主管部门审查之后才能授权。由于各国专利法对授权条件的规定有很大差异,仅在一国获得的专利权在其他国家并不能受到承认和保护。《巴黎公约》仅要求各缔约国在专利申请方面对来自其他缔约国的申请人实行国民待遇,并未要求各缔约国保护在其他缔约国获得的专利权。

5. 须由主管机关依法批准

如前文所述,著作权是依法律的规定自动产生的。作者一旦创作完成了符合"独创性"要求的智力成果,该智力成果即作为作品受到著作权法的

---

〔1〕 国家知识产权局人事司:《专利法》,知识产权出版社2011年版,第43页。

保护,作者无须将作品送交审查或登记即可自动享有著作权。而专利权不同,专利权是支配权,具有强烈的排他性,对他人利益和社会公共利益均有重要的影响。[1]

为了保护社会公共利益和他人的合法权益,专利法不仅对取得专利的发明创造的类型和条件作了明确的规定,而且规定专利权的取得须由申请人依法提出申请,并由主管机关依照法定程序进行严格审查,确认一项技术方案符合新颖性、创造性和实用性,能够给社会带来充分的利益之后,才会授予申请人以发明专利权,阻止他人未经许可实施该技术。

二、我国专利制度发展的历史沿革

(一)我国专利制度的产生

"戊戌变法"时期,光绪帝于1898年颁布《振兴工艺给奖章程》,这是我国近代第一个专利法规,标志着我国专利制度的萌芽。由于"戊戌变法"以失败告终,该章程及其后的实施细则均未得到实施。辛亥革命后,中华民国政府于1912年颁布了《奖励工艺品暂行章程》,该章程后来经过多次修改和补充。在此基础上,国民政府于1928年颁布了《奖励工艺品暂行条例》,废止之前的奖励章程,后又于1932年颁布《奖励工业技术暂行条例》。1944年,国民政府颁布我国历史上第一部正式的专利法——《中华民国专利法》。

(二)我国专利制度的发展

1978年党的十一届三中全会后,国家的工作重心转移到经济建设上来,在强调"科学技术是第一生产力"的强大背景下,我国专利制度开始建立。经过近5年的前期工作和24稿修改,1984年3月21日,第六届全国人大常委会第四次会议通过了中华人民共和国首部《专利法》。这部法律既结合了我国的发展水平又吸收了国际专利立法的最新经验,标志着我国专利法制体系基本建立,专利制度的发展进入一个新时代。

1.《专利法》第一次修改

1988年,随着中美知识产权谈判,中美两国为减少贸易摩擦,于1992年

---

〔1〕 王迁:《知识产权法教程》,中国人民大学出版社2015年版,第19页。

1 月签署了《中美政府关于保护知识产权的谅解备忘录》,随后中国开始《专利法》的第一次修改工作。修改后的《专利法》于 1993 年 1 月 1 日起实施。修改的主要内容有:(1)增加了进口权的规定;(2)将对方法专利的保护延及依据该方法直接获得的产品;(3)扩大了专利保护的技术领域;(4)增设本国优先权;(5)重新规定专利申请修改的范围;(6)明确发明专利申请公布的时间,即自申请日起满 18 个月即行公布;(7)将授予专利的时间提前;(8)将授权前的异议程序改为授权后的撤销程序;(9)增加专利复审的范围;(10)延长专利权的期限,等等。

2.《专利法》第二次修改

2000 年 8 月 25 日,第九届全国人大常委会第十七次会议通过了《关于修改〈中华人民共和国专利法〉的决定》,修改后的《专利法》于 2001 年 7 月 1 日起实施。从实质内容上看,这次修改主要围绕《TRIPs 协议》的要求进行的,修改后的 2001 年《专利法》符合《TRIPs 协议》的基本要求。

该次修改的出发点是与《TRIPs 协议》的原则甚至文本保持一致,但仍未将 1993 年《专利法》实施以来反映出来的部分问题纳入本次修改范围。特别是中国“入世”后,企业在参加国际贸易竞争中遭遇到的专利壁垒,加之中国专利法制度设计本身存在的问题,《专利法》仍需进一步完善。

3.《专利法》第三次修改

《专利法》的第三次修改起于 2005 年,直到 2008 年结束。这次修改的出发点不再是应对外界压力,而是更多地满足中国经济和科技发展的内在需求,并契合中国当时正处于制定阶段的《国家知识产权战略纲要》所要实现的目标要求。

本次修改内容主要包括:(1)简化了专利申请及审批手续,取消了涉外代理机构的限制,并鼓励向国外提出专利申请;(2)将专利权的新颖性条件由原来的“混合性标准”改为“绝对新颖性标准”,符合国际趋势;(3)规范了外观设计专利的授权标准,提高了外观设计专利的授权门槛等。

《专利法》第三次修改于 2008 年 12 月 27 日颁布,2009 年 10 月 1 日起实施。这适逢国家经济发展模式转变时期,从制造型经济向创新型经济模式转变更需要专利制度的保障。

4.《专利法》第四次修改

近年来,我国在专利保护方面开展了扎实有效的工作,有效激发了全社会的创新活力,成绩显著。我国三种专利申请量以及发明专利申请量都已经位居世界第一。但是,随着市场竞争的加剧,专利保护领域的新问题、新矛盾不断出现。在此背景之下,国家知识产权局启动《专利法》修订工作,2015 年 12 月 2 日,国务院法制办公布了《专利法修订草案(送审稿)》征求各界意见。

2020 年 6 月,第十三届全国人大常委会对《专利法修正案(草案)》进行了审议。本次修改的主要内容包括:(1)加大专利保护力度,维护权利人合法权益;(2)促进专利的实施和运用,实现专利价值;(3)实现政府职能法定,建设服务型政府;(4)完善专利审查制度,提升专利质量;(5)完善专利代理法律制度,促进知识产权服务业健康发展。

第二节　专利权的客体与主体

一、专利权的客体

专利权的客体也即专利法的保护对象。我国《专利法》同时将发明、实用新型和外观设计列为保护对象,这意味着在我国存在发明专利、实用新型专利和外观设计专利。对一些不能给予专利的客体,《专利法》也作出特别规定予以排除。本节将主要论述发明的概念、特征种类,实用新型和外观设计的概念、特征,以及不能授予专利权的对象。

(一)发明

1. 发明的概念

发明,是指对产品、方法或者其改进所提出的新的技术方案。发明具有以下几个特征:

(1)发明是在利用自然规律基础上的技术创造,而非单纯的揭示自然规律

首先,发明是利用自然规律的结果。自然规律是指自然界客观存在的并且被人们认识的规律,像水有浮力、地球有引力等就属于自然规律。人类可以发现和利用自然规律,却不可能创造新的自然规律。例如,九九乘法表等用于数学计算的公式和规则,虽然能够帮助人类认识和利用自然,但数学本身并非存在于客观自然世界之中,且此规律是由人类总结出来的,所以并不属于自然规律。同样道理,经济学、哲学和心理学原理、比赛规则,以及数

字公式等均不是自然规律。[1]

其次,仅发现了自然规律本身还不能构成发明,发明是一种技术应用上的创造和革新,这一点使发明和发现区别开来。例如,伽利略在比萨斜塔上做了“两个铁球同时着地”的实验,得出了重量不同的两个铁球同时下落的结论,发现物体下落的速度与其重量无关,由此总结出的物质规律并不是“发明”。又如,万有引力定律,在牛顿发现以前就已经存在,万有引力定律和自由落体定律本身不能申请专利,但利用万有引力定律、自由落体定律设计的装置,若该装置符合专利法上的新颖性、创造性和实用性,则该机械装置就可以构成专利法上的“发明”。

(2)发明是解决特定技术课题的完整技术方案

发明虽不需要达到直接应用于工农业的阶段,但它应当可以直接转化为技术,一旦付诸实践能够解决某一特定技术问题。或者说,从技术的观点看,它必须具备相当准确的可能性,没有具体的解决技术难题的手段就不能称为发明。因而单纯提出课题或构思不属于发明。根据《专利审查指南》的相关规定,未采用技术手段解决技术问题,以获得符合自然规律的技术效果的方案,不属于《专利法》规定的客体。气味、能量,或者诸如声、光、电、磁、波等信号也不属于《专利法》规定的客体,但利用其性质解决技术问题的,则不属此列。

(3)发明的授予应符合法律的要求

被称为发明的新技术方案并不能自动成为专利保护的客体,它们要经过主管专利机关的审查,确认其符合专利法的条件才能取得专利权。有些新技术方案单纯从技术角度来看是发明,但从法律角度来看则不一定是发明。也就是说,技术上的发明要成为法律上的发明必须具有某些法定条件,如必须具备新颖性、创造性和实用性,不违反不正当竞争法律、社会公德和公共利益的要求,并且不是法律明文规定不授予专利权的发明。因此,专利法并不保护所有的发明,只有符合专利法条件并经法定程序审查的发明才受保护,同时,也并非所有的发明适合以专利法保护,有些技术方案,如易为竞争对手反向工程解密或利用的发明以专利形式保护可能存在较大风险,则以商业秘密的形式保护,如可口可乐的配方。

2. 发明的种类

发明根据表现形态可以分为产品发明和方法发明。

---

[1] 王迁:《知识产权法教程》,中国人民大学出版社 2015 年版,第 19 页。

(1)产品发明

产品发明是指以有形形式出现的一切发明。这些产品是自然界从未有过的,也是人类社会中从未有过的,包括化合物、组合物、材料、各种机器设备、装置和工具等。例如,高铁、飞机、火箭、炸药就都属于产品发明,而未经人的加工、属于自然状态的东西不能作为产品发明,如煤、钻石。

仅仅找到了自然界存在的物质或现象只是“发现”而不是“发明”,发现者不能对其发现的物质获得专利权。例如,尼古拉·特斯拉发现了电磁感应现象,就该现象而言,他无权获得专利权,但是对利用该现象发明的交流电机,则可以申请发明。

(2)方法发明

方法发明是指为制造产品或者解决某个技术问题而实现的操作方法和技术过程。这里所说的方法,可以是化学方法、机械方法、通信方法及生物学方法等。方法发明取得专利后,称为方法专利。

中国1985年《专利法》对方法专利的保护只涉及其方法本身,不延及使用该方法制造的产品。现行《专利法》把方法专利的保护延及用该专利方法直接获得的产品,即未经专利权人许可,他人不得使用其专利方法以及使用、许诺销售、销售、进口依照该专利方法直接获得的产品。

(二)实用新型

1. 实用新型的概念

实用新型是指对产品的形状、构造或者其结合所提出的适于实用的新的技术方案。因此,“实用新型”是用产品、产品的形状、产品的构造、适于实用的、新的、技术方案这样几个概念的结合来定义的。所谓产品的形状是指产品具有可以从外部观察到的确定的空间形状;所谓产品的构造是指产品的内部构造,即产品由两个或两个以上客观存在的空间部件或部分组成,这些部件或部分具有确定的空间位置关系,以某种特定的刚性方式相互联系而组成一个整体。与发明相比,实用新型也是一个技术解决方案,不是原则的、抽象的公式或理论表述。

2. 实用新型与发明的区别

实用新型和发明本质上是一致的,都是保护技术方案的垄断权,但却也存在若干差异,主要如下:

(1)实用新型的保护范围小于发明。实用新型只适用于产品,不适用于工艺方法,而且它限于有一定形状、构造的产品。与形状、构造或其结合无缘的产品不能适用。就发明而言,除《专利法》有待别规定外,任何发明都可依法获得专利权。

(2)实用新型创造性要求较低。我国《专利法》第 22 条第 3 款规定,发明要有"突出的实质性特点和显著的进步",而实用新型只要求"有实质性特点和进步"。大多数保护实用新型的国家都有类似规定,一般都降低新颖性或创造性条件。

(3)实用新型的审批程序比较简单、快捷。发明专利的取得要经过严格的实质审查,而实用新型只需经过初步审查认为符合要求的即可授权,而不须通过实质审查,这大大缩短了实用新型专利从申请到授权的时间。原因在于:实用新型多为一些简单的创新且易替代的技术,其市场寿命较短,如通过长时间的实质审查后再授权,该技术则可能已缺乏竞争力,已为市场所淘汰。可见,长时间的实质审查程序对创新程度不高、市场竞争力不强的技术的保护是不利的,对申请人是得不偿失的。

(4)实用新型专利的保护期较短。这种规定是从实用新型的创造性程度和发挥效益的时间两方面考虑的。由于对实用新型授权的要求较发明低,因而,各国对实用新型的保护水平相应有所降低,如缩短其保护期。我国 2000 年《专利法》及现行《专利法》对实用新型专利的保护期为 10 年,而发明专利的保护期则为 20 年。[1] 从世界各国规定来看,大多数国家对实用新型的保护期均为 10 年或 10 年以下,这种较短的保护期由其创造性较小归属"小发明"所决定。

(三)外观设计

专利法所称的外观设计是指对产品的形状、图案、色彩或者其结合所作出的富有美感并适于工业上应用的新设计。

考虑到我国企业的设计能力不断提高,以及产品设计更趋精细化,局部设计创新逐渐成为产品外观设计的重要表现方式,2015 年《专利法修订草案(送审稿)》第 2 条第 4 款将外观设计的定义修改为:"外观设计,是指对产品

[1] 我国 1984 年《专利法》和 1992 年《专利法》都规定,在 1993 年 1 月 1 日之前申请的实用新型,保护期为 5 年,在 5 年届满前专利权人还可以申请续展 3 年;至 2000 年《专利法》开始,实用新型保护期才统一为 10 年,不再续展。

的整体或者局部的形状、图案或者其结合以及色彩与形状、图案的结合所作出的富有美感并适于工业应用的新设计。”

总体来说，外观设计定义说明申请专利的外观设计必须应用在产品上，该产品还必须是有一定的形状、图案、色彩三要素的设计，而且该设计应是具有美感及工业实用性的新的设计。

1. 外观设计须适用于工业性应用

适用于工业性应用的新设计，是对授予专利权的外观设计的实质性要求。只有用在工业产品上的形状、图案或形状、图案与色彩的结合才可能是专利法意义上的外观设计。不能重复生产的手工艺品、农产品、畜产品、自然物不能作为外观设计的载体。因此，这里的“工业产品”必须是可以通过工业生产方法重复制造的。如那些精心制作、巧夺天工的艺术品，30 层象牙球、玛瑙水胆等国宝都是不能重复批量生产的，属于《著作权法》保护的对象；再如，将动物贝壳或植物果核原封不动地作为产品的主体设计，只是简单涂上颜色，作为可观赏的小摆设，虽然有一定的观赏价值，但是以自然物作为产品的主体部分不能重复出现，因此不能得到外观设计专利的保护。

2. 外观设计是对产品形状、图案和色彩的设计

产品的形状、图案或者其结合以及色彩与形状、图案的结合，均可构成外观设计，外观设计既可以是平面的，也可以是立体的，如造型优美的水杯和飞机、印有美丽图案的地毯等。但产品的色彩不能单独构成外观设计，它必须与产品图案或形状相结合。这是因为色彩本身是有限的，允许单纯的色彩获得外观设计专利权会导致有限的色彩在短期内被垄断，对后来者造成不公平的后果。例如，黄金制成的一种新造型装饰品，在请求外观设计专利保护其形状的同时，请求保护色彩是不允许的。如金属表面经氮化、氯化处理后所呈现的色泽以及塑料制品表面进行金属喷涂后所呈现的色彩都不能受到外观设计专利的保护。但金属材质与其他色彩的搭配设计应认为是一种新设计。实际上图案和色彩是很难单独存在的，一般都依附于有一定形状的产品而存在，尤其是对色彩单独给予保护的意义并不大。色彩的组合、变换都可以理解为图案，因此，实际上任何外观设计都可以从广义上认为是形状、图案、色彩三要素的结合。

3. 外观设计须富有美感

“富有美感”是一种带有主观色彩的条件，它因每个人的生活环境、修养、爱好和习惯的不同而观点各异，没有一个客观的标准。外观设计定义中

的富有美感是指在判断是否属于外观设计专利保护客体时，关注的是产品的形状、图案、色彩或者其结合所构成的产品外观给人的视觉感受，而不是产品的功能特性或者技术效果，以区别于发明和实用新型专利。

（四）不授予专利权的对象

凡是不符合法律对发明、实用新型、外观设计定义的客体，不能获得专利权的，不受专利法保护。我国《专利法》第5条和第25条特别规定了不能获得专利权的客体，具体如下：

1. 违反国家法律、社会公德或者妨害公共利益的发明创造

发明创造本身的目的与国家法律相违背的不能授予专利权，如用于赌博的设备，吸毒的器具，伪造国家货币、票据的设备都在此列。但如果发明创造本身的目的并没有违背国家法律，只是由于被滥用而违反国家法律的，则不属此列，如以医疗为目的的各种毒药、麻醉品、镇静剂和以娱乐为目的的棋牌等。

违反社会公德是指违反公众普遍认为正当并被广泛接受的伦理道德观念和行为准则，如带有淫秽色情内容图片的外观设计、非医疗目的的人造性器官或替代物等。

妨害公共利益的发明创造，是指发明创造的实施或使用会给公众或社会造成危害，或者会使国家和社会的正常秩序受到影响。但是如果因为发明创造在产生积极效果的同时必然存在某种缺点的，如对人体有某种副作用的药品，则不在此列。

2. 违反不正当竞争法律、行政法规的规定获取或者利用遗传资源，并依赖该遗传资源完成的发明创造

2009年新《专利法》实施后，补充规定对违反不正当竞争法律、行政法规的规定获取或者利用遗传资源，并依赖该遗传资源完成的发明创造，不授予专利权，是为了使专利制度与遗传资源保护制度相配套和衔接，确保专利权的授予有助于实现《生物多样性公约》（Convention on Biological Diversity）的目标。这种发明创造本身可能满足授予专利权的其他条件，但是如果其完成所依赖的遗传资源的获取或利用违反了有关法律法规的规定，不符合《生物多样性公约》有关知情同意和惠益分享的要求，则仍然不应当受到专利保护。

3. 科学发现

科学发现是对自然界客观存在的现象、变化过程及其特性和规律的揭

示，并没有提出用于解决技术问题的方案，因此，不符合我国对专利权客体的定义，不能获得专利权。例如，牛顿万有引力定律对物质间、物体间相互作用的揭示和描述，就属一种科学发现，不能获得专利权。

4. 智力活动的规则和方法

智力活动的规则和方法是关于人们思维、表达、判断和记忆的规则和方法，不涉及技术手段，不产生技术效果，其本身不构成技术方案，不能构成发明创造，因此不能被授予专利。例如，管理方法、比赛规则、推理方法、检索方法、记忆方法、分类方法等，均不能被授予专利权。

5. 疾病的诊断和治疗方法

《专利审查指南》将疾病的诊断和治疗方法解释为：以有生命的人体或者动物体为直接实施对象，进行识别、确定或消除病因或病灶的过程。该解释将"以有生命的人体或动物体为对象""以获得疾病诊断结果或健康状况为直接目的"作为条件，排除了针对植物疾病的诊断和治疗方法，排除了在已经死亡的人体或动物体上实施的病理解剖方法、直接目的不是获得诊断结果或健康状况，而只是从活的人体或动物体获取作为中间结果的信息的方法，或处理该信息（形体参数、生理参数或其他参数）的方法、直接目的不是获得诊断结果或健康状况，而只是对已经脱离人体或动物体的组织、体液或排泄物进行处理或检测以获取作为中间结果的信息的方法，或处理该信息的方法。

6. 动物品种、植物品种

生命被认为是自然现象，是按照自然规律生长的，不是人类创造的产物，因此动植物品种为《专利法》明确排除。但根据我国《专利审查指南》，细菌、真菌和病毒既不属于动物范畴，也不属于植物范畴。因此，人为培养或分离出的微生物，若满足《专利法》规定的条件，可以被授予专利权。另外，动物和植物品种的生产方法不在排除之列。

7. 原子核变换方法和用该方法获得的物质

原子核变换方法和用该方法获得的物质是指一个或几个原子核经分裂或者聚合，形成一个或几个新原子核的过程，如实现核裂变的各种类型反应堆的方法。原子核变换方法和用该方法获得的物质关系到国防、科研、经济和公共安全等重大利益，不宜由私权管辖，因此予以排除，不授予专利权。

8. 对平面印刷品的图案、色彩或者二者的结合作出的主要起标识作用的设计平面印刷品主要指平面包装袋、瓶贴、标贴等用于装入被销售的商品或者用于附着于其他产品之上、不单独向消费者出售的二维印刷品。主要起标识作用，是指二维印刷品的图案、色彩或者二者的结合主要是用于让消费者识别产品的来源或者生产者。这些印刷品的图案、色彩或者二者的结合若主要起标识作用，则可以作为商标注册，受《商标法》的保护，若未注册为商标，还可以受到《反不正当竞争法》的保护。

二、专利权的主体

专利权的主体即专利权人，指对专利权享有使用、收益和处分并承担相应义务的人。它可以是自然人、法人或其他组织。

专利权的取得有原始取得和继受取得两种方式。原始取得是申请人向国家知识产权局递交专利申请，经审查合格后授权取得。专利申请人可以是发明、实用新型的发明人或者外观设计的设计人，也可以是发明人或设计人的单位。

专利权的继受取得是继受人依法从原专利权所有人处取得专利权。继受取得方式既包括自然人的继承或受遗赠，也包括法人因合并或破产等造成的财产继受。继受取得后，继受人就成为专利权人，但需及时向国家知识产权局办理事项变更手续。

因此，在我国专利权法律制度中，专利权的主体包括以下几种。

（一）发明人与设计人

发明人是指参与完成发明创造、对发明创造做出创造贡献的人。设计人是参与完成外观设计、对外观设计做出创造性贡献的人。发明人与设计人可以是一个人，也可以是共同完成发明创造的两个人或多个人。但仍需注意几点：

（1）发明人、设计人需为自然人。发明创造是一种智力活动，从事发明创造需要具有创造性思维，而创造性思维只有自然人才能够具备，法人或其他组织都不具有，因此法人或其他组织不能成为发明人。不过，法人或其他组织可作为职务发明创造的合法所有人，享有专利申请权和专利权。

（2）发明人、设计人应是直接参加发明创造的人。在创造过程中，只负责组织工作的人、为物质技术条件的利用提供方便的人或从事其他辅助性工作的人不能成为发明人或设计人。

(3)发明人、设计人应为发明做出创造性贡献。尽管在很多情形下发明属于团队创造活动,但发明创造毕竟属于脑力劳动,它要求发明人在具备本领域技术知识的基础上,再加以创新,才可实现专利法意义上的发明创造。因此,并非所有直接参与了发明过程的人都可以成为发明人,如一般工作人员如果仅按照设计好的工艺流程进行操作,并未对发明有创造性的智力投入,就不能成为发明人。

(二)发明人或设计人的单位

这主要是指,我国《专利法》第6条对职务发明作品的权利归属进行了详细规定。根据《专利法》的规定和《专利法实施细则》的解释,职务发明创造可以分为两类:

1. 执行本单位的任务所完成的发明创造

这其中又包括三种情况:(1)在本职工作中作出的发明创造。例如,某计算机软件公司技术人员的本职工作是进行软件的开发与运行,他们在日常工作中完成的发明创造就是职务发明创造。(2)履行本单位交付的本职工作之外的任务所作出的发明创造。(3)退职、退休或者调动工作后1年内作出的与其在原单位承担的本职工作或者原单位分配的任务有关的发明创造。

2. 主要利用本单位的物质技术条件所完成的发明创造

本单位的物质技术条件是指本单位的资金、设备、零部件、原材料或者不对外公开的技术资料等。“主要利用”是指在发明创造成果的研究、开发过程中,全部或者大部分利用了本单位的资金、设备、器材或者原材料等物质条件,并且这些物质条件对于形成该技术成果具有实质性的影响。如果发明创造成果的实质性内容是在本单位尚未公开的技术成果、阶段性技术成果基础上完成的,也属于“主要利用了本单位的物质技术条件”。

(三)合作发明与委托发明的权利人

我国《专利法》第8条规定:“两个以上单位或者个人合作完成的发明创造、一个单位或者个人接受其他单位或者个人委托所完成的发明创造,除另有协议的以外,申请专利的权利属于完成或者共同完成的单位或者个人;申请被批准后,申请的单位或者个人为专利权人。”从此法条中可看出,合作发明与委托发明如果签订了关于专利权归属的协议,则按照协议约定;若没有协议,则由完成或共同完成的单位或者个人。

第三节 专利的申请、审查与授权

一、专利的申请

(一)专利申请的原则

1. 书面原则

书面原则,是指专利申请人在办理与专利有关的业务时,应采用书面形式,提交符合要求的书面申请文件等,而不得采取口头、电话、电报、电传、胶片、提交实物等形式代替书面形式。[1] 采用书面原则有利于专利文件的阅读与保存。随着信息技术的发展,"书面"的范围也在不断扩大。

2. 先申请原则

先申请原则,是指就同样的发明创造有两个或多个申请的,专利权授予最先申请的人。对于"先申请",我国专利法只考虑申请日的先后,若是同日申请,依照《专利法实施细则》第41条第1款的规定,两个以上的申请人同日(指申请日;有优先权的,指优先权日)分别就同样的发明创造申请专利的,应当在收到国务院专利行政部门的通知后自行协商确定申请人。解决的办法一般有两种:一种是两申请人作为一件发明创造申请的共同申请人;另一种是其中一方放弃权利并从另一方得到适当的补偿。如果双方协商不成的,则两方都不授予专利权。

3. 单一性原则

单一性原则又称一申请一发明原则,即一份专利申请只能含有一项发明创造或设计。如果希望就两项或更多发明创造或外观设计申请专利,应提供对应数量的专利申请。这是为了保障专利权的单一性,便于专利局对专利的分类及检索。

但是,单一性原则也有例外。根据《专利法》第31条第1款的规定,一件发明或者实用新型专利申请应当限于一项发明或者实用新型。属于一个

---

[1] 我国2010年《专利法实施细则》第2条规定:"专利法和本细则规定的各种手续,应当以书面形式或者国务院专利行政部门规定的其他形式办理。"

总的发明构思的两项以上的发明或者实用新型,可以作为一件申请提出。第2款规定,一件外观设计专利申请应当限于一项外观设计。同一产品两项以上的相似外观设计,或者用于同一类别并且成套出售或者使用的产品的两项以上外观设计,可以作为一件申请提出。由此可以看出,若是两项发明创造或外观设计相互关联或属于一个总的创造思路,可以将两项申请放在一起。例如,某人发明了一种新型的螺丝钉和新型螺丝帽,并提出两项权利申请,但因为此两项权利要求包含的技术特征相互对应,且螺丝钉和螺丝帽需配套使用,所以具有单一性,可以作为一项申请提出。

(二)优先权制度

与申请日相关联的一个概念——优先权。当发明创造人在本国国家获得专利权后,如果希望此发明创造能在其他国家也获得保护,则必须要在其他国家按照其他国家的法律政策申请,这会造成极大的不便。为了使专利的国际申请更方便,《巴黎公约》规定了专利申请的国际优先权,即一个缔约国国民在第一个缔约国第一次就发明、实用新型提出专利申请后12个月内,或就外观设计第一次提出专利申请后6个月内,又在第二个缔约国就同样的发明、实用新型或外观设计提出专利申请的,以其在第一个缔约国的申请日作为申请日。同样,在我国也对此进行了规定。[1] 例如,中国和美国都是《巴黎公约》的缔约国,美国人甲于2015年4月1日就一项发明创造首次向美国专利商标局申请发明专利权,然后于2017年5月25日向中国国家知识产权局就相同的发明创造申请专利权并声明要求优先权。在此前的2016年10月31日,中国人乙向中国国家知识产权局就独立完成的相同发明申请

---

[1] 我国2009年《专利法》第29条第1款规定:"申请人自发明或者实用新型在外国第一次提出专利申请之日起十二个月内,或者自外观设计在外国第一次提出专利申请之日起六个月内,又在中国就相同主题提出专利申请的,依照该外国同中国签订的协议或者共同参加的国际条约,或者依照相互承认优先权的原则,可以享有优先权。"

我国2009年《专利法》第29条第2款规定:"申请人自发明或者实用新型在中国第一次提出专利申请之日起十二个月内,又向国务院专利行政部门就相同主题提出专利申请的,可以享有优先权。"

我国2009年《专利法》第30条规定:"申请人要求优先权的,应当在申请的时候提出书面声明,并且在三个月内提交第一次提出的专利申请文件的副本;未提出书面声明或者逾期未提交专利申请文件副本的,视为未要求优先权。"

专利权。虽然对于中国知识产权局而言，乙的实际申请日早于甲，但根据《巴黎公约》和我国《专利法》对优先权的规定，应当以甲在美国专利商标局申请专利的日期（2015 年 4 月 1 日）作为甲在中国的申请日。这样，甲在中国的申请日就早于乙的申请日（2016 年 10 月 31 日）。根据先申请原则，甲就有可能获得专利权。

需要注意的是，一方面，根据现行《专利法》，本国优先权制度仅适用于发明和实用新型专利申请。实践中，依据相似外观设计合案申请规定，申请人在国外首次提出一件外观设计申请后，可通过主张外国优先权，向中国提交相似外观设计的合案申请。但是，由于本国优先权不适用于外观设计专利申请，申请人在中国申请一件外观设计专利后，再提交与之相似的外观设计，无法主张国内优先权并据此合案，造成国内和国外申请的权利不对等问题。另一方面，我国建立局部外观设计保护制度之后，会出现产品整体设计与局部设计的转换需求。如果没有外观设计本国优先权制度，基于外国优先权可以轻易实现的整体与局部设计之间的转换在国内申请之间却难以实现，同样会造成国内和国外申请人之间权利不平等问题。故在《专利法修订草案（送审稿）》中增加了外观设计本国优先权制度。

二、专利的审查

（一）发明专利申请的审查

我国发明专利采用“早期公开，延迟审查”制度。专利局收到申请文件后经初审合格，在 18 个月时即行公开其申请文件，然后再根据申请人的请求或者专利局的决定进入实质审查程序。

发明专利申请自申请日起 3 年内，专利局可以根据申请人随时提出的请求，对其请求进行实质审查。启动实质审查的主动权完全在于申请人自己。申请人可以根据专利申请的市场价值、经济效益、防御竞争对手的作用等多面的因素考虑在何时提出实质审查申请，甚至不提出。

实质审查的主要内容有：

1. 对发明的新颖性、创造性、实用性进行审查

对发明专利申请进行实质审查的目的在于确定发明专利申请是否应当被授予专利权，特别是确定其是否符合专利法有关新颖性、创造性和实用性（以下简称“三性”）的规定。不符合“三性”要求的，书面通知申请人或代理

人,在指定的期限内陈述意见,进行修改。

2. 单一性审查

一件申请只允许涉及一项发明。只有在几项发明之间有一个总的发明构思相互关联的情况下才被允许合案申请。对于不符合单一性要求的,应通知申请人或代理人作分案处理。

3. 对说明书和权利要求书的审查

说明书应当清楚完整地说明发明的主要技术特征,充分公开,使同领域的技术人员能够实施,同时还要对权利要求给予支持。权利要求书应当符合法律规定的撰写要求。递交修改后的文本,不得超出原始申请文件公开的范围,否则,应陈述意见,进行补正。

如果申请人在3年之内没有提出实质审查请求的,该申请即被视为撤回,但由于不可抗力或其他正当理由没有及时提出实质审查请求的,可以出具证明,再提出请求。

(二)实用新型和外观设计专利申请的审查

实用新型和外观设计的审批较发明简单,采用初审登记制,目的是使这些实用技术、设计尽快为社会所用,进一步发挥专利的作用。而对于不符合《专利法》要求的实用新型和外观设计,可以通过事后的无效程序对这些"漏网之鱼"进行审查。

实用新型和外观设计的审批流程是受理申请,后初步审查,再授权公告。其中每一流程中的工作内容与发明专利审批的相应流程相同,只是实用新型和外观设计授权公告的文件无须经过实质审查。

(三)专利申请的复审

专利申请人对专利局驳回专利申请的决定不服的,可以自收到通知之日起3个月内,向专利复审委员会请求复审。专利复审委员会经审理后作出决定,并通知专利申请人。

请求复审采取书面原则并有规定的格式。向专利复审委员会请求复审应当提交复审请求书,说明理由,必要时还应当附具有关证明。专利复审委员会收到复审请求书后,应当首先进行形式审查,在完成形式审查后,复审委员会将受理的复审请求书转交专利局的原审查部门,进行前置审查。原审查部门根据复审请求人的请求,同意撤销原决定的,专利复审委员会应当据此作出复审决定,并通知复审请求人。如果原审查部门经前置审查,坚持其原来的决定,这时,专利复审委员会应对复审请求进行审查,并根据新的审查作出决定。专利复审委员会进行复审时应当针对驳回决定所依据的理由和证据进行审查。

复审委员会作出的复审决定有以下三种类型:(1)复审请求的理由不成立,驳回复审请求维持原驳回决定;(2)复审请求理由成立,撤销原驳回决定;(3)专利申请文件经复申请求人修改,克服了原驳回申请决定所指出的缺陷,在新的文本基础上撤销原驳回的决定。如果请求人对专利复审委员会复审决定不服的,可以自收到通知之日起3个月内向人民法院起诉。

三、专利的授权条件

专利的授权条件依照专利的不同类别而不同,具体如下:

(一)发明和实用新型专利授权条件

取得专利的发明创造必须符合法定的形式条件和实质条件。形式条件,是指获得专利所必需的程序上、形式上的要件。实质条件主要包括新颖性、创造性、实用性等。

1. 新颖性

新颖性,是指该发明或实用新型不属于现有技术,也没有任何单位或者个人就同样的发明或者实用新型在申请日以前向国务院专利行政部门提出过申请,并记载在申请日以后公布的专利申请文件或者公告的专利文件中。现有技术是指申请日以前在国内外为公众所知的技术。

新颖性的时间标准是以申请日划定的。凡是在申请日以前已经存在的相同的发明创造,由他人完成并公开或者发明人自己公开的,如在新闻发布会、科研鉴定会、展览会上披露了该发明创造的实质性内容的,都会丧失新颖性,不能再申请专利。但在申请日当天公开的技术内容不属于专利法所说的“现有技术”。

公开的方式可分为下列四种情况:

(1)出版物公开。这是指那些在正式出版物上已经记载了同样发明创造的情况。出版物公开的地域标准是世界范围,属于“绝对新颖性”,无论在世界哪个地方,只要在申请日以前找到相同发明创造在公开出版物上有过记载,该发明创造即不具有新颖性。

(2)使用公开。由于使用导致一项或者多项技术方案的公开或者处于任何人都可以使用该技术方案的状态,这种公开方式称为使用公开。即使所使用的产品或者装置需要经过破坏才能得知其结构和功能,也仍然属于使用公开。

(3)其他方式公开。主要包括口头公开,如口头交谈、讲课、报告、讨论会发言、广播、电视播放,以及科研鉴定、科研总结、设计文件、图纸、橱窗展示、样本、样品展览、展销广告等方式。

(4)抵触申请。这主要是指任何人在申请日以前已经就同样的发明或者实用新型向国务院专利行政部门提出过申请,并且记载在申请日以后公布的专利申请文件或者公告的专利申请文件的情况。出现抵触申请时,视先申请案对后申请案构成抵触,故后一申请不具备新颖性。但如果前一申请没有公开而终止申请,则不属于抵触申请。抵触申请不仅包括他人向国务院专利行政部门提出的申请,而且包括申请人自己提出的申请。

2. 创造性

发明专利和实用新型专利的主要区别在于创造性的要求不同。根据《专利法》的规定,同现有技术相比,对于发明专利,应具有突出的实质性特点和显著的进步;对于实用新型专利,应具有实质性特点和进步。两种专利创造性的区别在于“实质性特点”是否突出以及“进步”是否显著。

对于发明专利,创造性的判断主要是指与现有技术相比,提出申请的技术方案应具有:

首先,“突出的实质性特点”,是指发明与现有技术相比具有明显的本质区别,对于发明所属技术领域的普通技术人员来说是非显而易见的,不能直接从现有技术中得出构成该发明全部的必要技术特征,也不能够通过逻辑分析、推理或者试验而得到。

其次,“显著的进步”,是指从发明的技术效果上看,与现有技术相比具有长足的进步。它表现在发明解决了人们一直渴望解决,但始终未能获得成功的技术难题;或者该发明克服了技术偏见,提出了一种新的研究路线;或者该发明取得了意想不到的技术效果。对于实用新型专利来说,其创造性标准比发明专利要低,只要与现有技术相比有所区别,即具备了“实质性特点”和“进步”，便可被认为具备创造性。

国务院专利行政部门在《专利审查指南》中对创造性的实际判断采取了“非显而易见性”的判断标准，《专利审查指南》中规定创造性的判断首先要有一个“同领域的普通技术人员”的标准，然后依据这样一个“抽象的人”来判断专利申请是否为明显可预见。

3. 实用性

实用性，是指该发明或实用新型能够制造或者使用，并且能够产生积极效果。其中，能够产生积极效果，是指发明或者实用新型专利申请在提出申请之日，其产生的经济、技术和社会的效果是所属技术领域的技术人员可以预料的，这些效果应当是积极的和有益的。此外，《专利审查指南》对“无积极效果”进行了解释，指出具备实用性的发明或者实用新型专利申请的技术方案应当能够产生预期的积极效果。明显无益、脱离社会需要的发明或者实用新型专利申请的技术方案不具备实用性。

（二）外观设计的授权条件

我国《专利法》（第三次修改）中提高了外观设计专利的授权条件，具体规定在《专利法》第 23 条，授权条件可概括为新颖性、区别性和在先性。

1. 新颖性

授予专利权的外观设计，应当不属于现有设计；也没有任何单位或者个人就同样的外观设计在申请日以前向国务院专利行政部门提出过申请，并记载在申请日以后公告的专利文件中。“现有设计”，是指申请日以前在国内外为公众所知的设计。这一条件实际上要求的是外观设计必须具有新颖性，判断外观设计申请新颖性的时间标准是申请日。

2. 区别性

授予专利权的外观设计与现有的外观设计和现有设计特征的组合相比，应当具有明显的区别。这一条件实际上涉及的是外观设计专利的创造性问题。

3. 在先性

授予专利权的外观设计不得与他人在申请日以前已经取得的合法权利相冲突。这是《专利法》（第二次修改）加入的内容。他人在先取得的合法权利，是指在外观设计专利申请日前，专利申请人以外的人已经取得的合法权利。例如，专利申请人要把一件摄影作品申请为某产品的外观设计专利，那么这里的摄影作品的著作权对该专利申请而言，就是在先取得的合法权利。如果未经著作权人的许可使用其作品申请外观设计专利，则该外观设计申请就与他人在先取得的合法权利发生了冲突，根据《专利法》的规定将不会授予这一外观设计专利权。

（三）丧失新颖性的例外

上述三种专利的新颖性均以申请日作为时间划分的标准，但《专利法》对有些在申请日以前公开的情况，作出了不丧失新颖性的例外规定：

1. 在中国政府主办或者承认的国际展览会上首次展出的发明创造，在展出之日起6个月内申请专利的，可认为不丧失新颖性。中国政府主办的国际展览会，包括国务院、各部委主办或国务院批准由其他机关或者地方政府举办的国际展览会。中国政府承认的国际展览会，是指《国际展览会公约》规定的由国际展览局注册或者认可的国际展览会。

2. 在规定的学术会议或者技术会议上首次发表的发明创造，在发表后6个月内申请专利的，不丧失新颖性。这里说的学术会议或技术会议，是指国务院有关主管部门或者全国性学术团体组织召开的学术会议或者技术会议，不包括省以下或者受国务院各部委或者全国性学会委托或者以其名义组织召开的学术会议或技术会议。

3. 他人未经申请人同意而泄露发明创造内容的，申请人于泄露之日起6个月内申请专利仍可被认为不丧失新颖性。他人未经申请人同意对发明创造所作的公开，包括他人未遵守明示的或者默示的保密信约而将发明创造的内容公开，也包括他人用威胁、欺诈或者间谍活动等手段，从发明人或者经发明人告诉而得知发明创造内容的任何其他人那里得知发明创造的内容而后公开。这些公开都是违反申请人意愿的行为，是非法的公开，应当给申请人以补救的机会。

第四节 专利权的内容和限制

一、专利权的内容

由于发明、实用新型专利权与外观设计专利权的属性不同，《专利法》第

11 条对不同类别专利权的内容存在不同规定。[1]

(一)禁止他人制造的权利

专利权人拥有禁止他人生产制造专利文件中记载的专利产品的权利。只要他人未经许可而生产制造的产品与专利产品相同,无论使用什么设备装置或方法,也无论制造数量多少,只要结果相同,即构成侵权。对于制造类似的产品,如果其技术特征落入权利要求书中特定的保护范围,尽管产品看似不完全相同,也可能构成等同侵权。

(二)禁止他人使用的权利

包括禁止他人对产品专利使用的权利和禁止他人对方法专利使用的权利。但是,这项权利有两种例外:(1)专利权人自己制造或许可他人制造的产品,产品销售出后专利权人在这一特定产品上禁止他人使用的权利就消失了,即所谓的“权利用尽”;(2)非为生产经营目的使用,即使用并非为生产经营目的的,不属于侵犯专利权人的使用权。

(三)禁止他人许诺销售的权利

专利法上的许诺销售是指明确表示愿意出售某种专利产品的行为。在实践中,商家对产品如进行广告宣传、市场推广、在展销会上展示等行为都属于许诺销售行为。禁止他人许诺销售,有利于及早制止侵权行为,防止侵权产品的扩散。

(四)禁止他人销售的权利

专利权人有权禁止他人未经许可销售其专利产品的权利。但要注意,无论是专利权人自己销售,还是许可他人销售,在专利产品首次售出后,在

[1] 我国 2009 年《专利法》第 11 条规定:“发明和实用新型专利权被授予后,除本法另有规定的以外,任何单位或者个人未经专利权人许可,都不得实施其专利,即不得为生产经营目的制造、使用、许诺销售、销售、进口其专利产品,或者使用其专利方法以及使用、许诺销售、销售、进口依照该专利方法直接获得的产品。外观设计专利权被授予后,任何单位或者个人未经专利权人许可,都不得实施其专利,即不得为生产经营目的制造、许诺销售、销售、进口其外观设计专利产品。”

这一特定的专利产品上,禁止他人销售权穷竭,他人可自由使用或者转售该专利产品,专利权人无权再干涉该特定商品的流通。这也是前面所说的“权利用尽”的一种情况。

(五)禁止他人进口的权利

禁止他人进口的权利,是指专利权人享有禁止他人未经允许、为生产经营目的进口由该专利技术构成的产品、包含该专利技术产品或由专利方法直接生产的产品的权利。进口权的前提是专利权人在中国享有专利权,而无论其在其他国家是否享有专利权,也无论该专利产品在国外制造是否合法,只要其产品落入中国专利保护的范围中,专利权人即有权制止。进口权明显体现出专利权的地域性。

(六)许可实施权

许可实施权,是指专利权人(许可方)通过签订合同的方式允许他人(被许可方)在一定条件下实施其取得专利权的发明创造的全部或者部分技术的权利。许可他人利用专利技术,并非是将专利权出售给他人,其本质上是有条件地允许被许可人实施前述(一)至(五)项权利中的一个或多个,专利的所有权并没有发生变化。

(七)转让权

转让权包括专利申请权的转让和专利权的转让。转让使权利主体发生了变更,从而使权利从原所有人转移到新所有人。这种权利转移的结果是原申请人或专利权人不再享有申请权或专利权。转让有两种形式:一种是合同转让,如因买卖、交换、赠与、技术入股而进行的专利权转让;另一种是继承转让,这是因法定原因而发生的,当专利权人死亡后,专利权依《民法典》的规定转移于有继承权的人。

(八)标记权

标记权,是指专利权人在其专利产品或者该产品的包装上标明或者不标明专利标记和专利号的权利。行使标记权,可以起到宣传作用,也可以起到警示作用。当然,专利权人不在专利产品或其包装上标明专利标记或专利号,并不意味着放弃专利保护。其他人仿造专利产品,仍负侵权责任,不知道一项发明创造已受到专利保护而实施该项专利的，不能免除侵权责任。

二、专利权的限制

专利权的独占性是相对的，法律对其权利行使加以诸多限制。首先，它受到时间的限制，即专利权只有在法定保护期限内有效力；其次，它受到空间的限制，即地域限制，只有在授权国国内才能行使专利权；最后，专利权的行使还依法受到国家利益、公众利益的限制以及国际惯例的约束。

专利权的限制还表现在其他几种专利保护的例外情况，包括先用权、专利权用尽、临时过境利用、为科学实验而利用等。这些对专利权的限制关系到专利权人利益和公众利益的合理平衡。

以下重点介绍专利权限制中的专利的计划许可、强制许可以及合理使用。

（一）专利的计划许可

专利的计划许可，在有些国家的专利法中也称作国家征用，它是国家行政机构在全面考虑国家利益的情况下，对某些重大发明创造有目的、有计划地安排实施，以迅速推广先进的专利技术。我国《专利法》第 14 条规定："国有企业事业单位的发明专利，对国家利益或者公共利益具有重大意义的，国务院有关主管部门和省、自治区、直辖市人民政府报经国务院批准，可以决定在批准的范围内推广应用，允许指定的单位实施，由实施单位按照国家规定向专利权人支付使用费。"这种计划许可有以下几种限制：(1)不能随意决定，必须是重大的发明创造，而不是一般的专利技术；(2)只适用于对国家利益或者公共利益具有重大意义的发明专利，不适用于实用新型和外观设计；(3)计划许可须是国务院有关主管部门和省、自治区、直辖市人民政府报经国务院批准后决定，且推广使用的范围仅限于批准的范围，不是任何行政机关都有权调用专利；(4)发放实施许可证是有偿的，获得许可使用权的单位应向专利权人支付使用费，但费用的金额不是双方协商确定，而是根据国家有关规定进行支付。

（二）专利的强制许可

强制许可，是指由一定的国家行政机关在未经专利所有权人同意的情况下决定许可其他单位或个人实施该专利。这是违反专利权人意志的许可,所以这种许可也被称为非自愿许可。强制许可虽然是一种非自愿许可,但也是一种有偿许可。在实施强制许可时,专利的使用人要向专利权人支付相应的费用。强制许可的真正意义在于对专利使用者构成一种法律威慑。我国在1985年专利立法之初即对强制许可作了规定。后来随着专利制度国际化的趋势,三次《专利法》的修改都对实施强制许可制度的条件作了相应的修改和完善,进一步加强了这一制度的作用。

1. 申请强制许可的条件

(1)专利权人不履行实施义务的强制许可

根据《专利法》第48条第1项的规定,如果专利权人自专利权被授予之日起满3年,且自提出专利申请之日起满4年,无正当理由未实施或者未充分实施其专利的,国务院专利行政部门根据具备实施条件的单位或者个人的申请,可以给予实施发明专利或者实用新型专利的强制许可。未充分实施专利是指专利权人及其被许可人实施其专利的方式或者规模不能满足国内对专利产品或者专利方法的需求。此种情形下申请强制许可应具备的条件是:

第一,请求人必须具备实施条件,即具备生产、制造、销售专利产品或使用专利方法的基本条件;

第二,专利权人没有实施或没有充分实施该专利且无正当理由;

第三,自专利权被授予之日起满3年,且自提出专利申请之日起满4年之后才可以提出强制许可请求;

第四,申请强制许可的单位或者个人应当提供证据,证明其以合理的条件请求专利权人许可其实施专利,但未能在合理的时间内获得许可。

在满足前述四项条件的情况下,国务院专利行政部门才能依据申请人的申请给予强制许可。

(2)消除或减少垄断行为影响的强制许可

尽管专利权是一种合法的垄断权,但是权利人行使专利权若产生限制或排除竞争的后果,就会造成权利人利益与公平竞争秩序之间的冲突。因此,如果专利权人行使专利权的行为被依法认定为垄断行为,那么为消除或者减少该行为对竞争产生的不利影响,国务院专利行政部门可根据《专利法》第48条第2项的规定给予具备实施条件的单位或者个人实施发明专利或者实用新型专利的强制许可。

(3)国家出现紧急状态或非常情况时的强制许可

《专利法》第49条规定:“在国家出现紧急状态或者非常情况时,或者为了公共利益的目的,国务院专利行政部门可以给予实施发明专利或者实用新型专利的强制许可。”这是一种特殊的强制许可,没有时间限制和其他附属条件。

(4)依存专利的强制许可

《专利法》第51条第1款规定:“一项取得专利权的发明或者实用新型比前已经取得专利权的发明或者实用新型具有显著经济意义的重大技术进步,其实施又有赖于前一发明或者实用新型的实施的,国务院专利行政部门根据后一专利权人的申请,可以给予实施前一发明或者实用新型的强制许可。”

可见,《专利法》中依存专利强制许可的条件是:首先,前后两个发明创造是已经取得专利权的发明或实用新型;其次,“在后发明创造”同“在前发明创造”相比,具有显著经济意义的重大技术进步,而其实施又有赖于前一发明或者实用新型的实施;最后,强制许可为国务院专利行政部门经专利权人的申请而给予。

2. 不视为侵犯专利权的行为

《专利法》规定了不视为侵犯专利权的行为:任何人不通过权利人的许可,都可以使用专利产品或技术,而不会构成侵权。

(1)权利用尽

当专利权人自己制造、进口或者经专利权人许可而制造、进口的专利产品或者依照专利方法直接获得的产品售出后,专利权在这一特定的产品上就已经“用尽”,他人再使用通过分销、转卖或零售渠道获得该产品,都无须征得专利权人的许可。这一原则又称权利用尽原则或权利穷竭原则,它只适用于合法投入市场的专利产品。

(2)先用权人的利用

对于在专利申请日以前已经制造与专利产品相同产品的“先使用人”,或者使用相同方法或者已经做好制造、使用的必要准备条件的“先使用人”,他们可以在原生产规模范围内继续使用这一技术。“原有范围”包括专利申请日前已有的生产规模以及利用已有的生产设备或者根据已有的生产准备可以达到的生产规模。

(3)临时过境的外国运输工具的使用

临时通过中国领陆、领水、领空的外国运输工具,为其自身需要在装置和设备中使用中国有关专利技术的,可以不经专利权人的许可,但这种使用仅限于与中国签有协议或者有其共同参加的国际公约或者有互惠条约的国家的运输工具,并不面向所有国家。需要说明的是,在临时过境运输工具上载有仿制的专利产品货物的,不在此合理使用范围之内,而应视为侵权产品。

(4)非生产经营目的利用

为科学研究和实验目的,个人及其他组织非为生产经营目的而使用专利技术的,可以不经专利权人的许可,不视为侵权行为。需要注意的是,“非为生产经营目的”使用不等同于“非营利目的”,学校为了教育使用他人专利技术制作的教学用具,即便没有盈利,也是为了生产经营。

(5)医药审批的使用

为提供行政审批所需要的信息,拟制造药品或者医疗器械的单位或个人为制造专利药品或者专利医疗器械而使用他人专利的,不属于专利侵权。这是国际上通用的“药品和医疗器械实验例外”规则。

第五节　专利侵权行为认定及法律责任

一、专利侵权行为认定

(一)侵权行为的构成要件

专利侵权行为,是指未经专利权人许可实施其专利的行为。这里的“实施”,是指制造、使用、许诺销售、销售、进口其专利产品或者使用其专利方法以及使用、销售、许诺销售、进口依该方法直接获得的产品。

侵权行为的构成必须具备下列条件:

(1)侵害的对象为有效的专利

构成专利侵权必须以有效存在的专利为前提,实施已经被宣告无效、被放弃的专利或者专利期限已经届满的技术,不构成专利侵权。

(2)必须有侵害行为发生

一般来说,侵权行为与损害结果相伴而生。在特殊情况下,如许诺销售,虽没有损害结果发生,但是仍构成侵权。

(3)侵权行为人为生产经营而实施侵权行为

《专利法》第 11 条规定强调了侵权行为必须具有生产经营的目的。[1]

另外，关于侵权行为人是否需要主观过错要件，在专利侵权理论的解释上有不同的观点。普遍认同的观点是，在专利侵权之诉中，专利权人无须承担被诉人具有主观过错的举证责任。

（二）侵权行为的种类

根据侵权行为是否由行为人本身的行为造成，将专利侵权行为划分为直接侵权行为和间接侵权行为。

1. 直接侵权行为

对于发明和实用新型的产品专利，是指为生产经营目的的制造、使用、许诺销售、销售和进口。对方法专利，是指对其专利方法的使用以及使用、销售、许诺销售、进口依照该专利方法直接获得的产品，不是直接用专利方法所获得的产品不属于此例。对于外观设计专利，是指为生产经营目的制造、许诺销售、销售、进口其外观设计专利产品。这里的“产品”仅指申请外观设计时所指定的产品。

直接侵权包括所谓的善意侵权，它是指为生产经营目的使用、销售或者许诺销售不知道是未经专利权人许可而制造并售出的专利产品或者依照专利方法直接获得的产品的行为。现行《专利法》认为其是一种“免除赔偿责任的侵权行为”，即使用、销售或者许诺销售他人专利的，若能证明其产品的合法来源，则不承担赔偿责任，但应当停止其侵权行为。

在实践中，专利领域中明知侵权而群起效尤的群体侵权、重复侵权时有发生，在一些地方甚至还比较严重。专利权人以一己之力无从招架、难以应付。这些行为不仅直接侵害了专利权人的民事权益，还扰乱了市场秩序，破坏了创新环境，侵害了公共利益。

---

〔1〕 我国《专利法》第 11 条规定：“发明和实用新型专利权被授予后，除本法另有规定的以外，任何单位或者个人未经专利权人许可，都不得实施其专利，即不得为生产经营目的的制造、使用、许诺销售、销售、进口其专利产品，或者使用其专利方法以及使用、许诺销售、销售、进口依照该专利方法直接获得的产品。外观设计专利权被授予后，任何单位或者个人未经专利权人许可，都不得实施其专利，即不得为生产经营目的制造、许诺销售、销售、进口其外观设计专利产品。”

2. 间接侵权行为

《专利法》只规定了对专利直接侵权行为的法律制裁，没有对专利间接侵权行为加以规定。司法实践中有些专利纠纷案件已经作出认定专利间接侵权行为的判决。间接侵权，是指鼓励或诱使他人实施侵害专利权的行为，行为人本身的行为并不构成专利侵权。其常见的形态有：未经专利权人许可，以生产经营为目的制造、出售专门用于专利产品的关键部件或者专门用于实施专利方法的设备或材料；未经专利权人授权人委托，擅自许可或者委托他人实施专利。

间接侵权促使和导致了直接侵权行为的发生，行为人有过错，对专利权人造成了损害，与直接侵权人构成共同侵权。间接侵权一般应以直接侵权的发生为前提条件，在没有直接侵权行为发生的情况下，不存在间接侵权，或者只有确定了直接侵权的事实后，才能确认间接侵权。由于没有明确的法律依据，间接侵权往往被认定为共同侵权。

二、法律责任

专利侵权的责任类型有民事责任、行政责任和刑事责任。

(一)民事责任

民事责任的承担方式主要有停止侵害、赔偿损失等。针对专利侵权，我国《专利法》规定了停止侵权和赔偿损失两种民事责任形式。对于专利权人而言，这两种都是非常重要的救济措施。

1. 停止侵权

侵权人一旦被认定侵犯了他人的专利权，就应立即停止制造、使用、销售、许诺销售或进口等侵权行为。有权要求或者责令侵权人停止侵权的主体有专利权人、管理专利工作的部门和人民法院。

2. 赔偿损失

赔偿额的计算按照权利人因侵权而受到的实际损失确定；实际损失难以确定的，可以按照侵权人因侵权所获得的利益确定。权利人的损失或者侵权人获得的利益难以确定的，参照该专利许可使用费的倍数确定。赔偿数额还应当包括权利人为制止侵权行为所支付的合理开支。权利人的损失、侵权人获得的利益和专利许可使用费均难以确定的，法院可以根据专利权的类型、侵权行为的性质和情节等因素，确定给予1万元以上100万元以下的法定赔偿。

（二）行政责任

行政责任，是指侵权人因违反专利法而被管理专利工作的部门依法给予行政处罚所应承担的责任。现行《专利法》第63条规定："假冒专利的，除依法承担民事责任外，还要承担相应的行政责任，由管理专利工作的部门责令改正并予以公告，没收违法所得，可以并处违法所得四倍以下的罚款；没有违法所得的，可以处二十万元以下的罚款。"

为加大对假冒专利行为的处罚力度，《专利法修正案（草案）》征求意见稿中明确："假冒专利的，除依法承担民事责任外，由负责专利执法的部门责令改正并予公告，没收违法所得，可以处违法所得五倍以下的罚款：没有违法所得或者违法所得在五万元以下的，可以处二十五万元以下的罚款；构成犯罪的，依法追究刑事责任。"

除罚款外，《专利法修正案（草案）》征求意见稿在现行《专利法》基础上进一步加强了行政机关的执法措施和执法力度。[1] 专利行政部门进行处理或者查处时，可以询问、调查、对当事人涉嫌违法行为的场所实施现场检查；查阅、复制与涉嫌违法行为有关的合同、发票、账簿以及其他有关资料；检查与涉嫌违法行为有关的产品，对有证据证明是扰乱市场秩序的故意侵犯专利权的产品或者假冒专利的产品，可以查封或者扣押。并且进一步规定，当专利行政部门依法行使以上职权时，当事人有协助、配合的义务。

（三）刑事责任

在专利侵权中，假冒他人专利属于较为严重的侵权行为，《专利法》规定，假冒专利严重的，应当承担刑事责任。《刑法》第216条则进一步明确：

---

〔1〕 我国《专利法修正案（草案）》征求意见稿第69条第1款规定："负责专利执法的部门根据已经取得的证据，对涉嫌假冒专利行为进行查处时，有权采取下列措施：（一）询问有关当事人，调查与涉嫌违法行为有关的情况；（二）对当事人涉嫌违法行为的场所实施现场检查；（三）查阅、复制与涉嫌违法行为有关的合同、发票、账簿以及其他有关资料；（四）检查与涉嫌违法行为有关的产品；（五）对有证据证明是假冒专利的产品，可以查封或者扣押。"

我国《专利法修正案（草案）》征求意见稿第69条第3款规定："负责专利执法的部门、管理专利工作的部门依法行使前两款规定的职权时，当事人应当予以协助、配合，不得拒绝、阻挠。"

“假冒他人专利,情节严重的,处三年以下有期徒刑或者拘役,并处或者单处罚金。”假冒专利罪的犯罪构成要件为:

1. 本罪的犯罪主体是一般主体,企业、事业单位和个人均可构成。

2. 本罪的主观方面是故意,一般具有非法获取经济利益的目的,但也有的是出于损害他人的声誉,破坏他人专利权益的目的。出于何种目的不影响本罪的成立。

3. 本罪在客观方面表现为,违反国家专利管理法规,在法律规定的专利有效期限内,假冒他人被授予的专利,情节严重的行为。《专利法实施细则》第84条第1款规定:

“下列行为属于专利法第六十三条规定的假冒专利的行为:

(一)在未被授予专利权的产品或者其包装上标注专利标识,专利权被宣告无效后或者终止后继续在产品或者其包装上标注专利标识,或者未经许可在产品或者产品包装上标注他人的专利号;

(二)销售第(一)项所述产品;

(三)在产品说明书等材料中将未被授予专利权的技术或者设计称为专利技术或者专利设计,将专利申请称为专利,或者未经许可使用他人的专利号,使公众将所涉及的技术或者设计误认为是专利技术或者专利设计;

(四)伪造或者变造专利证书、专利文件或者专利申请文件;

(五)其他使公众混淆,将未被授予专利权的技术或者设计误认为是专利技术或者专利设计的行为。”

4. 本罪侵犯的客体是他人的专利所有权。国家对专利统一管理,形成专利制度,用以保护技术发明权利,鼓励发明创造,促使技术发明推广应用,假冒他人专利的行为,不仅侵害了国家的专利制度,也侵害了专利权人的利益。

问题与思考

一、我国《专利法》规定的不能授予专利权的对象有哪些?

二、发明创造具有新颖性与《反不正当竞争法》中关于商业秘密定义中的“不为公众所知”有什么异同点?

三、职务发明构成条件有哪些?为何职务发明创造申请专利的权利归属于发明人所在单位比较合理?

四、请简述《专利法》中不视为侵犯专利权的行为有哪些?

第四章 商标法律制度概述

第一节 商标及商标法概述

一、商标的概念及功能

（一）商标的概念

商标是顺应市场需求而产生的。在商品经济不发达阶段，人与人之间的交易规模很小，如有商品存在问题，消费者可以直接定位销售者。随着市场扩大，商品种类日渐丰富，生产商和销售者也大量增加，通过标志来区分己方与彼方的商品就显得非常有必要了。[1]

我国《商标法》对商标并没有进行明确定义，但是，通过《商标法》第3条、第4条的规定，可以将商标理解为：商标是自然人、法人或者其他组织在其生产经营活动中使用在自己的商品或者服务上的区别标志。

（二）商标的功能

在现代商业社会中，商标一般具有三种功能：区分来源功能、品质保证功能和广告宣传功能。[2]

1. 区分来源功能

区分来源功能是商标最原始的功能。最早的商标也是作为产品制造者

---

〔1〕 杜颖：《商标法》（第3版），北京大学出版社2016年版，第2～3页。

〔2〕 王迁：《知识产权法教程》，中国人民大学出版社2007年版，第376～378页。

的身份标志而出现的。早在古罗马帝国时期,生产者在商品上添加标志的现象就已非常普遍。随着时间的推进,欧洲的行业工会开始要求同一商标的商品的品质应当是同等的。15 世纪的法国则强制工匠必须在产品上添加标志,以表明其对产品质量负责。发展到 21 世纪,商标最重要的功能仍然是区分来源。

2. 品质保证功能

所谓品质保证功能,指的是同一个商标的商品或者服务具有同样的或者比较稳定的品质。但是,值得注意的是,商品的品质保证功能不在于保证商品质量的高品质,而在于表明以同一商标所表明的商品或服务具有同样的品质,即具有品质的统一性。如果某品牌的商品质量令人信赖,消费者便会重复购买,反之消费者则会避而远之。因此,企业为维护自身商标信誉,需要努力保证使用同一商标的商品质量相同。消费者在具有竞争关系的产品、服务中进行选择时,就有了相应的依据。如此,商标也就在客观上起到防止商品或者服务质量下降,保证其品质的作用。[1]

3. 广告宣传功能

商标被商人用作对商品或服务进行广告宣传的工具。一方面,商标标志简洁明快,具有显著特征,便于呼叫和记忆。[2] 对消费者来说,可以快速对应到相关产品和服务。另一方面,商标是广告宣传的媒介,若无商标作为媒介,商人只能宣传商品本身,消费者将在浩如烟海的商品中选择自己需要的产品,这也是一个非常不经济的做法。[3] 无疑,商标是连接消费者与商品的纽带,一个令人印象深刻的商标可以有效定位到相关商品或者服务,对商家来说可以起到非常好的广告宣传效果。

二、我国商标法的发展历程

(一)近代以来

尽管商标在我国古代已经出现,但是,由于当时重农抑商思想根深蒂固,商标也未能进入当时的立法范畴。一直到近代,在 1902 年中英关于《续

---

〔1〕《如何理解商标的品质保证功能》,载 http://www.iprchn.com/Index_NewsContent.aspx?newsId=89735,最后访问日期:2018 年 10 月 3 日。

〔2〕吴汉东主编:《知识产权法学》(第 4 版),北京大学出版社 2009 年版,第 230 页。

〔3〕杜颖:《商标法》,北京大学出版社 2010 年版,第 7 页。

议通商行船条约》的谈判过程中，英方强烈要求中国就商标保护问题制定法律，商标保护才进入中国的立法范畴。为此，1904 年清政府颁布了《商标注册试办章程》，这是中国第一部商标法，从此开启了中国商标法律制度的发展历程。1923 年北洋政府制定《商标法》，并成立了中国历史上第一个商标局。南京国民政府成立后，同样制定并颁布了《商标法》和《商标法实施细则》，对商标的构成要素、商标专用权的范围、保护程序等进行了规定。1949 年以后，我国台湾地区一直沿用该法，并进行了多次修订。

（二）中华人民共和国成立之初

1949 年中华人民共和国成立以后，曾分别在 20 世纪五六十年代制定了有关商标管理的法律规范。1950 年，政务院颁布了《商标注册暂行条例》，同年又批准实行了《商标注册暂行条例实施细则》。条例采自愿注册原则，注册之后取得商标专用权。1963 年，国务院制定了《商标管理条例》，开始实行全面注册制，未注册商标一律不准使用。从上述规定可以看出，在中华人民共和国成立的前 30 年里，由于经济体制的关系，商标从未被真正视为私人财产权之客体，充其量只是行政管理的工具。

（三）改革开放以来

到了 20 世纪 80 年代初期，随着改革开放政策的推行，商品经济开始复苏，对外贸易不断发展，商标保护逐渐有了内生的需求，并且面临着外部的压力，成为中华人民共和国法制建设中不容回避的议题。1979 年 7 月 7 日签订的《中华人民共和国和美利坚合众国贸易关系协定》第 6 条规定，两国的法人和自然人可以在互惠的基础上，根据对方的法律和规章申请商标注册，并获得这些商标在对方领土内的专用权。双方同意，根据各自的法律并适当考虑国际做法，尽量保证给予对方的法人或自然人的专利和商标以保护，并使这种保护与对方给予自己的同样保护。

1982 年，全国人大常委会通过了中华人民共和国成立以来的第一部《商标法》，也是新中国的第一部知识产权单行法。《商标法》确立了对商标专用权的保护，并建立起有效的注册、公告和异议制度。1983 年，国务院发布施行了《商标法实施细则》。1985 年中国成为《巴黎公约》成员方，1988 年起正式采用《商标注册用商品和服务国际分类》和《商标图形要素国际分类》，1989 年正式加入《商标国际注册马德里协定》。

为了履行国际公约义务和履行中美贸易谈判中作出的承诺，全国人大常委会于1993年通过了《关于修改〈中华人民共和国商标法〉的决定》，对《商标法》进行了第一次修订，以使其更能适应市场经济发展的新情况。1993年的《商标法》增加了有关服务商标的规定，增加了对不当注册商标的撤销的规定，加强对商标侵权的打击力度。2001年，为了履行中国加入WTO的相关承诺，全国人大常委会对《商标法》(1993年)进行了第二次修订。2001年的《商标法》扩大了商标权主体和客体的范围，明确将地理标志纳入商标保护体系，明确提出要保护驰名商标，同时还引入对商标确权程序的司法审查，禁止恶意抢注行为，增加了工商机关的查处手段。

2013年，为了满足国内外实践对商标法提出的要求，全国人大常委会对《商标法》(2001年)进行了第三次修改。本次修改的主要内容有：(1)增加申请注册和使用商标应遵循诚实信用原则的规定；(2)取消申请商标注册的标志应为可视性标志的规定，增加声音可作为商标注册的规定；(3)对商标禁用条款作出修改；(4)增加驰名商标认定机关和程序，并增加"驰名商标"字样不得作为商业标识使用以及用于商业活动的规定；(5)增加商标代理机构的法律规定；(6)商标注册申请由"一标一类"改为"一标多类"，同时对数据电文方式申请的法律效力进行确认；(7)商标异议申请的事由区分为绝对事由和相对事由，并对异议裁定的法律效力作出区分规定；(8)注册商标续展期由期满前6个月延长至12个月；(9)将"注册商标争议的裁定"修改为"注册商标的无效宣告"，并对无效宣告的程序和法律效力作出相应修改；(10)增加有关商标侵权行为的列举式规定；(11)对侵犯商标专用权损害赔偿的计算方法进行修改，提高法定赔偿数额。

2019年4月23日，第十三届全国人民代表大会常务委员会第十次会议通过了对《商标法》的修改决定，修改条款自2019年11月1日起施行。这是《商标法》自1993年、2001年、2013年修改后的第4次修改。本次修法主要涉及3个方面，6个条款的修改。本次修法的整体趋势为加强知识产权保护，打击非真实使用目的的商标恶意注册行为，完善恶意注册和恶意诉讼的救济制度，提高商标侵权，尤其是恶意侵犯商标权行为的赔偿金额，使违法成本显著提高，将充分发挥商标法对恶意注册、恶意诉讼、恶意侵权行为的震慑作用。

首先，修改后《商标法》建立了全面完善的打击商标恶意抢注和囤积行为的制度体系。具体来讲,修改后《商标法》第4条增加“不以使用为目的的恶意商标注册申请,应当予以驳回”的内容,赋予审查员在初审阶段可依职权主动驳回的权利;第19条第3款增加了商标代理机构的审查义务,规定代理机构不得接受不以使用为目的的恶意商标注册申请的委托;第33条和第44条配套的将这种情况规定为提起异议和无效的理由之一。其次,本次修法不仅在商标确权程序中规定了严格的审查程序,同时也规定了确权及诉讼程序中的处罚制度。修改后《商标法》在第68条第1款第3项中规定了商标代理机构违反修改后《商标法》第4条规定的处罚制度,同时增加第68条第1款第4项的处罚规定,其中第4项前半段规定了对恶意申请注册的行为工商行政管理部门“根据情节给予警告、罚款等行政处罚”,后半段规定了对恶意提起商标诉讼的“由人民法院给予处罚”。

第二节　商标权的主体与客体

一、商标权的主体

商标权的主体是商标权人,是依法享有商标权的自然人、法人或者其他组织,包括商标权的原始主体和继受主体。

(一)原始主体

商标权的原始主体是指商标注册人。我国《商标法》采取注册制,自然人、法人或其他组织可以向商标局申请注册商标,商标局核准注册后,申请人即成为商标权人。

1. 商标申请人

我国《商标法》在制定之初,曾将商标申请人仅限定为商品经营者,而个人不能作为申请人。2001年《商标法》首次允许自然人作为商标申请人,但是对商标申请人仍有资格限制,商标申请人必须是为自己生产、制造、加工、拣选或者经销的商品申请商标注册,因此,对企业或者其他组织而言,必须具有相应的经营范围证明,自然人也只能局限在个体经营者的范围内。2013年《商标法》则将申请商标注册的资格放宽到所有的民事主体。

2. 商标共有人

2001 年《商标法》中首次增加了商标共有制度,2013 年《商标法》保留了这一制度。其中第 5 条规定:“两个以上的自然人、法人或者其他组织可以共同向商标局申请注册同一商标,共同享有和行使该商标专用权。”

需要注意的是,一方面,共有商标权的主体是两个以上的自然人、法人或者其他组织,它表达的是权利主体的复数而不是权利客体的复数。数人基于共同注册或者共同受让而拥有对同一商标的专用权,才是共有商标权。如果是同一主体对数个商标所享有的专用权,则不构成共有商标权。另一方面,共有是指对同一商标的共有而不是对数个商标的共有。如果数人既对甲商标享有商标专用权,又对乙商标享有商标专用权,则是两个独立的共有商标权,而不是一个共有商标权。

3. 外国申请人

具有外国国籍的自然人和依据外国法律成立并在外国登记的法人,也可以在中国申请注册商标并获得商标专用权。在中国境内有经常居所或者营业场所的外国人或者法人,在我国申请商标注册时享有与我国国民同等的待遇。不在我国境内的外国人或者法人在我国申请商标注册的,按照其所属国与我国签订的协议或者共同参加的国际公约办理,或者按照对等原则办理。

(二)继受主体

继受主体,是指依法通过注册商标的转让或者移转取得商标权的自然人、法人或者其他组织。继受的方式主要包括两种:

1. 转让方式

商标权的原始主体可以依法转让其注册商标。转移注册商标后,原始主体不再享有任何商标权,继受主体成为完全的商标权人,可以行使一切商标权人的权利。

2. 继承方式

作为商标权原始主体的自然人死亡后,该注册商标可以依法移转给其继承人;作为商标权原始主体的法人或者其他组织终止后,该注册商标可以依法移转给有关法人或者其他组织。自然人、法人或者其他组织依法通过注册商标的继承或者移转取得商标权后,就成为该商标权的继受主体。

二、商标权的客体

商标权客体是与商标权主体相对应的概念，是法律对商标权所保护的具体对象，是商标权的物化载体。受到《商标法》保护的商标，分为注册商标和未注册的驰名商标。

（一）注册商标

1. 注册商标的种类

《商标法》将注册商标分为商品商标、服务商标、集体商标和证明商标。

（1）商品商标

在商品上使用的商标是商品商标。商品商标是表明商品出处的标志，它能把不同企业生产的相同或类似产品区别开来。商品商标的标的物是商品，可以直接附着在商品上进行使用。有时同一企业为了将自己生产的规格、品种、质量的商品与其他规格、品种、质量的商品区别开来，也可以在自己生产的同类商品上使用不同的商品商标。例如，"可口可乐"作为总商标，其旗下的不同产品使用不同的商品商标，包括"雪碧""芬达"等。

（2）服务商标

所谓服务商标，是指服务的提供者为将自己的服务与他人的服务区别开来而使用的一种标志。服务商标的标的物是服务，一般是通过服务场所、服务用品广告或者其他方式使用。这里所说的"服务"，指的是无形的服务，如广告业、保险业、银行业、不动产业、运输业、音像出租业、餐馆等行业提供的服务。需要注意的是，服务并不局限于营利性的服务，也包括非营利性的服务。例如，医院和学校等非营利性事业单位所提供的服务。

（3）集体商标

集体商标，是指以团体、协会或者其他组织名义注册，供该组织成员在商事活动中使用，以表明使用者在该组织中的成员资格的标志。集体商标的主要特点为：第一，其所有权属于一个集体，以团体、协会或者其他组织的名义注册；第二，集体商标由这个集体的成员共同使用，不是该集体的成员不能使用；第三，该集体的成员只能在商事活动中使用该集体商标；第四，集体商标的作用在于表明使用该商标的商品或者服务来源于该集体的成员，以便与非该集体的成员的商品或者服务相区别。一般来说，集体商标由其成员使用,使用人较多,覆盖面较宽,有利于形成市场优势。在使用集体商标时,并不排除使用集体成员自身所拥有的商标,可以将集体商标与集体成员自己的商标同时使用。例如,2015 年沙县同业公会成功注册了“沙县小吃”集体商标(见图 4 - 1),只要符合“沙县小吃”集体商标使用条件和手续的沙县小吃同业公会成员,均可申请使用该商标。又如,符合镇江香醋国家标准的生产者,可以同时申请使用“镇江香醋”集体商标(见图 4 - 2)。

图 4 - 1 “沙县小吃”集体商标

图 4 - 2 “镇江香醋”集体商标

(4)证明商标

证明商标,是指由对某种商品或者服务具有监督能力的组织所控制,而由该组织以外的单位或者个人使用于其商品或者服务,用以证明该商品或者服务的原产地、原料、制造方法、质量或者其他特定品质的标志。证明商标的主要特点是:第一,证明商标是由对某些商品或者服务在所欲证明的事项上具有监督能力的组织申请注册,这种监督能力是一种保证能力、检验能力,只有这样才能发挥证明商标的证明功能,保护消费者的利益;第二,证明商标持有人不得使用该商标,而只能由被该组织认定的单位或者个人使用,这是证明商标的一个重要特点,与集体商标有明显的不同;第三,证明商标的作用是证明该商品或者服务的原产地、原料、制造方法、质量或者其他特定品质,而非仅指示来源,这是与集体商标的另一个明显区别。例如,中国绿色食品发展中心拥有“绿色食品”商标权,凡是具备绿色食品生产、经营条件的企业和个人,向中国绿色食品发展中心申请,经审查符合绿色食品标准以后,就可以使用绿色食品证明商标标志(见图 4 - 3)。再如,纯羊毛标志(见图 4 - 4)是由国际羊毛局注册并管理的证明商标,符合国际羊毛局颁布的有关羊毛制品品质标准的厂商就可以要求国际羊毛局允许其使用纯羊毛标志,以表明自己羊毛制品的品质。

图4－3 绿色食品证明商标标志

图4－4 纯羊毛标志

2. 注册商标的构成要素

1982年《商标法》仅列举了文字、图形及其组合作为商标要素。2001年修改《商标法》时增加规定:"任何能够将自然人、法人或者其他组织的商品与他人的商品区别开的可视性标志,包括文字、图形、字母、数字、三维标志和颜色组合,以及上述要素的组合,均可以作为商标申请注册。"2013年《商标法》删除了"可视性"要求,增加了"声音"要素。因此,商标可以由文字、图形、字母、数字、三维标志、颜色组合和声音等要素中的任何一种构成,也可以是上述要素的任意组合构成。

(1)文字。这是构成商标的最基本的也是最常见的要素之一,它在表现商标的区别性上有不可替代的作用。文字作为商标构成要素,可以是各种字体的文字,也可以是在艺术上有所变化的文字。字母和数字属于文字的特殊类型,适用与文字基本相同的规则。例如,"全聚德"文字商标(见图4－5),以及路易威登的"LV"字母商标(见图4－6)。

图4－5 北京全聚德烤鸭

图4－6 路易威登

(2)图形。这也是构成商标的一个基本且常见的要素,图形的表现力很强,可以鲜明地表现出区别性。图形可以是具体描绘人和物的形状,也可以是虚构的图形,或者是抽象的图形。有些商标是图形与文字的结合,也有不少是单纯的图形。见图4－7、图4－8。

图4－7　星巴克

图4－8　苹果公司

(3)三维标志。即能够通过商品本身的形状、商品的包装物或者其他三维形状识别商品和服务来源的标志，比如，可口可乐的玻璃瓶外形。三维标志构成的商标称为立体商标。在审查实践中，以三维标志申请注册商标的大致可以分为两类：一类是与本商品无关的“装饰性外形”，比如，绍兴咸亨酒店的孔乙己塑像、海尔“双王子”(见图4－9)、劳斯莱斯的小飞人、麦当劳的麦克唐纳小丑等；另一类则是商品及其包装的外形。比如，费列罗巧克力；又如，迪奥真我香水瓶身(见图4－10)。

图4－9　海尔双王子

图4－10　迪奥真我香水瓶身

(4)颜色组合。颜色是丰富多彩的，有许多种变化，因此与商标的其他要素组合在一起，或者是几种颜色的组合，都可以成为识别商品来源的标志。应当注意的是，在我国，目前只有颜色组合才可以作为商标申请注册，单一颜色不能作为商标注册。

(5)声音。这是2013年《商标法》新增的商标要素，突破了此前对商标要素必须具有可视性的要求，是符合商标本质特征的一次重要的商标要素扩展。声音商标既可以是音乐片段(包括声乐、器乐)，如诺基亚手机的开机铃声；也可以是自然界的声音，如米高梅公司的狮子吼。

(6)前述要素的组合。文字、图形、字母、数字、三维标志、颜色组合和声音的组合,也可以作为商标要素。在实践中,由文字和图形组合的商标最多,特点是图文并茂,生动形象,便于识别和呼叫。

具有符合法定商标构成要素是商标成立的前提,但是并非所有符合这些要素的商标都可以注册。我国《商标法》对某些标志则禁止作为商标使用。我们将在商标的审查中进一步说明。

(二)未注册的驰名商标

1883 年《巴黎公约》首先提出了驰名商标的概念,要求对驰名商标予以更高程度的保护。1995 年 1 月 1 日成立的世界贸易组织"一揽子协议"中的《TRIPs 协议》第 16 条第 2 款对驰名商标的认定原则作了相应的规定,并在条文表述中有意识地回避了认定机关,突破了《巴黎公约》中由商标注册国或使用国主管机关认定驰名商标的规定,由此可以得出《TRIPs 协议》所说的驰名商标认定并非由上述机关专属的结论。《TRIPs 协议》的这一规定,实际是将驰名商标的认定机构的确定问题交由各国立法所决定,并为驰名商标的司法认定打开了一扇"方便之门"。正是基于这样的国际立法沿革,并结合各国普遍的立法实践,2001 年我国《商标法》规定了驰名商标的特殊保护及认定原则,并将驰名商标的认定从以往单一的行政审查拓展到司法审查的领域。2013 年《商标法》则延续了 2001 年《商标法》的规定。故除了注册商标外,未注册商标也是商标权的客体。

1. 未注册驰名商标的法律特征

(1)该商标可以被注册但尚未注册

可注册性是未注册驰名商标成立的必要前提,因此,未注册驰名商标首先必须满足《商标法》对其所设定的相关条件规定,满足法律要求的构成要素。该法第 8 条将商标的注册条件设定为,具有能够将其和其他类似产品所区别开来的标志。标志的范围很广,涵盖了文字、图形、字母、数字、三维标志、颜色组合和声音等任何单独或者组合的具有区分性的标志。与此同时,其自身还应当具备显著性,从而将其与其他的商品或者服务进行区分。而且,由于我国相关法律对于已经注册过的商标是进行了法律保护的,赋予其享有商标专用的权利,因此,除了上文提及的显著性以外,还应当符合一个必要的前提条件,即该商标是尚未被注册过的。

(2)该未注册驰名商标须是在先使用的商标

该商标在未注册的情形下获得相应的法律保护的先决条件是,未注册商标所有人必须在先使用了该商标，否则会侵害其他人的合法权益。所谓在先使用，一方面，要求该商标必须被实际地使用，也就是说，商家需要将该商标附在已经进入相关销售渠道的商品上，该商品需要投入市场并且出现在社会公共视线中；另一方面，该商标在中国境内最早投入使用，即该商标投入使用的时间必须是在中国境内最早的，早于其他类似的或者相同的商标投入使用的时间，只有这样才能保证不侵犯他人在先使用的权利。

(3)须符合驰名商标的特征

未注册驰名商标本质上仍旧是驰名商标，只不过是未经注册而已，因此，未注册驰名商标应符合驰名商标的其他特征。认定驰名商标应当考虑以下五个因素：第一，相关公众对该商标的知晓程度；第二，该商标使用的持续时间；第三，该商标的任何宣传工作的持续时间、地理范围和程度；第四，作为驰名商标而言该商标受保护的记录；第五，该商标驰名的其他因素。该五项因素并非必备条件，应当综合考虑。总之，未注册驰名商标与已注册驰名商标的评价标准是一致的。因此，无论注册与否，只要是冠以“驰名”的商标，一定是以长期使用为基础，除此之外，在公众中还应具有较高的信誉和声誉。

2. 未注册驰名商标的认定方式

我国未注册驰名商标的认定分为司法认定与行政认定。行政认定的主体是行政机关，具体来说，是国家工商行政管理总局商标局和商标评审委员会，司法认定的主体是人民法院。

(1)未注册驰名商标的行政认定

行政认定是由国家商标局和商标评审委员会联合作出。在商标争议处理过程中，当事人依照《商标法》第13条规定主张权利的，商标评审委员会根据处理案件的需要，可以对商标驰名情况作出认定。[1] 根据《商标法实施条例》的规定，如果当事人在商标注册和评审过程中发生争议，一方当事人认为自己所持有的商标构成驰名商标时，可以向商标局或商标评审委员会提出请求，认定其为驰名商标，从而驳回另一方当事人的注册申请或撤销其注册的商标。当然，实现上述目的的前提是相关当事人在申请时提供足

---

〔1〕 我国《商标法》第13条规定：“为相关公众所熟知的商标，持有人认为其权利受到侵害时，可以依照本法规定请求驰名商标保护。就相同或者类似商品申请注册的商标是复制、摹仿或者翻译他人未在中国注册的驰名商标，容易导致混淆的，不予注册并禁止使用。”

以证明该商标能够成为驰名商标的证据。商标局和商标评审委员会依据当事人的请求查明事实,并且在《商标法》的严格指导下,对其进行审核,并作出该商标能否作为驰名商标的评定,这属于一种被动的认定形式。也就是说,如果一项商标为驰名商标却一直没有注册,而又出现了被他人抢注的情况,那么商标所有人可以向商标局和商标评审委员会提出申请,认定自己所持有的商标为驰名商标,从而驳回抢注人的注册申请或者撤销抢注人已注册的商标。

(2)未注册驰名商标的司法认定

司法认定,是指法院在对相关案件的审理过程中,根据当事人的请求和案件的具体情况,依照《商标法》第14条的规定,可以对涉及的注册商标是否驰名依法作出认定。[1] 因此,司法认定是一种按需认定,也是一种被动认定。另外,法院在审理商标等民事纠纷案件时认定的驰名商标,仅是对该案本身的某种事实认定,仅对本案发生效力,其并不当然对其他案件产生约束力,这也被称为个案有效原则。

第三节　商标权的取得

一、商标注册的申请

(一)商标注册申请人资格

自然人、法人或者其他组织在生产经营活动中,对其商品或者服务需要取得商标专用权的,可以向商标局申请商标注册。这既包括中国的自然人、法人和其他组织,也包括外国自然人和外国企业。我国《商标法》采取自愿注册原则,且申请的商标应当用于生产经营活动。

1.商标自愿注册原则

我国《商标法》采取自愿注册原则。商标经过注册,即取得注册商标专

〔1〕 我国《商标法》第14条第1款规定:"驰名商标应当根据当事人的请求,作为处理涉及商标案件需要认定的事实进行认定。认定驰名商标应当考虑下列因素:(一)相关公众对该商标的知晓程度;(二)该商标使用的持续时间;(三)该商标的任何宣传工作的持续时间、程度和地理范围;(四)该商标作为驰名商标受保护的记录;(五)该商标驰名的其他因素。"

用权，注册人有权禁止他人在相同或者类似商品上使用或者注册与该商标相同或者近似的商标。因此，注册商标能够比未注册商标获得更全面更有力的保护。是否通过注册获得这种保护，由商标使用人自由选择。自然人、法人或者其他组织认为需要取得商标专用权以获得保护的，应当向商标局申请商标注册。

2. 申请注册的商标应当用于生产经营活动

商标是在生产经营活动中用于识别商品和服务来源的标志，代表其所标示的特定商品或者服务的质量及其生产经营者的信誉。申请商标注册应当将其用于生产经营活动。自然人、法人或者其他组织无论是已经在其生产经营活动中实际使用该商标，还是准备在今后的生产经营活动中使用该商标，都可以申请商标注册。

（二）商标注册申请日期的确定

我国商标注册以申请在先原则为主，使用在先原则为辅，因此，申请日期的确定具有重要的法律意义。《商标法》第 31 条规定："两个或者两个以上的商标注册申请人，在同一种商品或者类似商品上，以相同或者近似的商标申请注册的，初步审定并公告申请在先的商标；同一天申请的，初步审定并公告使用在先的商标，驳回其他人的申请，不予公告。"同日申请且均未使用的，各申请人可以自收到商标局通知之日起 30 日内自行协商，不愿协商或者协商不成的，商标局通知各申请人以抽签的方式确定一个申请人。商标注册的申请日期，以商标局收到申请书件的日期为准。

注册申请人依法享有优先权的，以优先权日为申请日期。优先权有两种：

1. 申请优先权。即注册申请人自其商标在外国第一次提出商标注册申请之日起 6 个月内，又在中国就相同商品以同一商标提出商标注册申请的，依照该外国同中国签订的协议或者共同参加的国际条约，如《巴黎公约》，或者按照相互承认优先权的原则，可以享有优先权。

2. 展览优先权。即商标在中国政府主办或者承认的国际展览会展出的商品上首次使用的，自该商品展出之日起 6 个月内，该商标的注册申请人可以享有优先权。要求享有优先权的，应当在提出商标注册申请的时候提出书面声明，并且在 3 个月内提交第一次提出的商标注册申请文件的副本或者展出商品的展览会名称、在展出商品上使用该商标的证据、展出日期等证明文件;未提出书面声明或者逾期未提交有关文件的,视为未要求优先权。在申请人享有优先权的情况下第一次在外国提出申请的日期,或者在我国政府主办或者承认的国际展览会上展出的商品上首次使用商标的日期,被称为优先权日。

二、商标注册的审查

(一)形式审查

所谓形式审查,是指商标局在接收申请人的申请文件后,对文件的合法性进行形式审查。例如,申请文件、费用等是否已经齐全,填写内容是否符合要求,分类是否规范。形式审查的重要内容之一是确认商标的申请日期。注册商标的申请日期,以商标局收到的申请文件的日期为准。申请手续齐备并按照规定填写申请文件的,编写申请号,发给《受理通知书》。

(二)实质审查

形式审查后,商标局将进行实质审查,实质审查的内容主要分为三部分,一是对该商标是否符合《商标法》第 10 条的规定进行审查,即申请商标是否违反社会道德风尚或者有其他不良影响;二是对该商标是否符合《商标法》第 9 条、第 11 条的规定进行审查,即申请商标是否具有显著性;三是对该商标是否符合《商标法》第 30 条、第 31 条的规定进行审查,即申请商标是否侵害了他人的在先商标或在先权利。

1. 驳回商标注册的绝对理由

(1)违反社会道德风尚或者有其他不良影响

第一,同中华人民共和国的国家名称、国旗、国徽、国歌、军旗、军徽、军歌、勋章等相同或者近似的,以及同中央国家机关的名称、标志、所在地特定地点的名称或者标志性建筑物的名称、图形相同的。我国的国歌是《义勇军进行曲》,军歌为《中国人民解放军进行曲》。“同中央国家机关的名称、标志、所在地特定地点的名称或者标志性建筑物的名称、图形相同的”,是指同“全国人民代表大会”“国务院”“中南海”“钓鱼台”“天安门”“人民大会堂”等名称相同或近似的商标。但需要注意的是,《商标法》修改之前,使用上述国家标志做商标且已注册的应继续有效,如“中华牙膏”“中南海香烟”等,这既是法不溯及既往的要求,也是维持商标注册秩序稳定的客观需要。

第二,同外国的国家名称、国旗、国徽、军旗等相同或者近似的,但经该国政府同意的除外。外国的国家名称包括其中文和外文的全称、简称和缩写,如英国、USA;使用外国的国旗,如未经授权将美国的星条旗图案申请商标注册或作为商标使用都在被禁止之列。

第三,同政府间国际组织的名称、旗帜、徽记等相同或者近似的,但经该组织同意或者不易误导公众的除外。例如,未经授权将欧盟的简称“EU”,或者是将东盟的旗帜作为商标注册或使用。

第四,与表明实施控制、予以保证的官方标志、检验印记相同或者近似的,但经授权的除外。

第五,同“红十字”“红新月”的名称、标志相同或者近似的。“红十字”是国际红字会的标志,为非伊斯兰国家的医疗、救护组织和机构使用。“红新月”为红新月会的标志,由信奉伊斯兰教的国家的医疗、救护组织和机构专用。禁止这两类标注注册和使用,主要是为了履行国际公约的义务。

第六,带有民族歧视性的。如在电脑上注册或使用具有严重民族歧视“大汉族”等词汇。

第七,带有欺骗性,容易使公众对商品的质量等特点或者产地产生误认的。

第八,有害于社会主义道德风尚或者有其他不良影响的。如在罐头食品上申请注册“乡巴佬”等有害社会主义道德风尚。

第九,县级以上行政区划的地名或者公众知晓的外国地名,不得作为商标。但是地名具有其他含义或者作为集体商标、证明商标组成部分的除外,已经注册的使用地名的商标继续有效。禁止用作商标的地名,既可以是国内县级以上行政区划的地名,也可以是公众知晓的外国地名,如“巴黎”“东京”“纽约”等。禁止地名做商标主要是因为地名缺乏显著性不容易识别,以及使用地名商标容易造成消费者对商品或服务来源的误认等。但以下情况属于例外:一是地名具有其他含义的,如“凤凰”除了表示湖南一个县的名称,还有“传说中的百鸟之王”的含义,这种地名可以作为商标注册和使用;二是地名作为集体商标或证明商标一部分注册的注册有效,如“金华”火腿、“重庆”火锅底料、“郫县”豆瓣等;三是《商标法》修改之前已经使用地名的商标继续有效,如“上海”牌手表等。

(2)不具备显著性

商标的重要功能就在于能将不同经营者所提供的相同产品或者服务区

别开来，从而为消费者购买产品或接受服务提供出处上的指示。要实现这一目标，商标就必须具备显著性特征，即它能够和具体的产品或服务提供者相联系，以识别商品或服务的不同来源。因此，显著性是商标构成中最为核心和关键的要素。商标必须具有显著性才能获得注册，对此，《商标法》第9条明确规定“申请注册的商标，应当有显著特征，便于识别”。

我国《商标法》第11条就规定：“下列标志不得作为商标注册：(一)仅有本商品的通用名称、图形、型号的；(二)仅直接表示商品的质量、主要原料、功能、用途、重量、数量及其他特点的；(三)其他缺乏显著特征的。前款所列标志经过使用取得显著特征，并便于识别的，可以作为商标注册。”根据该条的规定，我们可以看出，商标显著性可细分为固有显著性和获得显著性。

第一，固有显著性。固有显著性指构成商标的文字、图形、三维标志、声音等要素具有区分和识别作用，而且这些要素具有一定独特性，天然地适合用作商标，通过市场上的反复使用，消费者也很容易将其与特定的商品或服务联系起来。如“海尔”冰箱和“格力”空调商标等，因商标本身属于臆造的词汇，其唯一性和特定性就很容易使消费者将其与所附商品或服务联系在一起，从而起到区别商品或服务来源的功能。

第二，获得显著性。某些标志虽然不具有固有显著性，有的还甚至是对商品或服务的质量、原料、功能的描述；但如果通过使用，产生了其原属含义之外的其他含义——“第二含义”时，同样具有显著性，可以作商标。

我国《商标法》第11条第2款规定，叙述性标志经过使用获得显著特征，并便于识别的，可以作为商标注册。现实生活中通过使用产生显著性的商标并不少见，如直接叙述商品原料的“五粮液”酒商标、直接叙述商品功能的“冷酸灵”牙膏商标。

需要注意的是，固有显著性和通过使用获得显著性是对商标显著性的一种理论划分。实际上，任何商标显著性的建立都是经营者将商标和商品相联系，并通过市场的反复使用所获得的。

(3)不符合法定构成要素

《商标法》第8条规定：“任何能够将自然人、法人或者其他组织的商品与他人的商品区别开的标志，包括文字、图形、字母、数字、三维标志、颜色组合和声音等，以及上述要素的组合，均可以作为商标申请注册。”根据该规定，商业标识的构成要素，已经从传统的可视性标志扩大到了所有的要素，然而,在实践中,可视性标志是最常见的。对于气味商标、触觉商标等类型的标志,在我国实践中尚未得到认可,难以获得注册。

2. 驳回商标注册的相对理由

驳回商标注册的相对理由,是指以申请注册的商标侵害了他人在先权商标或者在先权利作为驳回商标注册申请的理由。《商标法》第 9 条和第 32 条明确规定,申请注册的商标,不得侵害他人在先取得的权利。当然,这里的"在先权利",是一种广义上的在先权利,既包括他人的在先商标,也包括其他在先权利。

(1)侵害他人在先商标

申请人注册商标不能侵害他人在先商标,这里的"在先商标"包括初步审定的商标、在先申请的商标、同日申请在先使用的商标、被代理人或者被代表人的商标、在先使用并有一定影响的商标以及驰名商标等。[1]

(2)侵害他人其他在先权利

作为商标申请注册的标志,可能同时还存在其他合法权利。为防止不同权利之间的冲突,避免在商标注册中产生侵权行为,《商标法》专门作出规定,申请注册的商标不得与他人在先取得的合法权利,如商号权、著作权、外观设计专利权、姓名权、肖像权等相冲突。

三、商标注册的异议无效与复审

申请注册的商标,符合《商标法》有关规定的,商标局初步申请,予以公告。对于初步审定的商标,自公告之日起 3 个月内,任何人可以提起异议,若 3 个月内无人提出异议,或者异议经裁定不成立的,核准注册。

(一)商标异议

1. 在先权利人或者利害关系人提出的商标异议

在先权利人或者利害关系人认为初步审定公告的商标存在如下情形的,可以提起商标异议:

(1)就相同或者类似商品申请注册的商标是复制、摹仿或者翻译他人未在中国注册的驰名商标,容易导致混淆的。

(2)就不相同或者不相类似商品申请注册的商标是复制、摹仿或者翻译

---

〔1〕 黄晖:《商标法》,法律出版社 2004 年版,第 79 页。

他人已经在中国注册的驰名商标，误导公众，致使该驰名商标注册人的利益可能受到损害的。

(3)未经授权，代理人或者代表人以自己的名义将被代理人或者被代表人的商标进行注册的，或就同一种商品或者类似商品申请注册的商标与他人在先使用的未注册商标相同或者近似，申请人与该他人具有前款规定以外的合同、业务往来关系或者其他关系而明知该他人商标存在。

(4)商标中有商品的地理标志，而该商品并非来源于该标志所标示的地区，误导公众的。

(5)申请注册的商标，凡不符合《商标法》有关规定或者同他人在同一种商品或者类似商品上已经注册的或者初步审定的商标相同或者近似的。

(6)在同一种商品或者类似商品上，以相同或者近似的商标申请注册的，初步审定并公告申请在先的商标；同一天申请的，初步审定并公告使用在先的商标，驳回其他人的申请的。

(7)申请商标注册损害他人现有的在先权利的。

2. 任何人均可提起的商标异议

如果初审公告的商标存在如下情形，任何人均可以提起商标异议：

(1)商标存在违反社会道德风尚或者有其他不良影响的。即该商标存在违反《商标法》第10条项下内容的情形。

(2)商标不存在显著性的，即存在违反《商标法》第11条项下内容的情形。

(3)以三维标志申请注册商标的，仅由商品自身的性质产生的形状、为获得技术效果而需有的商品形状或者使商品具有实质性价值的形状进行申请，即违反《商标法》第12条项下内容的情形。

申请注册的商标，在法定期限内无人提出异议的，予以核准注册。当事人在法定期限内对商标局作出的裁定不申请复审或者对商标评审委员会作出的裁定不向人民法院起诉的，裁定生效。经裁定异议不能成立的，予以核准注册，经裁定异议成立的，不予核准注册。

(二)商标宣告无效

商标无效宣告申请是指商标权利人或者利害关系人认为已经注册的商标，违反《商标法》相关规定，请求商标评审委员会宣告该注册商标无效的法律程序。商标如果被无效宣告，那么商标从申请之日开始就不被法律保护，该商标是不具有法律效力的商标。

1. 注册商标无效宣告的申请条件

注册商标无效宣告的法律依据,《商标法》第44条规定,已经注册的商标,违反《商标法》第10条、第11条、第12条规定的,或者是以欺骗手段或者其他不正当手段取得注册的,由商标局宣告该注册商标无效。其他单位或者个人可以请求商标评审委员会宣告该注册商标无效。根据这一规定,宣告注册商标无效的条件,包括以下两个方面:

(1)商标中含有不得作为商标使用的标志、形状的,具体包括以下三种情形:其一,使用《商标法》第10条禁止使用标志的商标;其二,使用《商标法》第11条禁止作为商标注册标志的商标;其三,使用《商标法》第12条禁止注册形状的商标。按照《商标法》第12条的规定,以三维标志申请注册商标的,仅由商品自身的性质产生的形状、为获得技术效果而需有的商品形状或者使商品具有实质性价值的形状,不得注册。

(2)以欺骗手段或者其他不正当手段取得商标注册的,具体包括两种情形:其一,以欺骗手段取得商标注册的。所谓欺骗手段,是指申请人采取虚构、隐瞒事实真相,或者伪造申请书及有关文件等方式,取得商标注册。其二,以其他不正当手段取得商标注册。所谓以其他不正当手段,是指申请人采取欺骗方式以外的其他不正当方法,如通过给经办人好处等方式,取得商标注册。

2. 注册商标无效宣告的类型

商标局依职权进行无效宣告(绝对理由),当事人可以向商评委申请复审。商评委依绝对理由的无效宣告:主体不限,期限不限;商标无效的绝对理由包括:已经注册的商标,如果不具备可视性、显著性和合法性,可以被宣告无效。另外,"以欺骗手段或其他不正当手段取得注册",也属于商标无效的理由;商评委依相对理由的无效宣告:在先权利人或者利害关系人,在争议商标注册之日起5年内提出,驰名商标恶意注册的,不受5年期限的限制。构成商标权相对无效的原因是商标权同在先取得的权利或其他合法权益相冲突,主要包括因与他人在先权利冲突而无效;因侵犯他人驰名商标而无效;因抢注他人未注册商标而无效;因违反代理或代表的规定而无效。

3. 注册商标无效宣告申请流程

(1)商标局作出宣告注册商标无效的决定,应当书面通知当事人;当事人对商标局的决定不服的,可以自收到通知之日起 15 日内向商标评审委员会申请复审;商标评审委员会应当在 9 个月内作出决定,并书面通知当事人。如有特殊情况,需要延长复审期限的,经国务院工商行政管理部门批准,可以延长 3 个月;当事人对商标评审委员会的决定不服的,可以自收到通知之日起 30 日内向人民法院起诉。

(2)其他单位或者个人请求宣告注册商标无效的流程:其他单位或者个人请求商标评审委员会宣告该注册商标无效的,应当向商标评审委员会提出申请;商标评审委员会收到申请后,应当书面通知有关当事人,并限期提出答辩;商标评审委员会应当在 9 个月内作出维持注册商标或者宣告注册商标无效的裁定,并书面通知当事人。如有特殊情况需要延长期限的,经国务院工商行政管理部门批准,可以延长 3 个月;当事人对商标评审委员会的裁定不服的,可以自收到通知之日起 30 日内向人民法院起诉;人民法院在受理起诉后,应当通知商标裁定程序的对方当事人作为第三人参加诉讼。

(三)商标复审

商标复审包括以下三种情形:

1. 被异议人对商标局的异议裁定不服提出的复审,即被异议人对商标局作出的不予注册的决定不服。在商标异议的情况下,如果最终商标局作出不予注册的决定,被异议人不服的,可以自收到通知之日起 15 日内向商标评审委员会申请复审。商标评审委员会应当自收到申请之日起 12 个月内做出复审决定,并书面通知异议人和被异议人。有特殊情况需要延长的,经国务院工商行政管理部门批准,可以延长 6 个月。被异议人对商标评审委员会的决定不服的,可以自收到通知之日起 30 日内向人民法院起诉。人民法院应当通知异议人作为第三人参加诉讼。

2. 商标申请人对商标局驳回申请、不予公告的决定不服提出的复审。对驳回申请、不予公告的商标,商标局应当书面通知商标注册申请人。商标注册申请人不服的,可以自收到通知之日起 15 日内向商标评审委员会申请复审。商标评审委员会应当自收到申请之日起 9 个月内作出决定,并书面通知申请人。有特殊情况需要延长的,经国务院工商行政管理部门批准,可以延长 3 个月。当事人对商标评审委员会的决定不服的,可以自收到通知之日起 30 日内向人民法院起诉。

3. 商标申请人对商标局作出的无效宣告不服提出的复审。商标局做出宣告注册商标无效的决定,应当书面通知当事人。当事人对商标局的决定不服的,可以自收到通知之日起15日内向商标评审委员会申请复审。商标评审委员会应当自收到申请之日起9个月内作出决定,并书面通知当事人。有特殊情况需要延长的,经国务院工商行政管理部门批准,可以延长3个月。当事人对商标评审委员会的决定不服的,可以自收到通知之日起30日内向人民法院起诉。

第四节　商标权的内容和限制

一、商标权的内容

商标权指的是商标权利人在自己的商品或者服务上使用自己的商标,并且排除他人未经许可在类似的商品和服务上使用相同或者近似标识的权利。总而言之,商标权是集合性的权利,它包括使用权、许可使用权、转让权、标记权、续展权、禁用权。

(一)使用权

所谓商标专用权,是指由法律授予商标权人在指定商品或服务上使用其注册商标的排他性权利。经商标局核准注册的商标为注册商标,商标注册人享有商标专用权,受法律保护。《商标法》第56条规定,注册商标的专用权,以核准注册的商标和核定使用的商品为限。

商标权的享有者对商标有使用的权利,商标的使用方式主要是直接使用于商品、商品包装、商品容器,也可以是间接地将商标使用于商品交易文书、商品广告宣传、展览及其他业务活动中。

(二)许可使用权

注册商标使用许可,是指商标权人将其所有的注册商标使用权分离出一部分或全部许可给他人有偿使用。商标权人为许可人,使用商标的一方为被许可人。商标使用许可不同于商标的转让,后者的结果是原商标注册人丧失了商标的所有权,而商标使用许可不发生商标所有权转移的问题。商标使用许可有利于更好地发挥商标促进商品生产和流通的作用,也是商标权人充分行使其权利的表现。

商标使用许可可以分为独占使用许可、排他使用许可和普通使用许可(见表4-1)。

表4-1 商标使用许可类型

许可类型	概念	要点
独占使用许可	商标注册人在约定的期间、地域和以约定的方式,将该注册商标仅许可一个被许可人使用,商标注册人依约定不得使用该注册商标	1.该种许可,连商标注册人自己也不可以再行使用。 2.如果发现商标侵权,被许可人直接以自己名义可以维权。该维权直接来自法律,不再需要许可人授权
排他使用许可	商标注册人在约定的期间、地域和以约定的方式,将该注册商标仅许可一个被许可人使用,商标注册人依约定可以使用该注册商标但不得另行许可他人使用该注册商标	1.该种许可,只有原商标注册人和被许可人双方使用,排除第三方使用。 2.如果发现商标侵权,在被许可人不起诉的情况下,被许可人可以自己名义维权。根据司法实践,排他使用许可合同的被许可人自行提起诉讼的,须向人民法院提交商标注册人明确表示不起诉的书面证据
普通使用许可	商标注册人在约定的期间、地域和以约定的方式,许可他人使用其注册商标,并可自行使用该注册商标和许可他人使用其注册商标	1.该种许可,市面上可能会有多个使用人。 2.如果发现商标侵权,必须商标注册人明确授权,才可以起诉

(三)转让权

注册商标所有人可以自由地选择处分商标权的方式,注册商标所有人有将其注册商标转移给他人所有的权利。转让注册商标,除了由双方当事人签订合同之外,转让人和受让人应共同向商标局提出申请,经商标局核准,并予以公告。未经核准登记的,转让合同不具有法律效力。

转让注册商标的,转让人和受让人应当签订转让协议,并共同向商标局提出申请。受让人应当保证使用该注册商标的商品质量。转让注册商标经核准后,予以公告。受让人自公告之日起享有商标专用权。转让注册商标的,商标注册人对其在同一种或者类似商品上注册的相同或者近似的商标,应当一并转让。未一并转让的,由商标局通知其限期改正;期满不改正的,视为放弃转让该注册商标的申请,商标局应当书面通知申请人。对可能产生误认、混淆或者其他不良影响的转让注册商标申请,商标局不予核准,书面通知申请人并说明理由。

（四）标记权

对已经注册的商标，商标注册人可以在该商标上标明注册标记，以标示该商标为注册商标。注册标记可以是“注册商标”字样，也可以是“注”或者“®”。这项标明注册标记的权利属于商标注册人，其他人无权使用这种注册标记，更不允许使用这种方式冒充注册商标，从事假冒注册商标的违法活动。

（五）续展权

续展权，是指商标权人在其注册商标有效期满时，依法享有的申请续展注册，从而延长其注册商标保护期的权利。商标权人需要继续使用的，商标注册人应当在期满前 12 个月内按照规定办理续展手续；在此期间未能办理的，可以给予 6 个月的宽展期。每次续展注册的有效期为 10 年，自该商标上一届有效期满次日起计算。

（六）禁用权

商标的专用性体现在排他性。商标所有人有禁止任何第三方未经其许可在相同或类似商品上使用与其注册商标相同或近似的商标的权利。禁用权的效力范围大于使用权的效力范围，不仅包括核准注册的商标、核定使用的商品，还扩张到与注册商标相近似的商标和与核定商品相类似的商品。

二、商标权的限制

（一）合理使用

商标权合理使用，是指在一定条件下，商标权人以外的人在生产经营活动中可以使用他人商标而不侵权。商标权合理使用具体体现为以下几方面：

1. 描述性合理使用

描述性合理使用保护的是生产经营者对自己生产经营的商品进行描述的自由，实质上是赋予竞争者对自身产品进行描述的权利。例如，“苹果”商标的注册权人无权禁止其他人用“苹果”来代指苹果这一种水果。注册商标中含有的本商品的通用名称、图形、型号,或者直接表示商品的质量、主要原料、功能、用途、重量、数量及其他特点,或者含有的地名,注册商标专用权人无权禁止他人正当使用。

2. 指示性合理使用

指示性合理使用是为了客观地说明商品或者服务的特点、用途等而在生产经营活动中使用他人注册商标的行为。指示性合理使用应具备的条件是:第一,如果不使用某商标,那么就无法描述特定的商品或服务;第二,使用商标对于特定的产品或者服务的作出是合理的、必须的;第三,使用该商标不得使消费者误认为该使用由商标权人发起获得并得到其支持。例如,奔驰汽车的销售商和维修商为了让公众了解其经营活动,必须使用奔驰的商标,否则无法向公众传达他从事销售和维修奔驰汽车的信息。但是他使用商标不能导致公众认为他的经营与奔驰汽车有某种商业上的联系,比如,他是奔驰汽车的特约经销商等,否则就不再属于合理使用的范畴。

(二)商标权用尽

商标权用尽,又称一次销售原则或商标权利穷竭,是指当拥有商标权的商品被合法售出之后,拥有商标权的商品被受让人再次销售时,商标权人无权禁止转卖人继续使用原商标标志。许多国家或地区的商标法规定了商标权用尽。虽然我国《商标法》中并没有明确规定商标权用尽,但从司法实践来看,商标权用尽已是侵犯商标权诉讼中的一种重要的抗辩事由。

从商标法的立法本意来看,商标法是为了保护商标专用权,但其最终目的是促进市场经济的发展。商标权用尽的法理基础是,促进市场经济的发展需要建立统一的市场,而统一市场需要的是出让商品能够不受限制地自由流通,没有商标权用尽原则就意味着商标权人可以从生产、批发、零售等各环节无限控制,可以在不同地区、商品流通的不同环节进行完全控制,进而导致市场的割裂。同时,从商标权设置的禁用权和专用权的关系来看,专用权仅指商标权利人可以在核定使用的商品上使用核准注册的商标,禁用权禁止的是他人在相同或类似商品上使用与其相同或近似的商标。这里禁止的是他人在其商品上使用与商标权人享有商标权的商标相同或近似的商标,而并非禁止他人在商标权人自身生产销售的商品上使用其商标。因此,商标的专用权和禁用权均未规定他人在商标权人贴附商标的商品首次售出后再次在市场流通中保持该商标状态的情形。根据法无明文规定即自由的民法一般原则，他人可以在贴附商标的商品首次销售后，在市场上后续流通环节保持该商标的状态。尽管《商标法》将商标专用权授予了商标权人，允许其销售贴附其商标的商品，但这种专用权也仅仅延及贴有商标的商品首次销售的场合。贴附商标的商品被合法售出的事实并不意味着商标权人无权获得商标保护，其只是不能利用商标权去阻止商品的再次销售。

从《商标法》条文来讲，商标权用尽的法律适用确实空白。司法实践中曾经存在一种观点认为，商标权用尽原则在我国只是一种理论、一种学说，《商标法》中对此没有明文规定。有人认为，作为一种学理，商标权用尽理论不能作为审理的依据，应当直接驳回。但是，从抗辩的角度来讲，非法律明文规定的侵权情形非因法定事由一般均可作为不侵权的抗辩事由。如前所述，商标权用尽可以作为一种不侵权的抗辩事由，同时，从商标权的禁用范围以及《商标法》第 57 条规定中可以解读出：商标权用尽并不属于侵犯注册商标专用权的情形。因此，在我国，商标权用尽可以作为不侵权的抗辩事由。

第五节 商标侵权行为及法律责任

一、侵犯商标权行为类型及认定

根据我国《商标法》的规定，下列行为属于侵犯商标权的行为。

（一）商标假冒、仿冒行为

假冒行为和仿冒行为是最常见的商标侵权行为。《商标法》第 57 条第 1 项规定，“未经商标注册人的许可，在同一种商品上使用与其注册商标相同的商标的”行为和“未经商标注册人的许可，在同一种商品上使用与其注册商标近似的商标，或者在类似商品上使用与其注册商标相同或者近似的商标，容易导致混淆的”属于侵犯注册商标专用权的行为。这类侵权行为可以具体分解为以下四种：(1) 在同一种商品上使用与他人注册商标相同的商标；(2) 在同一种商品上使用与他人注册商标相近似的商标；(3) 在类似商品上使用与他人注册商标相同的商标；(4) 在类似商品上使用与他人注册商标相近似的商标。第一种行为是假冒行为，其余三种是仿冒行为。

我国 2013 年修改的《商标法》在侵权判定标准主要体现为：第 57 条的

第1项(未经许可在同种商品上使用相同商标)和第2项(未经许可在同种商品上使用近似商标,导致混淆的;在类似商品上使用相同或者近似商标,导致混淆的)。对照2001年《商标法》相应条款第52条第1项:未经许可在同种或类似商品上使用相同或者近似商标,不难看出,2013年《商标法》的变化在于:第一,将原有的条款从内容上拆成两项,结构更为细致;第二,将第二种情形附加了"容易导致混淆"的新条件。[1] 具体而言:

1.在类似商品上使用相同或者近似商标构成侵权的,必须以"容易导致混淆"作为限制条件

在2001年《商标法》中,侵权判定标准主要考虑商标标识本身,即应考察标识本身的属性,如外观、呼叫、含义等是否构成近似,换言之,应以标识本身为准,是否会导致消费者混淆商品的来源不是应该考虑的主要方面。由于这种思维过于注重对注册商标符号本身的保护,而漠视了对商标所代表的商誉的保护,被有的学者称为符号保护。尽管在相同或者类似的商标上使用相同或者近似的商标,是导致消费者发生混淆的一个重要因素,却并不是必然条件。从逻辑推理和客观事实来看,商标近似未必一定造成混淆。因此,在司法实践中,执行"符号保护"的思维,与坚持"混淆可能性"的学界通说不可避免产生了冲突,令人对我国商标侵权判定的合理性产生怀疑。例如,在某些情况下,在后商标与在先商标构成近似,但在先商标却因为并未投入市场使用而不具有商誉,按照我国2001年《商标法》的判断逻辑,就会出现极不合理的结果。符号近似的判定标准,使个案处理显失公平,也导致"垃圾商标"注册成风,社会上出现了大量囤积商标的不良风气,而这种商标的注册目的,不在于自己实际使用,而是阻碍他人使用以获得高额转让费,或等待他人侵权以获得高额赔偿金。这种现象的出现,完全背离了商标注册管理制度的初衷。

正因为这个原因,最高人民法院《关于审理商标民事纠纷案件适用法律若干问题的解释》将"混淆可能性"通过司法解释的形式融入商标近似的判断之中,规定商标近似是"易使相关公众对商品的来源产生误认或者认为其来源与原告注册商标的商品有特定的联系";类似商品,是指"在功能、用途、生产部门、销售渠道、消费对象等方面相同,或者相关公众一般认为其存在特定联系、容易造成混淆的商品"。显然,2013年《商标法》的相应变化,正

---

[1] 袁博、何建:《新商标法侵权判定标准的适用》,载《人民法院报》2015年8月5日,第7版。

是对这一司法解释在立法上的进一步确认和法典化。

因此，在 2013 年《商标法》下，认定在类似商品上使用相同或者近似商标是否构成侵权，必须遵循两个判断步骤：

第一，是否构成在类似商品上使用相同或者近似商标，人民法院认定商品或者服务是否类似，应当以相关公众对商品或者服务的一般认识综合判断。《商标注册用商品和服务国际分类表》《类似商品和服务区分表》可以作为判断类似商品或者服务的参考。商品和服务是否类似，要看商品和服务之间联系的密切程度，在用途、用户、通常效用、销售渠道、销售习惯等方面的一致性；商标相同，一般是指被控侵权的商标与原告的注册商标相比较，二者在视觉上基本无差别；商标近似，则是指被控侵权的商标与原告的注册商标相比较，其文字的字形、读音、含义或者图形的构图及颜色，或者其各要素组合后的整体结构相似，或者其立体形状、颜色组合近似，易使相关公众对商品的来源产生误认或者认为其来源与原告注册商标的商品有特定的联系。需要注意的是，所谓相关公众是指与商标所标识的某类商品或者服务有关的消费者和与前述商品或者服务的营销有密切关系的其他经营者。

第二，是否容易导致相关消费者发生混淆。如果商标和商品不相同但近似或者类似，则不一定构成商标侵权，还需要确定是否存在混淆可能性，只有同时具备相似性与混淆可能性，才构成商标侵权。如果商标和商品既不相同也不近似或类似，则直接判定不构成商标侵权，不再判断是否存在混淆可能性。

2. 在同种商品上使用相同商标，直接推定“导致混淆”

前文提到，2013 年《商标法》特别将国家通行的“混淆可能性”融入了商标侵权判定标准之中，那么，对于在同种商品上使用相同商标，为什么没有规定呢？原因在于，对于此种情形，立法者直接推定会导致混淆，因而省略了规定。换言之，这种情形下的商标侵权行为不以“混淆可能性”作为构成要件，实质是对商标权人提供了一种绝对保护。商标权在本质上属于一种绝对支配权，在核定商品或服务上使用相同商标，属于商标专用权的控制范围。显然，相同使用行为直接构成了对商标财产权的侵犯，至于是否存在混淆可能性已经不再重要，因为这是商标权的核心区域，而在商标权的核心区域排除他人的侵权，是完全合理和符合正义的。

【补充阅读】

从中国国家工商行政管理总局《商标审查及审理标准》(2016 年)中,我们总结出了常见的容易导致相关公众对商品或者服务来源产生误认,可能被判定为近似商标的情形,以文字商标为例(见表 4-2):

表 4-2 近似商标

序号	情形	示例	
1	中文商标汉字构成相同,仅字体或设计、注音、排列顺序不同	新康得	新得康
2	由字、词重叠而成	星	星星
3	仅个别汉字不同,整体无含义或者含义无明显区别	帕尔斯	帕洛尔斯
4	商标文字读音相同或者近似,且字形或者整体外观近似	惠特曼	蕙特曼
5	商标文字构成、读音不同,但商标字形近似	酷几	酷儿
6	商标文字构成、读音不同,但含义相同或近似	SK-TWO	SK-Ⅱ
7	商标由相同外文、字母或数字构成,仅字体或设计不同	f4	F4
8	外文商标由四个或者四个以上字母构成,仅个别字母不同,整体无含义或者含义无明显区别	MeGoo (无含义)	MCgoo (无含义)
9	商标由两个外文单词构成,仅单词顺序不同,含义无明显区别	HAWKWOLF	WOLFHAWK

续表

序号	情形	示例	
10	外文商标仅在形式上发生单复数、动名词、缩写、添加冠词、比较级或最高级、词性等变化，但表述的含义基本相同	BIG FOOT （单数形式）	BIG FEET （复数形式）
11	商标仅由他人在先商标及本商品的通用名称、型号组成	蒙 原 （指定使用商品：加工过的肉）	蒙原肥羊 （指定使用商品：肉）
12	商标仅由他人在先商标及直接表示商品的质量、主要原料、功能、用途、重量、数量及其他特点的文字组成	碧 清 （指定使用商品：酸奶）	碧清香 （指定使用商品：酸奶）
13	商标仅由他人在先商标及某些表示商品生产、销售或使用场所的文字组成	金鼎	金鼎轩
14	商标仅由他人在先商标及起修饰作用的形容词或者副词以及其他在商标中显著性较弱的文字组成，所表述的含义基本相同	绅士 （指定使用商品：服装）	绅士风 （指定使用商品：服装）
15	两商标或者其中之一由两个或者两个以上相对独立的部分构成，其中显著部分近似	benge 奔鸽	benge 本格
16	商标完整地包含他人在先具有一定知名度或者显著性较强的文字商标	星星梦特娇 （指定使用商品：服装）	夢特嬌 （指定使用商品：服装）
17	商标包含汉字及其对应拼音，与含单独相同拼音的商标	志 Z 新 ZHI XIN	ZHI XIN

(二)销售侵犯商标专用权商品的行为

销售侵犯商标专用权的商品属于商品流通环节中的一种商标侵权行为。通常侵犯注册商标专用权的商品,除由生产者自行销售外,往往还要通过其他人的销售活动才能到达消费者手中。这样的商品销售者,与侵犯注册商标专用权的商品的生产者一样,都会导致商品来源混淆和损害消费者利益的后果。因此,这种销售行为也应当被认定为是一种侵犯注册商标专用权的行为。

但需要注意的是,对于那些主观上不知道销售的产品侵权了注册商标专用权的善意行为人,可以依据《商标法》第 64 条第 2 款的规定,在证明该商品是自己合法取得并说明提供者时,免除依据销售产品的赔偿责任。即合法来源抗辩。要认定是否构成合法来源,应当从主观和客观两个方面入手。第一,主观上,销售者应当是善意的。侵权经营者主观上的善意,是指侵权商品销售者主观上不知道其所经销的商品侵权,“不知道”有两种形式,即“不可能知道”与“应当知道但因疏忽大意而不知”。如果经营者明知其所销售的是侵犯他人商标权的商品而仍然销售,属于恶意,则应当承担侵权赔偿责任。第二,客观上,销售者销售的商品的确具有合法来源。在商标侵权司法实践中,经销者必须提供所经销的产品来源合法的证据。例如,买卖合同、送货单、进货单、运输单据、发票、照片、录音、证人证言等证据来主张其合法来源。总体来说,销售者侵犯商标权行为的免责条件是“不知道是侵犯注册商标专用权的商品,能证明该商品是自己合法取得的并说明提供者的”。

(三)伪造、擅自制造他人注册商标标识或者销售这种标识的行为

伪造、擅自制造他人注册商标标识或者销售伪造、擅自制造的注册商标标识的行为侵犯了商标专用权,该行为可具体细分为以下三种类型:

1. 伪造他人注册商标标识。所谓伪造,是指未经商标注册人许可而仿照他人注册商标的图样及物质实体制造出与该注册商标标识相同的商标标识。

2. 擅自制造他人注册商标标识。所谓擅自制造,主要是指未经商标注册人许可在商标印制合同规定的印数之外,又私自加印商标标识的行为。伪造与擅自制造有一个共同的特点,即都是未经商标注册人许可的行为;区

别在于前者的商标标识本身就是假的，而后者的商标标识本身是真的。

3. 销售伪造、销售擅自制造的注册商标标识。销售伪造、擅自制造的注册商标标识的行为，则是指以这两种商标标识为标的进行买卖，既包括批发，也包括零售；既包括内部销售，也包括在市场上销售。

由于这三类行为扰乱了市场经济秩序，侵犯了商标注册人的商标专用权，损害了消费者的利益，后果严重，危害极大，因此必须采取措施给予有力打击，依法追究违法者的法律责任。

（四）反向假冒行为

所谓商标的反向假冒，是指在经营活动中，未经商标专用权人许可，擅自更换其注册商标并将该更换商标的商品又投入市场的行为。反向假冒行为不仅侵犯了商标权人享有的注册商标使用权，非法掩盖了商品的真实来源；而且侵犯了消费者的知情权，使消费者对商品来源，对生产者、提供者产生误认，对注册商标有效地发挥其功能和商标注册人的商品声誉造成了妨碍，甚至引起商品流通秩序的混乱。反向假冒行为的认定标准为：

1. 行为人未经商标所有人同意而擅自更换商标。未经许可是构成侵权的必要条件。应予排除的是自愿为他人提供产品的情况，如在定牌生产、来料加工、来样加工等贸易活动中，经营者生产加工的产品进入市场所使用的商标是许可方的商标。对许可方来说，是利用他人的产品树立自己的声誉。这种经营上的互利合作关系是在双方自愿基础上建立的。

2. 撤换商标的行为须发生在商品流通过程之中而尚未到达消费者。如果带有原商标的商品已经到达消费者手中，商标已实现其功能，商标权即告终结。消费者对属于自己财物上的商标标识、标牌如何处置，都无损于他人利益，商标所有人自然无须过问。[1]

3. 将他人投入市场的商品上的商标摘除。具体而言，又可以细分为两种情形：一是摘除他人商标，换上自己的商标进行商品销售（显性反向假冒）；二是摘除他人商标在无商标的情况下进行销售（隐性反向假冒）。无论是显性反向假冒，还是隐性反向假冒，两种行为都有一个共同的特点，即将他人投入市场的商品上的商标摘除。2001 年《商标法》修改的主要内容之一，就是新增第 52 条第 4 项，将学界惯称为“反向假冒”的行为明确为法定

---

〔1〕 吴汉东主编：《知识产权法学》（第 6 版），北京大学出版社 2014 年版，第 269 页。

的侵犯注册商标专用权的主要表现形式之一。

(五)帮助侵权行为

帮助侵权行为指的是,故意为侵犯他人商标专用权提供仓储、运输、邮寄、印制、隐匿、经营场所、网络商品交易平台等便利条件的行为。因此,帮助侵权行为既包括传统侵权行为中提供交易场所、侵权工具以及其他便利条件的行为,也包括网络商标侵权环境下电子交易平台和搜索引擎等商标帮助侵权行为。

帮助侵权行为的构成要件为:一是主观上须为故意,如果行为人对自己的行为具有辅助侵权的性质没有认识或者没有认识的可能性,就不应承担相应的责任;司法实践中,在认定商标帮助侵权方面,特别是网络服务提供者主观过错的认定存在诸多问题。究其根源,就在于与版权不同,对于网络服务提供者的商标帮助侵权责任,法律并未作出专门的规定。虽然新出台的《民法典》已明确规定网络服务提供者的帮助侵权责任,《民法典》第1197条规定,网络服务提供者知道或者应当知道网络用户利用其网络服务侵害他人民事权益,未采取必要措施的,与该网络用户承担连带责任。对于其构成要件之主观过错的理解仍然存在较大争议。但相比网络版权帮助侵权责任制度的不断发展和完善,网络商标帮助侵权责任制度仍只是起步阶段。二是客观上须为侵犯他人商标专用权行为提供便利条件,包括但不限于为侵犯他人注册商标专用权行为提供仓储、运输、邮寄、隐匿等。

二、法律责任

根据《商标法》《民法典》《刑法》等相关法律法规的规定,侵犯商标权的行为人,根据其具体情况,可能承担相应的民事责任、行政责任和刑事责任。

(一)民事责任

在整个商标侵权的责任体系中,民事责任最为重要,因为商标权在本质上是一项私权,是一种市场竞争工具,它关涉的是“私”的利益。一般而言,只有在侵犯“私”的利益情节严重,以至于威胁到市场竞争秩序等公共利益时,才有必要启动行政程序和刑事程序。从《商标法》和《民法典》的规定来看,侵犯商标权的民事责任主要有停止侵害、赔偿损失和消除影响。

1. 停止侵害

只要商标侵权行为实际存在，无论侵权行为是否造成商标权人的实际财产损害以及侵权行为持续时间长短，表现形式如何，也不管侵权行为人主观上是否有过错，被侵权人都可请求人民法院依法责令侵权人立即停止其侵权行为。

另外，关于停止侵害的临时措施的适用，对权利人来讲同样意义重大。其作用在于通过诉前采取一定的措施，保护权利人的商标权免遭继续侵害，预防难以弥补的损害的发生。为了充分保护权利人的合法权益，我国《商标法》第65条规定了保护商标专用权的临时措施："商标注册人或利害关系人有证据证明他人正在实施或者即将实施侵犯其注册商标专用权的行为，如不及时制止将会使其合法权益受到难以弥补的损害，可以依法在起诉前向人民法院申请采取责令停止有关行为和财产保全的措施。"

2. 赔偿损失

我国《商标法》第63条规定，侵犯商标专用权的赔偿数额，按照权利人因被侵权所受到的实际损失确定；实际损失难以确定的，可以按照侵权人因侵权所获得的利益确定；权利人的损失或者侵权人获得的利益难以确定的，参照该商标许可使用费的倍数合理确定。对恶意侵犯商标专用权，情节严重的，可以在按照上述方法确定数额的1倍以上3倍以下确定赔偿数额。赔偿数额应当包括权利人为制止侵权行为所支付的合理开支。

人民法院为确定赔偿数额，在权利人已经尽力举证，而与侵权行为相关的账簿、资料主要由侵权人掌握的情况下，可以责令侵权人提供与侵权行为相关的账簿、资料；侵权人不提供或者提供虚假的账簿、资料的，人民法院可以参考权利人的主张和提供的证据判定赔偿数额。权利人因被侵权所受到的实际损失、侵权人因侵权所获得的利益、注册商标许可使用费难以确定的，由人民法院根据侵权行为的情节判决给予500万元以下的赔偿。

3. 消除影响

消除影响的适用前提是侵权行为使被害人的社会评价在一定范围内受到负面的影响，需要通过消除影响的方式使被害人诸如道德品质、能力、名声、信誉恢复以前的状态。由于商标不仅是企业的一项重要无形资产，而且往往凝结了社会公众对企业商品质量、企业声誉等的总体评价，是商标权人商誉的载体，因此，商标权人有权要求侵权人在一定范围内承担消除影响的民事责任。

需要注意的是,消除影响民事责任的承担应当与侵权行为造成的不良影响相适应。如果侵权行为造成的影响是区域性的,那么侵权人只应在相关区域内承担消除影响的责任。

(二)行政责任

对于商标侵权行为除了通过司法救济渠道解决,还可以通过县级以上工商行政管理部门依法进行行政查处。工商行政管理部门在查清事实后,对已构成侵权行为的,有权采取下列处理措施:(1)责令停止侵权行为。(2)没收、销毁侵权商品和主要用于制造侵权商品、伪造注册商标标识的工具。(3)违法经营额5万元以上的,可以处违法经营额5倍以下的罚款,没有违法经营额或者违法经营额不足5万元的,可以处25万元以下的罚款;对5年内实施两次以上商标侵权行为或者有其他严重情节的,应当从重处罚。(4)销售不知道是侵犯注册商标专用权的商品,能证明该商品是自己合法取得并说明提供者的,由工商行政管理部门责令停止销售。(5)对将"驰名商标"字样用于商品、包装或者容器上,或用于广告宣传展览以及其他商业活动中的行为,地方工商行政管理部门责令改正,处10万元罚款。

对侵犯商标专用权的赔偿数额的争议,当事人可以请求进行处理的工商行政管理部门调解,也可以直接向法院起诉。县级以上工商行政管理部门根据已经取得的违法证据或者举报,对涉嫌侵犯他人注册商标专用权的行为进行查处时,可以行使下列职权:(1)询问有关当事人,调查与侵犯他人注册商标专用权有关的情况;(2)查阅、复制当事人与侵权活动有关的合同、发票、账簿以及其他有关资料;(3)对当事人涉嫌从事侵犯他人注册商标专用权活动的场所实施现场检查;(4)检查与侵权活动有关的物品,对有证据证明是侵犯他人注册商标专用权的物品,可以查封或者扣押。

在查处商标侵权案件过程中,对商标权属存在争议或者权利人同时向人民法院提起商标侵权诉讼的,工商行政管理部门可以中止案件的查处。中止原因消除后,应当恢复或者终结案件查处程序。

(三)刑事责任

我国《商标法》第61条规定,对侵犯注册商标专用权的行为,工商行政管理部门有权依法查处;涉嫌犯罪的,应当及时移送司法机关依法处理。根据《商标法》第67条和《刑法》第213条、第214条、第215条关于侵犯知识

产权罪的规定,有关商标的犯罪主要有以下几类:

1. 假冒注册商标罪

我国《商标法》第67条第1款规定,未经商标注册人许可,在同一种商品上使用与其注册商标相同的商标,构成犯罪的,除赔偿被侵权人的损失外,依法追究刑事责任。我国《刑法》第213条规定,未经注册商标所有人许可,在同一种商品上使用与其注册商标相同的商标,情节严重的,处3年以下有期徒刑或者拘役,并处或者单处罚金;情节特别严重的,处3年以上7年以下有期徒刑,并处罚金。

2. 伪造、擅自制造、销售非法制造的他人注册商标标识罪

我国《商标法》第67条第2款规定,伪造、擅自制造他人注册商标标识或者销售伪造、擅自制造的注册商标标识,构成犯罪的,除赔偿被侵权人的损失外,依法追究刑事责任。我国《刑法》第215条规定,伪造、擅自制造他人注册商标标识或者销售伪造、擅自制造的注册商标标识,情节严重的,处3年以下有期徒刑、拘役或者管制,并处或者单处罚金;情节特别严重的,处3年以上7年以下有期徒刑,并处罚金。

3. 销售假冒注册商标商品罪

我国《商标法》第67条第3款规定,销售明知是假冒注册商标的商品,构成犯罪的,除赔偿被侵权人的损失外,依法追究刑事责任。我国《刑法》第214条规定,销售明知是假冒注册商标的商品,销售金额数额较大的,处3年以下有期徒刑或者拘役,并处或者单处罚金;销售金额数额巨大的,处3年以上7年以下有期徒刑,并处罚金。

问题与思考

一、请依据我国《商标法》简述“驰名商标”的认定标准。

二、我国《商标法》规定的关于商标权限制制度有哪些?

三、请简述侵害商标专用权人的行为类型。

四、你认为应当如何理解商标权利用尽?你认为我国当前发展阶段应当实施什么类型的商标权利用尽原则?

第五章 反不正当竞争法律制度概述

第一节　反不正当竞争法概述

一、不正当竞争行为的概念和特征

（一）不正当竞争行为概念

竞争行为属于市场经济的范畴，并且也只能出现在市场经济中。[1] 根据性质的不同，竞争行为可以分为正当竞争行为和不正当竞争行为。正当竞争行为是指经营者在善意公平、平等自愿基础上开展的一种良性竞争行为。正当竞争行为一般符合诚实信用原则，符合商业道德和社会规范，也被市场和法律所认可。[2] 而不正当竞争行为则是经营者违背诚信原则、违背商业道德而进行的非良性的竞争行为。由于不正当竞争行为通常以损害其他经营者或者消费者的利益为目的，严重破坏良性的市场竞争秩序，各国都禁止不正当竞争行为。[3] 在我国，不正当竞争行为是指经营者在生产经营活动中，违反《反不正当竞争法》的规定，扰乱市场竞争秩序，损害其他经营者或者消费者的合法权益的行为。

（二）不正当竞争行为的特征

不正当竞争行为的实质是违反诚实信用原则，违背商业管理，违背公认

---

〔1〕 李彬：《竞争法的基本范畴研究》，知识产权出版社 2016 年版，第 89 页。

〔2〕 孟雁北编著：《竞争法》（第 2 版），中国人民大学出版社 2008 年版，第 8 页。

〔3〕 孟雁北编著：《竞争法》（第 2 版），中国人民大学出版社 2008 年版，第 8 页。

商业道德的行为,[1]具有如下特征:

1. 不正当竞争行为的主体是经营者

不正当竞争行为的主体是经营者,其行为性质具有竞争性。[2] 所谓竞争性是指该行为一定是市场经营者出于竞争而展开的行为。经营者是指从事商品生产、经营或者提供服务的自然人、法人和非法人组织。对于经营者,应当从两个方面把握。一是行为的性质。经营者的行为应当是以营利为目的提供商品或者服务经营。二是主体的类型。经营者既可以是自然人,又可以是法人,也可以是非法人组织。在判断不正当竞争者时,应当更注重从行为性质的角度去理解,无论行为人是否具有相应的资质,只要他的行为具有竞争性质,行为人就可以被认定为经营者,因此,并不具备经营主体资格的事业单位或者无营业执照的个人都可以被纳入不正当竞争行为的主体中来。

2. 不正当竞争行为具有主观故意性

经营者故意违背"诚实信用原则""善良风俗""公认的商业道德"等私法基本原则,通常而言,其行为具有欺诈性、误导性和不道德性。经营者在市场交易中,应当遵循自愿、平等、公平和诚实信用原则,遵守公认的商业道德。反之,如果经营者故意以欺诈、假冒和妨碍为手段,以损害其他经营者的利益为代价,获取市场竞争优势,这种行为就是不公平和不正当的,它违反了公认的商业道德,应当禁止。因此,违反公认的商业道德正是不正当竞争行为的本质特征。这种不以商业道德为基础的竞争,会破坏市场的竞争机制,直接影响企业的创新动力,是扰乱社会经济秩序的行为。[3]

3. 不正当竞争行为具有危害性

不正当竞争行为将损害其他竞争者的合法权益。任何通过不正当竞争手段获取竞争优势,相对于市场中的其他诚实竞争者而言都是不公平的,他人应得的商业利益也必将因此受到损害。

不正当竞争行为还将损害消费者的合法权益。竞争本身是争取消费者的过程,在供过于求的市场上,竞争给消费者提供了更多的选择,改善了供应环境。也正是因为供过于求,获得消费者的选择是商家最主要的目的,也

---

〔1〕 李华武主编:《竞争法》,武汉大学出版社2015年版,第184页。

〔2〕 吴汉东:《知识产权法》(第2版),法律出版社2016年版,第347页。

〔3〕 种明钊主编:《竞争法》(第3版),法律出版社2016年版,第88页。

催生了不正当竞争行为,也会损害消费者的权益,如虚假广告、搭售等行为就会直接损害消费者的知情权、自由选择权。

不正当竞争行为同样会损害市场秩序和社会公共利益。不正当竞争行为通过采用违反公认的商业道德的手段来谋求个人利益的最大化,误导消费者,扭曲商品和服务的价格,妨碍了竞争机制的功能发挥,危害公平竞争的市场经济秩序,[1]阻碍技术进步和社会生产力的发展。此外,不正当竞争行为大多采用的是弄虚作假、欺诈引诱等比较恶劣的手段,如果不加以严厉打击,就在某种程度上导致社会道德的滑坡,引发市场信用危机。

4. 不正当竞争行为侵害的对象主要是同业经营者

尽管不正当竞争行为在很大程度上也会损害消费者的合法权益,但是消费者可以通过消费者权益保护法律及相关内容维护自身合法权益,通过不正当竞争行为波及消费者时,这一行为属于消费者权益保护的范畴,而不属于反不正当竞争法规制的范畴。因此,从狭义上来讲,不正当竞争行为的直接受害者通常是生产经营同类或者类似商品,或者提供同类或者类似服务的同业经营者。

二、反不正当竞争法及制度与特征

反不正当竞争法通常是指制止经营者采用欺骗、胁迫、利诱以及其他违背诚实信用原则的手段从事市场交易的各种不正当竞争行为,以维护公平竞争的商业道德和交易秩序的法律制度。

反不正当竞争法律制度与制止垄断和限制竞争行为、保障自由竞争机制正常运行的反垄断法一起,共同成为竞争法的两大组成部分。不同的是,反垄断法律制度规范的目的是制止垄断和限制竞争行为,而反不正当竞争法律制度是为了规范市场经营者之间竞争活动,维护公平竞争的商业道德和交易秩序的法律制度。反不正当竞争法律制度一般具有以下特征:

1. 反不正当竞争法具有行为法特性

反不正当竞争法律制度规范的是不正当竞争行为,从而维护市场经济秩序和合法竞争者的权益,是一部围绕市场主体行为而制定的法律。不同的法律,其规制的角度或侧重点是有所不同的。反不正当竞争法律制度是从市场主体行为规则的角度进行法律调整,属于规范经营者的市场交易行

[1] 孟雁北编著:《竞争法》(第2版),中国人民大学出版社2008年版,第209页。

为以及管理者相应的管理行为的法律，具有鲜明的行为法特征。

2. 反不正当竞争法具有补充性

反不正当竞争法律制度在一定程度上弥补了传统司法的空白。在《反不正当竞争法》诞生之前，不正当竞争的行为主要由民法中的侵权法进行调整。随着市场竞争日益激烈，私人市场主体为了在残酷的竞争环境中求存获胜，实现私益的最大化，竞争手段的选择越来越无所不用其极，各种不正当竞争行为层出不穷。传统民商法的调整功能显现出局限性和滞后性。为发挥校正市场作用，解决传统民商法"失灵"的问题，引入反不正当竞争法律制度势在必行。反不正当竞争法律制度是市场主体的行为准则，与传统民商法相比更重视事前干预，具有补充民商事法律制度的作用。

3. 反不正当竞争法具有一定程度的不确定性

反不正当竞争法律制度是从"消极行为"的角度进行的立法，即通过禁止经营者实施一定行为的方式来为市场交易划定合法与违法的标准，但这个标准往往比较抽象、模糊，具有一定程度的不确定性。[1] 例如，反不正当竞争法律制度包含了大量原则性、抽象性的法条，在适用过程中也暴露出可操作性相对较差的特点。相比于传统法律部门，如规范有体物的物权法而言，反不正当竞争法律制度的不确定性较大。

三、我国《反不正当竞争法》的实施与修改

（一）《反不正当竞争法》的颁布

随着我国市场经济体制的建立，经济主体竞争的手段和方式越来越多，出现了大量的不正当竞争行为，一些相邻或旧的法律中粗浅或不明显的约束不正当竞争行为的规范，已越来越不适应经济快速发展的需要了，在这种情况下我国急需制定新的系统性的法律来规制不正当竞争行为。

1993 年 9 月 2 日，我国首次通过了《反不正当竞争法》，并于同年 12 月 1 日正式实施。这是我国第一部旨在保障社会主义市场经济发展，保障市场竞争在合法、公平、公正的环境下进行的法律。[2] 它吸收了别国的有效立法经验，也结合我国市场经济初级阶段的国情，对不正当竞争的含义、表现、

---

〔1〕 郑成思：《知识产权法》，法律出版社 1997 年版，第 480 ~ 481 页。

〔2〕 韩伟：《〈反不正当竞争法〉与相关法律的竞合问题》，载《法学》1994 年第 10 期。

监督检查及法律责任首次进行了比较具体的规范。另外,1993 年《反不正当竞争法》也一并对部分垄断行为和限制竞争行为进行了规制,这对保护市场参与者的权益和打击不法市场经济行为来说具有重要的意义。得益于《反不正当竞争法》的颁布,不受当时《商标法》《著作权法》《专利法》所保护的知名商品包装装潢、特有名称、企业字号、商业秘密的限制,各种类型都可以获得法律保护,这对加强知识产权的保护的作用十分显著。

(二)《反不正当竞争法》的修改

《反不正当竞争法》颁布之后,长达 23 年的时间内,都没有进行修订。一方面,市场上出现越来越多的新型不正当竞争行为,并不能为《反不正当竞争法》所进行调整和规制,这凸显出《反不正当竞争法》严重的滞后性;另一方面,在当初制定《反不正当竞争法》时,由于未能厘清不正当竞争行为与垄断行为的边界,2007 年颁布的《反垄断法》和 1993 年的《反不正当竞争法》之间存在交叉重合的内容,两部法律管辖边界不明。《反不正当竞争法》已明显不适应经济发展的需要,修改《反不正当竞争法》的呼声越来越强烈。2016 年 2 月 25 日,国务院法制办终于启动《反不正当竞争法》的修订工作。自 2016 年 11 月 23 日讨论通过草案送审稿,历经修订草案一审稿、二审稿,直到 2017 年 11 月 4 日,《反不正当竞争法》被修订通过,自 2018 年 1 月 1 日起施行。《反不正当竞争法》自 1993 年施行以来,第一次迎来重大修订,必将对中国的经营者产生重要影响。此次法律修改的主要内容如下:

1. 完善了不正当竞争行为的判断原则。与 1993 年《反不正当竞争法》相比,2017 年《反不正当竞争法》第 2 条第 2 款在不正当竞争行为的判断原则上更加完善。第一,将“扰乱市场竞争秩序”置于经营者和消费者权益之前,这表明在判断相关行为是否构成不正当竞争时,法院或执法机关应当更多地站在公共利益而非相关经营者的利益立场进行。第二,引入消费者利益是否受到损害作为不正当竞争行为的判断标准,使利益衡量的法律结构更加完善。2017 年《反不正当竞争法》强调了对公共利益、经营者利益与消费者利益的共同保护。而且,当经营者利益发生冲突时,是否有利于维护相关消费者的长期利益可能成为应当保护哪一方经营者的利益的最终判断标准。

2. 修改完善了 7 种不正当竞争行为的认定规则。2017 年《反不正当竞争法》补充了关于混淆行为的认定规则,重新界定了关于商业贿赂的认定规则，完善了关于虚假宣传行为的认定规则，修改了关于有奖销售行为的认定规则，修正了关于商业诋毁行为的认定规则，微调了关于商业秘密保护的相关规定，新增了关于互联网不正当竞争行为的规定。

3. 删除了5种限制竞争和垄断行为。本次修订的一个重要目的，就是与《反垄断法》进行区分，避免二者的交叉。2017年《反不正当竞争法》删除了公用企业限制竞争行为、搭售行为、低于成本价销售行为、行政性垄断行为等规定。另外，2017年《反不正当竞争法》还删除了串通招投标行为的规定，因为《招标投标法》已有规制。在此次修改法律过程中关于是否规制"利用市场优势地位进行不正当竞争行为"的争议，立法机关认为，对于不具有市场支配地位的经营者，应允许其自主设置交易条件，购买者如不愿接受该条件，可以选择与其他经营者进行交易，这属于正常的市场交易活动，不宜予以干预。这次修改对我国的《反不正当竞争法》与《反垄断法》进行了相对清晰的划分，确定了二者之间的二元格局。

4. 加大了不正当竞争者的损害赔偿责任。针对司法实践中对于损害赔偿的计算，法院缺乏相关法律规定的情况，2017年《反不正当竞争法》第17条规定了计算损害赔偿的基本原则，规定"因不正当竞争行为受到损害的经营者的赔偿数额，按照其因被侵权所受到的实际损失确定；实际损失难以计算的，按照侵权人因侵权所获得的利益确定"。特别值得关注的是，与其他知识产权损害赔偿相同，2017年《反不正当竞争法》明确规定了"赔偿数额还应当包括经营者为制止侵权行为所支付的合理开支"。"经营者违反本法第六条、第九条规定，权利人因被侵权所受到的实际损失、侵权人因侵权所获得的利益难以确定的，由人民法院根据侵权行为的情节判决给予权利人三百万元以下的赔偿。"300万元的法定赔偿上限，将会很大程度上提高不正当竞争行为的代价。

5. 强化了监督检查的手段和措施。针对1993年《反不正当竞争法》监督检查力度弱和行政执法力量不强等情况，2017年《反不正当竞争法》第三章完善了执法机关的监督检查权限和职责，赋予执法机关"（四）查封、扣押与涉嫌不正当竞争行为有关的财物；（五）查询涉嫌不正当竞争行为的经营者的银行账户"等行政强制措施。同时增加了当事人配合调查的义务以及对拒不配合、拒绝接受调查的当事人规定了责任追究。2017年《反不正当竞争法》规定："妨害监督检查部门依照本法履行职责，拒绝、阻碍调查的，由监督检查部门责令改正，对个人可以处五千元以下的罚款，对单位可以处五万元以下的罚款,并可以由公安机关依法给予治安管理处罚。”

2019 年 4 月 23 日,第十三届全国人民代表大会常务委员会第十次会议决定,对《反不正当竞争法》等在内的八部法律做出修改,其修改自决定公布之日起施行。这是继 2017 年 11 月修改《反不正当竞争法》后,对《反不正当竞争法》的又一次修改。本次修改,仅涉及 4 个条款。具体如下:第一,对侵犯商业秘密行为的定义更为完善。首先,在传统的不正当获取商业秘密手段的基础上,将电子侵入纳入侵权手段之一。其次,将教唆、引诱、帮助他人获取商业秘密的行为也纳入侵犯商业秘密的行为之中。最后,将经营者以外的其他自然人、法人和非法人组织纳入侵犯商业秘密的主体。第二,继 2013 年《商标法》引入恶意商标侵权的惩罚性赔偿后,将恶意侵犯商业秘密的惩罚性赔偿也纳入《反不正当竞争法》规定,加大对恶意侵权的惩罚力度。另外,将违反《反不正当竞争法》第 6 条和第 9 条的侵权行为的法定赔偿额从 300 万元提高到 500 万元,进一步提高反不正当竞争行为的赔偿标准。第三,提高了行政执法部门针对侵犯商业秘密行为执法的罚款标准。针对情节严重的侵犯商业秘密行为,行政处罚的罚金最高可以达到 500 万元。第四,增加了关于举证责任转移的条款。在侵犯商业秘密的民事诉讼程序中,商业秘密权利人仅需提供初步证据证明商业秘密被侵犯,且提供证明侵权情形符合新增的 32 条第 2 款的 3 种情形中任一情形,则举证责任转移至涉嫌侵权人,涉嫌侵权人需要举证证明其不存在商业秘密侵权行为。之前,法院审判的侵犯商业秘密的诉讼案件中,原告败诉率非常高。商业秘密权利人作为原告,胜诉的难点大多在于难以举证。商业秘密的秘密性特征,使窃取、泄露和非法使用商业秘密的侵权行为往往也是以秘密方式进行。因此,如果依据一般的民事诉讼“谁主张,谁举证”的规则,不能切实达到保护商业秘密的目的。此次修改,将从一定程度上降低商业秘密权利人的举证难度,增加涉嫌侵权人的举证义务,从而加大对商业秘密及商业秘密权利人的保护力度。

第二节　不正当竞争行为及其法律责任

1993 年《反不正当竞争法》中规定了 11 种不正当竞争行为,分别是:仿冒行为、限制竞争、权力经营、商业贿赂、虚假广告、侵犯商业秘密、倾销、不正当附条件销售、不正当有奖销售、损害商誉、串通投标。2017 年《反不正当竞争法》删除了限制竞争、权力经营、倾销、不正当附条件销售、串通投标，同时增加了“妨害、破坏他人网络产品或服务”的行为。经过细化和调整，2017年《反不正当竞争法》最终确定了7种不正当竞争行为，分别是市场混淆行为、商业贿赂行为、虚假或引人误解的宣传行为、侵犯商业秘密行为、违法有奖销售行为、商业诋毁行为和妨碍破坏他人网络产品或服务运行的行为。

一、混淆行为及其法律责任

（一）混淆行为的概念及种类

为了与《商标法》衔接，此次修法删除了1993年《反不正当竞争法》第5条第1项的假冒他人注册商标行为，避免了《商标法》的重复规定。由于2017年《反不正当竞争法》第8条完善了有关虚假或者引人误解的商业宣传的规定，因此2017年《反不正当竞争法》在混淆行为中删除1993年《反不正当竞争法》第5条第4项有关“在商品上伪造或者冒用认证标志、名优标志等质量标志，伪造产地，对商品质量作引人误解的虚假表示”的规定。此外，2017年《反不正当竞争法》第6条扩大了受保护商业标识的范围，将与商品名称、包装、装潢等相同或者近似的标识，域名主体部分、网站名称、网页等都纳入了保护范围。这种修改适应了互联网经济发展的新形势，有利于规制网络环境下的不正当竞争行为。

混淆行为通常又称为仿冒行为、商业混同行为，是指行为人利用商业标识，导致市场混淆，引人误认为是他人商品或者与他人存在特定联系。2017年《反不正当竞争法》第6条第1～3项分别列举了3种混淆行为，第4项是一个兜底条款。3种混淆行为分别是：

1. 擅自使用与他人有一定影响的商品名称、包装、装潢等相同或者近似的标识。商品名称、包装、装潢是商品的外表特征，在一定程度上反映了经营者的商业信誉和商品声誉，同时，商品名称、包装、装潢又是创造商品形象、开拓市场的重要手段。当商品名称、包装、装潢经过使用后获得的显著性或者其本身的显著性足以使公众区别商品或者服务的来源时，其和商标具有类似功能，但是商品名称、包装、装潢等有并非《商标法》意义上的商标，无法通过《商标法》获得保护。

2. 擅自使用他人有一定影响的企业名称（包括简称、字号等）、社会组织名称（包括简称等）、姓名（包括笔名、艺名、译名等）。在市场交易活动中，企业名称或者姓名往往是竞争者的营业标识，可以区分商品和服务的来源。企业名称和姓名是经营者通过付出努力和资本获得的无形财产，保护企业名称或者姓名就是保护依附于企业名称和姓名中所蕴含的商业信誉和声誉。2017年《反不正当竞争法》明确了企业名称的简称、字号，社会组织名称的简称也受保护。也就是说，企业名称保护已不限于全称保护，字号也受到保护。以简称为例，现实生活中为了便于沟通交流，使用企业的简称指代企业正式名称情况大量存在。企业的简称经过企业长期、广泛对外使用，可以为特定领域的相关公众所知悉。这时企业简称与企业建立了稳固的市场联系，已经起到产生识别经营主体的商业标识意义。如果市场经营者擅自使用该企业的简称，会使消费者对在后使用人和在先使用简称的企业之间产生误认，就会侵犯在先使用简称的企业的合法权益。

3. 擅自使用他人有一定影响的域名主体部分、网站名称、网页等。互联网领域商业标识侵权是2017年《反不正当竞争法》修订中增加的条款，域名、网站名称和网页等是互联网经营者的外在表现，如域名主体部分，有较强的搜索、访问网站的指引功能，具有商业标识意义上的识别性；网站名称和网页也可以起到区分商品来源的作用。未经同意，擅自使用他人有一定影响的域名主体部分，具有恶意，是一种不正当竞争行为。独立网站，包括在各种电商平台上开设的网店、微博号、微信号名称以及应用程序（APP）名称也可归入用本条进行保护。〔1〕

（二）混淆行为的认定

无论哪种情形下，“引人误认”都是判断混淆行为的核心标准。与1993年《反不正当竞争法》不同，2017年《反不正当竞争法》将“引人误认”作为各类混淆行为的共同要件。可见，从立法者的角度，混淆行为的最核心标准即为“引人误认”，这也与司法实践和理论一致。“引人误认”与“使购买者误认”不同，侧重于“混淆可能性”，而不强调实际误认。“引人误认”与《商标法》中的“容易导致混淆”相衔接，更强调混淆误认的可能性。下面，我们将根据行为类型来进一步探讨混淆行为的具体认定条件。

---

〔1〕《商业标识的保护范围与条件——新〈反不正当竞争法〉混淆行为条款理解与适用》，载 http://www.cicn.com.cn/zggsb/2018-02/13/cms104578article.shtml，最后访问日期：2018年10月30日。

1. 擅自使用与他人有一定影响的商品名称、包装、装潢等相同或者近似的标识的行为的认定条件

第一，名称、包装、装潢应当为“有一定影响的商品”。“有一定影响”的概念在2017年《反不正当竞争法》中并无解释，是2017年《反不正当竞争法》中出现的概念，在判断“有一定影响的商品”的时候，可以参照司法解释中对“知名商品”的认定标准。知名商品，是指具有一定市场知名度，为相关公众所知悉的商品。类似地，在界定“有一定影响的商品”时需要考虑的因素，包括该商品的销售时间、销售区域、销售额和销售对象，进行宣传的持续时间、程度和地域范围，以及作为“有一定影响的商品”受到保护的情况。例如，日常用品应当在一般消费者中具有一定影响力，而具有特定交易对象的商品则应当考察其在特定领域中的影响程度。

第二，对他人有一定影响的商品名称、包装、装潢，擅自作相同的使用或作近似的使用，引人误认为是他人商品或者与他人存在特定联系。擅自使用是未经权利人许可而自行使用，其导致的结果是相关公众对商品来源或者对其与知名商品的关系产生了误认。特定联系包括授权许可使用关系，或者存在关联企业关系等。

2. 使用他人有一定影响的企业名称（包括简称、字号等）、社会组织名称（包括简称等）、姓名（包括笔名、艺名、译名等）的行为认定的条件

第一，经营者使用的是有一定影响的企业名称、社会组织名称、姓名。企业登记主管机关依法登记注册的企业名称，以及在中国境内进行商业使用的外国（地区）企业名称，具有一定的市场知名度、为相关公众所知悉的企业名称中的字号、简称等都属于“企业名称”。在商品经营中使用具有一定的市场知名度、为相关公众所知悉的自然人的姓名、笔名、艺名等，均可以被纳入“姓名”。2017年《反不正当竞争法》也要求企业名称、社会组织名称和姓名应当具有一定影响。“一定影响”是指企业名称、社会组织名称以及姓名在相关公众中具有一定知名度。

第二，经营者系未经权利人同意擅自使用，具有主观恶意。擅自使用企业名称、社会组织名称或姓名，是为了引人误认为是他人商品或者与他人存在特定联系。擅自使用是未经权利人许可而自行使用，其导致的结果同样也是相关公众对商品的来源产生了误认，或者相关公众对与其有一定影响的企业、社会组织或者自然人之间的关系产生了误认，认为其存在授权许可关系或者关联关系等。

3. 擅自使用他人有一定影响的域名主体部分、网站名称、网页等认定的条件

第一，经营者所使用的是有一定影响的域名主体部分、网站名称、网页等。一般认为，独立网站、电商平台上开设的网店、微博号、微信公众号名称以及应用程序（APP）名称也可归入互联网领域商业标识中，且应当具有一定影响。

第二，经营者系未经权利人同意擅自使用，具有主观恶意。经营者擅自使用他人的互联网商业标识，是为了让相关公众对商品来源产生误认，或者让相关公众对其与他人之间的关系产生误认。

（三）混淆行为的法律责任

1. 民事责任

经营者从事不正当竞争行为，给他人造成损害的，应当依法承担民事责任。对于混淆行为而言，民事责任主要是停止侵害和赔偿损失。赔偿损失的范围，应当按照受到损害的经营者的实际损失来确认。如果实际损失不能确定，按照侵权人因侵权所获得的利益确定。另外，损失还包括经营者为制止侵权行为所支付的合理开支。2017 年《反不正当竞争法》大幅提高了侵权损害的法定赔偿额，规定权利人因被侵权所受到的实际损失、侵权人因侵权所获得的利益难以确定的，由人民法院根据侵权行为的情节判决给予权利人 300 万元以下的赔偿。

2. 行政责任

2017 年《反不正当竞争法》中对混淆行为的行政责任也进行了规定。监督检查部门可以责令停止违法行为，没收违法商品。违法经营额 5 万元以上的，可以并处违法经营额 5 倍以下的罚款；没有违法经营额或者违法经营额不足 5 万元的，可以并处 25 万元以下的罚款。情节严重的，吊销营业执照。

值得注意的是，2017 年《反不正当竞争法》对经营者的企业名称侵犯商业标记的行为也进行了专门规定，经营者应当及时办理名称变更登记；名称变更前，由原企业登记机关以统一社会信用代码代替其名称。

3. 刑事责任

1993 年《反不正当竞争法》中的混淆行为内容包括销售伪劣产品的行为。但是 2017 年《反不正当竞争法》删除了销售伪劣商品的情形。对于《反

不正当竞争法》中的混淆行为，可以参照《刑法》中的生产、销售伪劣产品罪进行处理，即生产者、销售者在产品中掺杂、掺假，以假充真，以次充好或者以不合格产品冒充合格产品，销售金额5万元以上不满20万元的，处2年以下有期徒刑或者拘役，并处或者单处销售金额50%以上2倍以下罚金；销售金额20万元以上不满50万元的，处2年以上7年以下有期徒刑，并处销售金额50%以上2倍以下罚金；销售金额50万元以上不满200万元的，处7年以上有期徒刑，并处销售金额50%以上2倍以下罚金；销售金额200万元以上的，处15年有期徒刑或者无期徒刑，并处销售金额50%以上2倍以下罚金或者没收财产。

二、商业贿赂行为及其法律责任

（一）商业贿赂行为的概念

商业贿赂行为是指经营者在市场交易活动中，为争取交易机会，特别是为获得相对于竞争对手的市场优势，通过秘密给付财物或者其他报偿等不正当手段收买客户的负责人、雇员、合伙人、代理人和政府有关部门工作人员等能够影响市场交易的有关人员的行为。

（二）商业贿赂行为的认定

经营者的行为是否构成商业贿赂，应当从以下方面进行分析：

1. 行为主体

（1）行贿主体

在实践中，商业贿赂通常是企业领导、代理人或者普通职工进行具体实施。新《反不正当竞争法》设置了商业贿赂属于经营者行为的推定，即经营者的工作人员进行贿赂的，应当认定为经营者的行为。同时，2017年《反不正当竞争法》也规定了例外情形，经营者有证据证明该工作人员的行为与为经营者谋取交易机会或者竞争优势无关的，工作人员的行为不能被认定为经营者行为。这将有助于鼓励经营者积极进行诸如内部培训、不定期抽查等反商业贿赂合规建设，为确属员工个人行为的情况保留了经营者抗辩空间。

（2）受贿对象

2017年《反不正当竞争法》第7条对商业贿赂行为的进行了重新界定，

将受贿主体聚焦于“(一)交易相对方的工作人员;(二)受交易相对方委托办理相关事务的单位或者个人;(三)利用职权或者影响力影响交易的单位或者个人”。这三类是直接交易对方以外的第三方单位或者人员。事实上,受贿主体所具有的特殊身份才是界定贿赂的关键所在,受贿主体必须有管理事务的权力或影响力。另外,受贿主体所管理的事务往往是他人的事务,因为理性的管理自己事务的人是不会去损害自己的利益。2017 年《反不正当竞争法》第 7 条规定,如果不存在忠实义务的违反或职务利益的交换,就不构成商业贿赂。这更有利于防止不正当地扩大受贿主体的范围。

2. 行为目的

经营者商业贿赂的目的是获取交易机会或者竞争优势。因此,如果行贿的目的是贿选或者窃听商业对手的商业秘密,则不属于商业贿赂。此外,判断行为是否是以获取交易机会或者竞争优势为目的,并不是以目的能否最终实现为判断标准,而是行贿者是否存在获取交易机会或者竞争优势的动机。

3. 表现形式

商业贿赂是采用财物或者其他手段进行。财物,是指现金和实物,包括经营者为销售或者购买商品,假借促销费、宣传费、赞助费、科研费、劳务费、咨询费、佣金等名义,或者以报销各种费用等方式,给付对方单位或者个人的财物。其他手段,是指提供国内外各种名义的旅游、考察等给付财物以外的其他利益的手段。

(三)商业贿赂行为的法律责任

1. 民事责任

商业贿赂行为给他人造成损害的,应当依法承担民事责任。赔偿的数额同样按照实际损失确定;实际损失难以计算的,按照侵权人因侵权所获得的利益确定。赔偿数额还应当包括经营者为制止侵权行为所支付的合理开支。

对于商业贿赂行为,2017 年《反不正当竞争法》同样提高了法定赔偿数额,即权利人因被侵权所受到的实际损失、侵权人因侵权所获得的利益难以确定的,由人民法院根据侵权行为的情节判决给予权利人 300 万元以下的赔偿。

2. 行政责任

对于商业贿赂行为,监督检查部门将没收违法所得,处10万元以上300万元以下的罚款。情节严重的,吊销营业执照。

3. 刑事责任

我国《刑法》分则第三章“破坏社会主义市场经济秩序罪”和第八章“贪污贿赂罪”中对商业贿赂进行了规定。商业贿赂行为可能会构成:(1)非国家工作人员受贿罪;(2)对非国家工作人员行贿罪;(3)受贿罪;(4)单位受贿罪;(5)行贿罪;(6)对单位行贿罪;(7)介绍贿赂罪;(8)单位行贿罪。根据《刑法》的相关规定,商业贿赂罪将被判处3年以上5年以下有期徒刑、拘役或罚金,情节特别严重的,可以判处死刑,并处没收财产。

三、虚假宣传行为及其法律责任

(一)虚假宣传的概念

诚实信用是市场竞争的灵魂与商事主体行为的准则。虚假宣传损害了消费者的知情权和公平交易权,严重情况下可能危及消费者的人身健康或财产安全。经营者通过引人误解的宣传吸引消费者,必然会挤占其他诚信经营者的市场份额,导致正常的市场竞争秩序遭受破坏,因此必须予以规制。

虚假宣传是指经营者对其商品作虚假或者引人误解的商业宣传,或者通过组织虚假交易等方式帮助其他经营者进行虚假或者引人误解的商业宣传。1993年《反不正当竞争法》将“虚假宣传”定义为利用广告或其他方法,对商品或服务作出引人误解的宣传的行为。2017年《反不正当竞争法》第8条注意了与《广告法》的协调,删除了“利用广告”的表述,以及“广告的经营者”的相关规定。第20条明确规定“经营者违反本法第八条规定,属于发布虚假广告的,依照《中华人民共和国广告法》的规定处罚”,明确了广告法优先适用的法律原则。

(二)虚假宣传的认定

1. 行为主体

虚假宣传行为的直接主体是参与竞争的经营者,包括商品的生产者、销售者、服务的提供者。经营者进行虚假宣传也是出于主观故意。

2. 表现方式

(1) 对自己的商品作虚假或者引人误解的商业宣传

经营者不得对其商品的性能、功能、质量、销售状况、用户评价、曾获荣誉等作虚假或者引人误解的商业宣传,欺骗、误导消费者。经营者具有下列行为的,可以被认定为虚假宣传行为:①对商品作片面的宣传或者对比的;②将科学上未定论的观点、现象等当作定论的事实用于商品宣传的;③以歧义性语言或者其他引人误解的方式进行商品宣传的。

(2) 帮助虚假宣传行为

2017 年《反不正当竞争法》首次规定了帮助虚假宣传的行为。经营者不得通过组织虚假交易等方式,帮助其他经营者进行虚假或者引人误解的商业宣传。这一新增规定有助于制止当前多发的线上"刷单"、线下"雇托"炒作等虚假宣传行为。新法施行后,除经营者对自己产品进行虚假宣传外,帮助他人"刷单炒信"、删除差评、虚构交易等行为,也将受到查处,网络水军、职业差评师等不法经营者将受到处罚。

3. 行为目的

1993 年《反不正当竞争法》使用"引人误解"来限定虚假宣传,可能会对虚假宣传行为的认定过于严格。2017 年《反不正当竞争法》第 8 条明确规定,引人误解的虚假宣传既包括虚假的商业宣传,也包括造成相关公众误解的商业宣传,实际上扩大了虚假宣传的认定范围。虚假宣传的目的是导致相关公众的误认。例如,以明显的夸张方式宣传商品,不足以造成相关公众误解的,不属于引人误解的虚假宣传行为。在实践中,一般应当根据日常生活经验、相关公众一般注意力、发生误解的事实和被宣传对象的实际情况等因素,对引人误解的虚假宣传行为进行认定。值得注意的是,经营者的宣传行为只要可以产生相关公众的误认即可。

(三) 虚假宣传的法律责任

1. 民事责任

由于虚假宣传行为是经营者为吸引消费者而进行的自我宣传行为,在很多情况下,不会损害到其他人。如果因虚假宣传行为给他人造成损害的,那么就应当承担赔偿责任。根据 2017 年《反不正当竞争法》,赔偿的数额应当按照实际损失确定;实际损失难以计算的,按照侵权人因侵权所获得的利益确定。赔偿数额还应当包括经营者为制止侵权行为所支付的合理开支。

2. 行政责任

对于虚假宣传行为，监督检查部门可以责令停止违法行为，处 20 万元以上 100 万元以下的罚款；情节严重的，处 100 万元以上 200 万元以下的罚款，可以吊销营业执照。

3. 刑事责任

对于通过虚假广告方式进行虚假宣传的，如果虚假广告的情节比较严重，有可能构成虚假广告罪。根据《刑法》相关规定，对自然人犯罪，处 2 年以下有期徒刑或者拘役，并处或者单处罚金。单位犯罪的，对单位判处罚金，对其直接负责的主管人员和其他直接责任人员依自然人犯罪追究刑事责任。

四、侵犯商业秘密行为及其法律责任

（一）商业秘密概念

商业秘密是指不为公众所知悉、具有商业价值并经权利人采取相应保密措施的技术信息和经营信息。2019 年 4 月修订的《反不正当竞争法》第 9 条明确规定，"本法所称的商业秘密，是指不为公众所知悉、具有商业价值并经权利人采取相应保密措施的技术信息、经营信息等商业信息"。

1. 商业秘密的特征

（1）秘密性。所谓秘密性是指商业秘密所处的状态应当是秘密的，没有被公开过。确认商业秘密的秘密性的标准是"不为公众所知悉"，也即有关信息不为其所属领域的相关人员普遍知悉和容易获得。如果一项信息存在如下情形，就不构成不为公众所知悉：该信息是其所属技术或者经济领域的人的一般常识或者行业惯例；该信息仅涉及产品的尺寸、结构、材料、部件的简单组合等内容，进入市场后相关公众通过观察产品即可直接获得；该信息已经在公开出版物或者其他媒体上公开披露；该信息已通过公开的报告会、展览等方式公开；该信息从其他公开渠道可以获得；该信息无须付出一定的代价而容易获得。

（2）具有商业价值。与 1993 年《反不正当竞争法》相比，2017 年《反不正当竞争法》将"能为权利人带来经济利益、具有实用性"改为"具有商业价值"。此种改变主要是因为 1993 年《反不正当竞争法》"具有实用性"的规定，在司法实践中产生了很多争议，何为实用性以及如何证明具有实用性给权利人的维权增加了不必要的负担，比如经营信息中的客户名单是否具有实用性、技术研发过程中的实验数据是否具有实用性等，容易引发争议。2017年《反不正当竞争法》直接使用“具有商业价值”的概念，概念更明确具体，具有可操作性。值得注意的是，商业价值既可以是现实的，也可以是潜在的。

(3)保密性。保密性是指商业秘密所有人采取适当的保密措施，保证其商业秘密处于秘密状态。商业秘密的价值主要以保密措施来维持。商业秘密一旦被公开，就不具有经济价值，不能受到法律保护。根据所涉信息载体的特性、权利人保密的意愿、保密措施的可识别程度、他人通过正当方式获得的难易程度等因素，认定权利人是否采取了保密措施。例如，限定涉密信息的知悉范围，只对必须知悉的相关人员告知其内容；对于涉密信息载体采取加锁等防范措施；在涉密信息的载体上标有保密标志；对于涉密信息采用密码或者代码等；签订保密协议；对于涉密的机器、厂房、车间等场所限制来访者或者提出保密要求等。

2. 商业秘密与其他传统知识产权的区别

商业秘密是一种独特的知识产权，不能通过《著作权法》《专利法》《商标法》而获得保护，和其他知识产权相比，区别如下：

(1)商业秘密具有非公开性。商业秘密的前提是不为公众所知悉，而其他知识产权都是公开的，对专利权甚至有公开到相当程度的要求。

(2)商业秘密不是一项绝对权。商业秘密的专有性不是绝对的，不具有排他性。如果其他人以合法方式取得了同一内容的商业秘密，他们就和第一个人有着同样的地位。商业秘密的拥有者既不能阻止在他之前已经开发掌握该信息的人使用、转让该信息，也不能阻止在他之后开发掌握该信息的人使用、转让该信息。

(3)商业秘密的保护期限不是法定的。商业秘密并没有法定保护期，取决于权利人的保密措施和其他人对此项秘密的公开。但是商标、专利和著作权都有法定保护期。

(二)侵犯商业秘密行为的认定

1. 行为主体

侵犯商业秘密的主体一般是竞争对手。但是2017年《反不正当竞争法》扩大了侵权主体，商业秘密权利人的员工、前员工或者其他单位、个人也可以实施侵犯商业秘密的行为。在实践中,商业秘密侵权行为大多是由"内鬼"或内外勾结实施完成的。

2. 表现方式

(1)第三人以不当手段获得商业秘密。也即以盗窃、贿赂、欺诈、胁迫或者其他不正当手段获取权利人的商业秘密。所谓盗窃,一般是指通过窃取商业秘密的载体而获取商业秘密;贿赂,是指以财物或者其他手段贿赂知悉商业秘密内容的人提供商业秘密;欺诈,是指通过欺骗的方式使知悉商业秘密内容的人提供商业秘密;胁迫,是指对知悉商业秘密的人进行恐吓、威胁,迫使他人提供商业秘密。其他不正当手段,是指除盗窃、贿赂、欺诈、胁迫以外的其他不正当手段,如抢夺载有商业秘密的图纸。

(2)披露、使用或者允许他人使用自己不正当获取的商业秘密。也即通过盗窃、贿赂、欺诈、胁迫或者其他不正当手段获取权利人的商业秘密后,又披露、使用或者允许其他人使用。

(3)负有保密义务的人不正当披露、使用或者允许他人使用其所掌握的商业秘密。如员工签署保密协议后,擅自披露、使用或者允许他人使用公司的商业秘密,属于侵犯商业秘密的行为。

(4)第三人明知或应知负有保密义务的人不当披露、使用或者允许他人使用其所掌握的商业秘密,但是仍然获取、披露、使用或者允许他人使用该商业秘密的。例如,负有保密义务的员工擅自将公司的商业秘密披露给竞争对手,竞争对手明知该等行为,依然使用该商业秘密,同样属于侵犯商业秘密。另外,2017年《反不正当竞争法》新增了第15条,要求监督检查部门及其工作人员对调查过程中知悉的商业秘密负有保密义务。

除此之外,2019年《反不正当竞争法》修改时,在侵犯商业秘密行为方式规定中新增一条:"教唆、引诱、帮助他人违反保密义务或者违反权利人有关保守商业秘密的要求,获取、披露、使用或者允许他人使用权利人的商业秘密。经营者以外的其他自然人、法人和非法人组织实施前款所列违法行为的,视为侵犯商业秘密。"

(三)侵犯商业秘密的法律责任

1. 民事责任

侵犯商业秘密给他人造成损害的,应当依法承担民事责任。经营者的合法权益受到不正当竞争行为损害的,可以向人民法院提起诉讼。因不正当竞争行为受到损害的经营者的赔偿数额，按照其因被侵权所受到的实际损失确定；实际损失难以计算的，按照侵权人因侵权所获得的利益确定。经营者恶意实施侵犯商业秘密行为，情节严重的，可以在按照上述方法确定数额的1倍以上5倍以下确定赔偿数额。赔偿数额还应当包括经营者为制止侵权行为所支付的合理开支。另外，尤其需要注意的是，2019年《反不正当竞争法》修订时，将法定赔偿金额从300万元提高到了500万元。

2. 行政责任

经营者以及其他自然人、法人和非法人组织侵犯他人商业秘密的，由监督检查部门责令停止违法行为，没收违法所得，处10万元以上100万元以下的罚款；情节严重的，处50万元以上500万元以下的罚款。提高了行政处罚的金额，也是2019年4月《反不正当竞争法》修订中的一大亮点。

3. 刑事责任

侵犯他人商业秘密，严重的可能构成侵犯商业秘密罪。根据《刑法》的规定，给商业秘密的权利人造成重大损失的，处3年以下有期徒刑或者拘役，并处或者单处罚金；造成特别严重后果的，处3年以上7年以下有期徒刑，并处罚金。

五、不正当有奖销售行为及其法律责任

（一）不正当有奖销售的概念

有奖销售是指经营者以提供奖品或奖金的手段进行推销的行为。有奖销售行为是商品交易行为的从行为。正是因为有奖销售行为是作为交易达成的附属条件，对竞争者而言才可能形成竞争优势，符合商业道德的有奖销售可以活跃市场，促进竞争。但是，超出一定范围或者采取不正当手段进行有奖销售，则会破坏良性竞争秩序，被法律所禁止。

（二）不正当有奖销售的认定

1. 行为主体

不正当有奖销售的主体是经营者。有奖销售行为的主体是经营者和与其交易的对方。提供有奖销售的是经营者，与其交易的对方包括购买商品的单位、个人或代表、代理单位实施交易行为的代表人、代理人。

2. 表现形式

(1)信息不明确影响兑奖的有奖销售行为。也即经营者进行有奖销售时,如果因为所设奖的种类、兑奖条件、奖金金额或者奖品等有奖销售信息不明确而影响兑奖的,也可能被认定为不正当竞争。

(2)谎称有奖行为。也即谎称有奖销售而实际没奖。绝对欺骗性有奖销售即谎称有奖而实际上无奖,如有的经营者虽然设置了有奖销售,但却把带有中奖号码的奖券留在自己手中甚至中奖号码根本不存在。

(3)故意让内定人员中奖的行为。也即有奖销售虽然有奖但已经内定中奖率、中奖人、中奖时间等故意让内定人员中奖,内定人员以外的消费者根本不会获得"奖"。

(4)超过50,000元的有奖销售。2017年《反不正当竞争法》将有奖销售的最高金额上限也从原先的5000元增加到50,000元。如果是以非现金的物品或者其他经济利益作为奖励的,应当按照同期市场同类商品或者服务的正常价格折算其金额。

(三)违法有奖销售的法律责任

1. 民事责任

违法有奖销售行为给他人造成损害的,应当承担赔偿责任。根据2017年《反不正当竞争法》,赔偿的数额应当按照实际损失确定;实际损失难以计算的,按照侵权人因侵权所获得的利益确定。赔偿数额还应当包括经营者为制止侵权行为所支付的合理开支。

2. 行政责任

2017年《反不正当竞争法》规定,对于违法有奖销售行为,由监督检查部门责令停止违法行为,处5万元以上50万元以下的罚款。

六、商业诋毁行为及其法律责任

(一)商业诋毁的概念

商业诋毁是指经营者为了竞争,故意捏造、散布虚伪的事实,损害竞争对手的商业信誉和商品声誉。商业信誉和商品声誉可以统称为"商誉"。由于商誉必须通过商标、商号等商业性的标志,以及企业的产品管理、产品质量、产品技术等综合性因素予以体现,最终在相关的社会公众和消费者之间建立起总体评价。所以,商誉实际上是知识产权保护的一个客体。

对经营者商誉的诋毁将严重影响该经营者的正常商业活动,使其遭受损失,最直接的就是失去交易伙伴和消费者,造成资金和原材料的供应困难或产品滞销,最严重的可能导致经营者破产。同时,商业诋毁行为是通过捏造、散布虚伪事实的方式排挤竞争对手,同时也损害了消费者的知情权,导致消费者无法享受真正优质的服务与商品。

(二)商业诋毁行为的认定

1. 行为主体

商业诋毁的主体是经营者。在认定商业诽谤行为的主体时有两点应该加以明确:一是商业诽谤行为的主体只以经营者为限,除此之外的其他主体所实施的诋毁行为不能构成商业诽谤行为,而只能构成一般的民事侵权行为或犯罪行为,如报纸对经营者的评价只能按照名誉侵权纠纷进行处理。二是在许多情况下,经营者往往不是自己亲自实施商业诽谤行为,而是利用组织或他人实施此种行为。如果这些组织或个人与经营者之间就实施商业诽谤行为有过共谋,即存在主观上的共同故意,那么他们也就必须与经营者一起对该行为承担法律责任。

2. 主观要件

商业诋毁行为的主观方面是明知故意。行为人实施商业诽谤行为在主观上是故意的,而且具有明确的目的性,即旨在削弱竞争对手的市场竞争能力,并为自己谋求市场竞争的优势地位和其他不正当利益。经营者也可能因过失造成对竞争对手商业信誉和商品声誉的损害,并要承担相应的法律责任,但这种行为并不构成商业诽谤,其性质不属于不正当竞争。

3. 侵犯客体

商业诋毁行为侵犯的客体是特定经营者即作为行为人竞争对手的经营者的商业信誉和商品声誉。需要注意的是,商业诽谤必须具有特定的指向,即受诽谤人应特定。受诽谤主体特定有两种方式:一种为直接特定,即行为人明确指出受诽谤主体的身份;另一种为间接特定,即行为人没有明确指明受诽谤人的身份,而是以含沙射影的方式,通过提及其荣誉称号、绰号或通过特定环境的描述,影射受诽谤主体,此时受诽谤主体必须证明自己是诽谤言辞中伤的对象。

4. 客观方面

商业诋毁行为客观方面表现为捏造、散布虚伪事实,对竞争对手的商业信誉和商品声誉进行诋毁和贬低,给其造成或可能造成一定的损害后果。应该注意的是,捏造、散布虚伪事实,意图损害竞争对手的商业信誉和商品声誉,尚未造成损害后果的,也应视为不正当竞争行为而予以处罚,因为它存在造成损害后果的可能性。

(1)对比性广告。通过发布对比性广告、声明性广告,散发公开信或召开新闻发布会等形式散布捏造的虚伪事实,恶意贬低、诋毁他人的商业信誉、商品声誉。对比性广告,是指含有对比内容的广告,即通过选取某一个、某一类产品或者服务进行对比,用以说明商品、服务的优点或者特征的广告。对比性广告可能在对自己的商品质量、制作成分、用途等作直接的虚假宣传或引人误解的宣传的同时,直接对竞争者的商品进行贬低或引人误解的宣传,或者通过对自身商品的质量、制作成分等作直接的虚假宣传或引人误解的宣传,以间接对竞争者的商品进行贬低性宣传,容易造成捏造或散布虚伪事实。声明性广告,是指含有声明性内容的广告,往往借夸大自己商业声誉和商品信誉以贬低竞争对手,抬高自己。

(2)虚假投诉。组织人员以客户或消费者的名义向市场监管部门、消费者协会或新闻单位等虚假投诉,诋毁和损害他人的商业信誉、商品声誉。这种方式的投诉理由一般为:产品质量低劣,服务质量差,违反反不正当竞争法律规定,侵犯消费者权益。

(3)在商业场合向客户或消费者散布虚伪事实。在业务洽谈等公开场合故意向竞争对手的客户或消费者散布捏造的虚伪事实,贬低和诋毁他人的商业信誉、商品声誉。散布虚伪事实可以采取书面方式,也可以采取口头方式。这种方式往往可以通过商业信息发布会、商品交易会议散布虚假言辞,也可以通过单独的商务洽谈、电话交谈等方式实施,既有经营者本人利用言辞实施,也有经营者指使、收买、唆使本单位职工或其他人实施此行为。

(4)恶意诉讼。也即捏造侵权事实并通过诉讼向社会公众散布这种虚假事实,贬低和损害他人的商誉。恶意诉讼,又称滥用诉讼,它是指当事人出于不合法的动机和目的,在明知自己缺乏胜诉理由的情况下,以合法形式进行恶意诉讼,以期通过诉讼而给对方当事人造成某种损害后果。

(5)通过商品包装或说明书进行诋毁。在商品包装或说明书上,贬低和诋毁他人生产、销售的同类商品,损害他人的商品声誉。

(三)商业诋毁的法律责任

1. 民事责任

由于虚假宣传行为是经营者为吸引消费者而进行的自我宣传行为,在很多情况下,不会损害到其他人。如果因虚假宣传行为给他人造成损害的,应当承担赔偿责任。根据2017年《反不正当竞争法》的规定,赔偿的数额应当按照实际损失确定;实际损失难以计算的,按照侵权人因侵权所获得的利益确定。赔偿数额还应当包括经营者为制止侵权行为所支付的合理开支。

2. 行政责任

2017年《反不正当竞争法》调整了商业贿赂行为的行政责任。由监督检查部门责令停止违法行为、消除影响,处10万元以上50万元以下的罚款;情节严重的,处50万元以上300万元以下的罚款。

3. 刑事责任

如果损害他人商业信誉、商品声誉,给他人造成重大损失或者有其他严重情节的,有可能构成《刑法》中的损害他人商业信誉、商品声誉罪。自然人犯罪的,处以2年以下有期徒刑或者拘役,并处或者单处罚金。对单位犯罪的,对单位处以罚金,并对单位的直接负责的主管人员和其他直接责任人员依法进行处罚。

七、妨害、破坏他人网络产品或服务行为及其法律责任

(一)妨害、破坏他人网络产品或服务行为的概念及认定

互联网作为新兴行业,与传统行业相比,互联网技术和商业模式快速迭代,互联网市场格局尚未固定,为争夺用户,互联网企业竞争异常激烈。1993年《反不正当竞争法》制定于前互联网时代,无法规制互联网领域不正当竞争行为。为此,2017年《反不正当竞争法》专门对互联网领域的不正当竞争行为作出规定,也有人将其称为“互联网专条”。

实施妨碍、破坏其他经营者合法提供的网络产品或者服务正常运行的行为包括:(1)未经其他经营者同意,在其合法提供的网络产品或者服务中,插入链接、强制进行目标跳转;(2)误导、欺骗、强迫用户修改、关闭、卸载其他经营者合法提供的网络产品或者服务;(3)恶意对其他经营者合法提供的网络产品或者服务设施不兼容;(4)其他妨碍、破坏其他经营者合法提供的

网络产品或者服务正常运行的行为。

(二)妨害、破坏他人网络产品或服务行为的法律责任

1. 民事责任

经营者妨害、破坏他人网络产品或服务行为给人造成损失的,应当承担民事责任。权利人可以要求侵权人按照实际损失承担赔偿责任,如果实际损失难以计算的,按照侵权人因侵权所获得的利益确定。赔偿数额还应当包括经营者为制止侵权行为所支付的合理开支。

2. 行政责任

妨害、破坏他人网络产品或服务行为是2017年《反不正当竞争法》中新增加的不正当竞争行为,对该行为,由监督检查部门责令停止违法行为,处10万元以上50万元以下的罚款;情节严重的,处50万元以上300万元以下的罚款。

3. 刑事责任

妨碍、破坏其他经营者合法提供的网络产品或者服务正常运行的,可能构成《刑法》中的非法获取计算机信息系统数据、非法控制计算机信息系统罪和提供侵入、非法控制计算机信息系统程序、工具罪,对自然人犯罪,处3年以下有期徒刑或者拘役,并处或者单处罚金;情节特别严重的,处3年以上7年以下有期徒刑,并处罚金。对单位犯罪的,判处罚金,并对其直接负责的主管人员和其他直接责任人员,依照自然人犯罪的规定处罚。同时,妨碍、破坏其他经营者合法提供的网络产品或者服务正常运行也有可能构成破坏计算机信息系统罪,自然人犯罪的,处5年以下有期徒刑或者拘役;后果特别严重的,处5年以上有期徒刑。单位犯罪的,对单位判处罚金,并对其直接负责的主管人员和其他直接责任人员,依照自然人犯罪的规定处罚。

问题与思考

一、请问依据《反不正当竞争法》,该如何认定“有一定影响”的商品名称、包装、装潢?

二、请简述商业秘密的构成要件和常见的侵犯商业秘密的行为有哪些?

三、请简要评述《反不正当竞争法》互联网专条的意义和内容。

四、请简述商业贿赂行为应当承担哪些法律责任?

第六章 其他知识产权法律制度概述

第一节 计算机软件保护相关制度

自1943年世界上第一台电子计算机诞生以来，电子计算机经历了电子管、晶体管、混合集成电路、大规模集成电路乃至超大规模集成电路计算机的更新换代，也把人类社会从工业经济时代推进到知识经济时代。而计算机软件的高速发展带动了计算机软件产业的迅速崛起，20世纪60年代，以IBM为代表的大型计算机生产商，开创了"软件、硬件分开卖"的销售模式，如今计算机软件产业成为当前世界上增长最快的朝阳产业之一。甚至可以说，一个国家的计算机软件产业发展情况代表了该国家的信息技术发展水平，并将最终决定其在21世纪国际竞争中的地位和格局。

从软件产业出现开始，有关计算机软件的知识产权保护问题一直是学术讨论的热点和难点，世界各国和国际组织进行了多次探索。目前，以著作权法保护计算机软件知识产权的立法模式基本成为国际主流，但这并不意味着计算机软件的知识产权保护模式已成定论。

一、计算机软件保护法律制度历史沿革

早在1972年，菲律宾就在其版权法中确认了计算机程序是其保护对象，从某种程度上说，菲律宾是世界上第一个以版权法保护计算机软件的国家。[1] 20世纪80年代中后期，以美国为首的很多国家开始通过修订版权

---

〔1〕 应明、孙彦：《计算机软件的知识产权保护》，知识产权出版社2009年版，第53～54页。

法，把计算机软件纳入版权法的保护客体。1980年12月，美国修订了《版权法》，从立法上正式确认了计算机软件作为一种一般文字作品属于版权法保护客体。1985年日本修改了《版权法》，对计算机软件加以版权保护。1991年5月14日，欧共体部长理事会颁布了《计算机程序法律保护指令》，对保护对象、程序作者、反向工程、特殊保护措施等作了详细规定。由此，欧共体在计算机程序法律保护问题上最终引进了统一的版权法保护体系。1994年4月世界贸易组织签署了《与贸易有关的知识产权协议》，该协议为在全世界范围内建立计算机软件版权法律保护制度奠定了基础，也标志着版权模式在计算机软件的知识产权保护中占据了主导地位。

目前，全世界有六十多个国家和地区采用版权法保护计算机软件。这些国家有的采取传统版权法保护计算机软件，如美国；有的在版权法下专门制定计算机保护法规，如中国；还有的在原版权法中加入针对计算机软件的专门条款，如欧盟有关国家。

由于计算机软件具有技术性和作品性的双重性质，而著作权法只保护作品的表达，对作品中所蕴含的观念、概念、原理、发现等思想、概念则不予保护，这使国际社会在软件保护实践中深感著作权法的不足，于是人们开始重新寻求专利法的保护。

在专利制度建立之初，世界各国几乎无一例外地排除了对计算机软件的专利保护，认为计算机软件属于数字法则或方法，不属于专利法意义上的技术方案。但随着软件技术的迅速发展，自20世纪80年代以来各国对应用软件作为技术方案给予专利保护的呼声增高。1991年，在东京召开的第三次计算机软件法律保护国际会议上，肯定了国际上用专利法保护软件的发展趋势。

二、计算机软件版权保护模式

计算机软件作为精神创作成果，与文学艺术作品有一定相似之处。我国《计算机软件保护条例》第2条规定，计算机软件包括计算机程序和有关文档两部分。“有关文档”可以视为文字作品或图形作品，这是没有争议的，关键问题在于计算机程序的可著作权性。所谓计算机程序，是指为了得到某种结果而可以由计算机等具有信息处理能力的装置执行的代码化指令序列，或者可以被自动转换成代码化指令序列的符号化指令序列或者符号化

图6-1 计算机软件著作权登记证书

语句序列。同一计算机程序的源程序和目标程序为同一作品。[1] 所谓文字作品，是指小说、诗词、散文、论文等以口头语言形式表现的作品。源程序用符号化指令序列表示，而目标程序用代码化指令序列表示，其中的代码化指令序列和符号化指令序列实际上是一种编制程序的语言，从某种意义上说，计算机程序可以看作以特殊的语言文字形式（语言是汇编语言或者高级编程语言，文字是代码化指令序列或符号化指令序列）表达的特殊文字作品，受到著作权法的保护（见图6-1）。[2]

（一）计算机程序获得版权保护的必要条件

我国《著作权法实施条例》第2条规定，作为一项作品的必要条件是具有独创性并能以某种有形形式复制。就计算机软件而言，《计算机软件保护条例》第4条也规定，受本条例保护的软件必须是独立开发的，并已固定在某种有形物体上。这是一项软件能够得到版权保护的必要条件。

所谓能以某种有形形式复制，意味着能够相当稳定、相当持久地固定在某种有形物体（如纸张）上，以致能够在一定的而不是瞬刻的时间内被感知、被复制、被传播。如果一项作品仅存在于作者的头脑里，就很难被他人使用和传播，也就谈不上享有版权保护了。

至于独创性，对于究竟什么是作品的独创性，包括我国在内很多国家的版权法都没有作出明文规定。不过，法院对案件的判决表明，各国版权法对于作品所要求的“独创性”就其程度而言，都远不像专利法对于发明所要求

〔1〕 张爱香：《浅谈计算机软件的知识产权保护》，载《中国科技信息》2013年第1期。

〔2〕 吕彦主编：《计算机软件知识产权保护研究》，法律出版社2005年版，第66~69页。

的“创造性”那么高,仅仅要求作品必须是对于自己一定构思的表达,由自己独立完成。这意味着作品必须是作者的独立创作,而不是对他人作品的抄袭、复制,也不是对他人作品稍加修改后改头换面的抄袭、复制。所谓作品的独创性,与作品在学术上或者艺术上的价值无关。[1] 1991 年 3 月,美国最高法院在 Rural 电话服务公司诉 Feist 出版公司案的判决中对独创性作出了阐述,这一阐述已经被各国知识产权界所普遍接受。美国最高法院在该判决中认为:所谓独创性,是指独立的创作(而不是对他人作品的抄袭)加上点最低限度的创造性(而不是对素材进行毫无特色的简单拼凑)。显然,像单词、标语、口号、单个语句、单纯的事实叙述等,由于它们缺乏独创性或者其独创性微不足道,就不能作为作品享有版权保护。这也就意味着如果一项计算机程序仅仅包含一两条指令,或者一两个语句,或者一两个常规性操作步骤(如启动打印机并打印指定数据),则由于它们缺乏独创性或者其独创性微不足道,难以作为作品享有版权保护了。

当然,为了让计算机实现同一个操作步骤。如果使用高级编程语言,往往比较简单,可能就需要使用一两个语句。如果使用低级编程语言,就比较复杂,可能需要使用由多条指令组成的数个程序段。在前一种情况下,由于缺乏独创性或者其独创性微不足道,往往谈不上版权保护;而在后一种情况下就可能存在发挥独创性的空间。

(二)计算机软件采用版权保护模式的优势

第一,计算机软件具有的表现形式以及易复制性,使计算机软件容易成为版权的保护对象。大量的人主要通过复制、抄袭等方式侵犯软件权利,因此,从保护版权人合法权益的角度来看,把计算机软件纳入版权法的保护范围是合理的。

第二,版权法具有自动保护原则,使软件不需要经过申请等法律程序,就可以得到保护,节约了软件开发者的时间和成本。

第三,版权法的保护范围比较宽,对软件内容的含金量几乎没有特殊要求,只要软件具备了形式上的独创性即可,这使几乎所有独立开发的计算机软件都能满足软件的独创性条件进而获得法律的版权保护。

第四,版权只保护软件的表现形式,有利于其他软件开发者利用、借鉴

---

[1] 曹伟:《计算机软件版权保护的反思与超越》,法律出版社 2010 年版,第 121 ~ 129 页。

已有的软件思想,促进软件的创新、优化和发展。

第五,取得版权的手续简便,要求较低,有利于先进技术的提早推广,而且版权法没有很强的垄断性,允许他人从软件中借鉴思想,开发同样的软件,有利于技术进步。[1]

(三)计算机软件采用版权保护模式的弊端

当然,计算机软件毕竟不能完全等同于《著作权法》中的"作品",世界范围内采用计算机软件版权模式必然存在一些弊端。比如:

第一,版权模式的保护范围有限。版权法不能保护软件的构思、设计方案和功能,保护范围无法满足对软件的全面保护,在软件权利人所应有的权利范围中出现空白的区域,使程序所有人本应享有专有权的领域中,出现了一大片不设防的地段。[2]

第二,版权模式的保护期限过长。计算机软件程序作品的生命期同传统版权作品不尽相同。版权法对传统作品的保护期一般提供的是作者有生之年加上死亡后25~50年。而计算机软件作品却不同于一般的文字作品,它的实用性推动着企业不断开发新软件。科技的迅速发展,导致了一般软件的生命期都较短,市场上10年不被更换的软件产品是极少的。如果对软件作品的保护期过长,就会造成虽然软件已失去了经济价值,而版权人依然能禁止他人利用该项技术,这样就不利于整个社会的信息技术水平的提高。

第三,版权模式的保护力度过于宽松。只要软件是独立创作的,同他人开发的已有的软件相同或者近似,或者在避免开发人员同原软件接触的情况下独立开发新软件,虽与原软件实质上相同或近似等,这些都不构成侵权,这造成了计算机版权保护的混乱和软件质量差的问题。

第四,版权模式中的"合理使用"易制约软件业发展。仅以学习和研究软件内含的设计思想和原理为目的使用软件,属于版权法允许他人"合理使用"情况,这就导致越来越多的人利用该原则获得无偿使用,使软件权利人利益严重受损,[3]不仅制约软件业的发展,对用户的使用也会造成极大的

---

[1] 丁国威、李维宜、赵钰梅编著:《计算机软件的版权与保护——计算机软件保护条例应用》,复旦大学出版社1996年版,第33~35页。

[2] 郑成思:《计算机、软件与数据的法律保护》,法律出版社1987年版,第184~185页。

[3] 李雨峰:《版权扩张:一种合法性的反思》,载《现代法学》2011年第5期。

不便。

三、计算机软件的其他保护模式

（一）专利法保护模式

最初，计算机软件被认为是一种思维步骤或算法，不能成为专利法的保护客体。但人们逐渐认识到当计算机软件同硬件设备结合为一个整体，软件的运行给硬件设备带来影响时，因整体中含有计算机软件而将这一整体排除在专利法保护客体之外显然是不合适的。比如，一个由微电脑控制的微波炉若其具有实用性、新颖性、创造性，就不能因为微电脑中使用了软件而不授予其专利权。

事实上，在美国，通过专利法保护软件也已经历了三十多年的发展；而英国则对软件获得专利权采取了较为宽松的审查标准；日本、德国也规定或通过判例承认了对软件可通过专利法进行保护并制定了相应的审查标准。在这些国家中，随着计算机技术的发展，软件版权保护趋势得到不断的增强，但并未阻碍专利法对计算机软件保护的发展，究其原因在于通过专利法保护软件知识产权有其自身的特点。

在我国，虽然计算机程序还不能直接获得专利保护。但是，通过合理的撰写方式，将计算机程序所实现的发明创造明确撰写具体的技术方案，或体现明确的技术应用，就可以获得专利保护。具体而言，工业过程的控制程序、数据处理、改善计算机系统内部性能等都属于可专利的范围。明确获得中国《专利审查指南》认可的撰写方式还包括翻译软件、工业用计算机自动控制方法等。

必须明确的是，专利法与著作权法对计算机软件的知识产权保护侧重点是不同的，主要体现在以下几个方面：

1. 保护的客体不同。计算机软件专利保护的客体，指的是以解决技术问题为目的，以计算机程序处理流程为基础，利用技术手段并能产生技术效果的解决方案。涉及计算机程序的发明专利申请只有构成技术方案才是专利保护的客体。计算机软件著作权保护的客体，是固定在有形载体上的计算机软件本身，指计算机程序及其文档，程序包括源程序和目标程序。

2. 表达形式不同。计算机软件专利权保护的表达形式是通过方法的一系列步骤或者产品的各个部分结构体现的技术方案，而不是以机器语言表达的代码化指令序列。计算机软件著作权保护的表达形式是以程序语言表现的可由计算机等具有信息处理能力的装置执行的代码化指令序列、符号化指令序列或者符号化语句序列。

3. 保护的条件和要求不同。专利法不会对主题和内容相同的两个发明创造都进行保护。著作权法可以保护两个达到完全相同的结果,但两者又是以两种差别极大的高级语言表达的计算机软件,只要这些计算机程序具有独创性。

4. 法定权利的内容不同。计算机软件专利权是由权利要求记载的发明内容确定的排他权,凡是落入权利要求限定的保护范围的方法或者产品未经专利权人许可不得制造、使用或者销售,专利权人独占实施权。计算机软件著作权的内容包括由软件本身产生的发表权、署名权、修改权、复制权、发行权、出租权、信息网络传播权、翻译权等权利。

5. 保护效果不同。计算机软件专利权保护概括性强,保护充分、层次多,不受技术方案具体实施方式的限制,他人不易回避;但是专利申请程序相对烦琐,侵权判定复杂、困难。计算机软件著作权登记程序简单,保护直接,侵权判断直观、容易,但是保护内容单一,仅限于软件本身的表现形式,他人易于回避。

6. 保护期限不同。发明专利的保护期限为20年,著作权的保护期限为作者有生之年加上死后50年。

除上述几点不同外,这两种计算机软件知识产权受理的机关和形式也有所不同,即专利权是由国家知识产权局受理审批,著作权是在国家版权局进行登记。

(二)商业秘密保护模式

商业秘密是可以在工商企业中使用并在商业流通中获得利益的秘密,它具有专利性,只不过发明人不愿公开而未申请专利而已。商业秘密具有其特殊性:首先,其无确定的保护期限,保护期限的终止取决于该技术隐秘性的丧失时间;其次,保护无地域限制,商业秘密所有人可向任何国家的公民、法人、非法人组织发放许可证,不必像专利、版权作品那样需要在他国取得专利、版权后才能发放许可证;最后,不禁止他人享有同一秘密。在采用版权模式保护软件前,软件企业常用商业秘密法对软件进行保护。

用商业秘密法对软件进行保护,其优于版权和专利权之处在于:(1)保护范围宽,对表达、思想、内容、数据都能提供保护;(2)在合法的情况下,人们无法对软件进行复制、抄袭等侵权活动;(3)商业秘密所有人不受地域和时间限制,只要秘密性不丧失,就能保证有丰厚的许可费来源。

当然这种保护方式也有其不足,表现在:(1)以商业秘密保护软件,由于隐秘性易造成整个社会的重复研究,导致资源的浪费,也不利于整个软件行业的发展。(2)以秘密的方式保护软件,保密成本高,因为稍有不慎就有可能泄密,而一旦泄密,软件所有人就将永远失去专有权。在多人共享商业秘密的情况,泄密的情况很难杜绝,所以为了保密,需投入大量的资金和精力。(3)当发生盗用商业秘密的侵权诉讼时,在对新颖性进行举证时就会使秘密公开,使商业秘密所有人处于两难的境地。

四、我国计算机软件著作权保护制度

加入世贸组织后,我国全面加强了对计算机软件知识产权保护法律体系的建设,分别从基本法律、司法解释和行政规章等几方面对软件保护的法律制度进行了完善。2001 年,国务院发布了新修改的《计算机软件保护条例》,并于 2002 年 1 月正式施行;同年 8 月又颁布了《著作权法实施条例》;2002 年 2 月,我国国家版权局制定了行政规章《计算机软件著作权登记办法》并同年开始实行;2013 年,我国对《计算机软件保护条例》再次进行修订。至此,我国初步围绕该条例,建立起了计算机软件著作权保护的法律体系。

(一)软件著作权人的权利内容

《计算机软件保护条例》明确了软件著作权人享有下列各项权利:(1)发表权;(2)署名权;(3)修改权;(4)复制权;(5)发行权;(6)出租权;(7)信息网络传播权;(8)翻译权;(9)应当由软件著作权人享有的其他权利。与《著作权法》相比,《计算机软件保护条例》针对计算机软件的特点,对权利的内容作了一定限缩,但又同时结合了计算机软件飞速发展的现实情况,规定了兜底条款,即其他应当由软件著作权人享有的权利。

(二)软件"合理使用"的范围

现行《计算机软件保护条例》第 17 条规定:"为了学习和研究软件内含的设计思想和原理,通过安装、显示、传输或者存储软件等方式使用软件的,可以不经软件著作权人许可，不向其支付报酬。”该规定一方面从使用目的的角度界定了合理使用的范围必须是为了学习和研究软件内含的设计思想和原理之目的使用软件，另一方面从使用方式上采取了列举加“等方式”的语言表述。既与《著作权法》相关规定一致，又给司法实践中法官判断是否属于合理使用时留出了一定的自由裁量空间。

（三）侵犯软件著作权的法律责任

现行《计算机软件保护条例》第23条规定了应当承担停止侵害、消除影响、赔礼道歉、赔偿损失等民事责任的五种具体情形，并用“其他侵犯软件著作权的行为”作出概括。在第24条中规定了侵犯软件著作权的复合法律责任——民事责任、行政责任和刑事责任。需要强调的是，在侵权行为方面，增加了“故意避开或者破坏著作权人为保护其软件著作权而采取的技术措施”和“故意删除或者改变软件权利管理电子信息”两项，而这正是《TRIPs协议》中新增加的著作权的权利内容；在行政责任方面，与2001年《计算机软件保护条例》强调软件著作权的行政管理、行政处罚不同，现行《计算机软件保护条例》明确仅在“同时损害社会公共利益的”条件下，著作权行政管理部门才能够采取行政处罚措施。

值得注意的是，现行《计算机软件保护条例》第25条规定：“侵犯软件著作权的赔偿数额，依照《中华人民共和国著作权法》第四十九条的规定确定。”《著作权法》第49条规定：“侵犯著作权或者与著作权有关的权利的，侵权人应当按照权利人的实际损失给予赔偿；实际损失难以计算的，可以按照侵权人的违法所得给予赔偿。赔偿数额还应当包括权利人为制止侵权行为所支付的合理开支。权利人的实际损失或者侵权人的违法所得不能确定的，由人民法院根据侵权行为的情节，判决给予五十万元以下的赔偿。”

第二节 植物新品种权保护相关制度

基于发展农业、林业的需要，人们对植物的人工培育或者对发现的野生植物的研究开发日益增多，植物新品种随之产生。这些新品种，提高了农林作物的质量，为农林业的丰产丰收提供了巨大的推动力，植物新品种的研发成为一项极有价值的创新活动，其品种权的法律保护由此产生。

有些国家通过专利法保护植物新品种，也有国家通过专门立法保护，我国《专利法》第25条规定，动植物品种不能授予专利权，但培育动植物品种的方法可以授予专利权。《专利法》明确将动植物品种排除在保护范围之外，而通过制定专门的《植物新品种保护条例》对其进行保护。

一、植物新品种权的含义和特征

《植物新品种保护条例》第2条规定："本条例所称植物新品种，是指经过人工培育的或者对发现的野生植物加以开发，具备新颖性、特异性、一致性和稳定性并有适当命名的植物品种。"从上述定义看，新品种的范围，既可以是新育成的品种，也可以是对发现的野生植物加以开发所形成的品种。

植物新品种权简称品种权，国外又称植物育种者权利，是指植物新品种保护审批机关根据法律、法规的规定，赋予品种权人对其新品种的专有权利。总体来说，品种权是种新型权利，与著作权、专利权、商标权等知识产权相比，其权利内容虽然不同，但是都具有知识产权的共性，因而属于知识产权的范畴。除此之外，品种权作为一种新型权利，也具备自身独有的特征，具体如下。

（一）新颖性

新颖性，是指申请保护的植物新品种以前未能在市场上出售或者在市场上出售未超过规定的时限。具体要求是，申请品种权的植物新品种在申请日前该品种繁殖材料未被销售；或者经育种者许可，在中国境内销售该品种繁殖材料未超过1年；在中国境外销售藤本植物、林木、果树和观赏树木品种繁殖材料未超过6年，销售其他植物品种繁殖材料未超过4年。由此可见，确定植物新品种的新颖性主要是以商业销售为依据。销售行为是判断申请品种是否具有新颖性的重要依据。

（二）特异性

特异性，是指申请品种权的植物新品种应当明显区别于在递交申请以前已知的植物品种。换句话说，植物新品种的特异性是指该品种至少应当有一个特征明显地区别于申请日以前已知的其他相同植物品种的特征。在特异性审查过程中，主要考虑申请品种与现有品种在特征方面的差异，而并不考虑申请品种的经济性状和经济价值。在考虑特征差异时，包括在质量或者数量方面的特征差异。上述所谓明显的区别，是指申请品种权的植物新品种至少有一个特征或者特性与现有相同植物品种相比较显然不相同或者不相近。例如,籽粒颜色不同,或者株型方面有明显差异。判断特异性可以对申请文件进行书面审查,也可以通过田间测试或者实验室分析进行审查。

(三)一致性

一致性,是指申请品种权的植物新品种经过繁殖,除可以预见的变异外,其相关的特征或者特性一致。所谓可以预见的变异,主要是指受外界环境因素影响,有些特征或特性有一定的变异,如植物的株高和生育期等。植物新品种的一致性只有通过进行田间测试,考察各个特征或特性才能判断。评价品种的一致性要考虑的因素是:(1)繁殖方式:该品种是有性繁殖还是无性繁殖,是有性繁殖还要考虑该品种是自花授粉还是异花授粉。(2)育种方式:该品种是通过何种育种方法选育而成,是通过有性杂交、亲本亲缘关系远近,还是因偶然混杂、突变或者其他原因所产生的变异等。[1]

(四)稳定性

稳定性,是指申请品种权的植物新品种经过反复繁殖后或者在特定繁殖周期结束时,其相关的特征或者特性保持不变。也就是说,经过多代繁殖或者特定繁殖期,申请品种权的植物新品种的有关特性相对稳定,没有发生变化。稳定性只有通过田间测试来判断。一般来说,稳定性在很大程度上取决于育种者对该品种所作的持续性努力。经过一定周期的测试,如果其主要特性一直保持不变,那么可以认为该品种是稳定的。总体来说,稳定性与一致性有一定的相似之处,但前者是对整个品种的要求,后者则考虑个体的稳定性。例如,一种新品种的玉米具有某种特性,如果它在相当范围内的不同地方种植,仍然具有这种特性,则说明该品种具有稳定性,如果这种玉米长高后仍然保持这种特殊,则一般会认为其具有一致性。

二、植物新品种权的内容

植物新品种权的内容是指品种权主体依照法律规定对植物新品种所享有的财产权和人身权。人身权主要属于育种人,任何人都不能剥夺育种人

---

〔1〕 张平:《知识产权法》,北京大学出版社2015年版,第145页。

的人身权利。除此之外,品种权的主要内容是指财产权。根据我国《植物新品种保护条例》的规定,品种权的内容主要有以下几种。

(一)独占权

完成育种的单位或个人对植物新品种享有排他的独占权。独占权包含两个方面:(1)自己使用品种权。这是独占权的应有之义,完成育种的单位或个人依法可以对植物新品种进行使用,这种使用不考虑其是商业利用或其他使用。(2)禁止他人使用其所有的植物新品种权。任何单位或个人未经品种权人的许可,不得为商业目的生产或者销售该授权品种的繁殖材料,不得为商业目的将该授权品种的繁殖材料重复使用于生产另一品种的繁殖材料。

(二)转让权和许可使用权

植物新品种的申请权和品种权可以转让。转让植物新品种的申请权和品种权应当严格遵守法律的规定:(1)转让该申请权和品种权必须得到有关部门的批准。中国的单位或者个人就其在国内培育的植物新品种向外国人转让其申请权或者品种权的应当经审批机关批准。审批机关指国务院农业、林业行政部门。(2)转让申请权或者品种权的,当事人应当订立书面合同,并向审批机关登记,由审批机关予以公告。品种权人也可以有偿或者无偿地许可他人使用其植物新品种。在许可使用中,当事人也应当订立书面合同,并明确该许可使用的对象、范围和使用方式等。

(三)名称标记权

名称标记权即品种权人有在自己的授权品种包装上标明品种权标记的权利,如注明品种在中国授权的时间、品种权申请号、品种权号以及品种的名称、品种权人的名称等(见图6-2)。

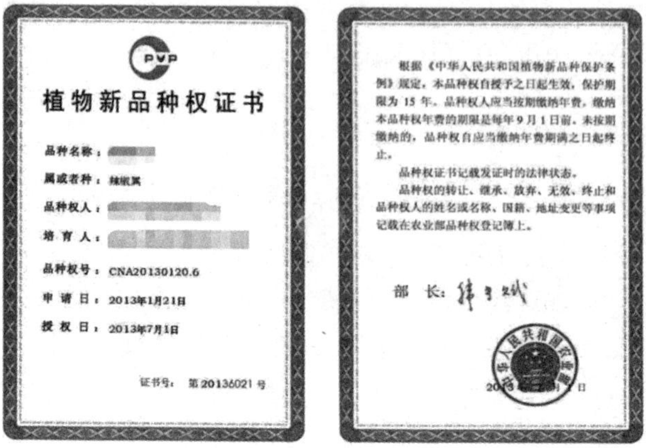

图6－2 植物新品种权证书

（四）对植物新品种权的限制

植物作为人类衣食住行的重要原料来源，与人类的生存和发展息息相关。因此，各国在保护植物新品种的育种者权利的同时，无不基于社会公共利益的目的，对育种者的权利给予一定的限制。例如，《国际植物新品种保护公约》在序言中明确提出了平衡育种者权利和社会公共利益的原则。《日本农业种子和种苗法》规定以实验科研为目的使用受保护品种，包括为培育其他品种而使用受保护品种不侵犯品种权；农民自留受保护品种的种子或种苗不侵犯品种权。这些限制性规定对于保障农业科技人员开展正常的科学研究、保护农民的生产生活具有十分重要的意义。[1]《植物新品种保护条例》对品种权人的专有权也规定了类似限制，具体如下：

1. 合理使用

行为人在下列情况下使用授权品种的，可以不经品种权人许可，也不需要向其支付使用费，但是不得侵犯品种权人享有的其他权利。

（1）科研特权。任何单位和个人可以利用授权品种进行育种及其他科研活动。换言之，任何单位和个人可以将授权品种的繁殖材料用于培育新的品种，也可以将繁殖材料用于其他科研活动。

（2）农民特权。农民有权自繁自用授权品种的繁殖材料。自繁自用应

---

〔1〕 冯晓青主编：《知识产权法》（第3版），中国政法大学出版社2015年版，第65页。

理解为农民自己繁殖授权品种的繁殖材料,并且自己使用该繁殖材料,但不包括为销售目的而繁殖授权品种的繁殖材料。

2. 强制许可使用

根据我国《植物新品种保护条例》及《植物新品种保护条例实施细则》的规定,强制许可是指为了国家利益或者公共利益,审批机关(农业、林业行政主管部门)可以决定对植物新品种强制许可他人使用,对授权品种进行推广使用。使用人应当向品种权人支付合理的使用费,具体数额由双方商定或由审判机关裁决。包括以下三种情况:第一,为了满足国家利益或者公共利益等特殊需要的强制许可;第二,品种权人无正当理由自己不实施或者实施不完全,又不许可他人以合理条件实施的;第三,对重要农作物品种,品种权人虽已实施,但明显不满足国内市场要求,不许可他人以合理条件实施的。

基于品种对人类生活、生产的重要意义,不仅当事人可以申请强制许可,而且农业、林业行政主管部门可以依职权决定实施强制许可,这是其与专利强制许可制度的一个重要区别。

三、植物新品种权侵权救济

(一)救济途径

根据《种子法》第73条的规定,违反本法第28条规定,有侵犯植物新品种权行为的,由当事人协商解决,不愿协商或者协商不成的,植物新品种权所有人或者利害关系人可以请求县级以上人民政府农业、林业主管部门进行处理,也可以直接向人民法院提起诉讼。县级以上人民政府农业、林业主管部门,根据当事人自愿的原则,对侵犯植物新品种权所造成的损害赔偿可以进行调解。调解达成协议的,当事人应当履行;当事人不履行协议或者调解未达成协议的,植物新品种权所有人或者利害关系人可以依法向人民法院提起诉讼。由此可见,品种权人发现品种权侵权行为的,可以:(1)相互协商解决问题;(2)请求县级以上人民政府农业、林业主管部门进行处理;(3)向侵权行为发生地或侵权结果发生地所在的、具有植物新品种权侵权纠纷的审理资格的中级人民法院提起诉讼。

(二)损害赔偿

《种子法》第73条第3款规定品种权侵权赔偿数额按如下方法确定:

(1)按照权利人因被侵权所受到的实际损失确定;(2)按照侵权人因侵权所获得的利益确定;(3)参照该植物新品种权许可使用费的倍数合理确定;(4)法定赔偿方式确定。

上述确定方法的适用具有先后顺序,只有在用前一种方法不能确定的情况下,才适用后一种方法进行确定。对于具体的侵权赔偿数额,《种子法》不但提高了法定赔偿数额的标准,将法定赔偿最高额由50万元提高到300万元,而且规定了惩罚性赔偿制度,即对情节严重的品种权侵权行为,可以在上述(1)至(3)种方法确定数额的1倍以上3倍以下确定赔偿数额。对品种权侵权民事赔偿责任的强化,提高品种权侵权人的侵权成本,在一定程度上,不但对品种权侵权行为有较大的威慑力,而且也将进一步促进品种权人积极维护其合法权益。

第三节　民间文学艺术作品保护相关制度

一、我国民间文学艺术作品的概念和表现形式

(一)民间文学艺术作品的概念

联合国教科文组织于1971年修订的《伯尔尼公约》把民间文学艺术作品界定为:"不知作者的、未出版的作品。"我国《著作权法》规定,民间文学艺术作品受著作权法的保护,但保护办法由国务院另行规定。2014年国家版权局起草的《民间文学艺术作品著作权保护条例(征求意见稿)》规定了民间文学艺术作品的定义,是指由特定的民族、族群或者社群内不特定成员集体创作和世代传承,并体现其传统观念和文化价值的文学艺术的表达。因此,一般认为,民间文学艺术作品是指由某一区域的某一群体或者一些个体以传统文化为依据所表达,并被认为是符合该区域期望的,作为其文化和社会特征的表达形式或智力成果。

(二)民间文学艺术作品的特征和表现形式

1. 民间艺术作品的主要特征为:

(1)创作主体的不特定性。民间文学艺术作品产生于民间,它没有明确特定的作者。

(2)民族性。民间文学艺术作品通常与某一区域内的群体有无法分割

的历史和心理联系，代表着某个民族、地区的文化、习俗和精神，记载着一个民族的历史。

(3)发展的延续性。民间文学艺术作品在传承过程中不断地发展、创新，注入新的内容，使其更加符合时代的特征。

2. 一般认为，民间文学艺术作品主要包括以下几种表现形式：

(1)口头表达形式。诸如民间故事、民间诗歌及民间谜语。

(2)音乐表达形式。诸如民歌及器乐，如作为世界非物质文化遗产的嘉善田歌、凤阳花鼓、侗族大歌(见图6－3)，还有昆曲(见图6－4)，都是中华民族源远流长的民间音乐作品。[1]

图6－3　侗族大歌

图6－4　昆曲

3. 活动表达形式。诸如民间舞蹈、民间游戏、民间艺术形式或民间宗教仪式，如中国四川省羌族的传统节日羌年，就被列为世界非物质文化遗产。

4. 其他表达形式。

二、民间文学艺术作品保护的历史沿革和存在的问题

(一)民间文学艺术作品保护的历史沿革

民间文学艺术作品的著作权保护问题起源于20世纪中后期。全球化议题在两次世界大战后得到了最大限度的拓展，市场经济的浪潮开始席卷世界。在全球化背景下，来自西方的强势经济和文化的冲击使本来处于弱势地位的发展中国家逐渐丧失了在经济和文化中维护自身利益的话语权。从文化安全角度来讲，发展中国家面对西方强势文化的入侵掀起了保护自身文化安全、反抗文化霸权主义的运动。

[1]《中国29项世界非物质文化遗产名录》，载 http://www.ihchina.cn/4/4_1.html#，最后访问日期：2018年10月11日。

从知识产权制度本身来讲,发达国家与发展中国家的知识产权保护程度极不平衡。由于众多的发展中国家拥有极为丰富的民间文学艺术资源,发达国家凭借现行知识产权制度中关于民间文学艺术保护的立法空白,利用先进的信息科技手段无偿获取发展中国家的传统文化知识,进而转化为其本国文艺创作、文化创新的智力资源,并在这个过程中获得了巨大利益。而民间文艺源流地的人们却没有获得丝毫回馈。

鉴于此,从20世纪中后期开始,首先由非洲发展中国家牵头,进而在全球范围内展开了运用知识产权制度保护民间文学艺术的议题,成果丰富。世界知识产权组织在2000年成立了遗传资源、传统知识和民间文学艺术政府间委员会,为将民间文学艺术的国际保护推向更高水平提供了有效途径。

我国在推进保护民间文学艺术过程中,针对著作权制度是否适用于保护民间文学艺术作品也曾产生过巨大的立法争论。1990年《著作权法》首次确认民间文学艺术作品享有著作权并受法律保护,并在《著作权法》第6条中规定“民间文学艺术作品的著作权保护办法由国务院另行规定”,2014年国家版权局起草了《民间文学艺术作品著作权保护条例(征求意见稿)》。

(二)民间文学艺术作品保护的必要性

知识产权制度的演进历程告诉我们,现阶段的知识产权制度已不仅是在保护创新,同时也在平衡知识产权权利人与社会公共领域之间的利益关系。这两种利益是一种动态的平衡。仅从著作权法领域来看,权利保护期、法定许可、合理使用制度就扮演着抑制著作权人的权利界限、维护社会公众合法使用作品的角色。当然从现今众多的民间文学艺术被无偿使用的情形看,最重要的还是要在民间文学艺术利用过程中找到利益平衡点并合理分配基于各种利用方式产生的收益,防止对民间文学艺术的曲解和滥用。

正是由于私权领域内的法律缺位导致利益关系分配不公,才出现了目前民间文学艺术保护的困境。私法如若不对这些利益关系加以关注是极为不正义的。民间文学艺术由于承载了传统文化在流传过程中多姿多彩的信息,在现代市场经济浪潮中具备巨大的商业价值。许多民间文学艺术项目稍加开发便可创造出巨大的利润。从反面来讲,如果不对民间文学艺术加以保护,那么其就有可能在不久的将来失传。一方面,对这些民间文学艺术所代表的族群来说，失去的是与民间文学艺术产生伊始便具有的精神利益和这些民间文学艺术被商业开发利用后所带来的经济利益。另一方面，对于社会公众来说这些民间文学艺术的消失则会让后代人丧失欣赏我国多彩的民族文化的机会。因此，只有将民间文学艺术所涵盖之地族群的这种私权利益进行合理的保护，才能为民间文学艺术的传承发展提供动力，社会公众也才能够进一步获得分享众多民间文学艺术的机会。我国现行《著作权法》第 6 条将民间文学艺术作品纳入著作权法保护也从立法角度确认了保护民间文学艺术族群法定权益的必要性。

三、我国民间文学艺术作品保护立法沿革和保护模式

（一）我国民间文学艺术作品保护的立法沿革

中华人民共和国成立以来，我国在民间文学艺术的保护方面做了大量工作。20 世纪中叶，我国政府组织文化工作者对部分传统文化遗产进行了调查和研究工作，使许多面临消亡的民间文学艺术得到抢救。我国 1990 年《著作权法》第 6 条规定："民间文学艺术的著作权保护办法由国务院另行规定。"这一笼统的规定看似对民间文学艺术的相关权利进行了立法保护，但是该规定的法律适用产生了很大的困难。1997 年，为了贯彻该条款的精神，国家版权局曾经出台了《民间文学艺术保护条例（征求意见稿）》，该意见针对我国具体情况制定了更详细的条款，受到了国内外专家的一致好评，但由于种种原因，该条例最终未能进入立法程序，故 2000 年《著作权法》依旧保留了原来的第 6 条。

2002 年国家文化部向全国人大教科文卫委员会报送了民族民间文化保护法的建议稿，全国人大教科文卫委员会成立起草小组拟定了《中华人民共和国民族民间传统文化保护法（草案）》。由于我国在 2004 年加入了联合国《保护非物质文化遗产公约》，全国人大教科文卫委员会将草案名称调整为《中华人民共和国非物质文化遗产保护法》，这部法律是行政法，在性质上与《中华人民共和国文物保护法》相同，只是在保护对象上做了补充。

（二）我国民间文学艺术作品保护具体内容

《民间文学艺术作品著作权保护条例（征求意见稿）》第 1 条（宗旨）规

定:“为保护民间文学艺术作品的著作权,保障民间文学艺术作品的有序使用,鼓励民间文学艺术传承和发展,根据《著作权法》第六条,制定本条例。”该条例虽未生效,但从其内容可以看出,我国对于民间文学艺术作品所提供的主要是著作权保护。

1. 民间文学艺术作品的权利归属

《民间文学艺术作品著作权保护条例(征求意见稿)》第5条(权利归属)规定:“民间文学艺术作品的著作权属于特定的民族、族群或者社群。”关于民间文学艺术作品的主体问题,由于民间文学艺术作品是由特定的群体所创作的,因此其权利应属于该特定的群体。但该条没有明确特定的民族、族群或者社群如何行使自己的权利。

2. 民间文学艺术作品的保护期限

在《民间文学艺术作品著作权保护条例(征求意见稿)》第7条(保护期)规定:“民间文学艺术作品的著作权的保护期不受时间限制。”关于民间文学艺术作品保护期限的问题,由于民间文学艺术作品不同于一般的文学艺术作品,是由相关群体通过集体的努力而不断发展形成民间文学艺术作品,过短的保护期可能起不到保护的作用,因此结合民间文学艺术作品自身的特点来规定其保护期限,使其有利于享有该民间文学艺术作品权利的社群的合法利益。

3. 民间文学艺术作品的权利内容

《民间文学艺术作品著作权保护条例(征求意见稿)》第6条规定:“民间文学艺术作品的著作权人享有以下权利:(一)表明身份;(二)禁止对民间文学艺术作品进行歪曲或者篡改;(三)以复制、发行、表演、改编或者向公众传播等方式使用民间文学艺术作品。”关于民间文学艺术作品权利内容的问题,由于我国对民间文学艺术作品一直由《著作权法》提供保护,该条规定也是参考现行《著作权法》对著作权人的规定,为民间文学艺术作品的著作权人设定了精神权利和经济权利。但仅由著作权法提供保护可能是不完备的,因此立法者可以考虑根据不同种类的民间文学艺术作品来分别规定不同的权利所包括的具体内容,划清不同权利之间的界限,使民间文学艺术作品得到合理的保护。

第四节 其 他

一、商号

（一）商号的概念和特征

商号（Trade Name），又称企业名称、厂商名称，是经营者在经营活动中用以标示自己，并区别他人名号的特有名称。商号是经营者人格化的标志。简单地说，商号是用于区别不同经营者的，是经营者商业信誉和服务质量特征的重要体现。

商号具有区别功能和财产功能。商号可以表明产品是由哪个经营者生产和经营的，客户和消费者通过使用特定的经营者的产品，可以判断该经营者所生产的产品的基本特性和质量，从而使一企业与其他企业区别开来。正是由于商号在一定程度上代表了商品的特性和质量，具有良好声誉的商号对客户和消费者具有强大的吸引力，能够为经营者带来巨大利润。

商号可以由企业自主选择，但被选定的商号要符合法律规定的条件。下列内容或文字不得用作商号：（1）有损国家、社会公共利益的；（2）可能会对公众造成欺骗或误解的；（3）外国国家、地区或国际组织名称；（4）政党名称、党政军机关名称、群众组织名称、社会团体名称及部队番号；（5）汉语拼音字母（外文名称中使用的除外）和数字。

商号具有以下主要特征：（1）非自动获得性，商号必须和企业名称一起依法注册后方可使用；（2）唯一性；（3）地区性和排他性。经核准使用的商号在核定使用的地区有专有权，即在登记主管机关辖区内任何人不得使用与已登记注册的同行业企业名称相同或相似的名称和商号。确有特殊需要的，必须经省级以上登记主管机关核准在规定的范围内使用一个从属名称。

（二）近似概念比较

1. 商号与企业名称的关系

商号与企业名称有密切联系，但严格地说，两者不是同一概念。商号是企业名称的基本组成部分。根据我国国家工商行政管理局发布的《企业名称登记管理规定》（1991 年 9 月 1 日施行，2012 年 11 月 9 日修订）第 7 条第

1款、第2款的规定,企业名称应当由以下部分依次组成:字号(或者商号)、行业或者经营特点、组织形式。企业名称应当冠以企业所在地省(包括自治区、直辖市)或者市(包括州)或者县(包括市辖区)行政区划名称。可见,商号只是企业名称的一个组成部分,它与企业名称是有区别的。一个完全的企业名称应当具备上述特征,商号是企业名称中最本质的部分。

2. 商号与商标的关系

商号和商标一样,也是企业的一种无形财产。商号用于表彰经营者的营业或企业名称,能够为商品提供可预期的质量保证,在这一点上它与商标具有相似的作用。但两者表彰的侧重点不同:商号用于表彰企业本身,一个商号的声誉对由其生产的商品具有影响,而商标是用于表示特定商品的来源。商号和商标一样,都能为企业带来一定的声誉,一个具有良好声誉的商号,消费者会认可它及使用该商号的企业所生产的商品或提供的服务。

商号和商标关系密切,但是如果这两者不统一,有时也会产生矛盾。例如,消费者只知晓某商品或服务的商标却不知是何经营者生产或提供,或者只知有某企业而不知该企业生产或提供何种商品或服务,这种矛盾不利于企业获得更多的经济利润。针对这种情况,目前世界范围内出现了将商号和商标合二为一的趋势,一些企业将其比较有名的商标作为商号,如广东省三水运动饮料厂,将其企业名称改为广州健力宝饮料厂,实际上是将其商标"健力宝"作为企业的商号,将商标与商号相对应。有些企业则将商号作商标申请注册,又如,同仁堂制药厂注册的"同仁堂"商标。事实上,将商号与商标统一是现代企业十分重要的竞争战略。[1] 商号与商标统一有利于企业提高商誉,增强商品的竞争力和显著性,使二者的使用能得到更好的保护。

(三)商号权的内容和性质

1. 商号权的内容

企业名称经相应的工商行政管理部门核准登记后,取得专用使用权,受法律保护,总体来说,商号权包括以下主要内容:

(1)在法定范围享有独占使用权,权利人有权禁止他人在核准登记的行政区域范围内使用相同的商号。凡冠以市名、县名的企业名称,在同一市县

---

〔1〕 冯晓青:《企业知识产权战略》(第3版),知识产权出版社2008年版,第268页。

范围内,同行业企业不得同名;凡冠以省名、直辖市名或者自治区名而不冠市、县名的,在相应的省、直辖市或者自治区范围内,同行业企业不得同名;凡使用“中国”“中华”字样为企业名称的,同行业企业不得同名。

(2)企业名称经登记注册后得以对抗第三人。凡因注册登记的企业名称相同而发生争议的,按申请登记的先后顺序处理,即先申请登记的享有优先权;盗用、假冒他人企业名称的,即构成侵犯商号权,应承担相应的法律责任。

2. 商号权的性质

需要注意的是,商号权和其他知识产权一样,也具有人身权和财产权相结合的特点。商号是用于表彰经营者的人格标志,与特定经营者紧密联系,具有人身性。但商号权并不是单一的人身权,它同时还具有财产权的属性。作为一种无形的财产,商号可以依法转让。但是,商号连同企业名称的转让必须是随企业或企业的一部分一同转让,而不能单独转让。因此,企业商号不是单一的财产。由此可见,商号兼具人身权和财产权的双重属性。

二、地理标志

(一)地理标志及其类似概念比较

对“地理标志”这一概念作出最新、最具影响力界定的是《TRIPs 协议》第 22 条第 1 款的规定,即地理标志是识别某一商品来源于成员领土或者该领土内某一地区或地方的标记,该商品的特定质量、声誉或其他特征主要归因于其地理来源。

在我国,“地理标志”(geographical indications)是我国《商标法》中的法定用语。《商标法》第 16 条第 2 款规定,地理标志,是指标示某商品来源于某地区,该商品的特定质量、信誉或者其他特征,主要由该地区的自然因素或者人文因素所决定的标志。

与地理标志相似的概念是“货源标记”和“原产地名称”。实际上,早在“地理标志”这个术语出现之前,在世界知识产权组织所管理的与地理标志有关的国际条约中就已经存在这两个相互区别的概念,即“货源标记”(indications of source)和“原产地名称”(appellation of origin)。

1. 货源标记

货源标记指作为商品来源国或来源地的一个国家或一个国家内一个地

方的标记。同时,货源标记具有以下特征:(1)“标记”与商品“地理来源”之间必须有特定的联系。(2)不要求商品具有某种源于或主要归因于其来源地的质量或特征。(3)货源标记既可以由直接标明商品地理来源的文字或短语来表示,如“中国制造”“美国制造”等,也可以间接地用象征性符号、标记或其他文字、短语来表示,如用“富士山图案”表示日本、用“自由女神像”表示美国等。

2. 原产地名称

原产地名称系指一个国家、地区或地方的地理名称,用于指示一项产品来源于该地,其质量或特征完全或主要取决于其地理环境,包括自然和人文因素。可见,原产地名称首先必须是一个直接的地理名称,包括国家、地区和地方的地理名称。

因此,原产地名称是用来表示商品来源地的特有标志,它表明该商品的质量或特点完全或主要取决于某种地理条件或传统技术。如贵州茅台酒、涪陵榨菜、景德镇瓷器、湘绣等。虽然货源标记和原产地名称都具有识别商品来源的功能,但这两者还是有区别的,货源标记只表明商品的来源国或来源地,而原产地名称除了具有识别商品来源的功能之外,最重要的是原产地名称表明该商品的质量和特征与其产地的特殊自然条件和人文条件有关,这些自然条件(如气候、水质等)和人文条件(如传统制作工艺)决定着商品的相关特征。

如果将货源标记、原产地名称和地理标志 3 个概念进行比较,就会发现:货源标记概念的外延最大,它既没有限制所使用的标记的类型(既可以是地理名称,也可以是其他标记或符号),也没有对产品的特征、条件作任何限制性的要求,它涵盖了地理标志和原产地名称;原产地名称所涵盖的范围最小,因为原产地名称被限制在地理名称的范围之内,而且产品还必须具有符合要求的质量和特征;地理标志则比原产地名称的范围要广一些,居于原产地名称和货源标记二者之间。换言之,所有的原产地名称都是地理标志,但并非所有的地理标志都是原产地名称。

(二)地理标志权的法律性质

1. 地理标志权具有知识产权属性

地理标志虽然不是独立的知识产权客体,但其具有知识产权客体的某些属性,如专有性、客体的非物质性、地域性等,这也是地理标志权在世界范围内被纳入知识产权保护体系的原因之一。

2. 地理标志权是一种集体性的共有权利

地理标志的集体性和共有性,是地理标志区别于传统知识产权的一个显著属性。地理标志是基于商品产地的自然条件和生产者的集体智慧而形成的,是归产地内生产者和经营者集体共有的一种权利。这一法律属性意味着:

(1)地理标志不允许由个人独自注册,若独家注册势必会剥夺该地域内其他生产经营者的使用权。

(2)产地内的所有企业和个人,只要其产品符合真实、稳定的传统条件,具有一定的质量和特点,都可以使用该地理标志。也就是说,该地理标志的使用权主要针对产地内所有符合该产品特质的企业和个人,而禁止使用的对象为产地外的企业和个人,以及虽在产地内,但其产品不符合一定特质的企业和个人。

(3)在盗用、假冒地理标志或侵权行为发生时,产地内任一权利人均可提起诉讼。根据《巴黎公约》的规定,在虚假产地标记所标示的国家、地区或地方,生产经营该项产品的任何人均有权起诉。

3. 地理标志权具有永久性

地理标志权可以永久得到保护的法律属性使其不同于其他知识产权。其他的知识产权如专利、商标和著作权中的财产权都有时间性的限制,权利人的权利在法律赋予的保护期内具有专有性,过了保护期限该智力成果就进入公有领域,成为人类的共同财富,任何人都可无偿使用。地理标志则没有时间性的限制要求,一般可以永续存在。

(三)我国地理标志保护法律制度

2001 年《商标法》从立法层面为地理标志提供保护,是首部出现地理标志的直接规定的法律。2002 年《商标法实施条例》也对地理标志在商标法层面作出了直接规定。2003 年《集体商标、证明商标的注册和管理办法》细致规定了申请地理标志作为集体商标或证明商标注册的,应当提请的材料、标准等。随着法律的更新和修正,《商标法》《商标法实施条例》都有完善,但是并没有涉及地理标志的改动。因此,商标法保护模式下的地理标志的框架基本建立。尤其是《商标法》对地理标志的保护规定是开创性的,以下是具体法律制度分析。

1. 地名商标的禁用和例外

我国地理标志关于证明商标或者集体商标的注册等工作一直由国家工商行政管理总局依据《商标法》负责。《商标法》第 16 条至今仍然是作为绝大多数地理标志保护和维权的基础条款。该条款包含着对地理标志的积极保护,亦包含着对地理标志的消极保护——该条款具体规定了两点:商品所涉及的地理标志问题采用集体商标和证明商标的保护模式,同时绝对禁止和不予注册让人产生误导的地理标志,如禁止将地名作为普通商标予以登记。

原因在于:第一,把《商标法》第 10 条中所规定的"县级以上行政区划的地名"生产地区,并不能清晰地表明是哪个厂商所生产。且网络、媒体等不同场合会经常出现地名,这很难让广大的受众者将该地名和厂商的产品联系起来,商标的指示性功能无法发挥。第二,假如真的任由私人将地名作为一种私权加以独占,就会阻碍该地区其他合理使用该地名描述其他产品的权利的行使,致使不正当竞争的出现。典型案例"金华"商标持有者和金华市其他火腿制造商你来我往的纠纷,其原因就在于"金华"这一地域名称被注册为其中一个火腿产品。第三,如果注册的商标指示的产品并非来自该地名所在地,则更容易导致该地名商标的欺骗性,导致消费者的混淆。北京一家叫"桂林"的豆腐乳产品就导致了消费者误认为产品来源于桂林,或者使用的桂林豆腐的配方。从地理标志的角度来看,私人不当行使地理标志会形成一种权利的垄断,严重影响该地域的人或企业对于从事相同产品的合法权益的行使。另外,不利于发挥地理标志的经济和社会价值。假如某一企业或个人垄断了地名商标的使用权,根据法律规定,未经该商标所有者的同意,本地区的其他企业或个人便不能在相同或者相似的产品上使用和该商标相同或者相似的标志,这极大地冲击了该地名发展成蕴含巨大文化和社会价值的地理标志的能动性。

2. 地理商标作为集体商标和证明商标予以保护

集体商标的功能就是表明使用该商标的使用者们都具有一种特性——均是具有某个组织集体的成员。之所以法律规定团体、协会或者其他集体组织才可以注册集体商标或者证明商标,是因为假使申请人是来自某地理区域的经营者,若允许个人或者企业将地理标志注册为商标,这种做法无异于把地名注册为商标,缺失了商标的显著性特征,进而会损害其他来自该地理标志所在地的商品提供者使用该地理标志的权益。证明商标的功能就是指明商品以及服务的某些特定品质,如原产地、原料、制造方法、质量等。因为地理标志是用以维护产品产出地按照一定标准生产产品的经营者的权益,较之普通商标大多维护某一个体独有权益的特点,使用集体商标与证明商标对地理标志加以保护更为妥当,地理标志集体商标和注册商标注册人即享有商标专用权。

同时,根据2014年修改的《商标法实施条例》,来自该地域的经营者,如果产品符合地理标志的质量标准,那么商标的注册人就不能拒绝该经营者所提出的使用申请;如果经营者是来自该地域外,注册人也不能许可其使用,即使是其生产出的产品符合地理标志集体商标和证明商标的标准。

问题与思考

一、与专利保护模式相比,计算机软件采用版权保护路径有何优势?

二、请论述我国法律对植物新品种权保护限制。

三、请简述民间文学艺术作品的定义和特征。

四、如何理解“地理标志权是一种集体性的共有权利”?

下　　编

知识产权纠纷调解相关制度

第七章 知识产权纠纷诉讼外解决机制概述

第一节 知识产权纠纷及其解决的特殊性

一、知识产权纠纷及主要发生原因

（一）纠纷及知识产权纠纷概述

纠纷(dispute)是人类社会的普遍现象，是社会体系不可避免的特征。“由于情感恩怨、利益归属及价值趋向等因素的存在，人类社会从其产生的那一天开始，便伴随着各种不同的纠纷和冲突。”[1]所谓纠纷，从社会学的角度来看，是指社会主体之间的一种利益对抗状态。[2] 根据法社会学的研究，一个纠纷的发生大致上应当具备下列几个要素：第一，提出主张或要求；第二，对主张或要求的反主张或反要求；第三，两个以上主张或要求的相互间的持续抗衡；第四，对冲突结果的积极追求。[3] 纠纷通常表现为基于利益冲突而产生的对抗，意味着一定范围内社会关系的协调均衡状态或者正常社会秩序被打破。与大规模的社会冲突不同，纠纷不是对社会整体秩序的破坏，是社会正常发展状况下社会主体之间具体利益的冲突或者权利实现的障碍。

---

〔1〕 李祖军：《民事诉讼目的论》，法律出版社2000年版，第24页。

〔2〕 何兵：《现代社会的纠纷解决》，法律出版社2003年版，第1页。

〔3〕 贺海仁：《谁是纠纷的最终裁判者——权利救济原理导论》，社会科学文献出版社2007年版，第167页。

知识产权在本质上是一种特定主体所专有的财产权。由于知识产品广泛地运用于工商业领域，知识产品的创造者才要求通过法律确认知识产品的私人专有使用权来获取物质利益。知识产权制度确立知识产品的私人所有制并将知识产权分配给不同的创造者，其根本目的在于对权利主体以外的他人对其创造的知识利用（与利益有关）行为的限制、禁止，保证知识产权权利人以技术许可协议、版权许可合同等手段将专利、商标以及版权作品的使用权转让给受让方以获取使用费或版税收入，通过利益机制鼓励创造，激励知识创新活动。[1]

知识产权纠纷是实行知识产权法律保护制度的必然产物和要求，并且伴随市场经济的发展和科技竞争加剧而频繁发生。知识产权法所调整的是知识产品的生产、传播、利用和保护而发生的法律关系，主要是分配知识产品权益的制度，并且建构于这样的逻辑过程中：知识生产—知识产业化—知识产品市场化，因而有关知识产权的利益冲突和价值纷争也必然发生在有关知识产权权利的界定、交易、限制、保护和管理的过程中，由此产生的知识产权纠纷类型包括知识产权权属纠纷、知识产权的交易纠纷、知识产权的权限纠纷、知识产权的侵权纠纷以及知识产权的管理纠纷等。[2] 知识产权纠纷通常是指社会主体围绕知识产权发生的具体利益冲突或者说是因为利益对抗而导致知识产权权利的实现出现阻滞的情形。需要指出的是，在知识产权法律规范的模式结构中，由于知识产权在大多数情况下不是通过国家确认法的形式对平等主体法律关系的规范，而是通过国家公权力介入，以国家许可的形式，由行政机关介入私权权利的矛盾关系中，并通过严格审查后，以许可的法律事实导致权利发生。[3] 因此，在这个规范结构中，既存在平等主体之间的法律关系，包括同行业竞争者和同行业知识产品生产者之间的关系等；同时，也存在不平等主体之间的法律关系，即知识产权行政机关与知识产品生产者之间的关系。相应地，在该领域发生的纠纷存在平等主体之间的民事纠纷，也存在不平等主体之间的行政纠纷，另外，还可能涉及触犯国家刑事法律的刑事纠纷。在此，需要明确指出的是，本教材的讨论

---

〔1〕 李芬：《知识产权性质的理论分析——兼论知识产权的法经济学分析》，载《中州学刊》2003 年第 1 期。

〔2〕 孙应征主编：《知识产权法律原理与实证解析》，人民法院出版社 2004 年版，第 4 页。

〔3〕 李扬主编：《知识产权的合理性、危机及其未来模式》，法律出版社 2003 年版，第 12 页。

范围仅局限于平等主体之间知识产权民事纠纷的解决。如没有特别指出，本教材中的“纠纷”都是指“民事纠纷”。因此，具体来说，本教材所称“知识产权纠纷”，是指在知识产权的取得、归属、利用等活动中，平等主体的知识产权权利人、使用人以及其他主体之间发生的权利义务的利益冲突和对抗。我国最高人民法院于2007年10月29日通过了新的《民事案件案由规定》，该规定将“知识产权纠纷”作为一级案由，下设“知识产权合同纠纷”、“知识产权权属、侵权纠纷”和“不正当竞争、垄断纠纷”3个二级案由，并相应总共设置33个三级案由和86个四级案由。[1]

（二）知识产权纠纷发生的主要原因

纠纷的成因是复杂的，具有个别性、特殊性。从以往的研究来看，大致可以将纠纷产生的原因分为主观原因和客观原因。客观原因主要是指由于社会资源的稀缺性导致利益冲突，主观原因一般指纠纷主体通过纠纷所期望达到的意图和目的。当事人对其理由、力量的确信、所受到的损害等都属于主观原因的范畴。同时，纠纷的产生、形式以及解决方式都与其所在的社会环境、时代、地域、传统习惯、风土人情等不可分离。[2]

在我国，近年来，知识产权纠纷数量大幅攀升，比普通民事纠纷增长更为明显、迅速，这从法院的受案数量可以得到佐证。2017年，全国法院新收各类知识产权案件237，242件，审结225，678件，比2016年分别上升33.50%和31.43%。其中，著作权一审案件数增长近六成。而且，随着互联网技术发展和商业模式创新，新类型案件不断涌现，比如，涉及尖端、前沿疑难复杂技术的专利案，涉及市场占有率和知名品牌保护的商标纠纷案，涉及信息网络传播的著作权纠纷和维护市场竞争秩序的竞争纠纷，以及与娱乐产业有关的新类型知识产权纠纷不断增多。与其他普通民商事纠纷相比，知识产权纠纷发生的根本原因同样是由于利益冲突，而当前的时代背景、国内外环境以及制度缺陷等因素则在很大程度上导致知识产权纠纷的发生率偏高。当然，由于知识产权纠纷产生原因呈现出纷繁多样的形态，很难用归类的方法将所有类型的纠纷成因囊括其中。在这里，我们仅就可能导致当

---

〔1〕《民事案件案由规定》，载 http://www. china. com. cn/law/flfg/txt/2008 – 03/03/content_11423627_5. htm，最后访问日期：2018年1月3日。

〔2〕范愉：《纠纷解决的理论与实践》，清华大学出版社2007年版，第75页。

前我国知识产权纠纷频繁发生的原因进行一些简要的探讨，至于纠纷发生的个别主观性因素，如价值观念、个体意识、情感纠葛、行为误差、意外事件等则难以进行归类整理。

1. 基本原因

知识产权纠纷产生的根本原因在于利益冲突。利益是对人需要的满足，需要是形成利益的根本前提。18 世纪法国哲学家霍尔巴赫指出："利益就是人们行动的唯一动力，人们奋斗所争取的一切，都同利益有关。人们处于利己之本性，无时无刻不在为自身利益的最大化而算计着。"〔1〕在人类社会中，个人和组织的一切活动都围绕利益展开。但是，与此同时，作为利益关系重要因素的客体资源又是相对稀缺的。在特定的时空条件下，由于主体实践能力受到主体认识能力、知识存量、实践工具等因素的影响，因此，在该时空条件下可供主体建构利益关系的客体资源总是有限的。〔2〕在主体对利益欲望的无限性与作为客体资源的相对稀缺性之间就注定存在一种不可避免的利益冲突。这种发生在主体与客体之间的冲突，最终表现为主体之间的矛盾和纠纷。

知识产品作为一类客体资源也表现出稀缺性，主要是因为知识产品创造者的数量稀缺、价值珍贵以及知识产品生产的长期性、复杂性和高成本化。知识生产具有不确定性和风险性，任何一项发现和创造都必然会遇到各种困难，在每项具体的知识生产过程中，投入与产出之间只能是一种随机概率关系。这种性质的存在必然对知识生产者提出更高的要求，他们不仅要具有知识生产资料和创造性思维能力，而且还要有远见卓识和勇气、冒险精神和毅力。〔3〕对于全社会而言，此类人才及其生产的知识产品常常存在

---

〔1〕［法］霍尔巴赫：《自然的体系》（上卷），管士滨译，商务印书馆 1999 年版，第 260 页。

〔2〕对于资源稀缺性存在绝对性和相对性的不同说法，前者认为资源稀缺是绝对的，因为人在满足其既有需要的行动中总是产生出新的需要，从而使需要成为处在不断增长中的变量；后者则指出在把地球作为开放的而不是孤立的系统看待时，人类可以面对的是具有无限潜力的自然资源。参见李琦：《冲突解决的理想性状和目标——对司法正义的一种理解》，载《法律科学》2005 年第 1 期。

〔3〕李扬主编：《知识产权的合理性、危机及其未来模式》，法律出版社 2003 年版，第 91 ~ 92 页。

不足。[1] 同时,整个生产过程需要个人以至于社会的大量投入,并需要长时间的探索性、创造性、连续性的劳动才能实现。“抽象物虽然可能是无限的,但人们发掘它的能力却是非常有限的,几乎任何社会都面临知识资源相对匮乏的状况。”[2]因此,知识产权并非天然生成、取之不尽,而是稀缺有限的。

就知识产权主体来说,在法律制度框架内,每一个利益主体都有权在法律规定的范围内追求利益最大化。法律是调整利益关系的工具,利益调整与分配是法律的重要职能,知识产权法所调整的就是围绕知识产品的生产、传播、利用和保护而产生的利益关系,本质上就是分配知识产品权益的制度。在知识产权法中,围绕知识产品的生产、传播、利用有着多个各自不同的利益主体,比如,受著作权保护的利益包括国家利益、作者和其他著作权人的利益、作品传播者的利益、社会公众的利益等。主体利益最大化的需求与知识产权客体资源的有限性之间天然存在矛盾和冲突,加之在知识产权法律框架下,利益主体的多元化、利益关系的复杂化、利益差别的扩大化,使各利益主体之间的冲突与斗争更为激烈。

2. 制度原因

(1)知识产权法律制度稳定性较差、滞后性现象比较突出

相较于其他的民商事法律制度,知识产权法律制度缺乏稳定性、滞后于现实需求的问题更为突出,这归因于知识产权制度与技术进步和社会发展的密切联系。“知识产权制度与技术的关联程度,超过任何一个部门法。”[3]回顾知识产权发展史,几乎每一次重大的技术进步,都会引发对知识产权制度和体系的质疑。随着人类社会步入知识经济时代,以信息技术和基因技术为代表的高科技产业迅速崛起,计算机软件、域名、基因物种等新的利益介质源源不断地被开发和创造出来,对原有知识和信息利益的生产和分享格局不断造成冲击和振荡。法律是国家通过制定或认可的规则体系,以一套权利与义务、权力与责任的调整机制对人们的行为进行规范、对

---

[1] 吴汉东:《财产的非物质化革命与革命的非物质财产法》,载《中国社会科学》2003 年第 4 期。

[2] Peter Drahos, *A Philosophy of Intellectual Property*, Aldershot, Dartmouth Publishing, 1996, pp. 47 - 51.

[3] 李琛:《论知识产权法的体系化》,北京大学出版社 2005 年版,第 94 页。

特定主体的一定利益进行保护,对社会关系作出调整,[1]帮助人们形成与他人进行交易时合理预期的一种社会工具。“法律的主要功能在于建立和保持一种可以大致确定的预期,以便利人们的相互交往行为。”[2]但是,对于知识产权这类稳定性差、处于不断变动领域的利益关系,法律难以作出准确、具体的制度安排。大部分国家的知识产权法几乎都在频繁的修改中发展和完善。例如,日本从1959年全面修改制订了现行《日本专利法》后,在20世纪70年代、20世纪80年代和20世纪90年代进行了频繁的修改,就20世纪80年代而言,这部法律分别在1981年、1982年、1983年、1984年、1985年、1987年、1988年进行过修改。法国1992年颁行《法国知识产权法典》后6年间,曾先后12次修改或增补知识产权法典,涉及的条目有112条,占总条目的1/4,这在其他部门法中是十分罕见的。英美法系对知识产权法律制度的修改不像日本和法国那样频繁,主要原因在于法官所拥有的较大的自由裁量权缓和了社会急剧变化和法律相对稳定的矛盾。[3] 我国几部主要的知识产权单行法的修改频率也几乎为十年一次,例如,《商标法》自1982年8月施行,分别于1993年2月和2001年10月进行两次修改,直到2013年8月30日《商标法》第三次修正案经第十二届全国人大常委会第四次会议审议并通过;《专利法》1984年3月施行,分别于1992年9月和2000年8月、2008年12月进行过三次修改;《著作权法》于1991年6月施行,分别于2001年10月和2010年2月也进行过两次修改。目前,《专利法》第四次修改和《著作权法》的第三次修改均已经接近尾声。2018年9月7日第十三届全国人大常委会立法规划公布,其中条件比较成熟、任期内拟提请审议的法律草案里,包括《专利法》(修改)、《著作权法》(修改)。因此,我国知识产权法律修改周期如此漫长,似难应对新技术发展的挑战和实践的需求。

事实上,由于知识产权权利客体本身具有无形性、公开性和公共性的特征,权利人无法凭借占有等方式加以控制。第三人对知识产品的利用是合法还是非法、是否构成侵权等在处理知识产权纠纷中需要解决的基本问题,均有赖于法律的明确规定,因而知识产权法律体系的不稳定性可能在很大

---

[1] 张文显主编:《法理学》(第2版),高等教育出版社2003年版,第62~65页。

[2] 苏力:《法治及其本土资源》,中国政法大学出版社1996年版,第7页。

[3] 参见刘华:《知识产权制度的理性与绩效分析》,中国社会科学出版社2004年版,第38~39页。

程度上导致社会主体对相关权利义务认知的混乱。具体而言,一方面,由于知识产权法律制度呈现出抽象化、原则化和空洞化,是否违反法律的判断基准模糊不清,社会主体难以根据相关规则建立起合理的行为范围预期;另一方面,由于相关立法缺位或者规定过于狭窄,权利义务分配没有明确规则和界限,也容易导致社会主体之间发生纠纷,并且出现诉讼解决纠纷、判定是非的难题。

(2)我国知识产权法律制度体系性不强以及多头执法易导致冲突

我国采取知识产权单行立法的方式,各个单行法律之间缺乏相应的协调机制,各部门法对于相关权利的保护存在重叠、遗漏甚至相互冲突的情形。制度之间的不协调与冲突成为引发知识产权纠纷的又一因素。世界上大部分国家少有通过制定一部囊括所有种类客体的知识产权法典的形式来调整知识产权法律领域的权利义务关系,都是针对不同客体分别进行立法,这主要是因为各类知识产权都有自身明显的特点,难以也没有必要在一部法典中规定。[1] 但是,一般而言,其他国家对整个知识产权领域法律制度均有整体的规划以及有效的协调机制。尽管我国知识产权单行法在制定与修订过程中,会或多或少考虑与其他相关知识产权部门法的协调和衔接,但是这种考虑并不周全,各立其法、各护其权以及各行其是的现象仍然十分普遍。针对同一知识产权客体,往往存在多个法律制度都予以规范和调节的情形,必然引发同一客体分别受不同单行法律保护产生的权利之间的纠纷。典型的有:依《商标法》产生的商标权与依《著作权法》产生的著作权之间的冲突,依《民法通则》《企业法人登记管理条例》产生的企业名称权与商标权、知名商品特有的名称与包装装潢等制止不正当竞争方面权利的冲突等。

同时,由于我国各项知识产权分别由不同的行政管理部门管理,在条块分割的管理体制下,各部门之间缺少沟通渠道和协调机制,常常造成知识产权行政执法的冲突、重叠及管理越位和缺位等情形。比如,以实践中经常发生的商标与商号相同或者相似而产生的纠纷为例。商标权的核准注册属于国家工商行政管理总局商标局,而商号则是由各地工商行政管理局的企业登记部门进行登记备案,这两项权利分别由不同的部门管理和保护,在不同地域和不同的系统检索,常常导致商号与商标相同或者相似的冲突,比如著

[1] 朱槐叶、杨忠孝:《知识产权法律保护手册》,科学出版社 2005 年版,第 18 ~ 19 页。

名的“蒙牛”商标与蒙牛酒业商号权利的冲突就是典型例证。[1] 此外，还有商标与原产地标志的冲突，由于前者由商标局负责核准，后者由国家出入境检验检疫局统一审核，缺乏协调的工作机制，不同主体按照不同法律、通过不同途径同时获得对同一权利客体的不同权利，从而引发大量权利冲突纠纷，而纠纷如何恰当解决又成为一大难题。

3. 国际和国内的社会环境原因

从国际环境来看，自20世纪80年代以来，经济全球化进程加快，新一轮的经济结构调整和技术转移正在兴起。传统的以资本、劳动力、土地等为生产要素的经济时代，正在逐渐被以知识为核心生产要素的经济革命时代所取代。人类社会正在由工业经济向以知识、智能和信息的占有、配置、生产、分配、使用、消费作为基本要素的知识经济嬗变和转型。知识经济的勃兴，特别是计算机网络和数字技术的广泛运用，使知识产权在整个财产权中的地位逐渐由附属向主导转化。[2] 知识产权已经渗透到经济领域的各个方面和阶段，许多行业的发展在很大程度上依赖知识产权的发展。在科技、经济和综合国力竞争日益激烈的环境下，知识产权不仅成为企业参与竞争的重要资源，同时作为国家推进技术创新和优化资源配置的手段，也日益成为决定国家经济发展的关键因素之一。正如世界银行副行长瑞斯查德指出：“知识是比原材料、资本、劳动力、汇率更重要的经济因素。”美国管理学权威德鲁克也认为：“在现代经济中，知识正成为真正的资本与首要的财富。”[3]

---

〔1〕 蒙牛乳业于2000年5月28日向国家工商总局商标局申请并获得核准注册了蒙牛乳业的“蒙牛”商标。该商标于2002年2月被国家工商总局认定为“中国驰名商标”，并先后在内地及港澳台地区的1～45类产品与服务上全部注册，同时在世界上六十多个国家与地区进行了注册。同时创建于2001年7月的民营企业“蒙牛”酒业也是中国乃至亚洲目前最大的奶酒生产基地。由于“蒙牛”酒业是在内蒙古呼和浩特一个经济开发区工商分局注册的，引发了“蒙牛”商标与蒙牛酒业商号权利的冲突。

〔2〕 这种转化主要表现在五个方面：一是许多国家（尤其是发达国家）用于创造知识资产的投资日益增大；二是在国际贸易额中，知识产权转让额的总量和所占比例一直大幅度上升；三是经济发展这一投入产出过程的诸投入要素中，知识产权这一要素的作用在许多情况下已显得比设备、资金等要素更为重要；四是随着产业结构调整，第三产业特别是信息业的从业人数大幅度上升；五是知识产权立法特别是知识产权转让方面的立法明显优先于其他财产立法。

〔3〕 倪振峰：《知识经济和知识产权》，载《上海大学学报》（社会科学版）2000年第3期。

正是由于知识产权在现代经济中的地位和作用日益重要，围绕这类财产的各类纠纷在世界各国都呈现急剧增长的态势。

发达国家之间存在知识产权冲突，主要是由于这些国家文化传统、经济、社会发展政策等不同而引发的知识产权具体制度的差异，而发达国家和发展中国家因为对于知识产权利益保护有不同的优先秩序而引发更为激烈的知识产权冲突。发达国家掌握着主要的知识、信息，在知识产品的国际贸易中是出口国，大力支持研究开发，不断扩大科技优势，巩固和发展知识产权；而发展中国家创新能力普遍较弱，很大程度上依赖发达国家的技术和信息，知识产权法律制度尚未健全。发展中国家企业知识产权保护意识不强，境外申请知识产权保护数量很少，因而，发达国家的企业往往以侵犯知识产权的名义，试图削弱发展中国家企业低成本的竞争优势，提高发展中国家企业进入其市场的门槛。“如果说中国在入世前贸易争端涉及的主要内容是贸易平衡、人权等问题；那么，今天中国与其他国家的贸易争端主要焦点之一则是知识产权保护问题。”〔1〕例如，自 2001 年以来，美国以保护知识产权为由，频频对中国出口美国的产品发起 337 调查。美国科文顿—柏灵律师事务所于 2018 年年初发布了《2017 年度中国企业应诉美国 337 调查综述》，其中分析了 2001 ~ 2017 年中国企业 337 调查涉案、应诉及裁决情况。数据显示，337 调查涉及液晶写字板、数字机顶盒、通信设备、血管注射器、扫地机器人、智能电视、非晶合金、纸尿裤、保温杯、锂电池、LED 照明设备等众多中国产品的企业和行业。过去近 20 年中，美国国际贸易委员会（ITC）受理的 337 调查案件总体上呈现出波动上升的趋势。2017 年立案 59 起，为近 5 年最高。其中，涉及中国企业的 337 调查案件达到 22 起，超过全年案件的 1/3，绝对数量创历史新高。〔2〕 总之，我国目前涉外知识产权纠纷数量持续增多，规模加大，范围广泛，对相关行业及产业发展影响巨大。

---

〔1〕 曹建明：《加大知识产权司法保护力度，优化创新环境，构建和谐社会》，载 http://www.chinaiprlaw.cn/file/200511036068.html，最后访问日期：2018 年 10 月 3 日。

〔2〕 冯志云：《中美贸易战对中国企业知识产权战略的警醒》，载 https://mp.weixin.qq.com/s? src = 11&timestamp = 1538901395&ver = 1167&signature = OdDD23kzqFLoXnEmYXgatmZt2E5LTxT – nxgQYv8ZeRmtaFA – eLyd * BPtwOqm3kx2ojcNZ * E * 9 * MFZqOPU3xQiCizuW1Yy * sZhKrZfMeiYO37701 * kABF * HL2YTGvzRTt&new = 1，最后访问日期：2018 年 10 月 7 日。

从我国国内的情况来看，虽然我国整体知识产权法律机制的建设远未成熟，知识产权法律的执行体系尚不健全，全社会保护知识产权的意识也没有达到相当的高度，但是政府已经认识到建立知识产权体系的重要性，建立了符合国际规则、门类较为齐全的法律法规体系，而且实行行政执法与司法双轨运行的保护机制，加强对知识产权保护的宣传和教育。因此，随着知识产权创造者劳动得到法律的肯定，劳动者的价值、利益得以法权凝固，个人创造得到社会认同，尊重知识产权的社会风气在我国逐渐形成。虽然盗版音像制品和名牌服装依然有吸引力，但是产品的质量、商标的价值和企业的研发、创新及技术水平等也开始受到普遍的重视。事实上，进入21世纪以来，随着我国研发的不断投入，我国各类知识产权的数量都呈现出迅猛增长的态势。2017年全年我国发明专利申请量达到138.2万件，同比增长14.2%，连续7年居世界首位；专利合作条约(PCT)国际专利申请受理量5.1万件，同比增长12.5%，排名跃居全球第二；每万人口发明专利拥有量达到9.8件。受理商标注册申请574.8万件，同比增长55.72%，连续16年居世界第一。累计有效商标注册1492万件。我国申请人提交马德里商标国际注册申请4810件，排名全球第三。作品、计算机软件著作权登记量分别达到200.2万件、74.54万件，同比分别增长25.15%、82.79%。农业、林业植物新品种权申请量分别达到3842件、623件。地理标志保护产品数量稳步增长。[1] 这一连串的数字表明，我国知识产权产业化步伐正在加快，知识产权正日益成为我国企业核心的竞争资源，企业只有借助知识产权的垄断性提高市场竞争力，才能得以立足市场并且站稳脚跟。可以预见在今后相当长的时期内，随着我国知识产权总量的不断积累以及知识产权保护意识的不断增强，各类知识产权纠纷数量会持续增长，知识产权保护将日益成为市场竞争和社会关注的焦点。

二、知识产权的基本特征及其纠纷解决的特殊性

知识产权纠纷是围绕知识产权发生的利益冲突及对抗，由于知识产权

[1] 《2017年中国知识产权发展状况有关情况》，载 https://mp.weixin.qq.com/s?src=11&timestamp=1538899996&ver=1167&signature=i8NiBLqS5a10JT*DexHAR8sqlmFv-SWJuBMr6iIUmd7Vt8qcBFtRdcJT6sgm262ihTarngyu-vdDoTtdt9hXsG0xHRXPGcTxnYfjUl*c84p9b9KOU7gIZD248rsg8Dr-&new=1，最后访问日期：2018年10月7日。

具有明显不同于其他普通财产权的法律特征，由此给知识产权纠纷及其解决带来不同程度的影响。

目前国内关于知识产权特征的学说尚不统一，有一性说、两性说、四性说、五性说以及七性说等。比如，程啸博士认为知识产权的唯一特征是客体的无形性；[1]刘春田教授认为，知识产权有地域性和权利的受限制性；[2]吴汉东教授认为，知识产权有国家授予性、专有性、地域性、时间性四个特征；[3]郑成思教授则将知识产权的特性概括为无形性、专有性、地域性、时间性和可复制性。[4] 曲三强教授则归纳出知识产权与传统的产权权利不同的七大特征：知识产权客体的创造性，知识产权客体的无形性，知识产权的双重性，知识产权的授予性，知识产权的专有性，知识产权的地域性和知识产权的时间性。[5]

从知识产权不同于普通财产权而可能导致相关纠纷解决特殊性的角度来看，有必要对知识产权的客体无形性、共享性和非消耗性，技术性、地域性，易逝性、市场属性等特征进行探讨。

（一）客体无形性、非消耗性导致利益博弈的非竞争性

知识产权的权利客体，通常被称为知识产品，是一类无形财产，并非事实存在之物，是主观拟制或者说是法律规定作为客体的物，这是知识产权不同于有体物的首要区别。因此，在部分大陆法系国家的财产法或者担保法中，知识产权被称为“以权利为标的”的物权；而在有些英美法系国家，则把它称为“诉讼中的准物权”或“无形准动产”。[6]

按照信息经济学理论，知识、信息等商品具有公共产品的属性，具有非竞争性的特征。所谓公共产品，就是在使用和消费上不具有排他性，可以为多人共享。普通物体具有排他性，某一特定物在特定时间内只能被特定主体控制，特定主体只要控制住物体就可以实现物上之利益。但是同一知识

---

〔1〕 程啸：《知识产权法若干基本问题之反思》，载《中国人民大学学报》2001 年第 1 期。

〔2〕 郑成思主编：《知识产权研究》（第 1 卷），中国方正出版社 1996 年版，第 41 ~ 50 页。

〔3〕 吴汉东主编：《知识产权法》，中国政法大学出版社 1999 年版，第 5 ~ 9 页。

〔4〕 郑成思：《知识产权论》，法律出版社 1998 年版，第 75 ~ 91 页。

〔5〕 曲三强：《知识产权法原理》，中国检察出版社 2004 年版，第 11 ~ 15 页。

〔6〕 郑成思：《知识产权法：新世纪初的若干研究重点》，法律出版社 2004 年版，第 180 页。

产权客体却可以在多个时空、以多种方式被利用，特定主体控制了特定信息后，其他人并不因此失去信息并且仍然可以不排他地实现其上利益。可见，知识产品在同一时间内可被多人使用而不矛盾。而且，知识产权客体还具有非消耗性的特征，就是指知识产品不会通过使用被消耗掉，一个人的使用不会导致其他主体使用量的减少。美国学者劳伦斯·莱斯格形容知识产品的非消耗性特征时指出："没有一种技术能在你的思想进入我的脑子里的同时把它从你的脑子里擦去，没有一种技术使我在分享你的思想时候必须伤害到你。我知道了你所知道的东西，并不会使你的知识减少。思想是一种我从你那里得到后你依然拥有的无形财产。"〔1〕美国第三位总统托马斯·杰斐逊也曾经这样描述知识产品的非竞争性："从我这里接受观念的人，自己受到教育，但并不有损于我；就像从我这里点亮他的蜡烛，照亮自己而并不把黑暗留给我。"〔2〕

知识产权客体的无形性、非竞争性和非消耗性是知识产权区别于普通财产权或者有体财产权最基本、最突出的特征，对于知识产权纠纷及其解决的影响也是最为深刻的，最突出的表现是由于知识产品的多个使用人可以在同一时间、不同地点对其进行性质相同或者性质不同的使用，知识财产在利用方式上具有公共产品的共享性特征，其竞争性冲突并不是"你有我无"的对抗性冲突，知识财产的收益不因利用者数量增加而减少，这种非对抗性博弈为纠纷解决创造了利益共享的空间，也为通过协商等非对抗方式解决纠纷创造了重要的前提条件。与有体财产的"你有我无"的零和博弈情况不同，知识产权的利益可以共享而不冲突，纠纷当事人容易达成双赢的纠纷解决的调解或者和解协议，而不需要完全对立的、冲突的纠纷解决结果。

(二)客体的技术性、专业性要求纠纷解决的专门化

知识产权纠纷涉及领域、学科范围较广，纠纷类型跨度大，专业性强，这些纠纷不仅涉及法律问题，还更多地涉及技术问题。知识产权是法律对在科学、艺术、技术、文化领域里的智力创造成果进行保护的权利，因此知识产权纠纷通常发生在上述特殊领域。"纠纷事实涉及从编导、摄制、出版到计

---

〔1〕［美］劳伦斯·莱斯格：《代码：塑造网络空间的法律》，李旭等译，中信出版社2004年版，第163~164页。

〔2〕胡鞍钢主编：《知识与发展：21世纪新追赶战略》，北京大学出版社2001年版，第5页。

算机软硬件的开发、弹性力学、化学配方、建筑材料、营养保健等多个专门领域。每一个案件都会进入一个很具体的专业科技领域。”[1]从目前我国法院受理的知识产权案件类型来看，其中科技类案件，包括专利权、技术合同、商业秘密、计算机软件等约占全部案件的70%以上。[2] 因此，与普通民商事纠纷相比，知识产权保护客体与技术问题的联系最为紧密，而且新类型的知识产权纠纷都是以与科学技术发展的相同速度不断涌现的。有学者指出，“技术问题是知识产权案件的核心问题”。[3]

同时，知识产权纠纷还往往表现出法律问题与专业问题高度融合的特征，纠纷法律关系复杂，既需要适用国内法，也要适用国际公约和双边条约，符合国际惯例。知识产权具有非物质性的特征，没有外在的表现形态，权利客体的范围划定和权利内容的确定比有形财产复杂，完全依赖法律对该权利的范围和内容作出界定，因而这些与智力创造产品相关的法律往往有着相当程度的技术含量，通常只有那些具有相关技术和法律背景的专业人士才能充分地理解并准确把握。因此，在许多国家的知识产权法院中都设置了专门的技术法官和技术调查官等专业人员负责知识产权中技术性问题的处理和解决。比如，在日本知识产权高等法院就有专门的技术调查官，主要职责是对现有发明专利、实用新型等案件的必要技术事项进行调查，负责解释专利保护范围，负责解释被告涉嫌侵权产品或方法的技术内涵，进行对比，并向法官作出口头或书面的说明。德国联邦专利法院的法官队伍由技术法官和普通法官共同组成。审理不同类型的案件时，审判庭法官构成的比例、人数、担任的角色都有不同的规定。[4]

（三）权利易逝性要求纠纷解决的快捷

知识产权易逝性的特征包括以下三个方面的含义：

---

〔1〕童兆洪主编：《民营企业与知识产权司法保护》，浙江大学出版社2006年版，第33页。

〔2〕张平主编：《技术创新中的知识产权保护评价——实证分析与理论探讨》，知识产权出版社2004年版，第262页。

〔3〕杨馥宇：《从单一化迈向多元化——知识产权纠纷解决机制的发展进路》，载http://www.shezfy.com/view.html?id=11432，最后访问日期：2018年10月21日。

〔4〕中国社会科学院知识产权中心编：《中国知识产权保护体系改革研究》，知识产权出版社2008年版，第47～48页。

第一,知识产权的权利存续有法定时间限制。与有形物的自然终结不同,知识产权的时间性是法律直接设定的。知识产权是国家为了鼓励知识创新,补偿权利人的投入而赋予权利人所享有的一种暂时性的类似垄断的权利。由于知识产权制度设计最终目标在于鼓励智力成果社会化以及促进知识技术的广泛传播,因而知识产权制度对于权利人创造性成果的保护不是绝对的和无限制的,否则将阻碍知识的传播和人类的进步。由此知识产权人只在一定期限内对知识产品享有独占权,只要超过该期限,知识产品就进入公共领域,社会公众可以自由利用。

第二,知识产权的客体是智力成果,智力成果以发明创造、科学技术作品、植物新品种、集成电路布图设计等技术成果为主要表现形式,具有很明显的淘汰周期短的特征。科学技术的迅猛发展使知识更新越来越快,导致技术成果寿命不断缩短,甚至使知识产权实际的有效期比法定期限更短。"从人类科技发展的历史来看,技术和产品的生命周期日益缩短,一项新的技术占有市场优势的期间越来越短,很快就会被不断出现的更新的技术取而代之。"〔1〕

第三,由于知识产权的享有必须以其客体的公开为前提(商业秘密除外),作为知识产权保护客体的信息生产是有代价的,而信息的传递费用却相对较小。一旦生产者将其信息出售给某一消费者,那个消费者就会变为原生产者的潜在竞争对手,或者其他消费者可能成为该信息的"搭便车者"。〔2〕 知识产权一旦公开,就脱离了生产者的控制,能够同时为社会大众所享有,因此面临着被侵权的种种危险,从而事实上缩短了权利的生命力。以专利为例,在专利获得的初始阶段,该技术将与新近发展的专利技术开展竞争;而在专利寿命的最后阶段,竞争性公司则直接与专利权人展开竞争。专利产品或方法会面对相似的大量替代品涌入市场,或者其他不在专利保护范围之内的竞争性技术的进入,因而通过专利获得的产品市场竞争力是很难长久保持的。

知识产权具有易逝性的特征使权利人普遍重视纠纷解决的速度和效率。以专利为例,离知识产权保护期届满的时间越近,有关智力成果的使用价值及相应的使用许可费和转让费就越低。权利人总是争取在有限的时间

---

〔1〕 Patrick Nützi, "Intellectual Property Arbitration", *E. I. P. R.* Issue 4, p. 194.

〔2〕 吴汉东:《关于知识产权基本制度的经济学思考》,载《法学》2000 年第 4 期。

内最大限度地发挥知识产权的效用,获得最大化的利益。这一特点决定了无论是合同纠纷,还是侵权纠纷或授权纠纷的解决都特别强调快捷原则,力求在较短时间内解决纠纷,避免知识产权有限的保护期被久拖不决地耗费。另外,快速对于商标纠纷解决而言也至关重要。商标的最大价值在于消费者对品牌的认同,如果一个公司被禁止使用某一个具体的标识,可能由于消费者对其失去信任而导致市场份额的流失,遭受重大的打击。[1] 而且,相当多的企业还需要利用品牌的良好声誉去开拓新的领域和行业,因为这可以极大地节约广告和宣传成本。如果企业被禁止使用某一商标,也就意味着企业无法利用该商标的无形价值去扩大生产或者生产其他产品,这将在很大程度上阻碍企业未来的发展。[2] 漫长的纠纷解决过程将摧毁那些依赖商标声誉而获得发展的企业。总之,如果纠纷解决步骤繁多,程序复杂,久拖不决,不仅让当事人解决纠纷的成本不断增加,也导致权利得不到及时有效的保护,知识产品的传播和利用受到阻滞,知识产权的经济效益和社会效益都难以充分发挥。

(四)权利市场属性要求纠纷解决的效益

在知识产权领域,大部分的权利类型具有人身权和财产权的双重属性,或者说人身权与财产权的两权一体性。但是,在市场经济社会中,知识产权的财产权属性更为突出,知识产权本质是智力成果在市场交易中获得的权利,知识产权纠纷大多与知识产权的市场利益密不可分。事实上,知识产权产生于市场,也只有在市场中存在,知识产权的产生、行使和保护各个环节都与市场交易息息相关。知识产权得以从中世纪的封建特权向现代意义上的知识产权过渡的基础因素,乃是市场经济在全社会占据主要地位以及统一市场的形成。[3] 因此,知识产权最重要的属性是财产权,体现在知识产权客体具有商品性,知识产权的价值在于通过市场交易进行最大限度的利用,知识产权领域资源的优化配置是通过知识产权自由交易和重组实现的。

---

〔1〕 David Allen Bernstein,"A Case for Mediating Trademark Disputes in the Age of Expanding Brands",7 *Cardozo J. Conflict Resol.* 139, 156 (2005).

〔2〕 Sara Stadler Nerlson, The Wages of Ubiquity in Trademark Law,2003 , 88 (4) :731 - 808.

〔3〕 倪凌:《知识产权的价值取向与制度建构》,南京师范大学 2005 年硕士学位论文,第 30 页。

在国际社会里，随着智力成果的商品化、产业化和国际化，知识产权在世界贸易中的地位越来越重要。正是由于知识产权与国际经济和贸易的密切关系，世界贸易组织及其制度框架将知识产权纳入国际贸易体系之中，达成了《TRIPs 协议》，从而在世界贸易组织框架内，实现了国际贸易知识化和知识产权国际化。[1] 同时，由于知识产权法律制度保护特定的创新性智力成果的利用，但是这种“利用”不具有完全的排他性和独占性，知识产权制度中存在权利的限制机制。也就是说，知识产权保障权利人实现法律认可的经济利益，而一般禁止非权利人“以生产经营为目的”的商业化使用行为，对于一定限度内的使用行为法律不作追究，因而知识产权纠纷的发生通常与大规模的商业利益相关。

由于知识产权更为明显的财产权属性，以及与市场交易和商业利益的密切联系，因此知识产权纠纷普遍呈现出商业纠纷的特性，纠纷解决也通常以效益最大化为最终目标。解决商业纠纷时，重要的考量因素一般不是“谁对谁错”以及权利义务履行等，更多的是纠纷解决的投入和产出，纠纷解决所耗费的时间、金钱是否能够获得有利的或者双赢的纠纷解决结果。“在市场经济活动中，经济组织普遍长于精打细算，以最小的成本获得最大的收益，这使他们在解决纠纷活动中倾向于选择成本较低的而效果较好的纠纷解决形式。”[2] 美国法社会学家马考利对商事纠纷解决中的关系影响进行了实证研究，发现在商业领域，正式的法律方法尽管被采用，但是使用的机会和发挥的作用都很小。不需要诉诸合同或者法律制裁，纠纷在大多数情况下便得到解决。[3]

（五）权利的重要价值以及纠纷解决的保密性

知识产品是创造者智慧的结晶，是其付出大量时间、人力、资金和劳动等成本获得的成果。知识产权制度要求创造者以公开知识产品为代价而获

---

〔1〕 吴汉东：《后 TRIPS 时代知识产权制度的变革与中国的应对方略》，载《法商研究》2005 年第 5 期。

〔2〕 左卫民等：《变革时代的纠纷解决：法学与社会学的初步考察》，北京大学出版社 2007 年版，第 36 页。

〔3〕 冉井富：《当代中国民事诉讼率变迁研究：一个比较法社会学的视角》，中国人民大学出版社 2005 年版，第 67 ~ 69 页。

得在一定范围内对其智力成果的垄断权利，保证创造者对智力成果的专有权，以能够收回投入的成本和实现赢利，激励更多的创新活动和信息流动。但是，知识产权制度中除了公开的智力成果外，还存在大量的处于未公开状态的商业秘密等内部保密信息。以商业秘密为例，其保护的客体包含技术信息和经营信息，而通常只有一部分技术信息才能获得专利保护，对于其他不具有可专利性的技术信息和商业信息，开发者和投资者施加了严格的保密措施，通过自我防护行为获得利益。当然，让企业保持竞争力的，除了商业秘密外，还涉及如产品配方、生产流程、技术工艺或者客户资料、商业计划、运营方法、成本、利润等，这些信息可能是企业在商场上制胜的关键性因素，都是当事人不希望公开并为竞争对手所知悉的重大事项。因而当事人当然尽可能地在纠纷解决过程中保护这些专有信息的秘密性，避免遭到泄露而导致不可弥补以及不可逆转的重大损失。

知识产权纠纷的发生和解决通常具有较大的社会影响性，原因在于：其一，知识产权纠纷的当事人大多是大型或知名企业、重大发明的发明人或者文化名人，由此引发的知识产权纠纷案件影响面广，往往成为新闻界采访、报道、评述的热点，引起社会的广泛关注。其二，许多知识产权案件关系到公民、企事业单位甚至国家的重大经济利益和声誉，关系到某些行业的前途和命运，因而影响重大。比如，较一般民事案件而言，知识产权诉讼及知识产权行政执法等都容易对双方当事人的生产经营活动和长期发展产生更为深远的影响。其三，部分新型知识产权纠纷由于涉及利益的多样化与复杂化也成为社会关注的焦点。其四，随着我国加入世界贸易组织，对外贸易不断增多，知识产权涉外纠纷也相应增加。这类纠纷的处理，不仅涉及对权利的合法保护，而且可能影响我国的国际形象，甚至重大国际关系。随着我国知识产权法治宣传的开展以及社会公众保护知识产权法律意识的提高，知识产权纠纷解决的社会影响越来越重大。

同时，就发生知识产权纠纷的当事人而言，无论是个人还是企业，都会尽量避免公开纠纷给自己的信誉或者声誉造成负面影响。在大部分知识产权纠纷中，纠纷当事人或者是知名学者、艺人，或者是大型企业、机构，由于知识产权纠纷往往具有较大的社会影响，受到媒体、舆论和社会公众的较高关注，纠纷当事人担心公开自己发生纠纷的事实、纠纷解决的过程以及可能的败诉结果会给自己的形象、知名度、声誉等造成负面影响，从而影响将来的可持续发展，因此更愿意通过私下协商或者不公开的方式来解决相互之间的纠纷,从而避免名誉和道德的损失。特别对于企业或者公司这类组织而言,商业声誉的丧失,不仅导致市场竞争力的降低甚至衰弱,在依赖金融市场的情形下,还会严重影响其股票价格以及银行支持程度。同时,由于中国仍然存在"讼即为恶"的文化传统,社会大众对于卷入诉讼的当事人及其诉讼的结果总不能抱以公正客观的态度,因而选择以不公开方式解决纠纷,无疑是大多数当事人在解决知识产权纠纷时重要的考量因素。

(六)权利地域性与利用全球化的冲突需要纠纷解决的国际性

知识产权源于封建社会统治者通过特别敕令形式授予的特权,这类特权仅在统治者统治范围内生效,越出该范围则无效。时至今日,虽然知识产权的根本性质已经发生变化,但是其地域性的特征仍然保留下来。知识产权地域性的特征根源于权利客体的无形性和知识产权制度的普遍差异性。因为权利人无法通过占有方式主张对权利客体的专有权,因此在一国或地区取得的知识产权在另一国或地区无法像有形财产一样通过权利推定或者平权原则获得保护。因此,由特定国家或地区的法律规定产生的知识产权原则上仅在该法域范围内有效,仅影响发生在权利赋予国家或地区地域范围内的行为,在其他法域不发生效力。特定知识产权只能由授权国家或地区法律允许的主体在授权地域的法院加以主张。一法域内知识产权欲取得他法域的法律保护,必须经过该法域公共机构的审查和认可。总之,一个特定的智力成果虽然同时存在于不同国家,但是由于这些国家有关知识产权取得的条件、审批程序、保护范围、保护期限、保护方法和保护体制等方面的规定均有不同,且彼此独立,同一智力成果的知识产权可能在同一时间因为地域不同而呈现不同的状态。事实上,知识产权的地域性就是私人的精神产品所产生的市场利益按主权国家(政治地区)地理疆域所作出的法律分割。[1]

从19世纪开始,随着科学技术的发展以及国际贸易扩大,有关知识产权交易的国际市场逐渐兴起并迅速发展。到20世纪下半叶,世界经济一体化的趋势日益加强,并呈现出科技进步超速化、知识信息网络化、经贸活动全球化以及交易规则国际化的特征。知识产权的客体,即科学技术和知识信息,具有流动性与传播性的特征,特别在当今时代以微电子技术、计算机

〔1〕 郑成思主编:《知识产权文丛》(第4卷),中国方正出版社2000年版,第245页。

技术、通信技术和光电子技术等为代表的新兴信息处理技术具有超凡的编码和传输能力,能够对更多的信息进行高频度的编码、存贮、处理、传递和表达,有效推动了知识信息高效、充分、迅速地流动与传播。在数字信息的传播中,空间和时间要素自然消逝,在延展的物理世界中,知识产权客体能够轻易克服地域的限制在世界范围内得到迅速广泛地传播。当知识传播的时空限制被突破,当知识产品越来越频繁地在世界范围内流动,知识产权权利保护的地域性和知识产权权利利用的全球化让知识产权权利人陷入了前所未有的窘境。

跨国知识产权纠纷频繁发生,各国知识产权法律制度无法再闭关自守、自行其是,知识产权制度国际化与趋同化诉求不断提升,尽管国际社会努力促成各国及地区知识产权制度的协调,现有的国际知识产权法律保护体系也日趋全面化和实效化,但是这些制度协调或者国际标准的建立仅局限于知识产权实体规范方面,几乎没有对各国及地区知识产权诉讼程序、知识产权执法体制的冲突作出有实质意义的安排。比如,1883 年签订的《巴黎公约》(Paris Convention for the Protection of Industrial Property)和 1886 年通过的《伯尔尼公约》,主要规定了知识产权国际保护的实体内容,较少涉及知识产权实施程序的规定,尤其缺乏必要的执法措施和争端解决机制的协调。即使是《TRIPs 协议》也仅仅将原本属于国内立法的知识产权保护的实施程序转化为公约规定,从而成为各缔约方严格履行的国际义务,但是并没有对跨国的知识产权诉讼机制作出相应安排,知识产权执行体系的协调机制在国际层面尚未建立。

依赖各国及地区的公共机构实施、保护知识产权或者处理知识产权纠纷会带来很大的风险:首先,由于知识产权具有地域性的特征,一国法律仅保护本国国民的知识产权,在法律适用上往往局限于法院地国家法律,而排斥外国法的适用。各国对于知识产权法律所试图实现的目的的理解和阐释完全不同。以版权为例,西方国家认为版权的主要目标就是鼓励社会大众创造新的版权作品,因此强调版权的财产权利的性质;相反,部分大陆法系国家认为版权的重要意义在于推动版权作品的传播和流动,注重对权利的限制和对公共利益的保护。因此,由于不同国家对于知识产权有不同的界定和保护水平，因而在一国认为侵权的行为在另一国可能就是合法行为。[1] 其次，在发生知识产权纠纷时，由于知识产权固有的地域性，在没有国家或地区之间司法合作协议的情形下，纠纷通常由权利要求地法院专属管辖，一国法院无权对外国的知识产权进行管辖。各国法院往往拒绝受理外国知识产权纠纷案件，常常出现国际知识产权纠纷案件管辖权的消极冲突，这主要是因为对纠纷标的性质的不同认识而通过其内国法排除有关管辖权的问题。"对外国的知识产权拒绝管辖，无论是英美法国家的'不方便法院原则'，[2]还是大陆法国家成文法规定的'专属管辖制度'，都是基于知识产权的地域性特点而来，而在该地域性特点的背后大多和各国经济发展水平有密切联系……"[3]最后，在没有合作协议或者司法互惠机制的情况下，通过各国或地区处理的知识产权纠纷的结果难以在其他国家或地区得到承认和执行，这将在很大程度上削弱知识产权保护的实效性。

现代技术的发展导致知识产权纠纷可能同时发生在数个国家，所涉及的知识产权法律制度为数众多，知识产权的地域性导致权利人必须在权利要求地一一提起诉讼行使权利，不仅造成权利行使的不便，同时也带来同一案件适用几个或几十个准据法的不合理现象。当然，针对这一不足，也出现了新兴的知识产权管辖权理论和法律适用理论，但是各个国家和地区对待这些理论的态度并不一致。因此，知识产权的地域性与全球利用的冲突要求知识产权跨国纠纷的解决需要一种便利当事人行使权利，并且具有稳定性、可预测性，纠纷解决结果容易得到普遍承认和执行的纠纷解决机制。

---

〔1〕 Mcrcus Norgard, International IP Infringements and Alternative Dispute Resolution, http://iprinfo.com/tiedostot/4oVZGtM4.pdf, 2018-08-19.

〔2〕 所谓不方便法院原则（forum non conveniens），The doctrine that an appropriate forum—even though competent under the law—may divest itself of jurisdiction if, for the convenience of the litigants and witnesses, it appears that the action should proceed in another forum in which the action might originally have been brought. 参见 Bryan A. Garner, Black's Law Dictionary, West Group, 1999, 665。

〔3〕 朱榄叶、刘晓红主编：《知识产权法律冲突与解决问题研究》，法律出版社2004年版，第49页。

（七）纠纷主体广泛性以及客体复杂性需要纠纷解决的多元化

由于知识产权纠纷主体的广泛性、客体复杂性、利益的异质化、需求多元化、权益关系复杂化，很难用整齐划一的方式来解决各种类型的纠纷，也无法用万能的规则反映所有的利益需要和权利要求，纠纷的必然性和多样性决定纠纷解决机制的必要性和多元性。

知识产权纠纷主体具有广泛性。知识产权是保护知识产品创新、传播和运用的法律制度，在这三个彼此独立而又相互影响、渗透的环节中各相关利益主体不可避免地存在对立和矛盾，从而引发知识产权的权利纠纷。由于纠纷可能产生于利益分配的任何一个环节，涉及知识产品生产者、使用者、传播者、投资者等，而各个利益主体又可以分为更多的次级利益主体，因而造成不同层级的知识产权纠纷主体众多。同时，知识产权权利内容丰富，各种权能互相独立，内容各异，极具包容性和丰富性。比如，著作权中包含复制权、出租权、演绎权、播放权等，专利权分为许可权、转让权、独占实施权等。在权项分割的情况下，每一项权利的每一权能都可以由相同或不同主体加以利用，由此知识财产之上存在多种权利形态和多重主体，不同主体围绕知识产品发生利益争夺和冲突。另外，由于知识产品的非物质性、公开性、非消耗性特征，对同一知识产品的使用可以由不同主体在同一时空条件下进行。由于现代信息技术和传播技术发展，知识产品可以高速、方便地在国际互联网络中传播和利用，为不同国家的不同主体所接收和使用，从而导致知识产权纠纷主体十分广泛。由于知识产权纠纷主体的广泛性、多样性，不同当事人对于通过纠纷解决所期望达到的意图和目的是不同的，当事人的身份、社会地位、实力、能力、价值观乃至性格、心理等诸多因素都会影响纠纷的性质、对抗程序和解决方式的选择。“纠纷的主体是纠纷解决机制的基本要素，纠纷主体的不同将直接导致具体纠纷解决方式的不同。”〔1〕

同时，知识产权纠纷客体具有复杂性、多样性。“纠纷的类型对纠纷解决具有重要意义。它有利于纠纷主体选择恰当的纠纷解决程序，也方便纠纷解决者采取更具针对性的手段解决纠纷。”〔2〕目前我国法院受理的知识

---

〔1〕 齐树洁：《民事程序法研究》，科学出版社 2007 年版，第 30 页。

〔2〕 Henry, Brown, Marriott. Adr, Principles and Practice, Sweet & Maxwell, 1993. 转引自齐树洁：《民事程序法研究》，科学出版社 2007 年版，第 30 页。

产权案件类型覆盖了《TRIPs 协议》规定的所有领域的知识产权,包括专利(发明、实用新型、外观设计)和植物新品种、商标、著作权和邻接权以及计算机软件、集成电路布图设计、商业秘密、地理标识等。随着科技不断创新,在以微电子技术、生物工程技术与新材料技术为代表的新技术革命时代,知识产权的权利内容发生了显著变化,知识产权权能不断增加。著作权客体从传统的印刷品发展到录音录像作品、电影作品,再到计算机软件、多媒体作品和电子数据库;专利权客体也从传统的机械制造品发展到与生物和信息密切相关的专利;商标权的客体从文字、图形组合的商标发展到动态商标、气味商标等;知识产权权能也在不断增加,比如著作权中新出现的出租权和公共借阅权、网络传播权以及专利权中的平行进口权、许诺销售权等。同时,在新技术革命时代,知识产权保护的客体范围不断扩大,知识产权的权利类型不断增加,权利冲突的纠纷越来越多。比如,过去知识产权纠纷主要是技术合同纠纷、著作权纠纷、专利权纠纷和商标权纠纷等;近几年来出现了侵犯发明权、发现权及其他科技成果权的纠纷,侵犯商业秘密、制作虚假广告、假冒知名商品商标等不正当竞争案件,还有涉及民间文学艺术作品保护案件等。新类型纠纷不仅包括涉及没有明确法律规范或缺少具体法律规范的新问题的案件,还包括随着社会、经济、理论研究的发展,在传统知识产权纠纷类型中出现了新的问题。比如,有关诉前禁令的案件,有关反向假冒侵害商标专用权案件,有关民间文学艺术作品的保护,有关植物新品种纠纷等。另外,涉及知识产权权利冲突的纠纷越来越多,涉及的法律关系复杂。不仅知识产权与其他民事权利相冲突,知识产权各单项权利相冲突,还有侵权与权属纠纷及合同纠纷并存等。总之,由于知识产权客体的无形性及其传播的灵活性、便利性以及分散性的特征,使知识产权纠纷相对于其他民商事纠纷而言,呈现出更强的多样性、异质性、流变性、复杂性。高新技术的发展,特别是数字技术和网络的广泛运用使知识产品复制成本极低,传播速度更快,涉及面更广,知识产品通过各种渠道分散于拓展的经济空间中,同时为多个不同的利益主体所使用,必然增加利益关系的复杂性。因此,随着知识产权权利内容发生显著变化,保护范围不断扩大,新的权项陆续产生,传统制度的不断变革,知识产权纠纷解决的方式和手段也应当灵活、丰富、多样,才能满足纠纷当事人寻求解决纠纷时的各类特殊需求,才能根据纠纷的不同类型选择或者设计不同的纠纷解决程序和方案,才能妥善处理各种利益关系,及时救济权利,让知识产权法律以不同方式得以实施,推动知识产权法制发展。

三、诉讼解决知识产权纠纷的局限性

如何评判某一具体纠纷解决模式是否起到了积极的作用,不同学者从不同角度提出了判断的标准。齐树洁教授指出纠纷解决机制的评价标准应当从宏观和微观两方面加以考察,前者包括公正和效率;后者体现为纠纷主体对纠纷解决程序的参与性,纠纷解决者的正当性、权威性与中立性以及规则的确定性。[1] 李琦教授把冲突解决的理想目标归结为公正、效率、确定、自治和自主。[2] 日本学者棚濑孝雄提出评价纠纷解决机制功能的标准为:纠纷的终结;满意的程度;社会效果,包括社会关系的恢复和社会规范的确认;代价,即社会为了维持制度本身所必须付出的代价和直接参加解决过程的当事者、第三者不得不承受的代价。[3]

在多元化的纠纷解决方式中,诉讼毫无疑问处于核心地位,但是这并不意味着诉讼在纠纷解决恰当性和效果方面存在明显优势;相反,在很多情况下,诉讼由于其法定的功能和使命要求导致其并无法满足特定纠纷解决的需求,在知识产权纠纷解决中也显然存在这样的问题。

(一)诉讼难以应对知识产权纠纷中专业性问题的解决

知识产权诉讼所裁判的纠纷事实涉及多学科、多领域的技术性知识,而在各国的司法体制中,纠纷的裁决者是经过法定程序任命的职业法官。尤其在大陆法系的国家中,法官一般只是法律领域的专家,其所具备的专业知识只是如何适用法律、如何正确判定证据以及顺利开展庭审的专门知识和能力,一般较缺乏理工科等专门领域的技术知识。“司法程序的发展要求法官具备专门的法律知识与技术,比如关于证据的知识与技术、关于解释的知识与技术、关于推理的知识与技术,还有关于程序的知识与技术。”但是,“知识产权案件比一般的医疗纠纷案件和产品责任案件更需要专业型法官,审

---

〔1〕 齐树洁:《民事程序法研究》,科学出版社2007年版,第32~37页。

〔2〕 李琦:《冲突解决的理想性状和目标——对司法正义的一种理解》,载《法律科学》2005年第1期。

〔3〕 [日]棚濑孝雄:《纠纷的解决与审判制度》,王亚新译,中国政法大学出版社2004年版,第26~35页。

判诸如是否授予专利的案件，法官所作出的决定至少应该让同领域的普通技术人员能够理解，而普通法官一般很难达到这样的最低标准；另外，审判人员在处理案件中需要能够理解相关技术问题并与当事人进行对话，但是这些技术领域日新月异，期盼具有技术背景的法学院学生充实法院并短时间适应之，恐怕也很难”。[1] 即便法官不断累积各领域经验，然而，由于其大部分非技术背景出身，并且受制于时间及精力等客观因素，在解决涉及技术性问题的知识产权纠纷时往往显得力不从心，不仅需要耗费更多的时间，而且裁判的结果也往往难以令当事人信服。“尤其是个案所隐含专业问题时，法院未必有能力加以审查，即使必须加以审查时，也常常是在概括性想象与摸索中作出结论，对于当事人而言，未必能真正解决纠纷。”[2] 有学者指出，法官通常不具备科学或技术背景的客观因素，是导致知识产权审判发生不公平判决结果的重要原因。[3]

如何解决知识产权纠纷中的技术性问题或者如何审理技术性较强的案件是世界各国知识产权诉讼体制中均面临的问题。一般而言，不具备相应的技术背景和专业知识的普通法官很难对案件中的技术性问题做出是非判定，而不得不求助相关领域的专业人士进行解决。除了部分国家设立了专门的法庭或上诉法院之外，很多国家还设立了专家证人、技术调查官或者技术法官制度。比如，美国抗辩式诉讼中的专家证人制度，双方当事人都会聘请自己的专家证人，就有关的技术问题提出自己的看法，法官也会在双方专家证人抗辩基础上，了解技术问题，进而作出有关法律问题的判决；日本知识产权诉讼中一直存在调查官或者专门委员制度，其中，东京和大阪地方法院、知识产权高等法院以及最高法院中，都设有专门的技术调查官，在必要时介入案件，运用其专业知识，向法庭解释或者澄清相关的技术问题；我国台湾地区的“智慧财产案件审理法”也规定，在审理有关案件时，法庭认为有必要可以命令技术审查官执行某些审判职能，包括向当事人、证人和鉴定人发问，就专业问题向当事人做出说明，就专业和法律问题向法官陈述自己的

[1] Karsumi, Shinoharo, Outline of the Intellectual property High Court of Japan, AIPPI Journal, 2005, (5):131－147.

[2] 杨崇森:《仲裁法新论》,台湾仲裁协会 1999 年版,第 12 页。

[3] Marion M. Lim, ADR of Patent Disputes: A Customized Prescription, Not An Over－the－counter Remedy, 6 Cardozo J. Conflict Resol. 172 (2004).

意见，以及在证据保全时协助调查证据；德国专利法院设有若干技术法官，与普通法官一起审理相关的案件，根据不同规定，针对不同类型的案件，法庭组成人员的人数、比例和角色都有所不同。[1]

在我国，法院为了缓解诉讼解决知识产权纠纷技术问题的困难，采取了多项措施，包括专家咨询制度、鉴定制度和陪审制度等。[2] 但是，这几类机制在实践中的效果都不尽如人意。首先，专家咨询制度，具体是指在知识产权诉讼过程中，法官将无法解决的专业性或技术性问题提交相关领域的专家进行咨询，最终获得的专家意见作为合议庭审理案件的参考。但是，专家咨询制度在我国目前没有明确的法律依据，在实践操作中存在诸多弊端：其一，专家在知识产权诉讼中不属于诉讼参与人，不旁听案件庭审过程，作出咨询意见的信息一般来源于文字材料或者法官对案情的概括性介绍，无法全面综合地把握和了解案件客观情况。其二，专家的咨询意见提交法庭后，不向当事人公开，不在当事人之间进行质证和认证，当事人的程序权利没有得到相应的保障。其三，由于结论完全是建立在专家个人主观认知的基础上，专家的资格和能力很大程度上影响着最终的结论。即使专家保持绝对的中立性，其知识和理性的有限性也会影响其意见的合理性。虽然专家在知识上处于优势地位，但其并不占有全部知识，而不同的知识构成往往会形成不同的观点。在具体操作过程中，还存在特定领域无法找到合适专家，一审、二审咨询不同的专家，获得不一致意见，难以作出结论等问题。[3] 其次，鉴定制度，是指将案件中涉及的相关技术性问题提交到鉴定机构进行鉴定，并且获得鉴定结论的过程。为了保证鉴定结论的科学、公正和权威，我国部分高级人民法院就如何开展鉴定程序出台了一系列相关的规范性文件。但是，在司法实践中，鉴定制度仍然存在许多不足，主要有：其一，容易形成审判权让渡。由于鉴定结论对案件中特殊的专业待证事实产生的证明力是其

---

〔1〕 德国专利法院相当于我国的专利复审委员会，不受理有关专利的侵权案件，负责专利文件审查、异议案件审理。

〔2〕 比如，北京市高级人民法院自 1996 年 3 月 7 日起，采取了三项措施来解决知识产权诉讼中的技术性问题：第一，聘请专家学者担任全市法院系统知识产权法律咨询顾问。第二，指定社会团体担任知识产权审判技术鉴定单位。第三，建立特邀陪审员制度。参见程永顺：《北京法院知识产权司法审判工作的历史回顾》，载《电子知识产权》1999 年第 1 期。

〔3〕 北京市高级人民法院民三庭编：《知识产权审判规范》，知识产权出版社 2003 年版，第 15 页。

他证据种类无法代替的，容易造成一些法官往往不加分析和取舍地将该类问题提交鉴定部门。在鉴定部门作出鉴定结论后，又不进行实质审查，不当庭质证，过多依赖鉴定结论，习惯性地将其视为优于其他证据的一种方式。其二，鉴定制度规范性强，周期长，成本高。其三，目前我国鉴定机构繁杂不统一，各鉴定机构所鉴定的事项范围不一，鉴定人的资格审查不够严格，鉴定的具体操作程序不规范，鉴定依据不明确以及鉴定标准和原则不统一等，[1]因此必然影响到鉴定的效率，并且鉴定结果的效力也缺乏稳定性。2012 年 8 月 31 日第十一届全国人大常委会第二十八次会议作出的关于修改《民事诉讼法》的决定中，将原第 72 条有关鉴定的规定也细化为第 76 条、第 77 条和第 78 条，并且增加第 79 条。修改的内容主要有：第一，在鉴定程序启动方面，除了法院依职权指定外，增加了当事人可以就查明事实的专门性问题向法院申请鉴定的权利。第二，根据原《民事诉讼法》及证据规定等相关司法解释，当事人对于鉴定意见有异议的，采取的救济措施为申请重新鉴定，但是启动条件较为严格。新规定除了保留原有重新鉴定的救济措施外，还增加了当事人对鉴定意见有异议或者人民法院认为鉴定人有必要出庭的，鉴定人应当出庭作证，否则鉴定意见不得作为认定事实的根据的要求。第三，增加了当事人可以申请人民法院通知有专门知识的人出庭，就鉴定人作出的鉴定意见或者专业问题提供意见，进而从多个方面赋予当事人质疑鉴定意见的权利，保障鉴定意见的客观性与真实性。无可否认，新法的修改将鉴定制度的规范化、制度化向前推进了一步，但是实践中普遍存在的问题还没有得到解决。

目前，各地法院为解决知识产权案件技术性问题审判的难题，纷纷试点和出台了很多政策，比较典型的如上海知识产权法院探索的“四位一体”的技术事实查明机制，是根据所涉及的专业领域的技术问题难易程度不同，依据技术调查、技术咨询、专家陪审、技术鉴定等查明方式的特点，选择不同案件技术问题合适的查明方式，构建“四位一体”的案件技术事实查明体系。实践证明，四种技术事实查明方式的联动有利于大幅提高技术事实查明的

[1] 陈敏：《论知识产权诉讼中科技知识的鉴定》，载《法律适用》2000 年第 2 期；张平主编：《技术创新中的知识产权保护评价——实证分析与理论探讨》，知识产权出版社 2004 年版，第 273 ~ 275 页；姜志刚、高洪；《我国知识产权司法鉴定程序探析》，载《时代法学》2006 年第 2 期。

效率和准确性。另外,北京知识产权法院作为首批成立技术调查室的法院,还出台了《技术调查官工作规则》《技术调查官管理办法》《技术调查官回避实施细则》等制度规范,探索技术调查官全方位参与诉讼活动机制、完善技术专家委员会模式、构建"四位一体"技术事实查明机制等体系化建设的成果。克服诉讼难以应对知识产权案件技术性问题的困难,固然可以从完善知识产权诉讼机制本身的相关制度入手,但是实践中这些机制的运用显然会加重当事人的成本负担,而且易造成程序拖延,风险较大。

(二)诉讼周期长与知识产权纠纷解决时效性要求的冲突

诉讼是国家强制性适用法律解决纠纷的过程,为了实现正义的目标,保证程序正义的有效性,克服诉讼中他者的主观恣意,诉讼具有一套严格的技术规范体系。按照形式正义的基本要求,法院必须为当事人双方都提供充分的程序保障,因此从提起诉讼到诉讼终结都具有严格的条件、方法、步骤和仪式。正因为诉讼具有严格的形式要求,完成每一步的程序或步骤必然会耗费一定的时间,由此,通过诉讼解决纠纷的周期通常比较长。日本法学家小岛武司指出:"诉讼迟延是诉讼制度与生俱来的、现在依然困扰着法院的难题。诉讼迟延对于司法的运作来说,几乎可以说是一种宿命的慢性病。迟延是一种宿疾。当然导致诉讼解决纠纷周期长的原因是多样的,但是主要原因还在于诉讼对形式正义的追求。"[1]

知识产权诉讼周期更长。在知识产权诉讼中,诉讼的周期通常比一般普通民事案件还要长,一方面,是因为知识产权纠纷法律问题与技术问题交错的复杂性,对于问题的澄清、整理等本身需要较长的时间,比如指导法官或者陪审团理解必要的技术性知识所花费的时间,或者将这样的问题委托专家解决所花费的时间,有时还需要借助审计、鉴定程序等来确定相关问题的时间耗费等,导致审判周期的延长。另一方面,在知识产权诉讼中,除了完成一般民事诉讼所需要的程序外,经常还会涉及诉讼中止等情形,从而进一步加剧了诉讼周期的拖延。比如,在我国知识产权审判中,知识产权案件所涉及的法律关系复杂,授权、维持程序与侵权诉讼程序往往交错进行,合同诉讼与侵权诉讼、权属诉讼相互牵连,导致中止诉讼的情形较多。比如,在侵权诉讼中,常见的诉讼中止的情形包括:因为权利归属产生纠纷引起的

---

〔1〕 范愉:《非诉讼纠纷解决机制研究》,中国人民大学出版社 2000 年版,第 116 ~ 117 页。

诉讼中止，被告在侵权诉讼之外又向另一有管辖权的法院提起确权之诉以及案外人另行向另一有管辖权的法院提出权属之诉；因知识产权权利效力引起的诉讼中止；[1]还有因知识产权保护方式不同引起的诉讼中止。[2]

知识产权审判周期长、拖延严重在世界各国都是普遍现象，这明显无法满足知识产权纠纷解决时效性的要求。审判周期长不仅让纠纷长期处于悬而未决的状态，而且当事人的合法权益得不到及时的保护。历时 4 年，一波三折的河北“宣化乙阿”专利侵权案的解决可以很好地说明诉讼周期长给纠纷当事人带来的毁灭性的后果。在该案件中，权利人在一审、二审中皆败诉，再行申诉，最终以胜诉告终。该企业厂长有感而发道：“本案的胜诉非常值得庆贺和高兴，然而我们却高兴不起来，在长达 4 年的诉讼中，我们投入了大量的人力、财力，官司还没结束，全国各地竟又冒出 30 多家企业侵权生产乙阿合剂，大量非法产品‘蚕食’着我们辛辛苦苦开发和培育的市场，尤其是一审、二审不公正的裁决，给原本的非法侵权产品披上合法的外衣，堂而皇之地出现在市场上，使我们受到巨大的经济损失。为保住原有的市场，我们迫不得已打起价格战，每年因降价造成的损失就达数万元。出现这种情况，不仅需要企业来承受，也值得政府管理部门、知识产权界和司法部门的深思。”[3]

（三）诉讼公开性与知识产权纠纷解决保密性需要的矛盾

诉讼要求公开性。“裁判独立通常受到这样一个要求，即纠纷解决的程

---

〔1〕 由于部分对知识产权效力的审查属于行政机关管辖，所以在被告就权利有效性向行政机关提出异议后，受理诉讼的司法机关会中止诉讼，等待行政授权机关通过行政程序作出该知识产权是否有效的裁决，甚至有可能最终通过有管辖权法院的行政诉讼的判决来确定。

〔2〕 我国实行司法和行政保护双轨制，由于这两类保护机制的主体和程序不同，因此纠纷当事人同时采取两种保护方式时，可能引起诉讼中止。比如，工商行政管理机关应商标权人投诉对侵权人作出处罚决定后，商标权人为取得民事赔偿又向法院起诉，法院立案后，侵权人又对处罚决定不服提起行政诉讼，要求撤销原行政处罚决定。此时，受理侵权诉讼的法院为保持与行政诉讼受案法院作出的判决结果协调一致，也可能会中止诉讼。参见马东晓、吴世珍：《知识产权诉讼的中止程序》，载《知识产权》2002 年第 1 期。

〔3〕 张平主编：《技术创新中的知识产权保护评价——实证分析与理论探讨》，知识产权出版社 2004 年版，第 279 页。

序应当公开进行。在公开的场合完成裁判活动通常可以将关于一个先见的纠纷暴露出来,也可以暴露出存在任何对程序的不正当的外部影响。"[1]诉讼过程、证据和结果以及诉讼本身对当事人和社会大众都是公开的,当事人在诉讼中的一切行为都暴露在媒体和社会公众面前,特别是媒体公开,影响很大。美国法学家奥尔森认为,"诉讼一般是侵犯隐私权和有损体面的"。[2]

正如上文所说,知识产权纠纷通常受到社会的广泛关注,当事人的个人隐私和商业秘密在通过诉讼解决纠纷的过程中存在很大的暴露风险;同时,当事人担心相关事实及结果的公开会给自己带来不利影响,并可能不得不承受相当大的社会舆论压力。因此,纠纷当事人出于保护声誉、个人隐私和商业秘密等的考虑,往往会拒绝通过公开审理方式解决纠纷,更愿意通过做出一定的让步来平息事态,私下解决纠纷。因此,那些需要保护个人隐私和商业秘密的知识产权纠纷当事人常常拒绝选择诉讼的方式解决纠纷。

(四)诉讼解决跨国知识产权纠纷的困境

知识产权的国际贸易比其他有形财产更为活跃和频繁,因而跨国知识产权纠纷所占比例相当大。跨国知识产权纠纷的主体、客体或内容至少应有一个为涉外、跨国或国际因素。这类纠纷频发的原因在于:其一,知识产权的权利客体是无形财产,在使用上和消费上具有非消耗性和非排他性的特征,在世界范围内流动比有形财产更加便捷、容易;其二,由于客观上各国或地区并无法在技术上自给自足,因而出于发展经济和促进社会进步的战略考虑,各国及地区均鼓励知识产品跨地域的传播和利用,从而进一步促进了知识产权客体流动的国际性;其三,为了收回智力投资成本并谋求利润的最大化回报,知识产权人总是会尽可能多地在不同国家或地区申请取得权利法律保护并且以各种方式积极利用权利,常见的跨国知识产权合作协议包括许可协议、交叉许可协议、技术交换协议、联合开发协议、分销协议、保

---

〔1〕［澳］肯尼斯·海恩:《现代法治之中纠纷解决的法律定义、地位、重要性及其作用》,载王公义、唐荣曼主编:《中国·澳大利亚"纠纷解决替代机制与现代法治"研讨会论文集》,法律出版社2003年版,第32页。

〔2〕Olson, Walter, The Litigation Explosion, pp. 3－4. 转引自范愉:《非诉讼纠纷解决机制研究》,中国人民大学出版社2000年版,第123页。

密协议、品牌协议（branding determinations）以及产品设计协议等。[1] 权利人通过跨国合作不仅实现其所拥有的权利最大化，而且更可以占据市场先机，阻碍同业竞争者。总之，在知识经济时代，知识财产的跨国流动比单纯的有形财产要活跃得多，[2] 知识产权客体大规模跨国流动，在世界范围内得以迅速广泛的传播，必然引发大量的国际性知识产权纠纷的产生。

发生跨国知识产权纠纷后，由于知识产权具备典型的地域性特征导致在该领域的多边及双边的司法合作都极为有限，当事人仅依赖传统的内国诉讼方式来解决这类纠纷会带来很大的风险，主要包括：这类诉讼应当由哪个国家法院管辖？适用哪个国家的法律？在适用这类法律时，如果与法院地法律发生冲突时，应当如何处理？这些问题在各国学术界与实务界中一直存在较大差异。

1. 管辖权问题

到目前为止，在知识产权案件管辖权冲突方面既没有相关国际条约进行协调，也少有双边或者多边的司法合作协议。传统国际私法的理论和实践基于知识产权的地域性而主张由权利注册地法院对知识产权案件进行管辖。在实践中，英美法系国家的法院一般主张由知识产权权利注册地法院专属管辖知识产权案件，因而通常以不方便法院原则为由，拒绝对非在本国或地区注册的知识产权相关纠纷行使管辖权，而大陆法系国家也严守知识产权的地域性，通常规定侵犯本国知识产权的案件由本国法院专属管辖。因此，如果当事人试图在非权利注册地法院提起知识产权诉讼，其请求就可能被法院以无管辖权为由驳回，遭遇诉讼无门的尴尬，权利得不到应有的救济。有学者指出，“对外国的知识产权拒绝管辖，无论是英美法国家的‘不方便法院原则’，还是大陆法国家成文法规定的‘专属管辖制度’，都是基于知识产权的地域性特点而来，而在该地域性特点的背后大多和各国经济发展

---

〔1〕 Joseph P. Zammit, Jamie Hu, “Arbitrating International Intellectual Property Disputes”, *Mealey's International Arbitration Report*, 2009(10).

〔2〕 Julia A. Martin, “Arbitrating in the Alps Rather than Litigating in Los Angeles: The Advantages of International Intellectual Property – Specific Alternative Dispute Resolution”, 49 *Stan. L. Rev.* 917, 1997, 931 – 932.

水平有密切联系”。[1]

2. 诉讼体制和法律适用问题

由于知识产权的地域性和不同国家属于不同法系、具有不同的社会制度、法律文化以及处在不同的历史时期等原因,在知识产权诉讼体制上存在较大的差异;相应地,有关法律适用难题也普遍存在。针对同一知识产权法律关系因所涉各国法律规定不同而可能引发法律适用上的冲突,国际社会逐步建立了一些知识产权的法律适用规则,其实质就是探讨选择哪国法律来保护权利人拥有的他国知识产权。其中最具代表性的学说有三类:一是原始国法律说,也称为来源国法律说,主张知识产权的确认受来源国法支配;二是被请求保护国法律说,也就是知识产权被要求得到保护的国家的法律,这种主张在处理知识产权侵权案件中适用较为普遍;三是分割适用法律说,即根据涉及知识产权的不同问题,分别适用不同的冲突规则以确定适当的准据法。[2] 以上三种理论为解决知识产权法律冲突提供了宏观指导,各自有其特点和适用对象。但是这些法律选择规则仍然具有很强的地域性,通常将特定权利与特定地域结合起来才能判断案件的法律适用问题。虽然目前部分国际条约,比如《巴黎公约》和《伯尔尼公约》通过国民待遇原则实现了外国人适用内国法的初衷,而且《TRIPs 协议》也试图对于大多数类型的知识产权法律适用进行实质意义上的协调,但是由于措施的有限性仍然无法彻底解决知识产权案件中的法律适用问题。在实践中,各国法院在处理涉外知识产权纠纷时往往根据本国的国际私法基本原则和要求来进行法律适用。但是由于各国知识产权立法有关知识产权保护的类型、内容、方式和水平存在较大的实质差异,“在一国认为侵权的行为在另一国可能就是合法行为”。[3] 因此,当事人在不同国家提起的同样类型的知识产权案件可能因为适用不同国家或地区的知识产权法律获得不同的甚至截然相反的均具有执行力的判决。

---

〔1〕 朱榄叶、刘晓红主编:《知识产权法律冲突与解决问题研究》,法律出版社 2004 年版,第 49 页。

〔2〕 齐爱民、何培育:《涉外知识产权纠纷的法律适用——兼评〈涉外民事关系适用法〉相关规定》,载《知识产权》2011 年第 2 期。

〔3〕 Mcrcus Norgard, International IP Infringements and Alternative Dispute Resolution, available at http://iprinfo. com/tiedostot/4oVZGtM4. pdf, 2018 - 09 - 20.

"诉讼是一种遵循国家制度来解决纠纷的方式,无论在程序上还是解决基准上都由一定国家的法律预先做出规定,因此,要使诉讼恰当地进行就必须通晓该国的司法制度,而且,由于这种司法制度的体系深深地植根于特定国家的法文化之中,对此问题外国的纠纷当事人并不能简单地委托当地律师就可以应付。"〔1〕如果知识产权纠纷发生在多个国家或地区,当事人就不得不同时在这些国家或地区提起诉讼,不仅造成权利行使的困难及成本过高,而且由于各国对知识产权保护的类型、内容、方式和水平大相径庭,同样的案件可能获得不同甚至完全相反的均具有法律效力的判决。事实上,各国不同的司法体系和法律规则将极大地破坏通过诉讼方式来解决纠纷的效果。对于寻求权利保护的原告而言,被迫在不同的地方依据不同的规则来起诉被告;而被告,也发现他在一个接一个的地方基于相同的问题不断受到原告的威胁,就好像"一个苹果同时被咬"(multiple bites at the apple)。

3. 法院判决域外承认与执行问题

司法机关通过法定程序解决特定纠纷并作出司法判决是国家行使公共职能的重要表现。既然司法判决是国家行使公权力的结果,具有鲜明的主权性,因而一国司法判决通常仅在本国范围内有效,不可能自动得到其他主权国家的承认与执行。国际社会在这方面的协调非常有限。2005 年 6 月 30 日海牙国际私法会议第二十次大会通过了《选择法院协议公约》(以下简称《公约》),该公约规定如果当事人选择法院的协议根据公约所订立的规则被裁定为有效,那么所选择的法院所做出的判决,将获得公约缔约国的承认和执行。该公约确立了承认及执行当事人双方约定诉讼法院的纠纷解决方式,并就法院的选择、承认及执行法院判决制订了明确的规则。《公约》作为第一项全球性的涉及民商事管辖权和判决承认与执行的国际公约,最终于 2015 年 10 月 1 日生效。目前《公约》已有欧盟(适用于除丹麦以外的 28 个成员方)、墨西哥和新加坡等缔约方,美国、乌克兰等国已签署《公约》。2017 年 9 月 12 日,中国签署了《公约》。〔2〕 但是,令人遗憾的是,虽然《公约》对选择法院协议的各方面问题作出了较为周详的规定,并且在一些问题上采

---

〔1〕 [日]谷口安平:《程序的正义与诉讼》(增补本),王亚新、刘荣军译,中国政法大学出版社 2002 年版,第 396 页。

〔2〕 《中国签署选择法院协议公约》,载 http://www. sohu. com/a/191999110_465600,最后访问日期:2018 年 10 月 20 日。

取了灵活态度，但是由于该公约部分规定过于原则，加之各国的认识不一致，并且《公约》明确排除了需注册登记的知识产权有效性及侵权的问题，导致大部分的知识产权纠纷被排除适用，因此知识产权司法主权纠纷问题并未得到根本解决。2019 年 7 月 2 日海牙国际私法会议第 22 次外交大会签署确认的《承认与执行外国民商事判决公约》[下称《纽约公约》(草案)]谈判文本(会议最后文件)将知识产权作为别除事项，这一点曾经是草案讨论过程中的焦点问题。就知识产权而言，《纽约公约》(草案)曾经将与侵权认定无关的专利商标有效性裁决、版权与未注册商标权、未注册外观设计权的有效性裁决作为承认和执行的适用范围。可见，条约草案区分与侵权无关的知识产权有效性裁决与认定侵权是否成立以及如何承担侵权法律责任的知识产权侵权裁决，前者可纳入承认和执行的适用范围。如此一来，将产生外国法院相关裁决对被请求国知识产权保护产生实体性影响的结果，与《保护文学和艺术作品伯尔尼公约》和《保护工业产权巴黎公约》确立的知识产权地域性原则相冲突。因此，最后外交大会签署确认的《纽约公约》(草案)文本明确将知识产权作为别除事项，删除了将知识产权有效性裁决纳入承认和执行的适用范围的规定，也是主要考虑到这一因素。可见，国际知识产权争议解决的司法裁决途径仍有较大局限性。除此之外，虽然在部分地区存在承认与执行外国判决的多边条约，[1]但是适用范围仍然非常有限。比如，即便是在欧共体范围内施行的《布鲁塞尔规则》之下，知识产权案件判决的承认与执行也存在特殊性。具体来说，部分知识产权权利请求只能在权利来源国寻求救济，或者权利来源国法院可就来源于该国的知识产权所涉及的任何纠纷行使管辖权。[2]

在实践中，各国法院在大多数情况下对于承认和执行外国法院判决都依赖于其内国设置的标准进行审查，甚至包括实体审查，比如内国公共秩序

---

〔1〕 比如，在欧共体国家范围内施行的 1968 年《关于民商事裁判管辖权及判决执行的公约》、2000 年《布鲁塞尔规则》(EU Council Regulation No. 44/2001)、1988 年《关于民商事管辖权和判决承认和执行的卢加诺公约》(Lugano Convention)以及在美洲国家之间执行的 1979 年《美洲国家间关于外国判决和仲裁裁决的域外有效性公约》等。

〔2〕 孙尚鸿：《试析〈布鲁塞尔民商事管辖权规则〉有关涉网知识产权案件管辖权问题的实践》，载 http://www.csdri.org/class_detail.asp? infoid = 347，最后访问日期：2018 年 3 月 22 日。

等。内国公共秩序作为外国法院民商事判决承认与执行的判断依据之一为国际社会普遍承认。〔1〕 由于知识产权通常与一国公共政策及公共秩序密切相关,因而对于知识产权司法判决承认与执行中的审查,尤其是有关是否违反内国公共秩序的审查必然导致这类判决的承认与执行相较于其他案件判决更为困难。由于知识产权地域性所导致的法律保护的限制性,各法域一般都倾向于不予承认与执行外国法院作出的知识产权案件的判决,除非基于礼让和互惠。由此就出现了这样一种情况:在许多跨国知识产权案件中,被告要么未出庭,要么没有财产在法院地国,这时如果法院判决无法在被告住所地国得到承认与执行,那么原告将无法获得任何有效的救济。〔2〕 因此,即使国际社会在协调知识产权跨国案件的管辖权及判决执行方面进行一致的努力,也收效甚微,诉讼解决跨国知识产权纠纷仍然困难重重。

(五)诉讼解决知识产权纠纷依据不周延性与滞后性

就诉讼而言,是依据法律规范来裁定具体的个别纠纷,从而维护作为权利义务体系的法秩序。诉讼裁判的依据是一般性的法律规范,审判只是对这种预定规范的适用而已。因而诉讼所适用的法律规范的品质很大程度上影响着纠纷解决的能力。诉讼解决知识产权纠纷能力的不足很大程度上源于其所适用的知识产权法律制度的不周延性和滞后性。正如前文所指出的,由于知识产权法调整的客体范围随着科技发展不断丰富,因而必然引发知识产权其他法律关系要素的变化,对于现行知识产权制度调整功效提出挑战,知识产权法律规则的变化从来都落后于技术创新的脚步。“由于知识产权客体作为新型利益介质所具有的独特性征,以及围绕高新科技的利益纷争,在更深的层次上连接着诸如知识信息的功利性与人的尊严自由、知识利益的激励性有限垄断与公共知识的利益普享、知识价值开发者利益回报与信息载体提供者利益保障、知识信息利益的高效生产与知识信息利益的公平享用等机制取向上的冲突与纠葛,因此知识产权法律制度遭遇了调整

〔1〕 马永梅:《外国法院判决承认与执行中的公共秩序》,载《政法论坛》2010 年第 5 期。

〔2〕 Richard Garnett, “An Overview of Choice of Law, Jurisdicition and Foreign Judgment Enforcement in IP Disputes”, 11(4) *Media & Arts Law Review* (2006), 341.

能力上的限制。”[1]

我国虽然建立起了较为完善的知识产权实体法律制度,但是“总的讲尚未摆脱传统立法‘宜粗不宜细’之弊”[2]。现行的《著作权法》《商标法》《专利法》等法律规定较为原则,规范不够细密,可操作性不强。实体法周延性差、滞后性突出甚至缺位的现象,导致法律规范的严格适用反而成为纠纷解决的束缚。“虽然解决立法品质不足问题的根本出路在于修改立法,通过诉讼审判而逐渐形成新的判例法也是一条解决的途径。但是,判例和法律规定的乖离对于法的稳定性来讲总意味着一定的风险,尤其在这种纠纷还没有大量出现时,往往有可能宁愿牺牲纠纷解决的妥当性也要维持现行法律规定的权威及法的稳定性。”[3]因此,如果部分知识产权法律制度已经跟不上社会条件的发展变化,难以成为认定当事人主张的依据时,诉讼严格适用法律解决纠纷必然导致其纠纷解决能力降低、品质不足、难以满足当事人纠纷解决的需求。

(六)诉讼解决知识产权纠纷过程和结果可预测性差

在任何诉讼机制中,由于规则的不确定性、审判者的个人因素和其他外在条件,都会使诉讼结果本身具有一定的不可预测性,诉讼及判决结果对当事人双方而言都具有一定的风险。在知识产权纠纷中,由于知识产权本身的特殊性导致当事人更难以把握诉讼结果,诉讼可预测性更弱。

1. 知识产权权利确认具有主观性

知识产权权利确认具有主观性,造成权利成立、有效及其范围边界的划定缺乏可预测性。知识产权是保护创新的法律制度,社会主体的创造性活动是知识产权产生的源泉。只有创造产生的智力成果才能成为知识产权的客体,获得法律的认可和保护。但是法律对于知识产权保护对象创造性的要求,带有一定的主观性,并没有完全客观的判断规则可以凭借,对于某一对象是否符合授予知识产权保护的创造性要求,结论很可能因人因地因时

---

〔1〕 刘红臻:《知识经济与法制创新》,吉林大学2006年博士学位论文,第15页。

〔2〕 郑成思主编:《知识产权:应用法学与基本理论》,人民出版社2005年版,第59页。

〔3〕 王亚新:《对抗与判定——日本民事诉讼的基本结构》(第2版),清华大学出版社2002年版,第257页。

而异,无法恒定。[1] 比如,虽然各国商标法都要求商标必须具有显著性,但是不同主体对于同一商标是否显著的判断可能千差万别。即使是同一商标,在不同的时期和不同的地点,其本身的显著性也会发生差异。例如,在我国最常见的情况,商标行政管理部门认为后申请注册的商标与先前合法存在的商标不相似,核准其注册。先前商标的权利人向法院起诉后注册商标所有人侵权,法院直接认定商标因为相似造成混淆而判决侵权成立,这实质上推翻了商标行政管理部门的认定,导致权利效力不确定。不仅行政机关与司法机关认识不同,行政机关内部,比如商标局和商标评审委员会的判断也可能不一致,司法审判中一审和二审结论也不一定相同。客体判断上的主观性和不稳定性,必然导致实践中人们对知识产权客体认知的混乱。

2. 知识产权权利本身具有不稳定性

知识产权纠纷所涉及的权利常常处于不稳定状态,纠纷事实本身容易变动,导致纠纷解决结果的不可预知性。知识产权客体作为创新性智力成果这种特定信息,本来就具有"潜在性""动态性",不仅无法依据任何外在的有形物来判断其使用价值的内容,甚至无法判断该智力成果是否具有"有用性",而且其使用价值还会随时间、使用者的素质与条件等因素有所变化。[2] 同时,造成知识产权权利所有的形态不稳定的因素,除了制度本身变动所带来的影响外,知识产权既有机制也可能引发权利形态的变动。比如,一项合法授予的专利权可能因为维持费的滞纳、无效宣告程序的启动而丧失,同样信息的披露可以导致商业秘密权终结,而商标是否被认定为驰名商标则直接制约着商标权的排他性效力。

3. 纠纷裁判者享有较大的自由裁量权

立法的不周延性、滞后性导致法官自由裁量权运用范围扩大,从而使诉讼裁决的结果的主观随意性增大。司法运作的典型模式是三段论式的结构,即以法律为大前提,以纠纷的事实为小前提,将法律运用于事实得出结论的过程。由此,有利于保障当事人及其社会公众能够预测司法裁判的内容和结论,保障法律适用过程的公平性和判决的正当化。但是,由于知识产

---

〔1〕 阳平:《论侵害知识产权的民事责任——从知识产权特征出发的研究》,中国人民大学出版社2005年版,第29页。

〔2〕 孙海龙、董倚铭:《知识产权公权化理论的解读和反思》,载《法律科学》2007年第5期。

权法律制度在社会经济发展日渐复杂、科学技术不断革新的背景下陷入调整不力的窘境,立法上出现许多不确定概念以及空白规范,导致在司法裁判过程中,法官只能运用自由裁量权代替立法者为某种程度的利害衡量从而力求作出具体妥当的判决。由此,法官在诉讼程序上的权限不断扩大,一方面,对法官独立性、专业素养、道德水准等提出了更高的要求;另一方面,也增加了当事人及社会公众对裁判预测的困难,从而造成知识产权诉讼的高风险性。在我国司法实践中,相同或者类似的案件,在不同地区、不同级别的法院审理,得到的判决结果却大相径庭的现象比比皆是,这正是法官在自由裁量的过程中,由于对案件、法律及司法政策的把握和认知不一,以及业务、专业水平等不同所导致的。

4. 证据调查的困难

在知识产权诉讼中,取证和查证的困难也将导致难以预测的风险。由于知识产权客体不具备物质形态,导致该类权利客体被侵犯的可能性高于有形财产,并且侵权证据难以固定和掌握,侵权认定相对复杂。随着媒介技术的迅速发展,特别是计算机网络的广泛应用,许多知识产权纠纷涉及利益主体众多,分布地域广泛。在现实世界中,知识产权尚可通过对图书资料、音像制品、专利成果以及商标标识等物质载体的控制加以实现,而在网络这个虚拟社会中,知识产权客体都转化为数字信号,这些信号的出现和消逝具有瞬时性,因而权利人难以查找侵权人,并且侵权方式多样化以及手段隐蔽等特征,导致无论是当事人自行搜集证据还是申请人民法院调查取证,都存在较大的困难。由此导致的后果,一方面,是由于诉讼请求、案由确定不准,可能导致当事人欲寻求司法保护却面临难题;另一方面,在诉讼中,由于当事人取证和举证的困难,可能导致当事人或者因为证据不足败诉,或由于没有充分的要求对方赔偿的证据,而无法获得全部甚至部分赔偿。因此,诉讼对于举证责任的严格要求,给当事人带来较大的负担同时,对当事人而言也存在难以预测的巨大风险。

5. 诉讼解决知识产权纠纷代价高昂

纠纷解决的代价是指当事人为解决纠纷付出的成本以及社会设立纠纷解决机制所付出的成本。纠纷解决的成本主要包括制度利用者方面产生的成本和制度本身产生的成本。利用者方面产生的成本中,最直接和明显的成本是因为利用纠纷解决制度而被征收的费用(申请手续费等程序上的费用)和代理人费用(例如,请律师代理情况下的律师报酬等)。但还有不能遗漏的成本是利用者被强加的精神上的成本(压力、紧张等)和机会成本(指为了利用纠纷解决程序,而丧失的如从事其他工作所能得到的利益,另外还包括时间性费用)。[1] 另外,由于诉讼严格的法律程序,还可能涉及证人出庭作证所产生的费用、申请法院调查取证的费用以及送达或执行的费用。

诉讼严格的程序规定,必然以成本和时间付出为必要,而这样的付出是诉讼品质的保障之一,过度削弱成本投入必然导致诉讼的低质。司法和诉讼的着眼点在于保护合法权利以及确保权利合理行使,其目的在于实现社会正义,体现法治的根本目的。国家尽可能地为社会主体解决纠纷,提供司法救济的途径,因此成本的考虑处于正义和公平的下位。司法的运作是国家必须为公民提供的资源,也是社会为了维护正义所必须支出的成本,因而无论对于当事人还是国家、社会来说,这样的成本都是高昂的。

从当事人在知识产权诉讼中支出的成本来看,在任何国家,由于知识产权诉讼所涉及的实体法律和法律程序都相对复杂,造成当事人的诉讼支出明显高于其他普通民事案件,并且由于这类诉讼对掌握法律以及参与庭审的诉讼能力要求较高,因此,大部分的知识产权诉讼中聘请律师等专业人士成为必要,由此所产生的费用也必然导致成本的增加。[2] 美国知识产权法律协会(American Intellectual Property Law Association)公布的报告显示,[3]在当事人要求侵权赔偿数额在100万~2500万美元的专利侵权诉讼中,一方当事人平均支出的诉讼费用高达260万美元。商标、著作权以及商业秘密案件所支出的费用通常低于专利权案件,因为前者的专业性和复杂性不如后者。但是即使这样的案件,诉讼花费通常也达到六位数甚至更多,潜在的损失也是非常巨大的,同时伴随着复杂的法律问题和冗长的法律程序。只要诉讼没有完成,当事人就要不停地投入,而这样的诉讼通常会持续

---

[1] [日]小岛武司、伊藤真编:《诉讼外的纠纷解决法》,丁婕译,中国政法大学出版社2005年版,第162~163页。

[2] 时任司法部副部长张军指出,我国知识产权案件中由律师担任代理人的案件的比例明显高于其他案件,达到80%左右。参见杨才然:《创新:知识产权与中国的现代化——中国人民大学知识产权国际论坛综述》,载《电子知识产权》2005年第7期。

[3] American Intellectual Property Law Association, "American Intellectual Property Law Association Report of the Economic Survey". *Dispute Resolution Journal*, 2005, (1):109.

十年或者因为上诉而拖得更长。[1] 总之,从博弈论的角度来看,诉讼实际上是一个零和博弈(zero game),一方之所得为另一方之所失,诉讼的结果只是纠纷标的在当事人之间的分配,没有创造新的财富。更为重要的是,只要进入诉讼就存在经济成本和道德成本,诉讼永远是一种负价值。[2]

(七)诉讼解决知识产权纠纷效果不佳

1.诉讼解决知识产权纠纷的社会效果差

纠纷解决的效果并不仅仅指法律效果,甚至主要不是法律效果,而是指当事人的满意程度、参与程度、纠纷解决的彻底性、社会反应和影响、成本与效益、实质公正性与程序的合理性等。[3] 不可否认,诉讼具有化解和消弭社会冲突的作用,这是诉讼最古老也是最重要的作用。但是,与其他纠纷解决机制相比,诉讼还被赋予了更多的职能,包括控制功能、权力制约功能、社会政策的制定功能、民主功能和教育功能,[4] 并且纠纷的解决过程和解决结果反映的主要是国家的意志。"为了正当地作出价值选择,法院必须同时兼顾各种诉讼目的:既要考虑到纠纷解决的彻底性,又要考虑到如此作出的裁判对将来的导向意义,同时还要确保权利者的权利获得实现,义务者的义务得到履行。民事诉讼价值目标上的复合性,与其他解纷机制相比,是一个极大的区别。"

正是由于诉讼解决纠纷并非只有单一的目的性,因而从单纯纠纷解决角度来看,诉讼并不能带来纠纷解决的最佳效益。在诉讼中,法官审理案件并作出判决必须服从法律,着眼点在于维护法律秩序和法律正义原则,至于纠纷是否能够得到实质性并且妥当的解决不是诉讼所要达到的最高目标。"人们往往把最终的司法或仲裁裁决的作出等同于纠纷的解决。而事实上,裁决的作出(乃至裁决的内容被强制执行)并不完全等同于纠纷主体之间冲突的消弭。某些情况下,这些冲突还会因国家(或社会)强制力的介入而进

---

〔1〕 Alan, Kowalchyk,"Resolving Intellectual Property Disputes Outside of Court: Using ADR to Take Control of Your Case", *Dispute Resolution Journal*, 2006,(5-7):28.

〔2〕 汤鸣、李浩:《民事诉讼率:主要影响因素之分析》,载《法学家》2006 年第 3 期。

〔3〕 范愉主编:《多元化纠纷解决机制》(第 2 版),厦门大学出版社 2005 年版,第 52 页。

〔4〕 樊崇义主编:《诉讼原理》,法律出版社 2003 年版,第 62 页。

一步激化。"[1]同时,诉讼作为一种特殊的纠纷解决方式,存在内生性的无法克服的矛盾。例如,法律规则(审判规范)与社会规范(传统、道德、习惯和情理等)的矛盾,程序公正与实体公正的矛盾,法律真实与客观真实的矛盾,公平与效益的矛盾,程序设计中高度专门化与当事人参与的常识化要求的矛盾,规则的确定性和程序僵化与解决特殊个案所需的灵活性的矛盾,作为判决之特征的"要么全有要么全无"(all or nothing)、"非黑即白"的解决结果与当事人期望之间的矛盾,事件涉及的简单权利义务关系与纠纷背后的复杂社会关系之间的矛盾等。这些矛盾的存在,在很大程度上限制了诉讼作为纠纷解决手段的功能和效果。[2] 比如,诉讼解决知识产权纠纷并不总能实现实质的公正,并且无法满足当事人解决纠纷的愿望。因为在纠纷中,法律与道德、权利与道义情理、理智与情感有时并不完全一致,根据法律规范衡量有时难以作出合情合理的解决,司法活动脱离当事人及社会道德、价值观念的运作,导致诉讼解决纠纷不一定能够实现最优的社会经济效果。以诉讼解决知识产权冲突纠纷为例,由于知识产权本身是无形权利,权利界限没有外在的彰显手段,容易发生权利冲突,通常表现在两项或者两项以上的知识产权均属于同一客体,但是对同一客体获得的知识产权保护属于不同的主体。虽然我国立法对此已经开始进行规制,[3]但是还存在大量没有解决的权利冲突,比如著作权与名誉权、肖像权等人格权的冲突,商标与域名的冲突,企业名称权与域名的冲突等。在司法实践中,这类纠纷类型通常被纳入侵权行为领域,法官用传统的侵权构成要件模式来将当事人之间的关系简单化、孤立化,对当事人双方权利义务关系进行是非判定,采用非黑

[1] 徐昕主编:《纠纷解决与社会和谐》(第1辑),法律出版社2006年版,第12页。

[2] 范愉:《非诉讼纠纷解决机制研究》,中国人民大学出版社2000年版,第36页。

[3] 例如,我国现行《专利法》(1984年3月12日通过)及《专利法实施细则》(2001年6月15日公布)就外观设计专利与其他权利的冲突;《商标法》(1982年8月23日通过)及《商标法实施条例》(2002年8月3日公布)就商标专用权与企业名称权、著作权等权利的冲突作出了规定。

即白的认定模式，得出全有或者全无的结论，难以实现纠纷解决的最佳效果。[1]

2. 诉讼单一模式难以应对知识产权纠纷多样化的需求

诉讼制度的建立和运作，是国家司法权的行使和法律实现的重要环节。诉讼的运作过程和技术高度严谨、合理和专门化，形成了一套独立的程序体系和规范，比如，诉讼裁判是对特定当事人之间已经发生的具体纠纷的事后性解决，以明确法律上的权利、义务、责任的归属和内容为目标。诉讼裁判的依据是以权利义务为基础的实体法，诉讼程序要求一系列专门化的操作规程，诉讼裁判的结果是全有全无的权利义务的判定。而且，当事人在诉讼中并无太多程序选择权，更多的是被动接受法律所规定的既定程序。[2] 当事人既不能自由选择法院，也不能决定审判庭的组成方式，更不能选定或者自行制定审判程序规则。法院的诉讼程序机制以及进行方法、当事人诉讼行为等鲜有根据纠纷特色而做相应调整，更不允许当事人随意变更。“由于

[1] 比如，在著名的“冯雏英诉江苏三毛集团”案件中，1992 年冯雏英继承其夫张乐平创作的三毛画像著作权。江苏三毛集团于 1994 年起未经冯雏英的同意将三毛画像注册为“三毛及图”商标并在其提供的商品和服务上使用，遂引起纠纷。在本案中，实质上是著作权与商标权之间的冲突。著作权是在先存在的法定权利，商标权也是经过授权获得的，那么两个形式上合法的权利之间的纠纷如何解决。上海市第一中级人民法院一审认为，被告未经许可使用原告“三毛”漫画形象作品，侵犯了原告的著作权。判决被告停止在产品、企业形象上使用“三毛”漫画形象作品；赔偿原告人民币 10 万元。二审法院维持原判。在本案中法院保护了著作权人的利益，这无可厚非，但是停止使用商标的禁令裁决等于强行否决了商标的价值与存在。对消费者而言，知名商标的消失，导致无法按图索骥地找到所需要的商品，造成购买不便和搜寻成本；对企业来说，企业厂商为了树立商标信誉，投入大量人力物力完善技术、管理、产品以及服务水平，在得到一纸判决后，所有努力都化为泡影，这也是社会资源的浪费。因此，这样的纠纷解决方式是不符合经济理性和社会公平原则的。如果当事人能够通过和解和调解等非诉讼方式达成许可厂商使用的协议，不仅保护了著作权人的权利，还真正发挥该权利的经济价值，同时保存了一个知名商标，救活了一个企业，相关的经济利益和社会效应的获得都是可以预见的。参见魏纬：《知识产权司法保护中的利益平衡》，西南政法大学 2002 年博士学位论文，第 139 ~ 140 页。另外，还有“武松打虎案”中的商标禁止使用的判决，学术界普遍认为禁止该商标使用有违效率原则和社会公共利益。参见刘春田：《在先权利与工业产权》，载《法学前沿》1997 年第 1 期；冯晓青：《论知识产权权利重叠、权利冲突及其解决》，载郑胜利主编：《北大知识产权评论》（第 1 卷），法律出版社 2002 年版；等等。

[2] 齐树洁主编：《纠纷解决与和谐社会》，厦门大学出版社 2010 年版，第 164 页。

诉讼这种被作为裁断格言的方法，在很多情况下无法充分对应每个具体案件以及当事人、相关人员的需要，而在当事人合意、了解的基础上对应各个具体情况的多种调整方法的必要性增强了。”[1]

如上文所述，知识产权纠纷主体多样、权利类型复杂，单一的诉讼解决途径显然不足以应对知识产权纠纷解决多样化的要求。尤其是在知识经济时代，知识产权不仅决定着一个国家的竞争力，也在很大程度上关乎企业的生存与发展。相关知识产权纠纷解决的时间长短、品质优劣以及执行是否迅速彻底等，往往影响着相关个体乃至产业的发展。在纠纷解决过程中，权利人往往并不以所有权为主要考量，往往以专利权背后所代表的商业利益为最终目的，“为权利而斗争”的传统权利救济模式往往不能满足当事人的利益需要；事实上知识产权只有得到更为广泛的利用才能发挥价值，知识产权权能的极大化才是其基本属性。著名的美国联邦巡回上诉法官 Randall R. Rader 曾指出，“多年来审理专利案件的经验表明，专利法已经成为国际商事法律中最重要的一种，也决定了最终结果和市场地位”。[2] 知识产权价值不在于权利本身，而在于权利排他性所带来的独占或寡占所衍生的巨额利益。

3. 诉讼裁判的结果不足以弥补损失

我国目前的几部知识产权单行法对侵权损害赔偿的规定，往往导致在很多情况下出现胜诉一方当事人获得的赔偿远没有支付的诉讼费用多的情形，也就是名义上的胜诉者实质上却是真正的输家。以专利为例，按照最高人民法院《关于审理专利纠纷案件若干问题的解答》的规定，我国专利侵权损害赔偿计算有三个计算标准：第一，以专利权人因侵权行为受到的实际经济损失作为损失赔偿额。由于专利权人因为侵权行为所导致的实际损失受多种因素影响，难以确切估算，既有直接损失，如销售额下降；还有间接、潜在的损失，如市场份额的缩小、产品生命周期的缩短，这比直接损失更致命。第二，以侵权人因侵权行为获得的全部利润作为损失赔偿额。问题在于要计算侵权利润，必须通过审查侵权人制造或者销售产品的全部会计账簿等，

[1] [日]小岛武司、伊藤真主编：《诉讼外的纠纷解决法》，丁婕译，中国政法大学出版社 2005 年版，第 213 页。

[2] Stephanie Bodoni, Interview – Inside View from the Federal Circuit, Managing Intellectual Property, http://www.legalmediagroup.com/mip/default/asp, 2018 – 10 – 03.

权利人难以举证证明。第三，以不低于专利许可使用费的合理数额作为赔偿损失额。缺陷在于如果专利权人在被侵权前没有将其专利许可他人使用，只能参照确定。除此之外，我国现行知识产权单行法律规定了法定的赔偿额。[1] 比如，专利侵权赔偿规定了1万元以上100万元以下的定额赔偿数额，法律对于赔偿损失形式的民事责任较为强调按照实际损失进行赔偿，以“填平”为原则；但是对于无形财产的侵犯，权利人的“实际损失”只有补偿性赔偿的规定对权利人挽回损失是不够的。正如有学者指出，“定额赔偿是一把‘双刃剑’，一方面保证了权利人无法证明其损失和侵权人获利时，也能够得到司法赔偿的救济；另一方面却因为有明确的50万元的上限的规定，在那些侵权人获利明显超过50万元，但无法确定具体数额、虽以侵权为业却无法确定其销售利润、主观恶意明显等案件中，人民法院不能突破该上限，对权利人爱莫能助，特别是随着市场经济的纵深发展和全球经济一体化的加速，侵权获利实际上超过50万元的案件亦不鲜见”。[2] 在我国当事人通过诉讼获得负价值的案例屡见不鲜，典型的如迪士尼公司诉北京出版社等侵犯著作权案中，法院判定被告赔偿原告7.2万元，而原告支付的律师费就高达87万元。[3] 因此，在诉讼中，“错误成本与直接成本大于程序利益。尽管个别的原告能获得损害赔偿和其他救济，从而从诉讼中受益，但全面地看，诉讼纯粹是一种损失。因此，从社会的立场或从潜在的原告或被告的立场来看，应当避免打官司”。[4]

---

[1] 根据我国现行《专利法》及最高人民法院2015年修正的《关于审理专利纠纷案件适用法律问题的若干规定》第20条至第22条规定，人民法院首先按照权利人损失或者侵权人获利计算赔偿数额。该两项难以确定的，则参照专利许可使用费的倍数合理确定赔偿数额。在没有专利许可使用费的情形下，或者专利许可使用费明显不合理的情形下，人民法院可以根据专利权的类别、侵权人侵权的性质和情节等因素，一般在人民币1万元以上100万元以下确定赔偿数额，最多不超过人民币50万元。同样根据《商标法》和最高人民法院《关于审理商标民事纠纷案件适用法律若干问题的解释》、《著作权法》和最高人民法院《关于审理著作权民事纠纷案件适用法律若干问题的解释》以及《反不正当竞争法》的相关规定，无论是专利权、商标权、著作权侵权还是不正当竞争造成的损害，赔偿数额的计算方法比较类似，包括根据权利人损失、侵权人获利以及定额赔偿等参考标准。

[2] 童兆洪主编：《民营企业与知识产权司法保护》，浙江大学出版社2006年版，第3页。

[3] 邓宏光：《论知识产权侵权警告函》，载《企业经济》2006年第6期。

[4] [美]迈克尔·D.贝勒斯：《法律的原则——一个规范的分析》，张文显等译，中国大百科全书出版社1996年版，第37页。

我国几部重要的知识产权单行法律的最新修改都意识到法定损害赔偿不足,不仅提高了法定损害赔偿的限额,而且还涉及了惩罚性赔偿的问题。比如,《商标法》第63条第3款规定:“权利人因被侵权所受到的实际损失、侵权人因侵权所获得的利益、注册商标许可使用费难以确定的,由人民法院根据侵权行为的情节判决给予三百万元以下的赔偿。”目前正在审议中的《专利法修正案(草案)》和《著作权法修正案(草案)》中也有增加了类似的规定。如《专利法修正案(草案)》中明确规定,对故意侵犯专利权,情节严重的,可以在按照上述方法确定数额的一倍以上五倍以下确定赔偿数额。权利人的损失、侵权人获得的利益和专利许可使用费均难以确定的,人民法院可以根据专利权的类型、侵权行为的性质和情节等因素,确定给予十万元以上五百万元以下的赔偿。另外,在《著作权法修正案(草案)》中明确规定,对故意侵犯著作权或者与著作权有关的权利,情节严重的,可以按照上述方法确定数额的一倍以上五倍以下给予赔偿。权利人的实际损失、侵权人的违法所得、权利许可使用费难以计算的,由人民法院根据侵权行为的情节,判决给予五百万元以下的赔偿。

(八)我国知识产权诉讼体制的缺陷

我国知识产权司法体系的建设随着20世纪80年代3部单行法的颁布实施而开始发展。近年来,随着我国经济社会发展,知识产权案件数量迅猛增长,新型案件增多,知识产权审判的重要作用日益凸显。目前全国在中级以上法院普遍设立专门知识产权审判庭,具有知识产权案件管辖权的基层法院数量也不断增加。总体而言,我国知识产权审判在保护知识产权和激励自主创新,规范市场竞争秩序,推动科技创新、经济发展、文化繁荣方面起到了不可替代的重要作用。但是,我国知识产权诉讼除了前述局限性之外,还存在自身体制缺陷。

1. 知识产权审判机制一体化和集中化不足

知识产权是知识财产关系的实体法,但是由于权利客体的无形性,在法律中必须规定权利取得、管理等程序内容,加之知识产权不仅是纯粹的私权,还有公共利益的属性,因此行政管理、行政处罚、刑事处罚等内容也必须有相应的规定,因此,法律内容的综合性、法律责任的多元性,要求知识产权审判机制的一体化和集中化,否则可能人为割裂知识产权制度体系的内在联系和统一。

从国际的经验来看,将知识产权审判从现实的审判体制中剥离出来构建统一的知识产权法院,主要有四种模式:[1](1)设置专门的知识产权法院处理所有的知识产权案件或主要的知识产权案件,比如欧盟要求成员方设立专门审理共同体商标和外观设计的法院;韩国于1998年设立知识产权特别法庭和专利法院:首先由知识产权特别法庭对诉讼中的知识产权做出审查和裁决,如果当事人对裁决不服可以向专利法院提起上诉。(2)在普通法院中设置专门的知识产权庭独立审理知识产权案件或者配备具有知识产权背景的法官审理知识产权案件,我国目前主要是采取这种模式。(3)设立商业法院或专门法院审理知识产权案件和其他商事纠纷,比如泰国于1996年率先建立了知识产权和国际贸易法院,处理涉及知识产权和国际贸易事务案件的法定法院。(4)设立专门的上诉法院审理知识产权案件和特定类型上诉案件,比如美国设立联邦巡回上诉法院统一受理专利纠纷上诉案件,日本设立知识产权高等法院,我国台湾地区设立智慧财产法院等。

可喜的是,2014年6月6日,习近平总书记主持召开中央全面深化改革领导小组第三次会议,审议通过《关于设立知识产权法院的方案》。2014年8月31日,第十二届全国人大常委会第十次会议通过《关于在北京、上海、广州设立知识产权法院的决定》。2014年11～12月,北京、上海、广州知识产权法院挂牌成立,初步探索出中国特色知识产权专门化审判道路,充分展示了我国知识产权司法保护的新形象,赢得人民群众和国际社会的积极评价。2018年10月26日,第十三届全国人大常委会第六次会议审议通过《关于专利等知识产权案件诉讼程序若干问题的决定》(以下简称《决定》)。《决定》明确由最高人民法院统一审理专利等专业技术性较强的民事、行政上诉案件,促进有关知识产权案件审理专门化、管辖集中化、程序集约化和人员专业化。可见,我国正在努力改善知识产权诉讼机制中存在的司法机构设置层次不清、多头审判的混乱局面。

2. 知识产权审判人员配置不足、专业化程度不高

知识产权法官的素质及审判能力是保障诉讼公正、公平、权威和高效的关键,但是总体而言,我国知识产权法官人数总体较少,且专业化程度还无

---

〔1〕 International Bar Association and Intellectual Property and Entertainment Committee, International Survey of Specialized Intellectual Property Courts and Tribunals, London, February 2005.

法满足实践的需求。知识产权案件专业性强、社会关注度高,具有很强的国际性,许多案件涉及复杂疑难的技术问题和法律问题,审理难度较大,人才培养周期较长。各级法院审判组织配置、人员调整、工作部署和业绩考核中还存在一定的问题。[1]

第二节 知识产权纠纷诉讼外解决机制

一、诉讼外纠纷解决机制的概念及基本特征

(一)广义的和狭义的诉讼外纠纷解决机制

诉讼外纠纷解决机制(Alternative Dispute Resolution, ADR),也被称为代替性或者替代性的纠纷解决机制,是指在正式的法院诉讼途径之外解决纠纷机制的总称。

广义的 ADR 概念,是指任何主审法官宣判以外的程序和方法,[2]既包括当事人自行解决纠纷的协商和解,也包括通过第三人促成当事人达成的纠纷解决程序,其中第三人既可以是因为解决具体纠纷暂时的个人或者组合,也可以是专门设立的纠纷解决机构。此外,行政机关或法院附设的"准司法"机构解决纠纷程序,比如审前会议、诉讼和解、诉讼调解、模拟仲裁、早期中立评估、小型审理等也都属于 ADR 的范畴。

狭义的 ADR 概念将部分纠纷解决方式排除在 ADR 范畴之外,比如当事人之间的协商和解、仲裁和行政机关的准司法纠纷解决程序或者法院的附设程序等。总之,ADR 是一个集合性、开放性的概念,外延具有不确定性和开放性,数量众多的诉讼外的纠纷解决方法都能被纳入该范围中,并且相互之间不具有严格的层级和种属关系。

---

〔1〕 参见张平主编:《技术创新中的知识产权保护评介——实证分析与理论探讨》,知识产权出版社 2004 年版,第 257 ~ 260 页;徐家力:《我国知识产权司法保护目前存在的问题及对策》,载《法律适用》2006 年第 3 期。

〔2〕 宋冰编:《程序、正义与现代化——外国法学家在华演讲录》,中国政法大学出版社 1998 年版,第 420 ~ 428 页。

（二）诉讼外纠纷解决机制的基本特征

无论ADR的外延如何界定，这些纠纷解决机制之间存在诸多共同特征：[1]

第一，程序上的非正式性（简易性和灵活性）。

第二，在纠纷解决基准上的非法律化，即无须严格适用实体法规定，在法律规定的基本原则框架内，可以有较大的灵活运用和交易的空间。

第三，从纠纷解决主体角度出发，ADR具有非职业化特征，可以使纠纷脱离职业法律家的垄断。

第四，形式的民间化或多样化，其中民间性ADR占据了绝大多数。

第五，从纠纷解决者与当事人之间的关系看，包括仲裁在内的ADR的构造是水平式（horizontal）的或平等的，中立第三人并不是行使司法职权的裁判者（法官），当事人的处分权和合意较之诉讼具有更重要的决定意义，因而被称为更彻底的新当事人主义。

第六，纠纷解决过程和结果的互利性和平和性（非对抗性）。无论如何，ADR的特征都是源自于与诉讼基本原理上的差异，即诉讼以物理性强制力为后盾，而ADR是根据私人自治的原理来解决纠纷的。[2]

二、诉讼外解决知识产权纠纷的合理性与优越性

（一）诉讼外解决知识产权纠纷具有合理性

正是由于社会主体逐渐认识到诉讼解决知识产权纠纷的缺陷，才日益重视和发展诉讼外的纠纷解决机制。虽然诉讼的弊端和困境并非都是ADR所能解决和克服的，然而，利用ADR方式解决知识产权纠纷却是现实的需要：一方面，ADR将承担起解决知识产权纠纷的主要角色，分担诉讼的压力，维护其主导和权威；另一方面，在诉讼机制无法合理解决有关知识产权纠纷时，提供了一种满足特定主体解决特定纠纷需要的缓冲机制，而且利用ADR解决知识产权纠纷具有诉讼所不及的诸多优越性。

---

〔1〕［日］小岛武司：《裁判外纷争处理与法的支配》，有斐阁2000年版，第183页。转引自范愉：《当代中国非诉讼纠纷解决机制的完善与发展》，载《学海》2003年第1期。

〔2〕王天华：《日本ADR的新动向》，载何兵主编：《和谐社会与纠纷解决机制》，北京大学出版社2007年版，第141页。

我国知识产权纠纷诉讼外解决机制可以分为社会型、行政型和自力型纠纷解决机制，具体而言，包括协商、谈判、调解、仲裁、行政处理（主要是行政调解和行政裁决）等。当然，由于有公权力机关介入的行政裁决机制和法院附设 ADR 等机制，与诉讼存在更多的相似性，因此不纳入讨论的范围。

1. 分担司法负担以及弥补诉讼能力不足

随着与知识产权有关的贸易迅速发展以及新型通信手段的广泛适用，知识产权纠纷数量逐年递增，并且类型日益多样化和复杂化。大量的知识产权纠纷涌向法院，资源和司法能力的不足使诉讼解决这类纠纷出现了明显的阻滞。“司法功能并未为法治的实现带来切实的保障和期望，自身也面临多方面的压力，包括来自诉讼增长的‘量’的压力和裁判效果差的‘质’的压力及综合社会评价压力等。”[1]因此，提倡 ADR 解决知识产权纠纷的意义，首先在于通过向社会主体提供低成本和高效率的纠纷解决方式，分流纠纷，缓解司法机关的案件压力；同时能够对诉讼机制进行补偏救弊，缓解诉讼高成本、迟延、过分追求形式等诸多问题，维护司法的正统性和权威。

与消费者纠纷、环境纠纷、劳动纠纷、医疗纠纷等纠纷类型一样，知识产权纠纷被视为现代型纠纷，这类纠纷具有相当的专业性和复杂性，相关立法规制缺失，法律上权利义务关系对立交错，需要迅速处理。鉴于诉讼是一种高成本的救济保障体系，不可能及时妥善地解决这类纠纷，因而，现代社会应当把诉讼从传统的解决纠纷工作中分化出来，由其他诉讼外纠纷解决机制承担起大量的纠纷解决功能，使法院能够集中精力通过重要案件确认规则，发展法律规范。英国法学家科特威尔指出：“我们不能把法律的法院判决看作主要是为了解决冲突，而应该看作是为了维护规范秩序，是为了理解某一特定的社会情况或关系，作出以法律原则为根据的说明。”[2]事实上，诉讼作为法的动态运作方式之一，具有确认、发展和实现法律规范和维护法律秩序的重要功能；同时，诉讼机制还具有使政治权力合法化、阐明政策目

---

〔1〕 范愉：《有关调解法制定的若干问题（上）》，载《中国司法》2005 年第 10 期。

〔2〕 ［英］罗杰·科特威尔等：《法律社会学导论》，潘大松等译，华夏出版社 1989 年版，第 242 页。

的、培养社会角色和社会期望、促进社会化进程等社会功能。[1] 随着现代国家法律体系功能的扩大和大量新型的、现代型的知识产权纠纷的出现，知识产权诉讼机制的发展不应停留在如何有效解决纠纷的层面，而更应立足于形成具有先例拘束力的判例的规范性功能和政策形成功能。“对于现代型诉讼，比起事后的个别纠纷解决功能，对于将来指向的一般性政策形成功能的期待更受人们关注。”[2] 在知识产权诉讼机制的社会功能扩大化的情况下，ADR 应当越来越多地承担起纠纷解决的功能，分担诉讼压力，维护诉讼的核心地位，促进诉讼承担起纠纷解决以外的更重要的社会功能。

2. 纠纷解决机制专门化的发展要求

社会纠纷无处不在并且形态各异，只要存在纠纷的地方，ADR 就有发挥作用的空间。时至今日，ADR 的正当性和积极作用已经得到国家以及社会主体的广泛认同和接纳，以往禁止或者限制采用 ADR 的领域也逐步开始向 ADR 开放。随着社会分工的日益精细化，各种行业性、专门性的纠纷不断涌现，适应这些特定类型纠纷解决的新型 ADR 机制也应运而生。在我国，一些新型的纠纷领域，包括环境纠纷、交通事故纠纷、医疗纠纷等均建立了较为完善的纠纷处理机制，表现为特定类型纠纷的处理专门化。事实上，纠纷涉及的领域越广泛，社会分工越细密，专业知识越复杂，就越需要针对不同的纠纷类型和特征设计不同的纠纷处理机制，降低纠纷解决的成本，提高纠纷解决的实效性。一般而言，纠纷的专门化处理机制有三种表现形式：设立专门的审判机构或审判组织；由专门的 ADR 机构处理；诉讼与 ADR 衔接处理的模式。无论如何，在专业化纠纷解决机制的发展方向上，ADR 的作用都应当受到重视。针对不同类型的纠纷设立相应的专门性处理机制，是今后社会发展和纠纷解决的必然趋势。

知识产权是社会进步、技术发展的产物，知识产权纠纷相较于普通的民事纠纷而言，是一类新型纠纷，这类纠纷的解决有独特的需求。由于知识产权诉讼往往具有费用高、审理周期长、专业性强等特征，因而 ADR 在解决知识产权纠纷方面具有广泛的适用余地和发挥空间，能够很好地满足不同主

---

〔1〕［英］罗杰·科特威尔等：《法律社会学导论》，潘大松等译，华夏出版社 1989 年版，第 238 页。

〔2〕［日］小岛武司、伊藤真主编：《诉讼外的纠纷解决法》，丁婕译，中国政法大学出版社 2005 年版，第 224 页。

体解决纠纷的特殊性需求。知识产权纠纷主体范围广泛,纠纷类型多样,情况各异,当事人对于如何选择合适的纠纷解决机制往往有着自己的衡量因素,或者考虑到纠纷解决的成本、时间、效益,或者考虑到保持自己的信誉、保守商业秘密,或者需要与对方当事人保持长远人际关系或者商业关系,或者希望通过正式纠纷解决程序获得有利于自己的权威性的判决等。事实上,只有发展各类纠纷解决程序,当事人才能通过比较各个程序的优缺点,自主选择和使用最适合自身利益需要的纠纷解决模式,这不仅是尊重当事人意思自治的表现,而且也符合效益原则。虽然目前诉讼外解决知识产权纠纷的合理性尚未得到充分的认识,大部分知识产权纠纷的当事人和律师仍然倾向于通过传统的诉讼方式解决纠纷,但是,近十年来,这样的观念正在随着社会发展逐渐发生改变。[1]

3. 国家推行知识产权公共政策的需要

知识产权在私人语境下为私权,其产生、行使和保护都适用民事权利体系的相关规则,但是,从国家层面来看,知识产权制度是一国公共政策的安排,也就是说,知识产权保护体系的构建是国家根据现实国情、未来发展以及国际形势做出的制度选择和安排。知识产权政策,实质上是在国家层面上制定、实施和推进的,具言之,即政府以国家的名义,通过制度配置和政策安排对于知识资源的创造、归属、利用以及管理等进行指导和规制。一国公共政策主体对于其管辖范围内知识产权制度的安排主要包括:(1)制定法律法规,以产权形式对相关知识财产给予统一保护;(2)提供实施条件与手段,建立包括司法裁判、行政管理、社会服务等在内的配套机制;(3)以相关公共政策作为支撑,共同服务于总政策目标。[2] 由此可见,构建高效和谐的知识产权纠纷解决机制也应当属于国家推行知识产权公共政策的内涵之一。知识产权的保护仅仅立足于实体法规范的构建和完善是片面的,忽略纠纷解决机制的发展造成纠纷解决的阻滞,不仅使知识产权在很大程度上成为空虚的权利,权利人的权利得不到及时的救济,因为"从动态的意义来考察,

---

〔1〕 WIPO,"Resolving IP Disputes Through Mediation and Arbitration",*WIPO Magazine*, 2006,(2):13.

〔2〕 吴汉东:《知识产权本质的多维度解读》,载《中国法学》2006 年第 5 期。

权利救济实质是在解决纠纷，权利获得救济的过程就是纠纷得以解决的过程"[1]；而且在很大程度上阻碍知识产权制度促进知识创新和推动知识发展制度目标的实现，知识产权制度无法有效发挥促进智力创新和技术进步的激励作用，国家构建知识产权促进经济增长与社会发展的公共目标也会落空。因而，发展和规范知识产权纠纷诉讼外解决机制，不仅有利于实现创造者的私权，而且有利于国家维护知识产权法律秩序的和谐。

（二）诉讼外解决知识产权纠纷具有比较优势

无论纠纷的性质如何，ADR 程序本身具有诉讼程序所没有的诸多优点，比如程序非正式而灵活，简单迅速、有弹性地解决纠纷，尊重纠纷解决中个人自治性以及参与法律过程的主体性等。美国学者劳伦斯·博尔（Laurence Boulle）曾经指出："以合意解决为基础的 ADR 形式与以裁决解决为核心的诉讼形式在过程的价值取向上存在下列明显区别：诉讼强调程序的正式性、正当性和强行性，ADR 倾向于程序的非正式性、参与性和当事人的一致性；诉讼强调规范的适用和法规中心主义，ADR 侧重于规范的生成和参与者中心主义；诉讼以事实为导向，在平等适用规则的前提下主张案件处理的一致性，而 ADR 以当事人的关系为导向、对纠纷进行个别化处理；诉讼程序必须有公开的记录，而 ADR 则趋向于保密；通过诉讼的纠纷处理结果往往与日常生活逻辑不契合，而 ADR 对纠纷的解决是对社会生活关系的修复和治愈。"[2]在知识产权纠纷解决中，ADR 的优势得到了充分展示和发挥，当事人容易通过合意达成诉讼外的解决方式，正是由于这些纠纷解决模式具有超越诉讼的优势和吸引力。

总体来说，利用 ADR 解决知识产权纠纷具有诸多的优越性，包括时效性、保密性、专业性、当事人对程序的控制等。[3] 下面，我们从专业性、灵活性、效益性、保密性、维护关系，以及结果的恰当性等方面探讨利用 ADR 解

[1] 邵华：《自组织权利救济——多元化纠纷解决机制的新视角》，中国法制出版社 2007 年版，第 35 页。

[2] Laurence，Boulle，"ADR Applications in Administrative Law"，*Acta Juridical*，1993. 转引自蔡仕鹏：《法社会学视野下的行政纠纷解决机制》，载《中国法学》2006 年第 3 期。

[3] Cleveland，Ohlo，"Intellectual Property Roundtable：A Discussion of IP and ADR"，*Dispute Resolution Journal*，2005，(60)：70 – 81.

决知识产权纠纷的优越性。

1. 专业性

ADR能够满足知识产权纠纷解决专业性的需要。在ADR程序中,当事人可以协商选择相关领域的技术专家、法律专家以及具有丰富ADR经验的专业人士作为中立第三人参与解决纠纷。专家,通常是指在某一方面拥有专门知识或丰富经验的特殊人员,这些人因掌握不易为普通民众所知悉的专业知识而在社会生活中拥有广泛的话语权和影响力。[1] ADR程序中,作为第三人的专家能够提供对有关专业性或者技术性问题的认知和评价,帮助当事人形成对事实、证据相关技术及法律问题更清楚的认知,从而有利于最大限度地保障当事人在正确判断基础上作出决定。无论是纠纷的对象、范围的划定,还是权利义务关系的厘定,专业训练和经验积累使纠纷解决角色担当者行为更合理化、规范化。比如,在专利纠纷中,专家可以帮助当事人理解专利技术现状,发明的产生及其运作,当事人发明之间的相似性或者不同之处,其他相关的技术细节等;在IT案件中,专家可以解释计算机或者通信系统的运作原理和过程;在商标案件中,专家可以帮助分析调查报告中关于消费者情况等。由于专家能够更好地理解和把握纠纷中的技术性问题,直达纠纷解决的核心障碍,有利于提高纠纷解决效率和促进纠纷解决程序顺利展开;同时,专家与当事人交流比较默契和融洽,通过与当事人的积极对话,当事人感到被尊重的同时更容易接纳该中立第三人提出的纠纷解决方案。而且,专家解决纠纷,可以省去法官或者陪审团对专业问题、商业惯例以及行业规则等问题进行"讲解和说明"的投入,从而节省当事人用于纠纷解决的时间和金钱。

2. 灵活性

在诉讼程序中,由法官进行一切指挥,当事人一旦将案件提交法院就失去了控制纠纷解决过程和结果的能力,在成文法缺失或者简陋的情况下,纠纷解决的结果还很大程度上取决于法官的自由裁量,因而是难以预测和把握的。与此不同的是,ADR程序具有相当大的灵活性,没有诉讼那样严格的程序化要求,充分尊重当事人解决纠纷的自治性和自主性。"ADR是以合意为基础的、以当事人为中心的程序,这使纠纷的解决能够避免一无所获的

〔1〕 吴卫军:《消费者协会解纷机制研究》,载徐昕主编:《纠纷解决与社会和谐》(第1辑),法律出版社2006年版,第220页。

僵硬的选择,使ADR具有实体上的高度灵活性和变化性,并对当事人(进行)总体补偿。"[1]在ADR程序中,当事人有权选择并决定关涉自我利益纠纷的解决方式,当事人可以结合对纠纷性质理解和解决的关注点而设计程序形式,当事人能够根据自主和自律的原则选择适用恰当的法律规范、行业规范、商业惯例等,或者简单地依据某些法律原则或规则进行协商达成纠纷解决协议,当事人还可以对纠纷解决方案充分地表达自己的意见并在最后的解决方案中反映其意愿,这不仅是承认和尊重社会个体意志独立性和保障基本人权保障的表现,还充分彰显了"只有个人才能最终判断什么是最符合他本人的利益"的正义观和功利主义立场。"当事人介意什么、要求什么,不是第三人从局外就能简单把握的,实际上当事人的思想活动也是和对方的交流、纠纷中出现的可能的解决方法联系在一起的。"[2]因此,适合个案的纠纷解决方式和纠纷解决结果只有当事人自己才能够恰当地把握,而ADR鼓励当事人自己推动纠纷解决的程序,对于程序制度的设计预留相当的空间,以其充分的灵活性满足当事人控制纠纷解决程序及结果的要求。

3. 高效率和低成本

知识产权诉讼在世界各国都具有审判周期长以及成本高的特征,而且普遍存在的积案现象还进一步导致诉讼解决纠纷的高耗费。在ADR中,由于当事人具有充分的控制权和引导权,纠纷解决的速度和效率取决于当事人的意图,当事人能够将纠纷解决的时间耗费和金钱投入控制在一定范围之内,因而利用ADR解决纠纷具有明显的高效率和低成本优势。比如,在美国,一件专利诉讼平均要耗费50万~100万美元,而同样的纠纷采用诉讼外处理方式,只需要花费上述金额的50%~75%。而且,由于美国联邦地区法院刑事案件过多,大部分民事案件,特别是专利案件被推迟审理,一件专利案件可能会持续数年。而通过非诉讼的方式,即使是复杂的专利纠纷也可以在一年内得到解决。[3]"ADR具有节约时间和成本的优势显然毋庸置疑。这里的成本不仅包括当事人在运用ADR过程中支付的直接成本,也包

---

[1] [日]小岛武司:《诉讼制度改革的法理与实证》,陈刚等译,法律出版社2001年版,第181页。

[2] [日]小岛武司、伊藤真编:《诉讼外的纠纷解决法》,丁婕译,中国政法大学出版社2005年版,第16页。

[3] 曾彤:《知识产权纠纷的诉讼外处理》,载《中华商标》2002年第2期。

括纠纷过程所派生的间接成本,如业务中断、当事人之间关系的破坏以及未来商业机会的丧失等。"[1]确实,当事人一旦卷入大型复杂的诉讼程序后,实际上几乎没有其他时间和精力来完成自己其他的商业活动和计划,而且诉讼拖延会对知识产权纠纷当事人的商业活动造成严重的后果,特别是在侵权状态持续的情况下,侵权产品在市场上交易的时间越长,当事人潜在的利润损失就会越大。事实证明,在知识产权纠纷中越早使用诉讼外的纠纷解决方式,当事人能够节约的纠纷解决成本就越多。[2]

在市场经济条件下,知识产品与其他物质商品一样,只有经过交换才能实现效用或利益最大化。知识产权交易的达成需要一系列成本,包括获得市场信息所需成本,讨价还价与签订合同所需的成本,监督合同履行、解决纠纷以及制裁违约行为所需的成本,其中也包括纠纷解决的成本。降低纠纷解决的成本能够直接减少知识产权交易的成本,从而促进知识产权的流转和利用,充分发挥知识产权的价值。同时,由于 ADR 注重长远关系维护和社会秩序的和谐,ADR 的结果是当事人通过协商,在互谅互让的基础上所达成,因此容易得到当事人心理上的认同,在实践中易于得到遵守和执行,由此免除了社会为执行所承担的风险和成本。此外,即使 ADR 解决纠纷最后以失败告终,这样的尝试也是有益的。因为通过 ADR 方式解决纠纷时,纠纷问题范围得到明确,当事人双方也通过纠纷解决更清楚地了解和更理性地思考纠纷性质、状态、各自在纠纷解决中的优劣势等,这为随后的通过诉讼方式解决纠纷铺平了道路,有利于节省当事人以及司法解决纠纷的时间和费用。

4. 保密性

诉讼公开,是程序正义的基本要求和现代法治的根本原则之一。诉讼公开,不仅是对当事人公开,也是对全社会公开;不仅诉讼过程公开,诉讼的结果也会公开。诉讼将案件审理的全过程置于公众的监督之下,保障公众的知情权和监督权,有利于防止"暗箱操作"以及司法腐败。与此不同的是,ADR 具有保密性,许多国家的 ADR 立法(主要是仲裁和调解立法)以及各类 ADR 组织发布的程序规则中都对保密性作出了明确的规定。比如,《新

[1] 齐树洁:《程序正义与司法改革》,厦门大学出版社 2004 年版,第 146 页。

[2] Manny D. Pokotilow, "Why Alternative Dispute Resolution Should Be Used for Intellectual Property Disputes", *Intellectual Property & Technology Law Journal*, 2004, (7): 18.

加坡仲裁法》《日本商事仲裁协会仲裁规则》《苏黎世商会国际仲裁规则》《伦敦国际商事仲裁院仲裁规则》等。同时,保密性在大多数 ADR 程序中是促成纠纷解决的核心环节。只有在保密状态下,当事人才可能袒露自己的真实想法和立场,未经当事人许可第三人不得向任何人公开当事人在 ADR 程序中提供的信息,从而也让中立第三人有机会分别与对方当事人进行秘密磋商,获得有价值信息,并利用这些信息以最直接和最有效的方式促成纠纷解决。对于那些希望保护个人隐私、商业秘密、不公开的商业资料以及社会声誉的当事人而言,ADR 程序的保密性给当事人带来的益处远远超过当事人通过诉讼证据交换或者证据开示所获得的利益,因为保密信息一旦遭到泄露,可能给当事人造成无法弥补的重大损失。因而,在那些涉及需要保护秘密信息的知识产权纠纷中,当事人选择纠纷解决程序的首要考虑就是程序是否具有足够的保密性,而 ADR 程序本身所具有的保密性最恰当地满足了这类当事人的纠纷解决需求。

5. 保持并且维护合作关系

司法诉讼“由于强调权利排他的绝对的归属,所谓的依法的解决常常导致当事者之间发生不必要的感情对立,不仅不能助长合理解决问题的态度,还会引起当事者之间的长期不和。尤其是在持续的相互关系下发生的纠纷,或者在解决要求当事者一方长期持续地履行义务的情况下,这种依法的解决更成问题”[1]。由于诉讼对抗性的基本特征,往往导致纠纷主体之间的对立情绪,由个别事实引发的矛盾,在诉讼后反而导致主体之间后续不断的对抗与冲突。“现代化的诉讼无论对于原告还是被告来说,都是一场极其冒险的赌博。因为它一经启动就必然对当事人造成不利后果,无论当事人胜诉还是败诉。它会使当事人在审判之后处于无休止的冲突和对立状态。”[2]与诉讼模式不同的是,ADR“有利于查明发生纠纷的深层次原因,并能修复这种复杂并且连续性的关系”[3]。它能够提供一种有效但是非对抗

---

〔1〕［日］棚濑孝雄:《纠纷的解决与审判制度》,王亚新译,中国政法大学出版社 2004 年版,第 62 页。

〔2〕《纠纷解决、法律信仰与现代性》,载 http://www.cass.net.cn/file/2006080879208.html,最后访问日期:2018 年 8 月 8 日。

〔3〕［意］莫诺·卡佩莱蒂编:《福利国家与接近正义》,刘俊祥等译,法律出版社 2000 年版,第 2 页。

的方式解决纠纷，综合考虑当事人之间长时间交往关系并着眼于调整未来关系，回避根据法律确定的权利义务关系简单地作出判决，而是努力在法律规定之外谋求衡平，纠纷解决的结果不是胜负模式，不会损害到当事人之间的感情。美国学者布莱克呼吁现代社会治理和纠纷解决应适当减少对法律的依赖，特别注重非诉讼机制对维系和谐人际关系的重要作用。[1]

随着市场经济的日益发展，商业及人际交往关系的不断深入，纠纷当事人之间往往不仅存在简单的商品交换关系，同时置身于错综复杂的社会关系中。在许多知识产权纠纷中，双方当事人往往有着长期的买卖关系、客户和服务的提供者关系、企业合资者关系以及市场领导者和追随者等关系，这些关系的建立并非朝夕之功，并且在激烈的商业竞争世界中，合作机会也不是可以常常获得的，因而当事人往往较为珍惜和重视。在发生纠纷后，当事人解决纠纷的利益考量并不仅停留在一次性的诉讼得失的层面上，维持长期的交易关系越来越成为利益权衡的决定性因素，当事人希望保持其努力建立起来的相互信任和合作关系，倾向于在纠纷解决中作出一定的让步和妥协，在和谐的氛围中消解与对方的矛盾。"当纠纷产生的时候，纠纷双方以及任何第三方所承担的最重要的道德上的和实际的义务并不是判断哪一方是正确的或者错误的，而是恢复双方当事人之间的和谐状态……最好的纠纷解决办法不是正确地评价谁是谁非，而是使双方都能满意且乐于恢复他们以往的社会关系。"[2]

6. 结果恰当性

司法审判针对的是发生在诉讼之前的纠纷，所解决的是当事人纠纷的诉讼标的，即对当事人有纠纷的权利义务的事实和理由进行审理，因此，不考虑与案件无实质性关联的事实和理由，不会考虑当事人之间复杂的或者特殊的社会关系，只针对原告的诉讼请求作出裁判，将当事人之间的权利义务关系进行绝对划分。但是在现实生活中，所有社会关系都无法脱离当事人的特定身份和他们之间的关系。邓正来先生指出："'法条主义'之所以解释不了逻辑自洽的法律规则为什么在适用过程中功效低下的问题，实际上

〔1〕［美］布莱克：《社会学视野中的司法》，郭星华等译，法律出版社2002年版，第270～271页。

〔2〕［美］马丁·夏皮罗：《法院：比较法上和政治学上的分析》，张生、李彤译，中国政法大学出版社2005年版，第222页。

是因为'法条主义'所研究的只是次级事实(second - order facts),亦即存在于法条、判例,以及与现行法律系统相关法典中的一些规则而已,然而他们却忽略了这些次级事实背后的许多初级事实或首要事实(first - order or primary facts),亦即有各种地方情势以及司法人员、法官和其他与这些复杂的法律规则相关的人士(包括一般老百姓)的实际行为所构成的那些事实。"[1]因此,诉讼解决纠纷可能出现裁判结果不恰当性和不彻底性的弊端。

在知识产权纠纷中,相当多的纠纷并不能简单归结为权利义务关系,更多的可能是利益平衡问题,并且纠纷的事实争点常涉及许多复杂的因素,因而只有对各种间接事实一并予以考虑,才能形成恰当的纠纷解决结果。通过ADR解决纠纷,可以引入反映当事人之间深层次矛盾的与诉讼标的无关的事实和理由,有利于纠纷的彻底解决。纠纷主体可以自主地放弃或者交换权利,这种根据利益原则作出的妥协和让步,相对于无效益地争取权利更恰当。同时,ADR纠纷解决不纠缠于过去,而是面向未来寻求双赢的纠纷解决结果,完全取决于当事人的合意和设计。比如,在专利、商标或者商业名称等的侵权纠纷中,诉讼裁判的结果通常是金钱赔偿、撤销权利、救济令,但是这些救济类型在很多情况下都不是最符合当事人利益需求的,纠纷当事人双方可以通过授予使用权、建立合资企业或者其他互利交换的形式结束纠纷,重新分配权利,并且可能创造出新的、更大的利益。以许可使用为例,知识产权权利人收取许可费不仅可以补贴研发和市场开发的投入,而且能够直接增加侵权者的成本,维持自己的产品在相关市场中的成本比较优势;侵权者虽然需要支付使用费,但是可以继续使用相关知识产权,而且避免了巨额的损害赔偿和诉讼所带来的负面影响,因而这样的做法无疑比金钱赔偿对双方当事人以及社会成本的节约来说都更为恰当。事实上,在知识产权侵权纠纷中,最后以调解结案的比例非常高,有大约60%。比如,专利侵权纠纷中,专利侵权一旦构成,大多已经成为既定事实,侵权产品已经有了一定的市场,一些侵权企业甚至有了一定的规模。如果双方联手形成合作关系,会获得双赢的结果。"据了解,有近三成专利案件的原被告双方最后达成了专利成果转让协议或许可使用协议,较好地解决了专利侵权纠纷,促

---

[1] 邓正来:《中国法学向何处去——建构"中国法律理想图景"时代的论纲》,商务印书馆2006年版,第68~69页。

成了知识产权成果的市场化。"[1]总之,ADR 解决纠纷是利益导向型的,也就是说,当事人在解决纠纷时能够集中关注自己利益;而诉讼却是权利导向型的,法官审判的任务在于阐明并保障那些体现在法律等权威性文本中的价值,保障当事人的法定权利和实现社会正义。但是,"基于利益的方法优于基于权利或者权力的方法,因为它往往可以产生更令人满意的结果、更好的关系以及更能防止纠纷的复发"。[2]

世界知识产权组织调解与仲裁中心指出,[3]近年来所发生的知识产权纠纷呈现出如下的一些普遍特征:其一,知识产权国际化及全球化的市场布局需要跨国的纠纷解决机制,可能涉及不同语言、文化和地方法律的限制,因此需要中立的、便捷的、跨境的纠纷解决机制;其二,很多的纠纷当事人之间都存在长期的合作关系,比如许可、交叉许可、专利联盟(patent pooling)等,因此需要较为平和及非对抗的纠纷解决模式;其三,越来越多的技术和专业的问题成为知识产权纠纷解决的关键,因此需要中立的专家的介入;其四,对于商业秘密保护也日益重视,需要有保密机制的纠纷解决模式;其五,在高度竞争的领域,产品的更新换代日益迅速,市场寿命日益缩短,需要高效的纠纷解决机制。由此可见,知识产权纠纷的诉讼外解决机制很好地契合了当今时代知识产权纠纷解决的需求,因此,利用 ADR 解决知识产权纠纷即具有"质的价值",不仅可以克服诉讼固有的弊端,也可以在维护诉讼最高权威和正统性前提下发挥 ADR"量的价值",还可以分流诉讼压力、保证诉讼正常运作。

三、知识产权纠纷诉讼外解决机制的基本模式

(一)知识产权纠纷解决机制及其三大模式划分

1. 有关纠纷解决机制模式划分的各种学说

美国人类学家 Laura Nader and Harry F. Todd 主张,区分各种纠纷处理

---

[1] 董小军、陈海滨:《专利纠纷:诉讼尴尬及诉讼建议》,载《宁波日报》2006 年 6 月 5 日,第 B03 版。

[2] [美]斯蒂芬·B. 戈尔德堡等:《纠纷解决——谈判、调解和其他机制》,蔡彦敏、曾宇、刘晶晶译,中国政法大学出版社 2004 年版,第 317 页。

[3] Sarah Theurich, WIPO Arbitration and Mediation Center, IP Disputes and Conflicts Management, WIPO - SCIPS Traning Program, November 28, 2008, http://wenku.baidu.com/view/c0b3c92fe2bd960590c67767.html,2018 - 08 - 08.

类型——审判、仲裁、调解、交涉、强制、回避、忍受——最关键的变量是第三方是否介入以及第三方介入后所导致的解决结果的类型。因此,按照这个标准,纠纷过程分为:单向的(monadic)心怀不满或前冲突阶段(grievance or preconflic stage)、双向的(dyadic)冲突阶段(conflict stage)、三向的(triadic)纠纷阶段(dispute stage)。前冲突阶段指当事人意识到或觉得自己受不公平待遇或权益受侵害,从而心怀不满,并可能采取某些单向行动(如忍让、回避或提出谴责或问题)的过程。双向冲突阶段指局限在纠纷当事人之间相互作用的双向过程,这些相互作用往往由双方一系列的对抗或争斗行为组成。这一阶段的纠纷处理方式主要有征服和交涉。如果有纠纷外主体介入纠纷并充当处理纠纷的第三者,那么纠纷过程就从冲突阶段过渡到三向纠纷阶段,此时纠纷解决方式主要有审判、仲裁和调解。[1]

美国社会学家布莱克把纠纷解决或冲突管理机制分为私力救济、回避、交涉、通过第三方解决和忍让。[2]

美国法学家约翰·格雷认为,社会提供的利益保护方法即纠纷解决机制大致有五种:自助,请求法院颁发禁令,请求法院判令损害赔偿,请求行政机关保护,刑法惩罚。[3]

日本学者棚濑孝雄把纠纷解决过程的类型概括为两条基轴:一是合意性—决定性,并分为根据合意的纠纷解决(如调解、和解)和根据决定的纠纷解决(如审判、行政裁决);二是状况性—规范性,并分为状况性的纠纷解决(典型的例子是国家间的纠纷解决,完全依靠实力对比)和规范性的纠纷解决(如审判)。[4]

在中国,有学者将民事纠纷的解决划分为私力救济和公力救济两种,比如,和解、调解、仲裁这些群众性解决办法基本属“私力救济”范畴,不具有法律强制性;而民事诉讼属“公力救济”范畴。[5] 有学者将纠纷解决机制分为

---

〔1〕 Laura Nader, Harry F. Todd, The Disputing Process: Law in Ten Societies, Columbia, Columbia University Press, 1978, pp. 14 - 15.

〔2〕 [美]布莱克:《社会学视野中的司法》,郭星华等译,法律出版社2002年版,第5~6页、第82页。

〔3〕 John Chipman Gray, The Nature and Sources of the Law, Columbia, Columbia University Press, 1999, p. 21.

〔4〕 [日]棚濑孝雄:《纠纷的解决与审判制度》,王亚新译,中国政法大学出版社2004年版,第7~10页。

〔5〕 杨荣新主编:《民事诉讼法学》,中国政法大学出版社1997年版,第4页。

私人解决机制、共同体解决机制、社会解决机制和裁判解决机制。[1] 还有学者从诉讼法学角度入手,借鉴社会人类学的划分,将纠纷解决机制分为公力救济、社会型救济和私力救济三种,公力救济包括司法救济和行政救济,社会型救济主要是指调解、仲裁和部分 ADR,私力救济包括强制和交涉。[2]

2. 我国知识产权纠纷解决主要机制

目前,我国知识产权纠纷解决的主要方式有谈判、调解、仲裁、行政处理以及诉讼等,我们认为可以划分为公力解决机制、社会型解决机制和自力解决机制三大类型(见图 7－1)。

- 知识产权纠纷解决机制
  - 公力解决机制
    - 诉讼解决
    - 行政型解决
  - 社会型解决机制
    - 仲裁
    - 调解
    - 部分 ADR
  - 自力解决机制
    - 强制
    - 交涉

图 7－1 知识产权纠纷解决机制类型划分

公力解决机制,是指在社会主体合法利益受到侵害时请求国家机关利用国家公权力来解决纠纷,评判是非,救济权利。这类机制主要包括诉讼解决和行政型解决等模式。诉讼解决主要是通过法院的正式途径消弭冲突,实现权利救济。虽然法院除了裁判案件外,还可以在各诉讼环节采取调解等其他方式促成纠纷解决,但都应是在法院主导之下进行。诉讼解决模式是所有纠纷解决方式中最权威和最规范的方式,也是权利的最终救济方式。行政型解决模式则是指权利主体通过行政机关解决纠纷、维护权利的活动。行政型纠纷解决模式具有行政性和司法性双重属性,一方面具有规范性、程序性和权威性;另一方面也体现出主动性、灵活性和专业性的特征,具体形式包括行政调解、行政仲裁、行政裁决等。

社会型解决机制,是指由非官方组织提供的非正式的纠纷解决途径,主要包括仲裁、民间调解以及部分 ADR。仲裁是指双方当事人在纠纷发生之

[1] 刘荣军:《程序保障的理论视角》,法律出版社 1999 年版,第 12～16 页。

[2] 徐昕:《私力救济的性质》,载《河北法学》2007 年第 7 期。

前或纠纷发生后达成协议，将纠纷提交给共同认定的第三方审理，并服从审理结果的纠纷解决模式，类似于私人化的审判。民间调解则是指在中立第三方的介入下，促成当事人达成纠纷解决协议的活动。民间调解类型广泛，包括行业协会的调解、商会调解、律师调解以及人民调解等。在民间调解和仲裁之外，还存在多种形式的 ADR 可以用于解决知识产权纠纷，包括指导性评估、小型审判、调解—仲裁以及仲裁—调解等以及各类基于 ADR 形式的重复、交叉适用或者局部改变的纠纷解决方式。

自力解决机制，是指在没有第三方介入的情形下，权利受到侵害的当事人依靠自身或私人力量解决纠纷，主要是指强制和交涉两种方式。强制方式是指纠纷主体一方凭借自己的力量使对方服从，交涉则是指纠纷双方相互妥协和让步解决纠纷。交涉也可以称为"协商"，是单纯的双边沟通活动，其中包含信息的交换，最终指向一种理解和联合的决定。纠纷双方不通过第三方的干预，试图通过交换信息和探讨修正双方的期望和目的，最终形成一个双方都可以接受的利益分配机制，关键之一在于协商结果的控制权掌握在纠纷双方当事人手中。"它是一个程序，当事人保持着对他的控制，并在同一个意思层面上进行交流，从而确保了在直接的协商过程中取得结果。"[1]

（二）我国各类知识产权纠纷解决模式比较考察

目前，我国知识产权纠纷解决模式包括协商、谈判、调解、仲裁、行政处理（主要是行政调解、行政裁决）和诉讼，各类纠纷解决模式都有其特点和利弊，下面从自愿性、拘束力、第三方、正式程度、程序性质、结果以及公开性几个方面来展示各个纠纷解决模式之间的差异性（见表 7－1）。

表 7－1　各类知识产权纠纷解决模式特征比较

特征	诉讼/行政裁决	仲裁	民间调解/行政调解	谈判
自愿性与否	非自愿性	自愿性	自愿性	自愿性
拘束力与否	有拘束力，可以上诉或者司法复审	有拘束力，在有限情形下的司法复审	如果达成协议，具有合同的效力	如果达成协议，具有合同的效力

〔1〕［英］西蒙·罗伯茨、彭文浩：《纠纷解决过程：ADR 与形成决定的主要形式》，刘哲玮、李佳佳、于春露译，北京大学出版社 2011 年版，第 152 页。

续表

特征	诉讼/行政裁决	仲裁	民间调解/行政调解	谈判
第三方	强制的，中立的第三方裁决者	当事人选择的第三方裁决者	当事人选择的第三方协调者	无第三方协调者
正式程度	正式的、高度形式化的严格规则	非正式的，程序规则和实体法律均由当事人决定	通常非正式的，没有既定规则	通常非正式的，没有既定规则
程序性质	各方当事人有机会提出证据并且进行辩论	各方当事人有机会提出证据并且进行辩论	在提出证据及进行辩论方面没有限制	在提出证据及辩论方面没有限制
结果	有正当理由支持的裁决	有时是有正当理由支持的裁决，有时是没有理由的协议	相互接受的协议	相互接受的协议
公开性与否	公开性	保密性，除非受到司法审查	保密性	保密性

还有学者从知识产权侵权纠纷的角度，探讨了诉讼、调解、仲裁以及域名争议解决机制（Uniform Domain Name Dispute Resolution Rules，UDPR）的收益与风险（见表7－2、表7－3）。[1]

表7－2 不同纠纷解决机制的风险/收益分析（从被侵权方角度）

	诉讼	调解	仲裁	UDRP机制
收益	1. 获得全额赔偿的可能性 2. 获得律师费补偿的可能性 3. 强化知识产权的保护 4. 无形的收获 5. 判决的执行保障	1. 能对纠纷最终决定发表意见 2. 较低的成本 3. 与对方合作或许可使用费 4. 降低无形的损失 5. 减少精神痛苦 6. 节省时间成本 7. 最终协议的保密性 8. 促进未来合作的可能性	1. 双方可以自由选择仲裁地 2. 获得全额赔偿的可能性 3. 诉讼与仲裁的选择唯一性，节省时间成本 4. 仲裁协议的执行保障	1. 域名注册人强制参与性 2. 不排斥法院的管辖 3. 在线管理模式，节约时间成本 4. 裁决具有执行保障 5. 可以解决跨国的争议，有效规避了法律的适用和管辖的冲突

〔1〕 孙那：《论商标和域名权利冲突的非诉讼纠纷解决模式》，载《网络法律评论》2013年第1期。

续表

	诉讼	调解	仲裁	UDRP 机制
风险	1. 败诉的可能性 2. 耗时时间长、程序冗长 3. 精神痛苦 4. 不能对最终判决发表意见 5. 高昂的诉讼成本 6. 破坏未来合作的可能性	1. 缺少判决结果的强制性 2. 许可使用费比判决赔偿数额低 3. 调解中的陈述不能作为在民事诉讼中控告当事人的证据使用的可能性	1. 放弃诉讼的可能性 2. 对最终结果的服从 3. 破坏未来合作的可能性	1. 裁决结果仅限于域名自身状态的变化,不能就损害赔偿问题进行处理 2. 当事人可以同时向法院提起诉讼,故意拖延程序的进行

表 7－3　不同纠纷解决机制的风险/收益分析(从侵权方角度)

	诉讼	调解	仲裁	UDRP 机制
收益	1. 赢得诉讼并免费获得使用的可能性 2. 降低商标或域名的价值或者使商标或域名归于无效 3. 判决不构成侵权	1. 继续使用该商标或域名权利的可能性 2. 可以对纠纷的最终决定发表意见 3. 较低的成本 4. 减少无形的损失 5. 耗时较少 6. 减少精神痛苦 7. 促进未来的长期合作 8. 协议的许可使用费可能低于法院的判决结果	1. 放弃诉讼的可能性 2. 可以选择有利于自身的仲裁机构 3. 关于侵权赔偿数额可以与对方商定 4. 诉讼与仲裁的选择唯一性,节省时间成本 5. 仲裁协议的执行保障	1. 域名注册人强制参与性 2. 不排斥法院的管辖 3. 在线管理模式,节约时间成本 4. 裁决具有执行保障 5. 可以解决跨国的争议,有效规避了法律的适用和管辖的冲突
风险	1. 巨额赔偿的可能性 2. 高昂的诉讼成本 3. 失去使用该商标或域名权利的可能性 4. 精神痛苦 5. 持久审判、程序冗长 6. 不能对最终判决发表意见 7. 破坏当事人之间未来合作的可能性	1. 丧失合理使用的可能 2. 失去使商标或域名归于无效的机会 3. 协议的许可使用费可能超过法院判决的赔偿数额	1. 放弃诉讼的可能性 2. 对最终结果的服从 3. 破坏未来合作的可能性	1. 裁决结果仅限于域名自身状态的变化,不能就损害赔偿问题进行处理 2. 当事人可以同时向法院提起诉讼,故意拖延程序的进行

问题与思考

一、你认为知识产权纠纷解决具有哪些特殊性需求?

二、除了调解之外,在我国可以利用哪些诉讼外程序解决知识产权纠纷?

三、你认为诉讼解决知识产权纠纷的优势和不足有哪些?

四、你认为知识产权诉讼与普通民商事诉讼相比有哪些不同之处?

第八章 知识产权纠纷调解机制概述

第一节 调解的概念、特征及其解决知识产权纠纷的优势

一、调解的概念界定

调解是传统的民间型解决纠纷模式，在诉讼外的纠纷解决机制中历史最为悠久。调解一般是指在中立第三人协助下促成当事人达成纠纷解决协议的活动。有学者将调解（Mediation）与调停（Conciliation）进行区别，认为在调解程序中，调解员通常不会提出纠纷解决的具体建议，而仅推动双方当事人的沟通与对话，直到达成纠纷解决的协议；调停则不同，调停员会对纠纷的实体问题做出评价并且向当事人提供纠纷解决的相关建议。[1] 但是，一般而言，我们并不严格区分两者，本书所指的调解包括狭义上的调解和调停的含义。范愉教授指出，如果排除因各国在制度上的差异而存在的定义上的微小的歧义，可以根据性质和功能把调解界定为：调解是在第三方协助下进行的、当事人自主协商性的纠纷解决活动。调解是谈判（交涉）的延伸，二者的区别在于中立第三方的参与，而其中的第三方，即调解人的作用也是调解区别于审判和仲裁的关键因素——调解人没有权力对争执的双方当事人施加外部的强制力。[2]

---

〔1〕 Carmen Collar Fernandez, Jerry Spolter, "Intellectual Property Dispute Resolution: Is Mediation a Sleeping Giant?", *Dispute Resolution Journal*, 1998, (5):53.

〔2〕 范愉：《非诉讼程序（ADR）教程》，中国人民大学出版社 2002 年版，第 150 页。

二、调解的基本特征

调解区别于其他纠纷解决机制的特征主要表现在以下几个方面。

(一)以当事人自愿为前提和基础

就纠纷解决的本质而言,调解仍然属于根据合意的纠纷解决模式,固定的规则在调解中的作用非常有限,调解关注的是利益和需求,而不是当事人的权利和义务。调解过程类似于当事人之间在第三方帮助下进行契约交涉过程,纠纷处理的开始和纠纷的最终解决方案都必须得到双方当事人的同意。[1] 从程序上看,调解的启动、调解规则的适用、调解员的选定、调解程序的进行以及调解结果的履行等都取决于当事人的共同意愿。"调解的重要特征是能够使当事人双方重新定位对方,而不是把规则强加于对方,是通过帮助当事人双方获得一个新的、共享的关于他们关系的理解,一个重新定位的相互态度及取向的理解。"[2]有学者认为,调解区别于仲裁和诉讼最本质的特征就是在于其没有任何意义上的"强制"。[3]

(二)调解是在中立第三方协助下进行的纠纷解决活动

法国学者米歇尔·纪尧姆(Michèle Guillaume)认为,调解是在中立第三方协助下进行的纠纷解决活动,同时也是调解区别于其他纠纷解决方式的首要特征。[4] 调解人是以第三方的身份介入纠纷处理的,在当事人之间分歧较大或者情绪严重对立的情况下,中立第三方的协调可以缓和矛盾,促成沟通。

---

〔1〕 季卫东教授认为,根据棚濑孝雄为审判外调解过程所提供的"二重获得合意"的理论框架,即纠纷处理的开始和最终解决方案的提示这两个阶段都必须获得当事者的合意。参见季卫东:《当事人在法院内外的地位和作用》,载[日]棚濑孝雄:《纠纷的解决与审判制度》,王亚新译,中国政法大学出版社2004年版,代译序。

〔2〕 Lon L. Fuller, "Mediation—Its forms and functions", *Southern California Law Review*, 1971, (44):305.

〔3〕 Vincent Fischer-Zernin and Abbo Junker, "Arbitration and mediation: synthesis or antithesis?", 1988, 5 *Jl Int'l Arb* 25.

〔4〕 Michèle Guillaume-Hofnung, "Fondements Conceptueles d'une Pratique de Médiation", http://www.societe-de-strategie.asso.fr/pdf/agir24txt2.pdf, 2018-10-12.

(三)调解具有程序的便利性和灵活性

调解没有严格的程序要求,当事人可以根据纠纷的特性以及自身解决纠纷的需要协商调解的程序和步骤,包括当事人主张范围、事实的证明责任以及程序开展的方式等。调解除适用现行的法律法规外,还可以采纳各种有关民间规范作为依据和标准,如行业标准、商业惯例、民间公平正义原则等。

(四)调解协议通常不具有国家强制执行效力,但是仍然具有权威性

调解协议属于当事人自治性的权利处分行为,因此本质上属于契约,仅具有契约效力。一旦当事人一方或双方拒绝承认,原则上可以不受限制地提起诉讼或转入诉讼程序。虽然调解不具有诉讼强制性解决纠纷的权力,但是仍然具有一定的权威性。法学家科特威尔对调解的特点作出过这样的描述:其一,在调解中,双方通常选择一个彼此都能接受的第三方;其二,第三方并不试图运用现有的法律规范来解决双方的冲突,而是针对冲突双方提出的观点和要求策划一种妥协与和解的方法;其三,调解人力求提出明智的、冲突双方都能接受的解决冲突的建议,避免使双方中任何一方认为这一建议是完全错误的,并使双方都对结果感到满意。[1]

三、调解解决知识产权纠纷的优势

与其他的纠纷解决机制相比,调解在纠纷解决中具有以下优势:利用的自愿性、目的的和解性、过程的协商性、内容的开放性、信息的保密性、程序的简易性和处理的高效性、结果的灵活性和多样性、费用的低廉性。[2] 我们认为,在解决相关的知识产权纠纷中,调解的优势同样能够得到实现,包括成本低廉、程序简便迅速、保密性强、选择专家作为调解人等。澳大利亚学者丽莎·克莱尔·科恩(Lisa Claire Cohn)指出[3],调解的本质是适合解决知识产权纠纷的,主要因素有四个。

---

〔1〕 [英]科特威尔:《法律社会学导论》,潘大松等译,华夏出版社 1989 年版,第 239 页。

〔2〕 李浩:《民事诉讼制度改革研究》,安徽人民出版社 2001 年版,第 135 ~ 144 页。

〔3〕 Cohn, Lisa Claire, Mediating intellectual property disputes, ADR Bulletin: 2003, (6): 2 - 3.

(一)高效率和低成本

知识产权权利人在选择纠纷解决方式时往往首要考虑纠纷解决的效率。权利能够有效实施是知识产权体系最基本的问题。如果一个知识产权的权利人不能通过快速、有效率和有把握的方式来实施权利,整个知识产权体系将存在很大的问题。一个无效的实施体系可能导致发明创新的减少,技术交换的减少,当然随之而来的就是经济增长的放缓。[1]

因为在调解程序中不需要查明案件的全部事实和情节,节省了调查取证、质证、认证的时间和费用,调解在多数情况下无须聘请代理律师,减少律师费支出;而且调解协议在当事人签收时即生效,履行率高,可以免除上诉以及向法院申请强制执行等成本。

(二)保密性

现代调解均以保密或不公开性为基本原则,包括调解过程保密,不允许旁听和采访等。而且,调解信息保密,相关主体包括调解人、当事人以及其他调解参与人均不得向外界披露调解信息,可以很好地保护知识产权纠纷中当事人不愿意公开的商业机密及其他信息。

(三)专家介入

调解以当事人的自愿为原则,这种自愿体现在规则选择权、解决纠纷主体的选择权等。尤其在涉及技术性或者法律关系复杂的知识产权纠纷中,调解最终能否达成和解很大程度上取决于纠纷解决者的专业知识及其解决纠纷的水平、能力和经验等,若当事人能够自主选择具有专业知识和背景的第三方主体进行调解,则能够很好地实现纠纷解决的合理性与恰当性。

(四)非对抗性

调解以促成当事人达成合意为主要目标,促进当事人从对抗走向合作,整个纠纷解决的过程不但不会加剧双方的冲突和对立,反而注重修复当事人之间的关系,这对于那些有着合作关系或者不期望破坏合作关系的知识

---

[1] Advisory Council on Intellectual Property, Issues Paper on the Extension of the Jurisdiction of Patent, Trade Mark and Design Matters to the Federal Magistrates Service, 2001, 3.

产权纠纷当事人而言尤为重要。

美国最大的私人调解公司 JAMS 公司的资深调解员威廉姆 · A. 德雷尔(William A. Dreier)指出:"越来越多的纠纷通过调解得到解决,特别是与知识产权有关的纠纷。美国仲裁协会国际纠纷解决中心经常使用调解的方式来解决很多大型的复杂纠纷,即使这些纠纷已经进入仲裁程序。事实证明,通过调解解决这类型纠纷能够更大程度地节省时间和费用。"该中心另一位调解员班内 · G. 匹克(Bennett G. Picker)也指出:"(在纠纷解决方面)未来可能的发展趋势就在于日益增多的利用调解而不是仲裁来解决专利纠纷。许多年以来,专利纠纷被认为太重要或者太复杂而排斥调解的使用,特别是在纠纷发生的初期。但是,过去几年,越来越多的公司和专利所有者、使用人以及投资人等开始意识到调解解决纠纷能够提供明显的益处。正是面对这样的现实,CPR 以及 AAA 组建了专门的调解解决专利纠纷小组。"[1]

ICC 发布的《2012 年 ICC 知识产权路线图》(*ICC Intellectual Property Roadmap*)中指出,知识产权纠纷通过调解解决获得的较高的成功率表明,调解在知识产权纠纷解决的任何阶段都可以发挥积极的作用。

美国 Cornell / PERC 纠纷解决机构通过对 600 家美国企业调查发现,调解在商事纠纷解决中的比例是 77.7%,知识产权纠纷利用调解方式解决的就占整个纠纷解决数量的 28.6%。[2]

第二节　我国知识产权纠纷调解的基本类型

目前世界各国的调解形式丰富多样,并且不断发展变化。根据不同的标准,可以将调解划分为不同类型:按照调解机构性质和调解人的身份,分为民间调解、商事调解、行政调解、司法调解;按照调解是否具有独立性,分为独立性调解和非独立性调解,也就是指调解附属于其他程序中,如诉讼程序中的调解、仲裁程序中的调解;以调解方式为标准,则可以分为临时调解

---

〔1〕 Experts Identigy ADR Trends and Best Practices, http://www.metrocorpcounsel.com/current.php? artType = view&artMonth = January&artYear = 2006&EntryNo = 4160, 2018 - 10 - 09.

〔2〕 Lipsky, D. B., Seeber, R. L., "Patterns of ADR Use in Corporate Disputes", *Dispute Resolution Journal*, 1999, (2): 66 - 67.

和机构调解;[1]根据调解与诉讼的关系,可以分为诉讼外调解和诉讼中调解;根据调解的功能,可以分为判断型、交涉型、教化型和治疗型调解模式;[2]根据纠纷类型及特殊性不同也可以划分为不同的调解模式,如劳动争议调解、环境纠纷调解、家事纠纷调解等。

在我国,依据调解解决部门和手段不同,知识产权纠纷调解可以分为:(1)行政调解:行政机关应当事人请求对相关的知识产权民事争议进行解决;(2)仲裁调解:在知识产权仲裁过程中,仲裁机构对争议的调解;(3)人民调解:主要是由各地的人民调解委员会主持有关知识产权纠纷的调解;(4)律师调解:律师作为中立第三人对相关知识产权纠纷进行调解,化解纠纷;(5)行业调解:依托行业协会熟悉本行业的行规惯例、交易规则等优势,利用其在本行业的权威地位,对会员之间以及会员与外部的纠纷进行调解;(6)商会调解:指商会组织作为中间人对涉及商会会员的各类纠纷进行调解;(7)专家调解:运用专家深厚的知识结构和丰富的专业经验,对特定的知识产权纠纷进行调解;(8)其他的民间调解方式,是民间自发的没有组织机构和明文规章的调解。

当然,目前在我国律师调解、行业调解和专家调解等调解模式也与人民调解紧密结合,被称为行业性、专业性人民调解。

一、行业协会调解

(一)行业协会调解的优势

行业协会调解主要是指行业协会及其行业性自律组织为促进行业纠纷的各方解决纠纷、达成和解协议的过程和制度。行业协会调解的主体一般

---

[1] 穆子砺:《论中国商事调解制度之构建》,对外经济贸易大学2006年博士学位论文,第28~29页。

[2] 日本学者棚濑孝雄按照调解的功能将调解分为判断型调解、交涉型调解、教化型调解、治疗型调解等。判断型调解是把法律上的正确解决作为调解应当贯彻的第一目标的调解类型;交涉型调解是指把交涉过程作为获得合意以解决纠纷的基本框架,以促进及保证这样的交涉更有效率的为目的的调解类型;教化型调解是指不谋求审判上的正确解决,而以发现调解自身特有的正义或所谓另一种正确的解决作为自己任务的调解类型;治疗型调解是指以调解人际关系,使其恢复正常为己任的调解类型。参见[日]棚濑孝雄:《纠纷的解决与审判制度》,王亚新译,中国政法大学出版社2004年版,第52~68页。

是行业协会及其行业性自律组织。行业协会是同业竞争者的联合组织，它以维护协会成员的利益并且实现行业的整体利益最大化为目标，通常在市场调查、信息交流、咨询评估、行业自律、资质认定、政策研究等方面发挥作用，享有规章制定权、监管权以及惩处权；而解决纠纷也是行业协会的重要任务之一，属于行业自律的范畴。

行业组织作为具有特定人际关联性的共同体，具有为各个成员所认同适用的共同规范，其制定的章程对其成员而言就有一定的约束力。同时，由于行业组织熟悉行业情况，包括行规惯例、交易规则、会员情况等，具有专业化、信息化的优势，而且中立性有保障，由此，通过借助同行业权威人士的主持以及纠纷双方对该专业人士的信赖，可以实现纠纷的内化性解决，不仅有利于纠纷高效率解决，提高纠纷解决的成功率，而且可以实现组织自身对内部纠纷的控制，优化行业环境，维护社会的安定和谐。赋予行业组织纠纷解决权是国家回应民间复杂性的需要，国家希望通过功能自治使大多数争端消弭于系统内部而不至于延展到整个民间层面。

（二）我国知识产权纠纷行业调解现状及完善

行业协会调解的客体多为行业成员之间因竞争与合作引起的冲突或者行业成员与其他相关主体间因为交易行为发生的纠纷。关系紧密群体之间的共同利益正是这类纠纷解决正当化和可接受性的来源。一般而言，专业法律服务机构或者与知识产权密切相关的行业组织都适合建立专门的知识产权纠纷服务部门。例如，我国诸多行业协会在知识产权纠纷调解方面发挥着积极的作用，包括中国电影制片人协会、中国音乐著作权协会、中国作家协会、中国软件联盟、北京软件行业协会、全国反盗版联盟、互联网协会等。又如，中国互联网协会于2008年9月25日正式成立了网络版权纠纷调解中心，该调解中心在北京市高级人民法院以及北京市各级人民法院的指导和帮助下制定了《互联网知识产权纠纷调解手册》，主要适用于调解解决互联网企业之间或者与互联网相关的纠纷。[1] 中国版权协会反盗版委员会是目前最有影响的全国性反盗版机构，该机构也提供有关与版权相关领

---

〔1〕《互联网知识产权纠纷调解手册》，载中国版权保护中心网：http://www.ccopyright.com.cn/cms/ArticleServlet? articleID=1578，最后访问日期：2018年10月4日。

域纠纷的调解服务。[1] 中国作家协会著作权纠纷调解委员会于2010年9月在北京成立,主要宗旨是调解解决相关的版权纠纷;[2] 中国缝纫机械协会为解决会员之间的知识产权纠纷,出台了《中国缝制机械协会知识产权纠纷调解暂行办法》(2012年1月1日施行)。[3] 另外,北京市首批知识产权纠纷司法委托的行业调解组织包括北京电子商会、北京服装纺织协会、北京软件行业协会、北京信息产业协会、北京通信信息协会、北京电源行业协会和北京商标协会。[4] 在佛山,凡涉及陶瓷、家电、家具行业类专利纠纷,均可求助行业协会调解。佛山市中级人民法院分别与佛山市陶瓷行业协会、佛山市顺德区知识产权协会达成合作协议,委托或者邀请这两个行业协会分别调解各自领域的专利纠纷案件。[5]

总之,我国知识产权纠纷行业调解已经开始兴起,相关制度和程序正在不断完善之中。但是,不得不指出的是,我国行业协会要经历一个从政府的连带部门到独立法律主体演变的过程,这个过程至今也没有完成,这对于行业调解有着深刻的影响。之前,由于行业调解从属于行政机关,行业调解人员也往往是政府公务人员,因而行业调解很大程度上借助行政权威的力量,带有较强的权力色彩,其类似于行政调解的模式。但是,随着行业协会脱离政府附属关系,其调解职能的履行和调解执行力需要借助多方面的力量和手段,对此,各地行业协会也开始进行有益探索。比如,北京市由行业主管部门牵头组成行业人民调解委员会来加强行业调解的可接受性,上海市物业管理行业协会采用独立专业委员会进行调解,山东省保险行业协会内设调解委员会,山东省青岛市实行了行业协会与仲裁委员会结合的行业纠纷解决模式,四川省成都市武侯区实行法院根据行业调解的和解书制作调解

---

〔1〕 载中国版权协会反盗版委员会:http://www.coapu.org/coapu/page/tiaojiezhongxin.htm,最后访问日期:2018年10月4日。

〔2〕 载中国作家协会著作权纠纷调解委员会:http://www.sipo.gov.cn/yl/2010/201011/t20101109_546271.html,最后访问日期:2018年10月5日。

〔3〕 《行业知识产权纠纷调解流程》,载http://www.sewworld.com/news/5/64272.html,最后访问日期:2018年10月10日。

〔4〕 《北京知识产权纠纷法院可委托行业协会调解》,载http://news.163.com/11/1121/19/7JDHTLVV00014JB6.html,最后访问日期:2018年10月21日。

〔5〕 《行业专利纠纷可找协会调解》,载http://www.cnipr.com/news/gndt/201104/t20110422_127379.html,最后访问日期:2018年10月22日。

书等。[1]

总体而言,我国行业协会调解机制建设还相当薄弱,发展缓慢,在机构、人员和制度建设方面投入不足,各地行业协会的调解工作还没有成为行业内纠纷和行业内主体与其他主体间纠纷的主要解决方式。行业调解协议法律效力不强,一旦纠纷一方反悔不履行调解协议,行业协会只能从对内部会员规制角度进行干预,行业调解的公信力有待提高。另外,行业调解机制与诉讼机制的衔接没有明确的法律规定,行业调解与其他制度的结合也有待进一步完善。

二、商会调解

(一)商会调解在我国的发展

商会是指商人依法组建的、以维护会员合法权益、促进工商业繁荣为宗旨的社会团体法人。商会是市场经济条件下实现资源优化配置不可或缺的重要一环,是实现政府与商人、商人与商人、商人与社会之间相互联系的重要纽带。商会一般具有公益性、民间性、自律性、法人性的基本特征。我国目前组建的各类商会是工商联的基层组织,通过商会调解对企业内部与外部相关的纠纷的柔性解决,把纠纷解决在民间,消除在萌芽状态。

为认真贯彻落实党的十九大精神,充分发挥工商联所属商会组织的优势和人民调解的基础性作用,预防化解非公有制经济领域矛盾纠纷,维护社会和谐稳定,全国工商联、司法部于 2018 年 4 月联合印发了《关于推进商会人民调解工作的意见》。商会调解是人民调解工作在非公有制经济领域的延伸拓展,是工商联加强法律服务、促进非公有制经济健康发展和非公有制经济人士健康成长的实际举措。商会人民调解涉及商会会员的各类民间纠纷,包括商会会员间的纠纷,会员企业与职工间的纠纷,会员与生产经营关联方间的纠纷,会员与其他单位或人员间的纠纷,以及其他适合人民调解的民间纠纷。[2]

---

〔1〕 住房和城乡建设部、中国物业管理协会课题组:《行业纠纷调解制度研究》,载俞灵雨主编:《纠纷解决机制改革研究与探索》,人民法院出版社 2011 年版,第 258 页。

〔2〕《全国工商联、司法部有关负责同志就〈关于推进商会人民调解工作的意见〉答记者问》,载 http://www.moj.gov.cn/news/content/2018-04/17/bnyw_18298.html,最后访问日期:2018 年 9 月 19 日。

(二)我国知识产权纠纷商会调解机制及完善

知识产权作为个人、组织、企业乃至国家重要的财产,只有在充分的利用中才能价值最大化,而知识产权的纠纷往往都是由于知识产权在市场中实现价值时利益分配问题而导致,因此,知识产权纠纷解决与普通商事纠纷解决存在很多的相似性,包括快捷、高效、保密、不破坏合作关系等,而商会调解也适用于知识产权纠纷的解决。目前,在我国通过商会解决知识产权纠纷的成功案例屡见不鲜,比如,最典型的中日摩托车产业知识产权纠纷调解机制。我国从 1998 年以来成为世界第一摩托车生产大国,远远超过日本,但是有关摩托车外观设计等知识产权纠纷经常发生于中国企业和日本企业之间。由于外观设计相同或相似判断专业性强,涉及面广;同时这类判断主观性强,因此不适宜采用费用高和周期长的司法诉讼加以解决。同时,由于仲裁协议达成的困难,双方企业都一致认为调解是解决纠纷的最佳途径。2004 年 3 月,中国汽车工业协会、日本自动车工业会和中国国际商会调解中心[1]的三方代表,在北京签署了以调解摩托车知识产权纠纷为目的的《委托调解协议书》。这意味着今后中日摩托车企业发生的知识产权纠纷,将由中国国际商会调解中心出面调解。中国国际商会调解中心为此设立了由 78 位专家组成的“中日摩托车纠纷解决调解员名单”,以及另一份由数十位中日摩托车技术专家组成的专家组名单。中日摩托车产业知识产权纠纷调解机制可以说是我国商会调解解决知识产权纠纷的成功先例,对于发展知识产权纠纷商会调解机制具有重要的启发意义和先例价值。

商会对知识产权纠纷的调解填补了知识产权民间调解领域的部分空缺,而且拓展了调解组织网络的覆盖面,拓宽了知识产权纠纷解决渠道,有利于整合资源,形成知识产权纠纷调解新格局。商会会员参与商会调解知

---

〔1〕 1987 年,中国贸易促进委员会成立了中国第一家商事调解机构——北京调解中心(自 2000 年起更名为“中国国际贸易促进委员会/中国国际商会调解中心”),并且陆续在全国各地的分支机构了建立了四十余家调解中心,形成了一个庞大的调解网络。该调解中心受理的案件包括贸易、投资、金融、房地产和知识产权等。当事人经过调解可以达成和解协议,也可以采取由调解中心出具调解书的方式,由公证机构出具公证书以及通过仲裁机构(通过一个特殊仲裁程序)出具裁决书的方式,甚至还可以通过向法院提起确认之诉,申请法院出具民事调解书。

识产权过程,是一种自我教育、自我提升,有利于促进他们对知识产权的尊重和了解。

当然,我国商会知识产权调解机制尚处于起步阶段,应当主要从以下几个方面进行完善:首先,健全商会调解机构、丰富载体,不断夯实商会调解工作基础。要积极探索和加强商会调解组织建设,不断扩大商会调解组织在基层商会、异地商会、行业商会的覆盖面,努力构建商会调解组织网络体系。其次,整合资源、搭建平台,不断完善商会调解工作机制。通过培训丰富调解员的专业知识,提高业务能力,不断提升商会调解工作水平;通过建立与司法调解相对接、信息通报、联络员、联席会议等制度,将商会调解与诉讼调解有机结合,形成调解力量、资源与信息的相互融通,促进民商事纠纷的解决。最后,可通过多种形式及载体大力宣传商会调解工作的意义,让社会各界了解商会调解组织在纠纷解决中的积极作用。

三、律师调解

(一)律师调解的优势

律师调解具有专业优势,能够有效促进纠纷解决。律师调解是律师作为专门的法律职业群体,利用其熟悉法律及政策的优势,通过调解的方式化解各类民商事纠纷。律师为调解人这一角色注入了法律知识和经验,基于其专业知识以及纠纷解决的经验,能够对纠纷产生原因、纠纷焦点和是非曲直做出比较专业的基本预测和判断,容易获得当事人的信任,意见容易被当事人接纳。律师通过整理双方争执的焦点和当事人的诉讼请求,促进冲突双方的对话,发挥协调功能使双方观点趋于合理和统一,有利于促进纠纷的有效解决。“律师调解人能够以一种去除有律师代理和没有律师代理的当事人之间在谈判实力上的某种不均衡方式列出法律方面的问题,还可以为当事人独立的法律顾问起草供其审查的调解协议。”[1]

律师调解具有中立、客观和公正性的优势。律师调解员是由纠纷双方共同聘请的,不可以与任何一方有任何金钱或其他方面的利益关系,不代表任何一方的利益,以不偏不倚的方式进行调解,律师调解员的角色决定了他

---

〔1〕［美］斯蒂芬·B. 戈尔德堡:《纠纷解决——谈判、调解和其他机制》,蔡彦敏、曾宇、刘晶晶译,中国政法大学出版社2004年版,第189页。

并不向任何一方提供专业意见,或代表任何一方作出决定,以解决纠纷。律师调解员促进双方当事人的讨论,以帮助他们达成协议,但不会自行把任何协议加诸双方身上。律师调解的中立、客观与公正将很好地保障调解的自愿性。

律师调解具有灵活性和人性化的优势。律师可以根据当事人的需求安排调解的具体时间和地点,调解可以在比较轻松而私密的环境下进行,律师会耐心地倾听各方的意见,寻求最佳的切入点和时机化解纠纷。但是,在司法调解中,首先,调解的时间要由法院来定,如果法院近期审理的案件较多,当事人就要等待较长的时间。其次,法院调解一般是在法庭调查完成以后进行的,法庭严肃而紧张的气氛不利于当事人以心平气和的心态投入调解。最重要的是,法院审理案件是"以事实为依据,以法律为准绳",法院调解是在事实清楚、分清是非的基础上进行的。所以,法院调解很难充分考虑到当事人各自特殊的情况和个性化的需求,更难以根据事态的发展变化来随时调整调解的方案,抓住调解成功的最佳时机。

律师调解还具有私密性的优势。律师调解是在完全保密的状态下进行的,包括调解过程和和解协议均是保密和不公开的,当事人可以在完全私密的环境下进行调解,不用担心外界的舆论或干扰。

(二)国内外律师调解机制

目前,许多发达国家已经建立了专门的律师调解制度。比如,在美国,律师参与调解是美国司法制度的一部分。美国部分州法院强制调解案件中,大多数调解员由律师担任。英国 1989 年成立了律师专业调解机构——全国律师 ADR 网络,该机构拥有大量从全国选拔出来并且经过专业训练的调解律师,挪威律师协会的一项主要的工作就是为部分专业性较强的纠纷提供调解服务,日本律师协会成立了律师专业调解机构,比如,东京律师协会斡旋和调解中心。[1] 日本在最近的司法改革中在诉讼调解制度方面最重要的改革措施就是建立了非专职裁判官制度,非专职裁判官由日本最高裁判所从拥有 5 年以上业务经验的律师当中任命。律师在民事调解案件

---

〔1〕 司法部律师公证工作指导司课题组:《关于探索建立律师调解机制有关问题的研究报告》,载俞灵雨主编:《纠纷解决机制改革研究与探索》,人民法院出版社 2011 年版,第 292 页。

中,可以非专职的方式、与专职裁判官同等的立场来开展调解程序。[1]

为充分发挥律师在预防和化解矛盾纠纷中的专业优势、职业优势和实践优势,健全完善律师调解制度,推动形成中国特色的多元化纠纷解决体系,2017 年 10 月,最高人民法院、司法部联合印发《关于开展律师调解试点工作的意见》(以下简称《意见》)对开展律师调解试点工作作出全面部署。《意见》首次为“律师调解”作出了完整的定义,是指律师、依法成立的律师调解工作室或者律师调解中心作为中立第三方主持调解,协助纠纷各方当事人通过自愿协商达成协议解决争议的活动。《意见》建立了四种律师调解的模式。

第一种模式,律师在法院设立的律师调解工作室提供调解服务。诉讼调解是法院司法活动的重要组成部分,关涉司法权的行使,法院委托律师主持调解必须有法律的明确授权。最高人民法院于 2016 年 6 月制定发布了《关于人民法院进一步深化多元化纠纷解决机制改革的意见》(法发〔2016〕14 号),第 19 条明确提出要推动律师调解制度建设。《意见》做了进一步的细化,要求试点地区的各级法院要将律师调解与诉讼服务中心建设结合起来,在法院诉讼服务中心、诉调对接中心或具备条件的人民法庭设立律师调解工作室,配备必要的工作设施和工作场所。在法院委托律师调解案件的法律关系中,作为委托人的法院须对案件有管辖权,登记立案后或者在审理过程中,承办该个案的法官或合议庭经过慎重考虑,认为该案适宜由律师调解的,且征得双方当事人同意,便委托律师进行调解。作为受托人的律师应具有包含执业年限、办案数量、诚信状况等各项调解工作的资质,并在律师调解员名册之内。委托的事项是由律师依法、依情、依理地调解受移送个案。

第二种模式,律师在公共法律服务中心(站)设立的律师调解工作室提供调解服务。公共法律服务中心(站)在我国存在的时间不长,因此公众对其认知度较低。2017 年 8 月司法部出台的《关于推进公共法律服务平台建设的意见》要求以县(市、区)、乡镇(街道)为重点,分别建立公共法律服务中心和公共法律服务工作站。与《关于推进公共法律服务平台建设的意见》几乎同时颁布的《意见》明确了试点地区的县级公共法律服务中心、乡镇公共法律服务站应当设立专门的律师调解工作室。目前,律师调解工作室在各地纷纷建立的公共法律服务中心(站)内逐渐成立。

〔1〕 最高人民法院课题组:《司法改革方法论的理论与实践》,法律出版社 2011 年版,第 245 页。

第三种模式,律师在律师协会设立的律师调解中心提供调解服务。《意见》指出,律师在律师调解中心作为调解员可接受当事人申请或法院移送,参与矛盾化解和纠纷调解。2016年,杭州律协成立了全国第一家由律协设立的律师调解中心——杭州律协调解中心,这也是全国首个以律师为主体的专业性调解组织。

第四种模式,律师在律师事务所设立的调解工作室提供调解服务。律所可以将接受当事人申请调解作为一项律师业务开展,同时可以承接法院、行政机关移送的调解案件。无疑这是律师调解四种工作模式中最贴近市场的一种,也是国家支持律师调解服务市场培育的重要举措。

(三)应当建立知识产权纠纷律师调解机制

律师调解具有专业性、灵活性、便捷性、保密性等优势,非常契合知识产权纠纷的需要,因此,我们应当重视律师在知识产权纠纷解决中的专业作用,组织和引导律师积极参与知识产权纠纷的预防与解决。

可以借鉴美国的经验,成立知识产权法律律师协会,它是美国知识产权律师的社团组织,负责组织会员研究知识产权出现的新情况、新问题,协调会员与各方面的关系,组织会员开展对外的交流合作。它在帮助律师顺利完成各种调解和诉讼任务方面发挥了积极作用。事实上,在美国多数知识产权纠纷中,当事人都希望直接通过律师间的协商解决纠纷。事实上,许多纠纷也都是采用这种方式解决的,这也成为美国处理知识产权纠纷的一大特色。[1] 当然,在我国,律师提供知识产权案件调解服务离不开律师调解机制的整体完善与发展,建议我们的相关部门,如律师协会、司法局等加强对律师参与调解工作的作用与优势的宣传,并促进相关政策或规则的出台,鼓励和规范律师调解业务的开展。

四、专家调解

(一)知识产权纠纷专家调解的优势

在知识产权纠纷中,涉及众多学科门类、行业领域非常广泛,其中技术

---

〔1〕《美国知识产权保护体系》,载 http://baike.baidu.com/view/726248.htm,最后访问日期:2018年10月1日。

问题与法律问题互相融合，只有掌握专门知识的人才能很好地理解并把握纠纷的关键问题，从而促进纠纷恰当和有效的解决。不同领域、不同行业的专家具有丰富的知识和经验，对特定领域发生的纠纷的原因、解决等有权威的认识，由专家调解纠纷，可以将调解方案的合法性与合理性相结合，也可以将调解方案的法律效果与社会效果相结合，说服力强，能够被当事人接受，也能够在一定程度上弥补法官专业知识的欠缺。担任调解的专家可以是技术专家、法律专家、纠纷解决的专家、退休法官、行政机关相关人士等。

专家调解的方式多样化，可以担任法院特邀调解员或者接受法院委托承担调解任务，还可以在诉讼外接受当事人的委托作为中立第三人调和纠纷双方的矛盾和问题。比如，2010 年 4 月 14 日，北京中关村设立了全国首家"知识产权纠纷诉前调解中心"，其作用是通过对知识产权的专业解释说明和对纠纷双方利益的公平调解，促使当事人双方形成共识，将争端解决关口前移，把矛盾化解在诉讼前，减少纠纷当事人因诉讼带来的麻烦和风险，节约司法资源。该中心聚集了一批具有丰富知识、实践经验和行业背景的曾担任过知识产权法官、知识产权审查员的资深人士，以及知识产权专业律师和企业知识产权高级管理人员。中心受理纠纷后，将提供调解、技术援助、解决诉讼后遗症等专业化服务，并且该中心还制定了《调解规则》《调解员守则》等，对调解原则、范围和程序有明确规定。[1]

（二）完善我国诉讼外的专家调解机制

总体而言，我国专家调解没有得到应有的重视，除了协助调解和委托调解存在相应的规则和程序要求，诉讼外专家调解机制几乎是一片空白。

有学者主张，通过一定的机制使专家能够以相对中立的角色直接主持调解，是实现与诉讼机制对接最重要的专家参与形式。相应地，人民法院也有必要赋予这种形式下形成的调解协议相应的法律效力。[2] 比如，就诉讼前的调解，人民法院可以根据专业、行业和领域的不同设立专家调解名册，当事人自愿通过专家调解方式解决纠纷的，法院可以告知其在专家调解名册中选择。当事人达成和解协议的，可以由专家制作调解书，并与各方当事

---

〔1〕 张显峰：《中关村试水知识产权纠纷诉前调解》，载 http://www.stdaily.com/kjrb/content/2010-04/15/content_175611.htm，最后访问日期：2018 年 10 月 25 日。

〔2〕 俞灵雨主编：《纠纷解决机制改革研究与探索》，人民法院出版社 2011 年版，第 33 页。

人在调解书上签字，报案件管辖法院备案，法院依法予以确认，具有执行效力。如果调解不成，法律专家可以以书面声明终止调解程序。在调解过程中形成的专家调解意见，包括专家关于法律适用的分析意见，可供法院在审理案件时参考。

五、人民调解

知识产权纠纷人民调解是我国知识产权纠纷调解机制的核心，也是我国当前知识产权纠纷解决的主渠道之一，相关内容将在下一章进行专章介绍。

第三节　知识产权纠纷调解策略、基准及程序等

一、调解者及其策略

（一）调解者及中立性

毫无疑问，纠纷解决者在纠纷解决机制中具有举足轻重的地位和作用，以至于有的学者甚至认为"处理纠纷的机构比该机构所应用的解纷模式更重要，因为争执者会发现他们处于纠纷解决的具体场所中，而不是抽象的模式"[1]。由于知识产权纠纷自身的特性，导致知识产权纠纷调解属于专业调解范畴。所谓专业调解，是指当事人之间发生于某一特定领域的经济或民事纠纷，无法通过自行协商的方式解决，而自愿提交专业的调解组织或者调解人，由其提供的促成和解解决纠纷的专业服务。专业调解区别于普通调解最大的特征在于，纠纷发生于某一特定领域，同时调解员通常掌握某一领域专门知识并且具有进行规范调解所需的技能。调解人所接受的教育、培训和拥有的经验显示出他的能力并设定了他按照某一特定方式行事的倾向，具有相关资历和经验的调解人能够更善于引导当事人达成和解。由于知识产权纠纷高度专业化的本体特征，对于纠纷解决中立第三人的技术知识、专业素养、特定实践经验以及纠纷解决能力等方面具有较高要求。

---

〔1〕 强世功编：《调解、法制与现代性：中国调解制度研究》，中国法制出版社2001年版，第383页。

(二)调解者策略安排

在相关的知识产权纠纷的调解机制中,调解是否能够实现预期的目的在很大程度上取决于调解者的策略以及对程序的安排。

一般而言,调解者所采用的策略大体上可以分为两大类:促进式的(facilitative)或者指示性的(directive)。前者认为当事人能够通过妥协很好地解决争议,调解者的主要任务就是促进当事人之间的交流,而不应当提出任何的意见或者观点,否则将损害程序的公平。与促进式的调解不同,指示性的调解者认为当事人需要中立第三人的指导和建议才能解决争议,因此这类调解员往往是争议所涉及领域或者行业的专家或者具备相关专业知识的人,这类调解者利用其经验和智识就争议中的相关问题指导当事人,并且还为争议的解决提供意见。实践证明,在涉及与技术相关的知识产权案件中,当事人以及争议解决的过程会更多地得益于指示性调解者。[1] 当然,如果当事人能够在没有调解者提供帮助的情况下通过谈判解决争议,促进式的调解者也就足够了,但是更常见的情况是当事人无法仅通过谈判来达成一致意见,因为争议中的关键问题难以达成共识,因而仅开放交流渠道并不够,调解者常常需要帮助他们预测诉讼结果来促使他们以更现实的态度尽早解决争议。一般而言,调解者首先应当以促进方式来开始程序,但是发现仅推动相互之间的交流难以解决争议时,就应当提供建议或者观点。当然最好的调解者是能够依据情况在“促进”与“指示”之间及时转换角色的。[2] 总之,知识产权纠纷调解是否成功在很大程度上依赖调解者的方法和策略,就本身就抱有合作诚意的双方当事人而言,纯粹地促进就足够了;但是对于大多数知识产权案件而言,调解者如果能够给出指示或者引导当事人更现实和理智地对待问题则会使争议解决更有效。[3] 调解人需要动员影响力,并且把握解决问题的战略性时机等帮助当事人实现一种正义的

---

〔1〕 Gralg Metcalf, Resolution of Patent and Technology Disputes by Arbitration and Mediation: A View from the United States, (2008) 74 Arbitration 385 – 394, 386.

〔2〕 Stempel, “Beyond Formalism and False Dichotomies”, (1997) 24 *Florida State University Law Review* 973, 952.

〔3〕 Stempel, “Beyond Formalism and False Dichotomies”, (1997) 24 *Florida State University Law Review* 973, 952.

合理妥协，使当事人对事实关系、主张、法律规范以及民间常识等认知得以调和并趋于一致。但是，调解员不具有强迫当事人达成纠纷解决协议的强制力，而是将形成决定权留给当事人。调解者应当利用其专业知识尽量协助当事人在双赢的基础上寻找争议解决的方式，调解者的力量在于符合共同决定、协议和妥协的价值，以及立足于贴近当事人本身的中立的姿态，而不是对事实进行是非评价和评判。

二、调解基准

调解过程可以分解为情报的展示、规范的援引、说明及证明、影响力之动员以及时间的把握等要素。因此，规范的援引是调解过程中必不可少的环节之一，也是说服当事人达成纠纷解决协议的核心要素。

（一）调解解决纠纷基准概述

通常而言，民事实体法律规范可以划分为强制性法律规范和任意性法律规范两大类，或者有学者将其划分为强行法规、任意法规和制裁法规三种。[1] 强行法规通常与公共利益有关，当事人不能通过调解协议任意违反或者改变，否则这类协议不具备法定效力；任意法规是指通常用于补充或解释当事人法律行为或合意内容的法规，不具备强制效力；制裁法规的效力位于上述两类法规之间，当事人可以自由决定或改变，但又不是完全不受约束。我们认为，在调解过程中，调解人及其当事人所赖以解决纠纷的基准不能与强行法规和制裁法规相违背，但是不需要严格遵守任意性的法律规范。当然，调解基准不仅局限于成文立法，还广泛涉及民间生活的一般规范、商业惯例、衡平法精神以及公平正义等基本原则。有学者指出："对纠纷交涉过程中起作用的'规范'（一般表达为 Norm），法人类学家和法民间学家们往往作非常广义的理解，从法律、规则、原理原则、习惯习俗，一直到价值体系、道德、常识等，都可以被包纳到这一概念里面。"[2]需要指出的是，虽然调解不必严格遵循实体法和程序规则，但是仍然受到规范要素的制约，仍然需要

〔1〕 王亚新：《对抗与判定——日本民事诉讼的基本结构》，清华大学出版社 2002 年版，第 270 页。

〔2〕 王亚新：《纠纷、秩序、法治——探寻研究纠纷处理与规范形成的理论框架》，载马俊驹主编：《清华法律评论》（第 2 辑），清华大学出版社 1999 年版，第 23 页。

依据一定的实体规则和标准才能做出判断。

(二)知识产权纠纷调解基准

就知识产权纠纷调解基准而言,由于知识产权具有法定性的根本特征,因而权利人获得这类财产权权益完全依赖于国家强制性的法律制度。一国或地区知识产权制度对知识产权权利范围、内容、救济等的规定不完全取决于法律自身的逻辑,而更多地受科学技术水平、国家产业政策以及国际经济关系协调结果的制约,也体现了特定情境下统治者为达到权利人与民间大众利益均衡点的努力。因此,相对于其他类型的纠纷而言,知识产权纠纷的解决无疑更大程度上依赖于明确化、定型化的权利义务的法律规范,通常包括法律、行业惯例、规则、标准以及法律原则和其他民间规范,而较少依靠习俗、情理、公共道德等民间规范。知识产权纠纷调解主要依靠法律及其原则的系统性和权威性,法律规则及民间规范的明确性、具体性和完善性,引导设定平等主体交往的权利义务边界,影响着纠纷解决的整个过程。法律及其基本准则为当事人之间的妥协和交易提供了大致的标准答案和参考,当事人在接受调解时往往会考虑法院可能做出的裁判结果,是在"法律阴影下"通过讨价还价解决争议。当然,规范要素在纠纷解决过程中的作用与纠纷当事人之间的实力对比和关系距离,双方当事人对共同规则的认同,以及纠纷解决本身的特性有很大关系。

另外,在调解的过程中,考虑到知识产权的基本特征,还要注意坚持知识产权人利益与社会公共利益合理平衡原则。法律对知识产权的保护并不是绝对的、无任何限制的。知识产权限制是知识产权法律制度中的一项重要制度,不仅关系知识产权人利益的维护,也关乎社会公众对科学知识、对智力成果的使用和传播。

三、调解程序正当化与规范化

(一)调解程序正当化与规范化的必要性

调解程序的本质要素在于合意。调解协议的本质是短期的、具体化的、合意的联合。调解就是给予那些一时陷入自主解决困难的当事人援助,促成当事人之间恢复和平的对话,在理性计算得失的基础上达成一致,并力图把当事人自主解决纠纷作为民间秩序形成的基本原理。调解程序的正当化或者合理性的首要问题就在于保障当事人纯粹的合意，也就是确保当事人之间的合意是真正自发的和自愿的。因此，在调解中一定的程序要求是必要的，这源于保障当事人真实意思表示的需要。虽然调解属于当事人自治的纠纷解决模式，不必严格遵循诉讼中的程式化规范，这也是调解区别于诉讼的存在要因之一；但是，正如玛丽安·罗伯茨所言："调解相对于对抗制的优势同样可能导致潜在的风险。私下而非正式的进行，同时没有正当程序的保护时，操纵性和压迫性的行为会有存在的空间和机会，不仅是在当事人之间，而且可能由调解者做出。维护一个公正的程序不得不超出维系调解者与当事人之间关系的基本信任。"〔1〕

由于知识产权调解具有相当的难度和复杂性，以及不可预测性，而且可能由于当事人力量的不均衡而引发不平等，因此，为了保障当事人合意的纯粹性、真实性，最根本的要求应当是实现调解制度的正当化与规范化，纠正调解程序明显的随意性，包括明确调解适用的范围，规制调解员的中立性，发展调解组织、强化调解协议的权威性和效力等。调解最低限度的程序化要求还能够确认和发展相对稳定的行为模式，有利于减少调解过程中的不确定性和任意性，帮助人们形成相对可靠的预期，因而有利于降低交易成本。"程序的目的应是减少错误判决的代价和直接的程序代价。"〔2〕"正因为其柔软性，进行交涉才有意义，而且正因为其安定性，利用 ADR 才有意义。"〔3〕

（二）调解程序正当化与规范化的主要内容

在知识产权这类高度复杂化和专业化的纠纷类型中，当事人在参与纠纷解决的过程中，在很多情况下缺乏法律思维和对法律程序的知识和经验，在有关纠纷专业知识和信息的把握上往往存在差异，因此在调解中纯化当事人合意的目标要求在具体机制设置上以及运行过程中更多地关注当事人自主和自治权的实现。

---

〔1〕 Marian Roberts, "Family Mediation: The Development of the Regulatory Framework in the United Kingdom", (2005) 22 *Conflict Resolution Quarterly* 4, pp. 509, 511 – 512.

〔2〕 张文显:《二十世纪西方法哲学思潮》,法律出版社 1996 年版,第 226 ~ 227 页。

〔3〕 [日]小岛武司、伊藤真编:《诉讼外纠纷解决法》,丁婕译,中国政法大学出版社 2005 年版,第 174 页。

调解人应当充分履行释明义务,包括向当事人阐明纠纷的争点,法律规范的运用及原理,协助当事人在充分理解相关问题的基础上实现真正的自我意愿的表达,为当事人对可能形成的纠纷解决方案提供证据评价和事实认定方面的法律和技术知识等的帮助。

在调解程序上应有必要的事实查明规则。知识产权纠纷调解虽然不涉及对纠纷事实的裁判性认定,但由于纠纷涉及各类专业性知识,而调解人员对纠纷事实的准确把握,双方当事人彼此对事实主张的必要了解和明晰,是调解顺利进行的重要基础,这就需要一定的事实查明规则。如规定调解人员可以根据当事人申请,或在调解人员认为必要时,组织当事人双方交换证据,进行适当的辩论。当事人在证据交换和辩论中,有权邀请具备相应专业知识的人提供协助。必要时,当事人亦可申请调解委员会对涉及专业技术的事实问题进行鉴定等。但这种鉴定意见不能在以后的诉讼中直接作为认定案件事实的根据。调解人可以根据其判断对当事人施加影响,使他们尽快明确自己的权利和利益以及法律实力的优劣所在,抛弃不合实际的要求,作出协商和妥协的努力。信息状态的透明化和明确度的提升可以最大限度地保障当事人达成真实性合意的可能。当然,正如前文指出,这种专业信息提供义务不能阻碍当事人解决纠纷活动主体性作用的发挥,以免导致过度依赖调解人的专业知识导致当事人意思自治的萎缩。

另外,调解作为一种法定机制,具有法定效果。因此,调解人员的资格、调解程序的进行以及调解的内容等,法律应当加以必要的规定,用以保障调解的品质或效力。

(三)WIPO 仲裁与调解中心的知识产权纠纷调解服务

目前,世界上比较有影响的是 WIPO 仲裁与调解中心所开展的知识产权纠纷调解服务,WIPO 调解与仲裁中心虽然不仅限于处理知识产权纠纷,但是其规则、程序均是考虑知识产权纠纷的特殊性而设计,因此其争议解决方式和程序等对于其他组织调解知识产权纠纷具有一定的借鉴价值。为协助当事人通过调解的方式解决争议,WIPO 中心起草了《WIPO 调解规则》。一旦当事人同意将争议提交 WIPO 中心,选择以调解的方式解决争议,就意味着当事人采纳了《WIPO 调解规则》,该规则将成为调解协议的一部分。该规则对于调解程序进行了较为全面的规定,包括指定调解人的方法、启动调解程序的方法、调解程序的确定、调解程序的保密事项和调解进行中的披露等。

调解程序的启动是由一方当事人首先向 WIPO 调解中心提出调解申请。一旦争议发生,且当事人事前或者事后签订了调解协议,当事人以书面的形式向 WIPO 中心提交《调解申请书》,就启动了调解程序。调解程序的申请书不做详细的内容的要求,可以只说明当事人的姓名、联系地址,同意调解的协议以及对于纠纷性质的简要说明等。

在收到当事人的调解申请后,WIPO 中心将与当事人或他们的代理人联络,确定调解人,除非当事人已经就调解人的人选或指定调解人的其他程序达成协议。潜在的调解人接受指定后,应当被视为承诺有充分的时间进行调解程序。调解人应当保持中立、公正和独立。WIPO 中心在协助当事人指定适当调解人时,一般会与当事人讨论下列事项:当事人希望调解人起什么样的作用?是希望调解人对争议提出一个不具有拘束力的中立的评估意见,还是希望调解人作为协助者,为当事人各方沟通提供便利,并提出和评估各种可能的解决方案;当事人希望指定一个什么样的人做调解人,是在该案争议事项所属领域有丰富经验的人还是对调解程序非常熟练的人?当事人希望指定一个或者几个调解人?当事人对调解人的国籍是否有要求?候选调解人是否能够保持独立?候选调解人职业资格、经验、专业培训及所属领域等。在指定调解人阶段,WIPO 中心将与调解人和当事人协商,确定调解人的费用及支付安排。

调解程序安排由当事人控制,在当事人没有达成协议时,或者对于调解协议未涉及的事项,适用《WIPO 调解规则》的程序性规定。调解程序一般来说包括调解的准备、调解的开始、指定调解人、调解人与当事人代表的第一次会议、调解会议、调解人与一方或多方当事人的后续通讯。调解程序开始且完成指定调解人后,调解人与当事人代表举行第一次会议,主要是概括交付调解的实体问题、确定时间进度、参与方,确定需向调解人提交的材料、讨论保密问题,等等。在此后的调解会议的内容包括:评估各类争议解决方式(包括诉讼的风险和费用)—明确争议的关键问题—发现当事人的利益—提出争议解决的选择方案—与双方当事人召开会议或者与一方当事人召开秘密会议—形式:评价性的(evaluative)或者促进性的(facilitative)。最后,无论调解的结果如何,都应当撰写一份经双方认可的书面材料,概括争议各方的立场。

另外,WIPO 调解程序的主要特色还在于保密性的规定。该规则规定保密义务适用于调解程序中的任何一方，包括并尤其是调解人、当事人各方、当事人的代理人、顾问、独立专家和出席当事人与调解人会面的任何其他人士。未经当事人和调解人同意，调解程序的任何参与人不得使用或向任何外方披露与调解有关的信息或在调解中取得的信息。除此之外，《WIPO 调解规则》第 17 条详细列举了不能在诉讼中和程序中作为证据使用的要求，包括对争议可能的解决方案提出任何观点或建议；调解过程中当事一方作出的任何承认；调解人的任何建议或观点；一方是否曾经表示愿意接受调解人或另一方当事人提出的任何解决方案。《WIPO 调解规则》还规定了 WIPO 中心的保密义务。WIPO 调解结束后，调解人需书面通知 WIPO 中心有关调解终止的情况。WIPO 中心承诺对该通知采取保密措施。

调解程序在下列情况下终止：当事人签署了和解协议，和解协议涵盖了当事人之间发生争议的任何或所有问题；调解人依其判断，决定即便做出进一步努力，也不可能通过调解解决争议；或当事人一方在参加当事各方与调解人的首次会议后至签署和解协议前的任何时间，书面宣布终止调解。总之，与其他的调解规则相比，《WIPO 调解规则》程序性规定更简单，留给当事人和调解人更多自由发挥的空间。

问题与思考

一、我国知识产权纠纷调解的类型主要有哪些？

二、你认为利用调解解决知识产权纠纷的优势和弊端有哪些？

三、你如何评价《世界知识产权组织调解规则》？

四、你认为我国应当如何发展知识产权纠纷人民调解机制？

第九章 知识产权纠纷人民调解机制

第一节 我国知识产权纠纷人民调解机制概述

一、人民调解制度在我国的发展变迁

（一）人民调解制度在我国的起源

人民调解制度，是从民间的调处息诉制度发展而来，作为一种诉讼外的纠纷处理方式，它同时也被看作社会有机体自我调整、自我完善机制发挥作用的表现。

我国早在封建社会时期，就建立了以国家权力机构或组织作为第三人居中调解的官方调解，也称乡治调解。纠纷发生时，他们往往就是处理争议、息事宁人的第一道防线，只有他们调处不了的纠纷才允许付诸诉讼这一司法裁决的方式。除了官方调解外，基于我国古代社会的宗族社会性质，也发展出了宗族调处的纠纷解决方式，宗族中的长辈拥有极高的权威和处断权，维护的是整个宗族的利益。而民间群众自发的调解是群众自我解决纠纷、矛盾的自治行为，与现阶段的人民调解有相似之处。但值得注意的是，人民调解不是历史上传统调解的简单重复，而是在批判继承的基础上对调解制度的扬弃。自民主革命时期开始，经过长期实践，不断赋予这一制度以新的内容和活力，终于形成了现行的在群众自治组织主持下，在自愿基础上公平、合法地排解纠纷的人民调解制度。

（二）人民调解制度在我国的兴衰

在我国的法律叙事中，人民调解是一种与司法审判同样重要的纠纷解

决机制，它本身随着国家治理战略的改变而不断变化。党和政府历来高度重视人民调解制度，并在不同时期赋予了不同的政治期许。早在抗日战争时期，陕甘宁边区政府就没有仅把调解当作一种司法手段，而是作为一种解决社会问题的方式。在1954年正式建立人民调解委员会制度以后，调解被认为“本质上是一项政治工作”，纠纷需通过教育劝导当事方接受党提倡的正确意识形态与价值观来加以解决。改革开放以来，人民调解制度的政治色彩大大淡化，1989年颁布施行的《人民调解委员会组织条例》在调解员的选任、调解依据和调解程序等方面开始强调人民调解的法律优先性。

20世纪90年代初，人民调解处理的案件数量超过法院一审案件数量一倍以上，但后者增长迅速，并在1997年首次超过前者；此后虽然增速减慢甚至稍有下降，但总量一直高于前者。但是，大致从20世纪90年代初开始，一直到2005年左右，全国范围内通过人民调解处理的纠纷数量持续下降。尤其是对比人民法院一审案件数量，两者呈现明显的此消彼长趋势。原因在于，一方面，与司法诉讼等公力救济机制相比，人民调解存在权利界限模糊、强制性不足、规范性较差等制度性劣势，使相当部分纠纷被分流。[1] 另一方面，随着社会陌生化加剧，熟人社会逐渐解体，加之基层政权建设不力，传统上主导人民调解的宗族长老、社区权威和基层干部的影响力式微，人民调解所依赖的社会支持网络逐渐凋零。[2] 另外，公民权利意识迅速提升，在一定程度上导致对诉讼机制的迷信，甚至出现了“诉讼万能论”的趋势。总而言之，当时人民调解在整个纠纷解决系统中的功能和地位明显弱化。

但是，随着构建“和谐社会”开始成为社会主流思潮，人民调解制度开始焕发出勃勃生机。2002年，中国共产党十六大报告第一次明确将“社会更加和谐”作为中国共产党奋斗的一个重要目标；2004年9月，党的十六届四中全会进一步提出了构建社会主义和谐社会的任务，首次把和谐社会建设放到同经济建设、政治建设、文化建设并列的突出位置；2006年10月，党的十六届六中全会通过了中共中央《关于构建社会主义和谐社会若干重大问题的决定》，不仅将和谐社会作为奋斗目标，而且提出了各项制度保障要求。构建社会主义和谐社会要求各类矛盾得到及时、妥善的解决，而人民调解制度在中国纠纷解决体系中具有极为重要而特殊的地位。因为一方面，人民

---

〔1〕 冯卫国：《转型社会中的人民调解制度：挑战及其应对》，载《法治研究》2014年第7期。

〔2〕 左卫民等：《中国基层纠纷解决研究》，人民出版社2010年版，第71～76页。

调解制度是广义上国家司法制度的重要组成部分，具有纠纷预防和化解功能。由于它具有扎根基层、分布广泛、组织健全、方便快捷、不伤感情、省钱省力等特点，在解决纠纷中具有独特的、其他纠纷解决方式不可替代的作用，被称为化解矛盾纠纷的“第一道防线”，被国际社会誉为化解社会矛盾的“东方经验”。另一方面，人民调解制度是党领导下，继承和发扬民间调解的传统，经历了革命、建设和改革各个历史阶段的实践，不断完善和发展起来的社会治理的有效手段，是国家权力融入基层社会的载体。在当今构建和谐社会的背景下，在“构建社会主义和谐社会，必须构建大调解工作体系；而要构建大调解工作体系，必须充分发挥人民调解的基础作用的思维导向中，人民调解制度再次受到官方的高度重视”〔1〕。国内关于人民调解工作的法律逐步明确与规范。2002 年 9 月，司法部发布实施了《人民调解工作若干规定》。同年 9 月，最高人民法院《关于审理涉及人民调解协议的民事案件的若干规定》（法释〔2002〕29 号）正式承认“经人民调解委员会调解达成的、有民事权利义务内容，并由双方当事人签字或者盖章的调解协议，具有民事合同性质”。首次以司法解释的形式明确了人民调解协议的性质和效力。后续司法部、财政部、最高人民法院等相关职能部门在进一步调研的基础上，又出台了《关于审理涉及人民调解协议的民事案件的若干规定》《关于进一步加强人民调解工作经费保障的意见》《人民调解工作若干规定》等规范性文件，尤其 2010 年 8 月 28 日，第十一届全国人大常委会第十六次会议审议通过了《人民调解法》。《人民调解法》系统地规定了人民调解的性质、任务、工作原则、人民调解委员会、人民调解员、调解程序、调解协议等内容，明确了司法行政机关对人民调解委员会的指导职责，加强了对人民调解委员会的经费保障，规定了人民调解与其他纠纷解决途径的关系，规定了人民调解协议的效力。这部法律的出台对于增强人民调解制度解决纠纷的能力、提升其威信和地位具有前所未有的重要意义。

二、知识产权人民调解制度在我国的建立

成长于 20 世纪 80 年代的中国知识产权制度，几乎与中国当代的法制建设是同步的。改革开放以后，对知识产权立法保护提上议程，1982 年《商标

---

〔1〕 朱新林：《人民调解：衰落与复兴——基于 1986—2009 年人民调解解纷数量的分析》，载《河南财经政法大学学报》2012 年第 4 期。

法》出台，1984年《专利法》通过，1991年《著作权法》等陆续出台。随着各项知识产权制度的建立以及知识经济的迅猛发展，涉及知识产权的利益冲突也急剧增多。但是，由于中国社会的自治程度较低，社会大众习惯通过确定的法律规则和具有强制力的国家规制来解决纠纷，对公力救济的需求远远大于社会自治性调整。因此，在发生纠纷时，当事人更愿意向基层政府、行政机关和司法机关寻求救济。[1] 与此同时，我国又不断加强法制建设，法治观念逐渐深入人心，通过司法实现正义成为社会共识，诉讼逐渐成为纠纷解决的主要途径。而且，由于我国对知识产权纠纷采用行政处理与司法保护的“两条途径、协调处理机制”，行政救济在知识产权纠纷解决中也发挥着举足轻重的作用。而仲裁、调解等非讼方式不被社会大众熟悉和了解，在知识产权纠纷解决机制中地位不高，较少被使用，逐渐被边缘化。因此，可以说，改革开放以后建立起来的知识产权纠纷解决机制仍是以诉讼为主导辅之以行政救济的运行方式，知识产权人民调解制度并未真正建立起来。

随着人民调解制度重新焕发生机，知识产权纠纷的人民调解作为人民调解工作的专业分支也得到政策的鼓励和法规的保障。

2008年6月5日，国务院发布《国家知识产权战略纲要》，意味着知识产权战略首次上升为国家战略。该纲要不仅是我国知识产权事业发展的指南，也是建设创新型国家的纲领性文件。

2009年7月24日，最高人民法院《关于建立健全诉讼与非诉讼相衔接的矛盾纠纷解决机制的若干意见》（法发〔2009〕45号）提出“完善诉讼与仲裁、行政调处、人民调解、商事调解、行业调解以及其他非诉讼纠纷解决方式之间的衔接机制，推动各种纠纷解决机制的组织和程序制度建设”，该意见为以非诉讼方式解决知识产权纠纷的诉前调解制度，尤其为以人民调解方式处理知识产权纠纷提供了司法保障，并开创性地规定了司法确认程序，搭建了多元化纠纷解决机制之间良性互动的桥梁。

2014年12月，国务院转发的《深入实施国家知识产权战略行动计划（2014—2020年）》提到，开展知识产权纠纷诉讼与调解对接工作，依法规范知识产权纠纷调解工作，完善知识产权纠纷行业调解机制。

2015年以后，国务院陆续出台了《关于完善矛盾纠纷多元化解机制的意

---

〔1〕 范愉：《社会转型中的人民调解制度——以上海市长宁区人民调解组织改革的经验为视点》，载《中国司法》2004年第10期。

见》(中办发〔2015〕60号)以及《关于印发"十三五"国家知识产权保护和运用规划的通知》(国发〔2016〕86号)等文件,要求进一步加强行业性、专业性人民调解组织建设,完善仲裁制度,健全知识产权纠纷多元化解机制。积极构建知识产权大保护工作格局,加强知识产权仲裁机构和纠纷调解机构建设。

2015年12月,国务院《关于新形势下加快知识产权强国建设的若干意见》(国发〔2015〕71号)印发,其中要求推动相关国际组织在我国设立知识产权仲裁和调解分中心。

2016年6月29日最高人民法院《关于人民法院进一步深化多元化纠纷解决机制改革的意见》(法发〔2016〕14号)明确提出在知识产权等重点领域支持行政机关或者行政调解组织依法开展行政和解与行政调解工作。同时积极推动设立商事调解组织、行业调解组织,在投资、金融、知识产权等领域提供商事调解或者行业调解服务,完善司法确认程序,为推进知识产权纠纷的多元化解决给出了宏观的制度安排。

2017年1月,国务院印发的《"十三五"国家知识产权保护和运用规划》明确了"构建包括司法审判、刑事司法、行政执法、快速维权、仲裁调解、行业自律、社会监督的知识产权保护工作格局",提出了"建立知识产权纠纷多元解决机制,加强知识产权仲裁机构和纠纷调解机构建设"的具体目标。

2017年3月13日,国家知识产权局发布《关于开展知识产权纠纷仲裁调解试点工作的通知》明确提出要探索形成知识产权纠纷多元化解决机制,为权利人提供更多的争议解决途径和维权选择。

2018年3月,国家知识产权局下发《关于开展知识产权仲裁调解机构能力建设工作的通知》,明确国家知识产权局每年遴选确定20~30家知识产权仲裁调解机构作为能力建设工作单位,开展能力建设工作。

2018年6月,国务院发布《关于积极有效利用外资推动经济高质量发展若干措施的通知》,其中特别提出加强知识产权保护,加强维权援助和纠纷仲裁调解。为此,国家知识产权局曾多次提出统筹推进知识产权"严保护、大保护、快保护、同保护"各项工作,为创新主体营造更好的营商环境和创新环境。[1]

在前述法律和政策的大力支持和鼓励下,全国各地知识产权人民调解

---

〔1〕《北京再添两家重点领域知识产权纠纷人民调解机构》,载 http://www.iprchn.com/cipnews/news_content.aspx? newsId=109602,最后访问日期:2018年10月10日。

组织如雨后春笋般建立起来，人民调解在知识产权纠纷解决领域的作用日益彰显。

第二节　我国知识产权人民调解机制的发展状况与问题

一、我国知识产权人民调解的发展状况

（一）人民调解委员会开展的工作

狭义上人民调解仅指人民调解委员会进行的调解。一般而言，我国人民调解组织调解纠纷的范围主要是婚姻、家庭、邻里等常见性、多发性民间纠纷。近年来，随着我国经济体制深刻变革、社会结构深刻变动、利益格局深刻调整、思想观念深刻变化，各种矛盾纠纷不断增加，呈现出复杂性、多样性、专业性和面广量大的特点，特别是在医疗卫生、交通事故、拖欠农民工工资、劳动纠纷、山林土地、征地拆迁、互联网等特定行业和领域，矛盾纠纷大量出现，已经成为影响社会和谐稳定的难点、热点问题。因此，为了及时化解纠纷，促进社会和谐，我国在新时期大力推进行业性、专业性人民调解委员会建设，包括医疗纠纷人民调解组织、物业管理人民调解组织、道路交通人民调解组织、劳动纠纷人民调解组织、房地产纠纷调解组织以及消费者纠纷调解组织等。很多人错误地认为人民调解组织在知识产权纠纷处理方面作用不大，一方面，这与知识产权纠纷的专业化、复杂性有关；另一方面，也有知识产权主体选择的原因。因为知识产权纠纷调解通常需要专家的力量和专门技术的支持，因而在实践中这类调解通常表现为专业调解机构的调解，而基层群众性自治组织村委会、居委会的人民调解等在很大程度上难以胜任。

目前，人民调解与知识产权纠纷解决相结合的探索已取得一定进展，专门调解知识产权案件的人民调解委员会相继成立。各地区的做法略有不同。

江苏省、湖南省、广东省陆续在省一级成立了知识产权纠纷人民调解委员会，在探索知识产权纠纷多元化调解方面做出了大胆的探索。省一级的知识产权纠纷人民调解委员会的受案范围不仅限于专利纠纷，还包括商标、版权等其他知识产权纠纷，打造的是知识产权纠纷调解的“三合一”平台。

上海则不是在市级层面设立调解组织，而是深入各区，在各区县设立知

识产权纠纷人民调解委员会。例如，国内首个知识产权调解机构——上海市浦东新区知识产权人民调解委员会于2007年11月挂牌成立，调解员有知识产权律师、各领域专家，包括生物医药、集成电路、软件、光电子等高科技领域。案件经该调解委员会调解成功后，双方可以请求浦东法院出具调解书，使协议具有强制执行效力，达到与判决相同的法律效力；上海市知识产权局、上海市司法局共同在浦东新区、杨浦区、徐汇区、闵行区和上海自由贸易试验区组织开展了知识产权纠纷人民调解试点工作，建立知识产权纠纷人民调解委员会，组建了一支由知识产权代理人、知识产权律师、退休法官、退休知识产权行政管理人员、高校知识产权专业教师等组成的知识产权纠纷人民调解员队伍。通过近两年工作试点后，上海市司法局、上海市知识产权局、上海市财政局于2016年12月共同出台了《关于本市开展知识产权纠纷人民调解工作的若干意见》(沪司规〔2016〕4号)、《上海市知识产权纠纷人民调解规则(试行)》，并共同编辑出版了《知识产权纠纷人民调解案例汇编》。上述意见明确规定了建立区县知识产权纠纷人民调解委员会、知识产权纠纷人民调解工作室、知识产权纠纷人民调解员队伍、知识产权纠纷人民调解专家咨询、知识产权纠纷诉调对接等工作机制。

其他省市也纷纷开展知识产权纠纷人民调解的试点工作，并通过地方性文件和规定积极推动知识产权纠纷人民调解的实践。比如，江西景德镇，则采用成立景德镇(陶瓷)知识产权快速维权中心，并将人民调解委员会设置在维权中心开展知识产权纠纷人民调解工作的模式。景德镇快速维权中心于2015年12月由国家知识产权局批准成立，是全国第八家、中部地区第一家知识产权快速维权中心，是集行业调解、人民调解、行政调处、司法审判“四位一体”的知识产权纠纷多元调解平台。另外，浙江省先后在义乌市、宁波市以及温州市设立知识产权第三方保护平台，形成了可复制推广的“义乌模式”“宁波模式”，获得最高人民法院、国家知识产权局和社会各界的高度肯定。

(二)行业性、专业性人民调解组织的发展

设立行业性、专业性知识产权纠纷人民调解委员会，发挥人民调解周期短、成本低、效率高、处理方式灵活等优势，既是深入落实党中央、国务院对推动国家治理体系和治理能力现代化，构建分层递进、有机衔接、协调配套的纠纷解决体系的重要决策部署，又是对新形势下人民调解工作的创新、发

展和完善，对于化解特定行业的矛盾纠纷具有独特的和不可替代的作用。

鼓励各类专业社会组织和主体积极参与知识产权纠纷调解已经成为当前社会的一致共识。培育行业性、专业性人民调解组织也日益成为知识产权人民调解工作的重要内容，越来越多的民间组织、相关行业协会和商会以及知识产权领域专家、律师被纳入知识产权调解体系中，发挥各自在技术、经验、资源方面的优势，形成了更广泛意义上的知识产权人民调解。在2017年“两会”期间，全国工商联的团体提案之一就是《关于鼓励支持社会组织建立知识产权纠纷调解机制的提案》，针对社会组织开展知识产权纠纷调解工作出现的问题，提出了建议。提案指出，随着知识产权事业的蓬勃发展，知识产权纠纷数量也大幅攀升，尤其是法院受理的知识产权案件数量更是呈现爆发式增长，使各级法院和广大法官都不堪重负。在新形势下，加快构建多元化的知识产权纠纷解决机制，已经成为一种迫切需要。提案分析，知识产权纠纷不同于传统民事纠纷，主要发生在经济领域，行业性、专业性、技术性非常强，且涉案标的较大，审理难度高。行业协会等社会组织，大多作用于某一个专门的经济领域，了解该领域的发展情况和科技水平，具有突出的专业优势、信息优势、人才优势和组织优势。因此，在有关社会组织建立知识产权纠纷调解机制，通过行业调解有效分流知识产权案件，既可以有效改善司法资源不足的实际困难，也可以为权利主体提供更快捷、更低耗、更和谐的纠纷解决渠道。尽快构建以民间调解为重点的多元化知识产权纠纷解决机制，已成为迫切需要。

例如，2014年6月，上海市知识产权局、市司法局、市工商局、市版权局、市经济信息委、市高级人民法院、张江高新区管委会等部门共同组成上海市知识产权纠纷人民调解试点工作推进小组，并确定上海文化创意产业法律服务平台知识产权调解中心暨中国（上海）自由贸易区知识产权调解机构、上海生物医药行业协会、浦东新区知识产权人民调解委员会、杨浦区知识产权人民调解委员会、徐汇区知识产权保护协会为试点单位。试点工作旨在引导并鼓励建立知识产权民间保护与行业自律机制，拓展知识产权纠纷解决途径，有效降低权利人维权成本，提高知识产权保护效果。

2015年6月，北京市司法局和市知识产权局签署《关于共同推动知识产权类行业性、专业性人民调解组织建设的合作协议》，市知识产权局推荐中国电子工业标准化技术协会、北京软件和信息服务业协会等6家行业组织建立首批知识产权纠纷人民调解委员会，接受司法、行政部门委托或当事人申请，调解各类知识产权纠纷。

2017年10月，湖南省知识产权纠纷人民调解委员会正式成立。该委员会由湖南省知识产权协会作为独立的第三方平台发起，经过司法行政部门备案后设立。该委员会将满足市场主体多样化的知识产权保护需求，受案范围不仅限于专利纠纷，还包括商标、版权等其他知识产权纠纷，以打造知识产权纠纷调解的“三合一”平台。[1]

2017年12月，经主管部门批准，中国专利保护协会成立知识产权纠纷人民调解委员会。调解委员会的调解工作将以专利、技术秘密等为重点，并兼顾相关领域知识产权案件。重点调解大案、难案，对全国的专利等知识产权领域调解工作起带头、引领作用。[2]

2017年12月27日，广东知识产权纠纷人民调解委员会在广州市黄埔区举行揭牌仪式，标志着广东省首家知识产权纠纷人民调解组织正式成立运作。广东知识产权纠纷人民调解委员会将在司法行政部门和知识产权局的指导下，充分发挥人民调解的优势，积极预防和化解知识产权行业领域的矛盾纠纷，力争建成具有较高社会公信力和影响力的知识产权纠纷人民调解组织。[3]

二、我国知识产权人民调解机制中存在的问题

虽然人民调解制度正在知识产权纠纷解决领域日益彰显出应有的价值和意义，但是，目前我国知识产权纠纷人民调解工作与社会实际需求之间还存在很大差距。其主要存在以下问题。

（一）顶层设计不足，立法滞后

调解组织的法律定位在各地还存在很大差异，这在调解组织的称谓中

---

〔1〕《湖南成立知识产权纠纷人民调解委员会》，载 http://www.chinanews.com/sh/2017/10-20/8357088.shtml，最后访问日期：2018年10月5日。

〔2〕詹映、秋亦寒：《我国知识产权替代性纠纷解决机制的发展与完善》，载《西北大学学报》2018年第9期。

〔3〕《广东知识产权纠纷人民调解委员会在广州黄埔挂牌成立》，载 https://mp.weixin.qq.com/s?__biz=MzIwODM2Njk3Ng%3D%3D&idx=1&mid=2247485868&sn=bb7f96168c6738f2cc1a94bfa0f0480d，最后访问日期：2018年10月5日。

可以得到明显的反应,“调解委员会”“调解中心”“人民调解委员会”的称谓不一,说明设置主体对于知识产权纠纷人民调解究竟应属于何种法律定位,尚缺乏明确清晰的认识;而且,设置调解组织的主体也各不相同,目前有知识产权行政管理机关、司法行政机关、相关行业协会、商会等,这种状况难免会造成管理体制上的混乱。

另外,在相关的调解组织中,仅见有个别调解组织在成立时明确宣示制定了《章程》和《调解规则》,但亦未见其公布具体的内容,反映出大多数调解组织还缺乏正式的调解规则,以及规则的内容向社会还不够公开,这不仅无法规范调解组织调解的规范性和正当性,也容易影响调解的公信力以及公众对调解解决纠纷的信心。

(二)案件来源途径较单一,渠道不够丰富

目前,全国各地在市级已陆续成立了一些专门的知识产权人民调解委员会,但大多数目前还需依托行政部门或法院委托来开展调解工作,也有一些地方借助园区、市场管委会或行业协会的力量,较少有当事人自行请求这些调解机构进行调解。

不可否认的是,我国知识产权调解机构在专业水平、权威性、影响力以及服务品质等方面确实还存在很大的提升空间,加之普通民众往往“迷信”诉讼的权威性,对调解的内容以及效力了解不多。现在仲裁解决纠纷已经逐渐被熟知,但社会大众对通过调解解决知识产权纠纷的认识仍然不足,更谈不上很好地利用调解机制来解决纠纷,这就加大了调解在知识产权纠纷解决领域发挥作用的难度。

(三)经费保障不足,发展滞后

经费短缺长期制约人民调解的发展。1989 年国务院颁布的《人民调解委员会组织条例》规定人民调解委员会的工作经费和调解员的补贴经费由村委会或居委会自筹解决;2002 年司法部出台的《人民调解工作若干规定》在重申村委会、居委会责任的同时,也强调要“积极争取”地方政府的财政支持。不过在 2010 年之前,全国多数地方没有落实人民调解经费保障问题,尤其是在中西部欠发达地区,人民调解基本都是“无米之炊”,完全空转。[1]

---

〔1〕 兰荣杰:《人民调解:复兴还是转型?》,载《清华法学》2018 年第 4 期。

2010 年《人民调解法》颁布后，根据第 4 条规定，人民调解委员会调解民间纠纷，不收取任何费用；第 6 条同时规定，国家鼓励和支持人民调解工作，县级以上地方人民政府对人民调解工作所需经费应当给予必要的支持和保障，对有突出贡献的人民调解委员会和人民调解员按照国家规定给予表彰奖励。这意味着知识产权纠纷人民调解委员会调解知识产权纠纷，不向双方当事人收取任何费用。虽然这种不收费的模式有助于鼓励当事人更多地选择调解，但这种模式也让调解员的人才储备和长远发展缺乏动力。各地的知识产权人民调解委员会虽然也规定了调解员的办案补贴参考标准，因为相对于诉讼和仲裁的收费而言，调解补贴费用非常少，由此可能导致很难吸引到优秀的人才参与到调解事业中，调解的长远发展将因为缺乏人才根基而受到很大影响。

第三节　上海知识产权人民调解制度的发展及成就

一、上海市知识产权纠纷人民调解机制的主要内容

2016 年《上海市人民政府工作目标安排表》E56 重点工作为“完善知识产权纠纷多元解决机制”，其中，E－56－1 内容为制定“《关于加强上海市知识产权纠纷人民调解工作的指导意见》和《上海市知识产权纠纷人民调解规则》（二季度）”。

上海市委 2016 年 3 月出台的《关于加强知识产权运用和保护支撑科技创新中心建设的实施意见》第三章为“完善知识产权纠纷多元解决机制”，其中明确指出，推进知识产权纠纷社会预防和调解工作，组建调解委员会及调解员队伍，依法规范知识产权纠纷调解工作。

上海部分区陆续开展了知识产权人民调解工作探索，但尚未形成统一的规范。为了给上海市知识产权纠纷人民调解工作的开展提供统一的规范指引，2016 年 11 月 18 日，上海市知识产权局与上海市司法局、上海市财政局共同发布《关于本市开展知识产权纠纷人民调解工作的若干意见》（以下简称《若干意见》），《若干意见》第 3 条第 1 项提出建立区知识产权纠纷人民调解委员会。

根据《若干意见》，上海市知识产权纠纷调解工作机制包括以下内容。

(一)两个层级的机构设置

第一层级是区知识产权纠纷人民调解委员会,作为区知识产权纠纷人民调解工作的具体实施机构。上海市目前共有15个辖区,大多数均已经成立了区一级的知识产权纠纷人民调解委员会。

第二层级是知识产权纠纷人民调解工作室,由区知识产权纠纷人民调解委员会根据辖区内知识产权情况在行业协会、服务机构、园区以及中国(上海)自由贸易试验区等设置。比如,2011年4月,上海市版权局版权纠纷调解中心联合杨浦区知识产权人民调解委员会共同成立知识产权纠纷联合调解工作室。

(二)人员配备

第一,人民调解员队伍。人民调解员队伍应由具有知识产权领域相关工作资质、工作背景的人员组成。区知识产权纠纷人民调解委员会、知识产权纠纷人民调解工作室一般应配置2名以上专职知识产权纠纷人民调解员。

第二,配备专职的人民调解秘书。区知识产权纠纷人民调解委员会设调解秘书岗位,根据需要配备1~2名调解秘书,负责知识产权纠纷人民调解委员会的日常事务。

(三)建立专家咨询机制

知识产权行政部门会同司法行政部门组建知识产权纠纷人民调解专家咨询库,专家咨询库应选聘涉及专利、商标、版权等领域的知识产权实务人才,为知识产权纠纷人民调解工作提供智力支撑,提高知识产权纠纷人民调解工作的专业性、权威性。司法行政部门会同知识产权行政部门制定专家咨询工作流程。区知识产权纠纷人民调解委员会对重大、复杂、疑难的知识产权纠纷,应当启动专家咨询程序。专家咨询出具的咨询意见书可作为调解的参考依据。

(四)完善诉调对接机制

积极推动知识产权纠纷人民调解工作与人民法院民事调解工作的有效衔接,不断完善知识产权诉讼与知识产权纠纷人民调解之间的对接机制,建立健全相关的程序制度建设，促进知识产权纠纷人民调解工作更加高效，为人民法院矛盾纠纷多元解决机制提供有力支撑。

二、上海市建设知识产权人民调解机制的相关经验

在培育知识产权纠纷人民调解组织和建立知识产权人民调解机制的过程中，上海市通过逐步探索和实践，积累了一定的经验，内容如下。

（一）出台相关规范，让调解工作有法可依

正如前文指出，上海市知识产权局与上海市司法局、上海市财政局联合发布《若干意见》，对建设区知识产权纠纷人民调解委员会、知识产权纠纷人民调解工作室、知识产权纠纷人民调解员队伍、知识产权纠纷人民调解专家咨询机制、知识产权纠纷诉调对接机制提出了具体的指导意见。同时，上海市人民调解协会、上海市知识产权发展研究中心还共同制定《上海市知识产权纠纷人民调解操作指引》等，实现了全市知识产权人民调解工作的规范化和制度化。

相关制度的出台，就标志着知识产权人民调解工作全面走上制度化、规范化、程序化轨道，这为做好人民调解工作提供了基本遵循。有了规则，就相当于人民调解工作有了硬性的标准，为各项工作的开展提供坚实的依据，真正做到有章可循、有法可依。

（二）多机构联动，共同打造调解发展的大格局

上海市司法行政部门、上海市知识产权局与上海市财政局联动。其中司法行政部门负责牵头规范知识产权纠纷人民调解工作，组织开展知识产权纠纷人民调解员的选聘，参与构建知识产权纠纷人民调解专家咨询机制，推进知识产权纠纷人民调解组织建设，对知识产权纠纷人民调解工作进行业务指导，组织开展人民调解业务培训工作。

知识产权行政部门则负责会同司法行政部门规范知识产权纠纷人民调解工作，配合做好人民调解员选聘工作，构建知识产权纠纷人民调解专家咨询机制，组建知识产权纠纷人民调解专家咨询库；建立健全人民调解告知机制，积极引导当事人通过人民调解途径化解知识产权纠纷；完善行政调解程序对人民调解协议的认可机制；组织开展知识产权业务培训。

财政部门则负责为知识产权纠纷人民调解工作相关机构和人员提供经

费保障。

三部门相互分工配合的工作机制,一方面,有利于整合调解资源,强化调解功能,形成工作合力;另一方面,有利于充分调动各方面的积极性,实现优势互补,妥善协调各方面利益关系。

(三)"区调解结构"切实落地

三家市级单位加强与各区司法行政部门、各区知识产权局、各区财政局的沟通联络,以《若干意见》为指导,上海市已经有超过10个辖区建立了相应的区知识产权纠纷人民调解机构。

比如,2016年12月,松江区知识产权局和司法局颁布了《松江区人民调解组织参与知识产权纠纷人民调解实施办法》(沪松司发〔2016〕31号),并成立松江区知识产权纠纷人民调解委员会(沪松调发〔2016〕8号);2017年5月17日,黄浦区知识产权纠纷人民调解委员会正式成立并揭牌;2017年12月,普陀区知识产权纠纷人民调解委员会挂牌成立仪式在普陀区法院举行,首批聘任3名人民调解员;2018年6月6日,虹口区知识产权纠纷人民调解委员会及其工作室成立揭牌仪式在上海技术转移创新实践基地举行。

上海各区纷纷成立了知识产权人民调解委员会,基本实现了上海市知识产权纠纷人民调解机构设立的全覆盖,不仅极大地丰富了当事人寻求救济的途径和渠道,而且有利于化解特定区域、特定聚集产业和行业的知识产权纠纷,取得了良好的社会效果。

(四)"协会内设调解机构"开始涌现

上海市的人民调解机制建设还非常重视推动在重点领域、重点行业的商会、协会内设立知识产权调解组织。比如,2017年,上海市知识产权局承担了国家知识产权局新一批的试点任务,联合上海知识产权仲裁院、浦东新区知识产权中心、上海自由贸易试验区知识产权协会、上海市互联网协会、上海市网络游戏行业协会5家单位开展国家知识产权局仲裁调解试点项目。另外,在上海市知识产权局的关怀下,上海市互联网协会已经成立了调解小组;上海市网络游戏行业协会也建立了行业调解机制,而且协会还与上海知识产权法院签订了"多元化解决机制合作协议",接受法院委托调解的案件,充分发挥专业调解组织和行业协会在调解解决行业知识产权纠纷中的优势。

加强行业性、专业性人民调解组织建设,研究推动行业协会商会类社会组织开展行业性、专业性人民调解工作,可以有效发挥行业协会、商会矛盾纠纷预防和化解功能,提高纠纷解决的效率。

第四节　完善我国知识产权人民调解机制

一、加强机构建设,塑造品牌

2011 年 5 月 12 日,司法部下发了《关于加强行业性专业性人民调解委员会建设的意见》,其中要求司法行政机关要切实加强与有关行业管理部门、社会团体和组织的联系和沟通,相互支持、相互配合,共同指导和推动行业性、专业性人民调解委员会的建立。在司法行政机关的指导下,设立行业性、专业性人民调解委员会,以方便调解为目的设立办公地点。在固定的调解场所内悬挂统一的人民调解工作标识,公开人民调解制度及调解委员会组成人员等。

2014 年,中华全国人民调解员协会下发了《关于组织人民调解委员会开展规范化建设工作的通知》,对人民调解委员会设立、人员组成,纠纷受理、调解、统计、归档,工作制度、工作场所标识标牌、工作经费补贴经费等进行规范,全面达到组织、人员、报酬、场所、制度“五落实”,名称、印章、标识、徽章、程序、文书“六统一”要求。

另外,可以尝试建立知识产权人民调解委员会评价体系,从人员设置、机构规模、专业化水平、公众评价、运行绩效等一系列方面对机构进行评估,并定时公布评估结果。从现有的运行情况较好的解决机构中选取少量机构,作为重点发展对象,给予倾斜支持,打造在全国范围内具有代表性的知名知识产权人民调解委员会。通过打造品牌,树立口碑效应,让社会公众充分知晓调解解决知识产权纠纷的益处,扩大人民调解解决知识产权纠纷的影响力和吸引力,从而带动更多的知识产权专业人民调解机构的发展和壮大。

二、探索调解员专业化、职业化发展

为了保证知识产权纠纷的调解质量,应当积极探索人民调解员专业化、职业化发展的途径,制定专职人民调解员聘任标准。一方面,调解员应当多

元且专业，由具备一定法律知识及技术背景，同时又了解行业发展特点的专业调解员组成，包括各行业的专业技术人员、高校和科研院所人员、知识产权专业的退休法官等；另一方面，规范专职调解员的初任培训、继续教育培训，建立人民调解员业务等级评定制度、薪酬考核制度，健全激励机制。调解员应当经过培训具备调解能力，获得上岗资格证。比如，2017 年 6 月，中国专利保护协会发出的《关于招募知识产权纠纷人民调解员的通知》中就规定了调解人员的条件和聘任程序。[1]

2018 年 4 月，中央政法委、最高人民法院、司法部、民政部、财政部、人力资源和社会保障部联合印发了经中央全面深化改革委员会第一次会议审议通过的《关于加强人民调解员队伍建设的意见》。强调人民调解员队伍要着力提高素质，完善管理制度，强化工作保障，努力建设一支政治合格、熟悉业务、热心公益、公道正派、秉持中立的人民调解员队伍。这对于提高人民调解工作质量，充分发挥人民调解维护社会和谐稳定"第一道防线"作用，推进平安中国、法治中国建设，实现国家治理体系与治理能力现代化具有重要意义。目前尽管整个知识产权调解员的专业队伍建设尚未完全成型，存在人才严重匮乏的瓶颈，但队伍的准入门槛以及管理水平不能因此而降低，需要更为经常化、规范化的培训、考核等制度来提升相关人员的专业素养和纠纷解决能力。

另外，由于调解人员来源的广泛性和知识结构的多重性，以及知识产权纠纷种类的不同，人民调解委员会应建立调解人员名册，并予以适当的分类，以便调解委员会和当事人根据知识产权纠纷的具体类型和纠纷解决需要安排或选任调解人员。随着专业调解经验的积累，应逐步发展出一支具有职业化特点的知识产权人民调解队伍。

三、推行政府购买人民调解服务

我国传统的人民调解实行不收费制度，但这是以往商品经济不发达、人民生活水平普遍较低，且大多数纠纷不涉及财产权益，涉及财产权益的纠纷也争议不大等纠纷解决条件下的产物，已不适应市场经济条件下人民调解的纠纷解决要求。在市场经济条件下，调解委员会需要一定的经费支持才能维持其正常运转，调解人员需要获得应有的报酬才有利于其积极性的

---

〔1〕 李文江：《美国专利纠纷调解制度及借鉴》，载《知识产权》2017 年第 12 期。

发挥。

建议将人民调解服务纳入政府购买公共服务项目中，全面落实人民调解工作指导经费、人民调解委员会补助经费、人民调解员补贴经费，加强引导扶持。按照人民调解员专业化、职业化建设的发展需要，推行以政府购买服务为主渠道的人民调解经费保障体系。政府购买人民调解服务可以实行项目化运作，按照国家和本市政府购买服务的有关规定执行，将所需经费列入同级财政预算。同时，培育和支持公益调解与收费调解共存、普通调解与专业调解互补的多元化人民调解格局，积极探索建立专业性、行业性人民调解组织的收费制度，以保证社会机构能够有经费支撑得以正常运营。

四、建立专门的调解规则和流程

知识产权专业人民调解委员会应当制定调解规则、调解工作程序规范、内部管理规章、案件文书管理等，并向社会充分公开，既有利于调解工作的有效进行，确保知识产权纠纷调解工作科学、快速、高效、便民；也有利于自觉接受有关部门和社会的监督。

目前，部分知识产权人民调解机构已经出台相应规则，比如，2016 年 11 月，上海市知识产权局、市司法局共同制定出台了《上海市知识产权纠纷人民调解规则（试行）》，该规则从调解的申请与受理、人民调解员的选定、调解的程序与步骤、调解的依据与专家咨询意见、人民调解协议的制作等方面对知识产权纠纷人民调解工作流程进行了具体、明确的规范；深圳市民商事调解中心设立的知识产权调解庭作为知识产权专业调解部门出台了《深圳市民商事调解中心知识产权调解庭调解规则》；[1] 广州市版权纠纷人民调解委员会制定了《版权纠纷人民调解工作程序（草案）》；[2] 无锡市知识产权纠纷人民调解委员会建立了《无锡市知识产权纠纷人民调解委员会档案管理制度》《无锡市知识产权纠纷人民调解委员会调解规则（试行）》《无锡市知识产权纠纷调解委员会公示内容》《无锡市知识产权人民调解委员会工作制

---

〔1〕《深圳市民商事调解中心知识产权调解庭调解规则》，载 http://blog.sina.com.cn/s/blog_7f251a200102w8dh.html，最后访问日期：2018 年 10 月 5 日。

〔2〕《广州首创版权纠纷人民调解机构》，载 http://www.chinaipmagazine.com/news-show.asp? id=9904，最后访问日期：2018 年 5 月 12 日。

度》等。[1]

五、完善人民调解协议认可机制

经人民调解委员会调解达成调解协议的，可以制作调解协议书。调解协议书自各方当事人签名、盖章或者捺指印，人民调解员签名并加盖人民调解委员会印章之日起生效。人民调解协议虽然具有法律拘束力，但是却没有强制执行力，因此为了进一步加强人民调解的实效性，必须完善知识产权人民调解协议的认可机制，可以从行政和司法两个层面进行：

一方面，接受行政机关委托由知识产权人民调解委员会调解达成的调解协议，相关委托或移交部门经审查认为符合自愿性、合法性的，应当予以支持、认可，并督促当事人履行协议。对于当事人不履行人民调解协议的，在实施行政程序处理知识产权纠纷时，可以将人民调解协议记录事项作为知识产权行政处理依据。

另一方面，加大司法确认的支持力度，对各类人民调解组织调解达成的调解协议，双方当事人向人民法院申请司法确认的，人民法院应当及时进行审查，依法确认调解协议的法律效力。

六、加大对知识产权人民调解机制的宣传

加强对知识产权人民调解机制的宣传，既要加大宣传的力度和范围，还要提升宣传的效率和效果。

首先，可以在主要受众范围内进行针对性宣传。知识产权纠纷调解活动的当事人主要是企业、高校、科研机构及其他相关人员，可以针对这些对象进行主动宣传，如开展联合座谈会、专题讲座等。

其次，可将各类常见知识产权纠纷汇编成案例形式，并作出分析评价，有利于解决人民调解由于保密性导致公众了解有限，对纠纷解决过程和结果缺乏预判而拒绝尝试的问题。比如，2016 年 10 月，上海市知识产权局、市司法局共同编辑出版了《知识产权纠纷人民调解案例汇编》。该案例汇编集中了 48 个涵盖专利、商标、著作权等领域的知识产权纠纷调解成功案例，每个案例介绍由“案情简介、调解过程、调解心得”三个方面内容组成，突出对

---

〔1〕《我市成立知识产权纠纷人民调解委员会》，载 http://www.wuxi.gov.cn/doc/2016/01/07/860246.shtml，最后访问日期：2018 年 10 月 5 日。

调解方法、调解经验的总结和传播，力求对实践知识产权纠纷人民调解工作的同志有所启迪、有所助益、有所引导。

当然，在互联网时代背景下，通过网络和APP等开展宣传也是必不可少的。由于目前我国知识产权人民调解机构设置分散且信息公开不充分，公众通过网络渠道获取相关信息并不畅通，因此可以考虑建立一个综合性知识产权调解网络服务平台，将全国范围内设立的调解机构的相关信息汇总，公众可通过该平台按照地区、所需服务类型等查找到相关机构信息，包括机构与专业人员的相关情况以及调解解决知识产权纠纷的流程、费用、后续的救济措施等方面，这将大大提高受众对知识产权调解机制的理解和接受程度。事实上，北京市司法局联合知识产权局，依托北京软件和信息服务业协会、中国电子工业标准化技术协会、中关村工业设计产业协会、北京家居行业协会、北京电源行业协会、北京茶叶企业商会、北京城建科技促进会成立了7家人民调解委员会。为了发挥知识产权人民调解实效，北京市司法局和知识产权局在加强宣传和扩大影响方面采取了以下积极措施，一是在司法行政网站开辟专栏，对7家知识产权纠纷调委会相关信息进行公开，方便百姓查询。二是通过易企秀APP制作，在微信公众号及朋友圈进行宣传。三是编印知识产权纠纷人民调解宣传材料，置放在法院立案庭和知识产权庭，引导当事人在立案前能够选择人民调解化解纠纷；另外，将宣传材料提供给建立调解组织的行业协会和其他行业组织、企业、社会公众，让全社会了解调解是知识产权纠纷多元化解决的新途径。四是依托北京市保护知识产权举报投诉服务中心设在全市产业园区和孵化器55家分中心、工作站，通过开展宣讲、培训等形式，向行业组织、企业广泛宣传知识产权纠纷人民调解工作。通过多种形式、多种宣传途径，吸引越来越多的社会公众了解、参与知识产权纠纷人民调解工作，使知识产权人民调解工作逐步成为首都科技创新中心建设的重要支撑。[1]

问题与思考

一、你认为人民调解适合解决知识产权纠纷吗？为什么？

---

〔1〕 丁琳芳：《知识产权纠纷人民调解服务首都科技创新中心建设》，载《人民调解》2017年第6期。

二、请简述我国知识产权人民调解机制发展的背景及现实必然性。

三、请问你认为我国目前知识产权纠纷人民调解机制的主要问题有哪些？以及应当如何进一步完善？

四、请问你认为应当采取哪些方式宣传知识产权纠纷人民调解机制？

第十章 知识产权纠纷行政调解机制

第一节 行政调解的本质及法律关系

在我国以和为贵、息事宁人等传统文化背景下，行政调解早在周朝时期就存在，到唐代就已具规模并产生了良好的社会效果，那时的"官府调解"就包含了行政调解的意蕴。[1]

我国传统行政法学将行政调解、司法调解和人民委员会调解并称为三大调解制度，并认为，行政调解是指："行政机关主持，以国家政策法律为依据，以自愿为原则，通过说服教育等方法，促使双方当事人友好协商、互让互谅、达成协议，从而解决争议的行政行为。"[2]

这里尤其需要注意区分行政调解与行政诉讼调解。行政调解是一种解决私人争议的手段，是行政机关依据法律规定，在职权的范围内，对特定的民事争议居中调停，促使当事人达成纠纷解决协议的过程；行政诉讼调解是指在行政诉讼过程中，作为被告的行政机关和作为原告的行政相对人以及有利害关系的第三人，在法院审判人员的主持下，基于自愿、合法等原则，针对双方第三人争议的行政法上的权利义务，在被告行政机关的法定职权范围内进行协调，达成纠纷解决合意，从而终止诉讼程序的活动。行政诉讼调解主要是为行政案件当事人提供的解决行政纠纷，及时纠正相关行政行为的一类纠纷解决机制。

---

〔1〕 金艳：《行政调解的制度设计》，载《行政法学研究》2005 年第 2 期。

〔2〕 熊文钊；《现代行政法原理》，法律出版社 2000 年版，第 480 页。

一、行政调解的本质

（一）行政调解是行政行为

关于行政调解行为的性质是否属于行政行为，学术界观点大相径庭。否定观点认为行政调解不是行政行为，仅是一种与行政管理职能相关的行为，理由是行政调解行为既不具有强制性，也不具有可诉性。[1] 肯定观点认为行政调解属于非强制性行政行为。[2] 我们认为，行政调解仍然属于行政行为的范畴，行政调解解决争议属于行政机关在行使管理职能时的附带行为，虽然不是具有强制性的行政处分行为，但是仍然是行政行为。而且，事实上，只有将行政调解纳入行政行为的范畴，才有利于规范其调解行为，同时有利于保障公民的合法权益。

（二）行政调解本质是行政指导行为

行政行为按照不同标准可以划分为不同的种类，以对象是否特定为标准，分为抽象行政行为和具体行政行为；以受法律规范拘束的程度分为羁束行政行为和自由裁量行政行为；以有无法定形式要求分为要式行政行为和非要式行政行为；以启动是否需要行政相对人现行申请为标准，分为依职权行政行为与应请求行政行为；还可以根据行为的内容不同，分为行政征用、行政给付、行政奖励、行政裁决、行政确认、行政许可、行政监督以及行政指导行为等。

我们认为，行政调解本质上符合行政指导行为的特征和原则。行政指导，是行政主体以行政指导方法调整行政主体与行政管理相对人之间以及行政相对人之间的关系，是现代行政管理的一种重要的行为形式。关于行政指导行为的概念，目前在学术界尚未形成通说。有学者认为，行政指导是行政机关非以公共权力而作出的以相对人自愿行动为前提而达到行政目的的行为。[3] 还有学者认为，行政指导是以行政主体基于国家的、政策的规定而作出的，旨在引导行政相对人自愿采取一定的作为或者不作为，以实现

---

〔1〕 喻少如：《多元纠纷解决机制中的行政调解》，载《学术界》2007年第6期。

〔2〕 田文利：《非强制性行政行为及其法治化路径研究》，知识产权出版社2008年版，第53页。

〔3〕 罗豪才主编：《行政法论》，光明日报出版社1988年版，第161页。

行政管理目的的一种非职权行为。[1] 虽然在概念的表述上存在诸多差异，但是目前能够达成一致观点的是行政指导行为的基本特征在于非强制性。行政机关采取指导、劝告、建议等不具有法律强制力的手段对相对人施加影响，相对人可以不服从、不协助，也就是说，行政相对人对于行政指导服从具有任意性。但是，值得一提的是，虽然行政指导通过非强制的形式实施，但是由于行政机关本身所具有的资源和权威上的优势，实际上会对行政相对方形成心理上的压力，因而行政指导行为的后果一般具有一定的拘束力和可行性。

行政调解符合行政指导行为的构成要件要求和法律特征，具体而言：

首先，行政调解是行政机关职权范围内的行为。并不是所有的行政机关或行政机构都有权就民事纠纷进行调解，行政机关的行政调解行为必须有法律法规的明确授权。同样，行政指导行为也只能在法律法规允许的范围内活动，不能超越行政主体的职权和职权范围，不能超越其所管辖事务的范围。

其次，行政调解是行政机关的非权力行为。行政调解可以被认为是非强制性的行政行为，这样的行政行为曾一度被认为是“非权力行为”、“非正式行政行为”或者“未型化之行政行为”。行政调解过程是行政机关为纠纷双方当事人提供自由开放、不受压制的沟通渠道，促使双方诚意对话和协商，适时提供专业化的帮助或服务，并且凭借自身的正统性、权威性以及行为的正当性促使当事人和平而理性地达成纠纷解决的共识，当事人愿意接受和认可。因此，行政调解并不是行政机关基于行政职权作出的行为。类似地，行政指导也是不依据公共权力作出的，具有非强制性的特征。

再次，行政调解针对特定对象。行政调解处理的是平等主体之间的民事纠纷，具有特定的对象。在这一点上行政调解与行政指导行为也存在类似之处，行政指导行为是针对特定对象作出的，不是普遍性的行政行为。

最后，行政调解具有一定的行政目的。行政调解虽然不是行政职权行为，但是，仍然以维持和增进社会公共利益以及平衡公共利益和私人利益矛盾为行政目标。行政机关在调解的过程中，会不自觉地强化国家和法意识形态的统一性和裁断性，致力于法律和道德基础上的教化以及针对利害关

---

[1] 姜明安主编：《行政法与行政诉讼法》，北京大学出版社、高等教育出版社 1999 年版，第 247 页。

系进行的说服和劝导。因而，一方面容易达成妥协的合意，另一方面有利于当事人法治观念的提升。同样，行政指导行为也是行政主体为了适应复杂多变的经济、社会、文化等多方面需要，灵活采取的各类非强制的手段指导相对人的行为。

依据作用或者性质的不同，可以将行政指导行为分为助成性行政指导、规制性行政指导和调整性行政指导三大类。助成性行政指导是指为向对方提供助成及保护而进行的行政指导；规制性行政指导是指对违反公共利益行为加以规范和制约的行政指导；调整性行政指导，即为解决以及调整私人间的纷争而实施的行政指导。[1] 从这个划分来看，行政调解可以进一步被认为属于调整性行政指导的范畴。

二、行政调解的法律关系

目前，在我国法律制度中没有明确界定行政调解程序中的法律关系，理论界对这方面的探讨也非常有限。我国台湾地区学者黄明阳认为，行政调解法律关系存在三种学说。[2]

（一）一面关系说

一面关系说认为行政调解属于任意调解，行政调解机关对于调解的双方当事人并没有强制力，因此，法律关系只存在于当事人相互之间，至于当事人与行政调解机关之间，没有任何法律关系存在。

（二）两面关系说

因对行政调解机关提出解决私权纷争的请求而申请调解，申请人与行政调解机关之间即发生一种法律关系——行政调解机关对申请人之申请负调解之义务。又由于该申请调解书送达争议双方之后，双方当事人也与行政调解机关间发生一种调解法律关系——双方当事人有到场进行调解的义务。虽然争议双方当事人之间并没有直接的法律关系，但是行政调解一般具有一定的强制力，可能造成双方当事人在心理上或实际上强制到场调解

〔1〕 杨建顺：《行政规制与权利保障》，中国人民大学出版社 2007 年版，第 413 ~415 页。

〔2〕 黄明阳：《我国行政机关 ADR 制度之理论探讨——以行政调解制度为中心（上）》，载《政大法学评论》2006 年第 2 期。

的义务，即成立两面关系说。

（三）三面关系说

由于行政调解具有一定的强制力，除认为就争议双方当事人各与行政机关发生一定法律关系之外，并可以认为争议双方当事人之间也存在调解法上的权利义务关系。因此，行政调解具有私法行为和诉讼调解行为的双重性质，并依法律的特别规定而可以发生诉讼法上特别效果的私法行为，即成立三面关系说。

我们赞同三面关系说，在争议当事人之间、争议当事人各方与行政调解机关都存在相应的权利义务关系。在争议当事人之间，由于双方达成提请行政机关进行调解的协议，这样的协议应当对双方具有相当于民法上契约的约束力。在当事人启动行政调解程序后，行政机关有义务对相关争议进行调解，双方当事人也有到场进行调解的义务。

三、行政调解制度在我国的发展

行政调解争议分流功能的激活，作为一种灵活便利的争议化解机制，行政调解日益受到国家和社会的青睐。[1] 目前我国行政调解的范围有很多，大致涵盖与行政相关的民事争议、权属争议、行政赔偿和行政补偿数额争议等方面，涉及公安、公共交通、医疗卫生、自然资源、环境保护、商业、计量、民政、邮政等众多行政管理领域。在《治安管理处罚法》《道路交通安全法》《矿产资源法》《劳动争议调解仲裁法》等法律中均可见关于行政调解的规定。

2004 年国务院《全面推进依法行政实施纲要》提出建设法治政府的奋斗目标，要求充分发挥调解在解决社会矛盾中的作用。

2010 年国务院《关于加强法治政府建设的意见》中更是进一步将行政调解作为极其重要的解纷方式之一予以说明并要求加以完善，其中第 23 条明确指出："要把行政调解作为地方各级人民政府和有关部门的重要职责，建立由地方各级人民政府负总责、政府法制机构牵头、各职能部门为主体的行政调解工作体制，充分发挥行政机关在化解行政争议和民事纠纷中的作

---

〔1〕 章志远：《信访潮与中国多元化行政纠纷解决机制的重构》，载《法治研究》2012 年第 9 期。

用。完善行政调解制度，科学界定调解范围，规范调解程序。"

2015 年 12 月，中共中央、国务院印发《法治政府建设实施纲要（2015—2020 年）》，将行政调解列为建设法治政府的民事纠纷解决三大制度举措之一，要求完善行政调解、行政裁决、仲裁制度。

从地方上来看，各地纷纷制定有关规范行政调解的办法，呈现出"遍地开花"之盛况。事实上，全国已有 20 多个省、市、自治区、直辖市制定了以"行政调解"为名的地方规范性文件。各地政府规章以及其他规范性文件主要有两种模式，或将其纳入"行政程序规定"之中予以调整，如《湖南省行政程序规定》《山东省行政程序规定》等；或直接单独制定"行政调解办法"，如《北京市行政调解办法》《浙江省行政调解办法》《苏州市行政调解办法》等。可以看到，行政调解作为替代性纠纷解决机制中的重要一环，已经成为一种不容忽视的、极其重要的解决社会争议的力量，大有与人民调解、法院调解形成"三足鼎立"之趋势。[1]

第二节 知识产权纠纷行政调解机制的意义及基本原则

一、知识产权纠纷行政调解的优势及合理性

知识产权纠纷行政调解，就是指知识产权行政机关居间协调当事人之间有关知识产权的权利义务的冲突与对抗，并促成达成纠纷解决合意的过程。行政调解在我国是一种常见的解决知识产权民事纠纷的非强制性纠纷解决机制，并具有以下优势及合理性。

（一）具有权威性、专业性和效益性优势

知识产权纠纷往往呈现高度的复杂性、技术性特征，争议的解决者具备较为专业的知识才能更好地解决争议。从事知识产权纠纷行政调解工作的一般为管理知识产权工作的部门中专门设置的调解机构，调解人员大多具有相关领域的专业知识，熟悉相关业务，能够对于争议事实进行专业判断；而且由于调解人员往往由熟悉知识产权管理和具有丰富实践经验的管理机

---

〔1〕 黄学贤、孟强龙：《行政调解几个主要问题的学术梳理与思考——基于我国理论研究与实践发展的考察》，载《法治研究》2014 年第 2 期。

关的工作人员担任,调解工作更易于为当事人所接受,有利于增强争议解决的实效性。

由于行政调解是行政机关职权范围内的事项,因此不向当事人收费。就时间成本而言,行政调解的优势更加明显,由于程序便捷、周期短,为当事人节省了大量时间。对当事人而言,无论选择何种争议解决方式,争议的妥善解决都是其根本需求,理性的当事人会选择成本低廉和便捷高效的方式。另外,前文早已经阐述过,知识产权纠纷产生之后,权利人更加注重的是权利背后巨大的市场利益,试图在有限的时间内将知识产权利益最大化是权利人的根本目标。因此,当事人寻求权利救济的根本目的是着眼于未来,为的是通过对非法竞争者的干涉以恢复和巩固其独占性市场的主体地位。与诉讼相比,行政调解在这方面有着得天独厚的优势,能在引导当事人充分协商的基础上最大限度满足当事人的利益需求。

行政调解强调当事人的意思自治,程序灵活、费用低廉、便捷高效。不仅有利于争议的彻底解决,而且有利于维持当事人之间的人际关系和商业关系。总之,行政调解为当事人解决知识产权纠纷提供了另外一条快捷、高效的争议解决途径。

(二)行政调解符合我国社会公众争议解决习惯

厌讼思想在我国几千年来的传统文化中根深蒂固,截至目前,还影响着人们面对争议时的选择取向。由于社会大众对政府权力存在天然的信赖感,纠纷发生后,往往不愿意选择程序较为严格的诉讼程序,而更倾向于寻求政府机关的救济。

类似地,相关知识产权纠纷发生以后,社会大众更愿意求助于管理知识产权的行政部门,因为社会公众普遍认为,行政机关熟悉业务的人员能够迅速介入,及时提供专业指导,可以协助当事人高效、妥善化解争议。[1] 因此,行政机关通过调解等方式解决知识产权纠纷契合了我国老百姓崇尚权力及信赖权威的文化及心理,具有扎实的社会基础。

行政调解机制的运用是当事人对正式的和冗长的正式裁决等程序的一种排斥反应,未来在争议解决领域都应具有较大的发展潜力和空间。

---

〔1〕 李雷、梁平:《偏离与回位:专利纠纷行政调解制度重构》,载《知识产权》2014 年第 8 期。

（三）鼓励行政调解有利行政机关回归行政治理的本质

21 世纪以来，我国致力于建设服务型政府，其中一项重要内容就是强化政府公共服务职能，向公众提供公共产品和服务。行政调解也是一类行政行为，核心在于为公民和社会提供解决知识产权纠纷的服务。提倡通过行政调解方式解决争议，有利于打破行政机关以行政命令等强制性手段解决争议的服从型管理模式，促进合意型、对话型和民主型的行政治理模式，有利于政府职能的转变，有利于彰显现代行政的正当性、民主性、科学性、公正性和非暴力性。

同时，行政机关通过调解解决争议可以掌握一定时期内带有倾向性的社会问题，有的放矢和对症下药，及时改进行政立法，正确实施行政管理，使行政机关以积极引导的方式履行自己的行政职责，有利于形成更为和谐与完善的社会关系。

行政调解在争议解决过程中强调当事人的意思自治，从调解程序启动到调解协议达成的整个过程，当事人都可以在法律规定框架内充分彰显自由意志。行政主体注重为相对方选择更合意的行为创造机会，主动提供相对双方无力知晓的信息、行动的条件，允许相对双方当事人根据这些信息、条件、方向，结合自己的实际情况，做出双方合意的选择，有利于当事人更加直接地参与到与自己利益有关的行政活动中，形成更加合理并具有创造性的争议解决结果。因此，这类程序尊重人的主体性，具有伦理上的正当性，有利于培育社会自治解决争议，催生行政民主。

（四）鼓励行政调解有利于提高政府权威和亲和力

行政调解解决争议的过程，事实上是民主管理与尊重当事人自主行使处分权有机结合的过程，有利于降低行政成本、提升行政效率，节约行政执法资源，弥补行政决定执法不力和执法难等不足，而且能够使公权对私权的干预程度降低，实现争议顺利和谐的解决。

在知识产权这类复杂并且权利缺乏稳定性的争议发生时，成文法的规制往往显得力不从心，相反合意型行政 ADR 方式有利于适用且充分地规范那些脱离规范的不定型的事实要件。行政机关通过推动当事人以合意的方式解决争议可以避免行政机关滥用自由裁量权，而且当事人自主地决定争议解决方式从而能接受最终的处理结果，有利于增加行政机关的亲和力以及社会公众对行政机关认同度,提高政府权威,同时促进社会和谐。

鼓励行政机关采取调解方式解决知识产权纠纷,可以将大量的争议化解在正式的裁决等解决途径之外,充分体现了行政机关柔性平和解决争议的传统,有利于提高政府权威和亲和力。

二、知识产权行政调解的基本原则

(一)自愿原则

行政调解应当以当事人自愿为根本原则,该原则贯穿行政调解程序的全过程。行政调解的本质是调解,调解的目的在于说服当事人互谅互让,自愿达成协议,解决争议。“专利行政管理部门对专利争议的调解严格说来是一种服务,而不是一种权力。调解工作能否开展并有效,需要当事人的信任,且取决于专利行政管理部门的执法形象、信誉以及调解的水平和技巧”,[1]而不是依赖强制性的行政力量和威慑。因此,行政机关在进行争议调解时,应当始终注意以争议当事人的认同和自愿合作为前提,不能对当事人施加人身自由及精神自由的限制。

实践中,因为知识产权管理机关兼具行政执法和行政调解双主体身份,在行政调解过程中往往容易渗入行政执法中的强硬作风,而忽视当事人之间的意志与利益调和,反而扩大矛盾。“知识产权行政调解中出现的这种行政执法主体与调解主体的混同、行政执法行为与纠纷居间调解行为的交叉,使知识产权行政调解定位偏离了应然的轨道,失去了行政调解作为政府基于善治目的而为民众提供秩序、公正等公共产品的服务行为的本质。”[2]行政机关依单方申请调解、强制调解、越权调解等现象频频发生,当事人实际上往往被动服从行政调解,因而更应当强化自愿原则,充分尊重当事人解决争议的意思自治。

具体来说,行政调解的自愿原则:一方面,行政调解程序的启动必须经过双方当事人同意。民事主体在发生争议后,有权选择争议解决的方式。另一方面,争议解决方案需要当事人达成合意。行政机关应当尊重当事人在如何解决争议,如何确定双方的权利义务关系方面的自主意愿。虽然行

---

〔1〕 吴汉东主编:《中国知识产权制度评价与立法建议》,知识产权出版社 2008 年版,第 157 页。

〔2〕 赵春兰:《知识产权纠纷行政调解服务机制的建构》,载《甘肃社会科学》2013 年第 2 期。

政机关在调解过程中可以促成当事人合意的形成，但是绝不是用自己的意志代替当事人的意志。行政机关在调解的过程中应当保持中立，平等地对待各方当事人；调解不成的，当事人可以向法院提起诉讼，不应“久调不决”，更不应当限制其诉权。[1]

（二）合法性原则

尽管在行政调解过程中，争议解决取决于当事人的自主意愿，但是当事人能够通过调解达成协议的争议事项应当是当事人具有处分权的事项，如合同争议、侵权争议等。

行政机关对民事争议进行调解必须有法律法规的明确授权，必须在其管辖范围内行使。行政调解的权限受到法律的制约，不能脱离行政机关的任务或者所管辖事务的范围。

行政调解的程序应当合法，强制调解、压迫调解等均属于不合法的调解。行政机关以调解方式介入民事争议解决过程的，争议解决主要依赖于争议当事人的意愿，行政机关不能依据职权强制当事人达成调解协议，否则就是违法的行政调解。

行政调解的内容必须合法，不得违反成文法的规定和法律精神以及法的一般原则，当事人达成调解协议不能损害第三人及社会公共利益以及规避法律的强制性规定。

（三）正当性原则

行政调解为民事争议当事人自愿接受为其产生预期效果的前提条件，是一种以理服人的软性行政手段，过程本身是一个促进对话和协商的过程。因此，行政调解是以当事人意思自治为核心的争议解决机制，而行政则意味着职权性、主动性和能动主义等，因此，行政调解概念本身就存在内在的矛盾和紧张关系，这一矛盾是现代社会法治秩序的普遍主义与社会关系的多样性之间的矛盾、是依法裁判与妥协、调和、灵活解决争议之间的矛盾的必然反映。[2] 尽管如此，行政与调解之间仍然可以找到连接点，使其统一到

---

〔1〕 徐昕：《迈向社会和谐的争议解决》，载徐昕主编：《司法：争议解决与社会和谐》，法律出版社2006年版，第107页。

〔2〕 赵银翠：《行政过程中的民事争议解决机制研究》，法律出版社2012年版，第133页。

法治秩序中,这一连结点就是正当性原则。

为了保障行政调解的正当性和可接受性,行政调解者不能滥用自由裁量权,不能迫使争议当事人接受调解协议,不能对不接受调解的当事人进行不利对待。行政机关必须合理把握权力运用所要达到的合理程度,公平地对待当事人,在行政调解活动中,保持中立和公正,保障当事人的合法权益和社会公共利益。

另外,行政调解还有一些基本原则。例如,保密原则,除双方当事人均明确表示可以公开进行外,调解应当在保密状态下进行,调解内容和文件材料不得对外公开;无偿原则,行政机关调解知识产权纠纷,不得收取任何费用;尊重当事人诉权原则,指当纠纷发生后,若当事人不愿经调解或不接受行政调解或达成调解协议后又反悔,要求行政裁决或行政仲裁或欲直接诉讼至法院的,行政机关要尊重当事人的选择等。

第三节　知识产权纠纷行政调解的域外经验

一、英国

自 20 世纪 90 年代以来,英国知识产权局开始大力提倡利用调解程序来解决知识产权纠纷。从 2007 年 4 月起,英国知识产权局正式对外提供调解服务(mediation service),内部设立专门的调解委员会,在官方网站上列出局内附属调解员名单。英国知识产权局的行政调解服务既受理当事人申请的调解案件,也处理由法院移送或者委托调解的案件。

(一)适用的范围

英国知识产权局增设的调解服务,可以普遍适用于专利权、商标权、著作权等知识产权领域的民事纠纷。然而,考虑到知识产权种类较多,各自规范的目的亦不尽相同,部分纠纷有可能涉及行政主管机关的审查或者核准权限、涉及公共利益的考量,则不适合进行调解。因此,英国知识产权局建议从积极因素和消极因素两个方面来考虑相关纠纷是否适用调解程序。为了便于当事人进行选择,英国知识产权局在其发布的调解服务指南中,对于选择调解时应当考虑的因素以及适用调解的知识产权纠纷类型进行了具体列举。他们做法的独特之处在于区别了适合调解的案件和适合审查或诉讼的案件，将调解锁定在服务的范畴内，主要从积极因素和消极因素两个方面来考虑相关纠纷是否适用调解程序。[1]

（二）调解员的选任

为了鼓励当事人进行调解，英国知识产权局有一支处理知识产权纠纷经验丰富的调解员团队。当事人对于调解员的选任具有完全的自主权，可以任意选任协助其解决纠纷的调解员。当事人既可以从英国知识产权局内部附属的调解员中选任，也可以选任英国知识产权局之外的其他调解员。双方当事人需要签署调解协议，以确认双方愿意通过调解程序来解决其纠纷，同意双方所选任的调解员、调解地点和调解费用。

（三）调解程序的进行

在诉讼程序开始前或者进行中，若法官认为有必要时，都可以建议双方当事人进行调解，但是调解并不是强制性的诉讼前置程序，当事人有权不采取调解程序而径行利用诉讼程序。值得注意的是，《英国民事诉讼法》规定，若当事人无正当理由拒绝调解时，法官将有权在最后决定诉讼费用时，将这一拒绝调解的事实作为考量的因素。法院可对无理拒绝调解或不理会法庭调解建议的一方采用诉讼费用罚则，以激励双方在某些具有调解适宜性的案件中尽量选择调解方式。[2] 法官衡量当事人拒绝调解提议的理由是否正当，将从以下几方面进行考虑：(1)该争议的性质；(2)该案件的整体价值；(3)当事人是否正在采取其他和解方案；(4)调解程序对于当事人是否造成过高的金钱负担；(5)采用调解程序是否将对当事人造成不利；(6)当事人利

---

〔1〕 英国知识产权局建议当出现下列积极因素的时候，调解可能具有优势：诉讼成本过高；问题高度复杂或者涉及多方当事人；当事人涉及多个诉讼；双方当事人在现有的谈判中已面临僵局；当事人在争议解决后仍希望继续维持其原有的合作关系；争议涉及敏感资讯的披露；双方当事人不希望在诉讼过程中公开隐私与争议等。当出现下列消极因素时，则不适合调解：纠纷通过诉讼程序可以迅速得以判决；当事人迫切需要禁止令或者其他保护性救济；有必要使该案例成为判例；双方当事人希望获得社会公众的关注等。参见 Intellectual Property Office, Mediation of intellectual property disputes, http://www.ipo.gov.uk/mediation.pdf, 2018-10-16。

〔2〕 Jon Lang, A practical guide to mediation in intellectual property, Technology and related disputes, London, Sweet & Maxwell, 2006.

用调解程序是否有成功的机会。

具体调解程序大致如下:调解员先用 15 ~ 20 分钟介绍其专业背景及经历。然后,调解委员会将确认对该争议具有调解的权限,调解委员会也会询问双方当事人在调解程序启动前,有无事先向调解员表达其需要协调的利益需求。若双方当事人就争议进行交涉谈判有新的进展时,也可以在此时提出。如果双方当事人虽然尝试利用调解程序来解决争议,却最终无法达成共识时,当事人仍可以提出请求并经调解委员会同意后,由调解员制作一份不具有拘束力的调解条款建议书。在以后的诉讼中,该建议书虽然不具有任何效力,仅供法院参考,但是在法官进行判断时,专业调解委员会的意见仍具有很重要的参考价值。调解员所提供的条件、调解程序中双方当事人态度等资讯,可以供法官在裁定诉讼费用时进行参考。

(四)调解效力与调解费用

调解协议原则上仅具有民事合同效力。不过,由于调解协议书中的字句、条款都是双方当事人合意的结果,因此,在履行过程中双方当事人一般都会加以遵守,少有调解条款无法落实的情形。若当事人认为有必要时,也可以通过法院将调解协议的内容制作成"同意令"(consent order),使其具有强制执行的可能。

关于调解费用,若选任英国知识产权局内部附属的调解员,并在其伦敦办公室进行调解时,英国知识产权局将协助安排调解程序,其费用半天为 750 英镑、全天 1000 英镑。如果在香港办公室进行调解,费用半天为 500 英镑、全天 750 英镑。以上费用包含使用上述场地的费用、启动行政程序所需的费用以及差旅费用。所有费用将由双方当事人均摊,除非当事人另有协议。

总之,英国推出的知识产权行政调解服务,从调解日程和地点的安排、调解员的选任、调解程序的进行到最后调解协议的成立,处处强调双方当事人主导性。这样一种机制,迎合了知识产权纠纷高度专业性的特点,考量了当事人商业竞争层面的需求,既能与诉讼制度相区别,达到减轻法院的负担、解决当事人纠纷的目的;又能顾及双方当事人的隐私与商业利益,实现了当事人利益需求的最大化。英国的知识产权调解服务紧扣调解之核心理念,充分尊重双方当事人主导地位的制度设计,对于完善我国知识产权行政调解制度有重要借鉴意义。[1]

二、韩国

（一）调解主体及范围

韩国知识产权行政管理机关包括专利厅（专利、商标及新知识产权）、文化观光部（版权）、信息通信部（计算机软件）及其下设的各类审议调解委员会。其中，专利厅下设的布图设计审议调停委员会主要是审议布图设计权、独占利用权和普通利用权等相关事项，调解法律保护权益等相关纠纷，其审议职能带有咨询性质，而调解具有类似仲裁机构的职能；著作权审议调停委员会是于1987年7月1日依据《著作权法》设立的法定委员会，隶属韩国文化观光部，是韩国对版权业务进行实质性管理的主要机构，主要职能为审议、登记版权以及调停版权有关纠纷；另外，韩国采取下设半官方机构的方式将大量著作权行政管理事务下放，将行政调解交由一些委员会处理，如韩国软件著作权委员会和韩国著作权委员会等机构具体负责。另外，依据《计算机软件保护法》设立的计算机软件审议调解委员会，是保护软件知识产权的专门机构，隶属于信息通信部，主要是审议计算机软件著作权及与软件相关的事项，调解计算机软件相关纠纷；韩国信息通信部在韩国互联网信息中心下设域名纠纷调解委员会，专门负责与国家互联网域名相关纠纷的调解。另外，《韩国软件产业振兴法》规定了软件产业纠纷调解委员会、《电子商务基本法》规定了电子商务纠纷调解委员会、《发明振兴法》规定了产业财产权纠纷调解委员会等机构。在韩国，如果纠纷当事人利用调解制度解决知识产权纠纷，调解程序简便，调解费用极其低廉且可免交，而且除商标、专利等无效、撤销判决以外的知识产权纠纷都可申请调解。

（二）调解模式的特色

在韩国，各类与知识产权相关纠纷经过行政调解程序后，一旦调停成

〔1〕《英国知识产权纠纷行政调解服务的发展》，载 https://mp.weixin.qq.com/s?src=11&timestamp=1541416903&ver=1226&signature=XBZOqW81-BM-U35vbRggxu*BuGrEx0ReCLaIRVsp8CmZu5VFQUPvcO*40zthUG4XO-3Ec6KCCVPO74-LvLOODWC4m7tkT*jXErKuv5bwUj5BtslJjyzDbYzAMRMJ0c4z&new=1，最后访问日期：2018年10月12日。

立，便具有与通过裁判达成的和解同等的效力；如调停内容未被履行，根据韩国大法院规定，委员会拥有自所在地法院取得强制执行函、无须再经裁判即可强制执行的权力。也就是说，双方当事人一旦达成调解协议，权利义务关系就此确定，任何一方不得再行起诉，其生效后，便具有和生效判决同样的法律效力，可以作为强制执行的依据。[1] 当然，需要指出的是，虽然韩国知识产权行政调解制度具有鲜明的司法色彩，通过立法直接赋予行政调解协议以等同于司法调解的效力，使其产生类似司法裁判的法律效力，但这种调解既不像仲裁一样要求选择程序及准据法，也不像诉讼一样公开进行，而是在处理纠纷过程中要求尽可能吸纳当事人的意见，因而具备了更多的服务性特征。

三、日本

（一）日本著作权行政调解机制概述

日本知识产权纠纷行政调解的代表机制是，日本文化厅作为著作权管理部门开展的版权纠纷的行政调解工作。《日本著作权法》第 78 条规定，著作权登记由文化厅长官记载于著作权登记原簿上或者进行储存，职能上等同于我国的国家版权局。《日本著作权法》明确规定文化厅须设立著作权纠纷解决调解委员，委员由文化厅委任，一般由具有著作权和邻接权知识、经验的人担任，每个案件配置委员的人数不多于 3 人，并且规定当事人可以向文化厅申请调解。这一方面使当事人向著作权管理部门请求调解于法有据；另一方面使调解成为当事人解决纠纷的一个可选择项，这类调解是一种不同于法院司法调解和诉讼的争端解决途径。

（二）日本著作权纠纷调解委员会特征

1. 设立纠纷调解委员会是著作权法的强制性规范，非任意选择。《日本著作权法》第五章纠纷处理中第 105 条第 1 款规定：为了谋求通过调解解决与本法律规定有关的权利纠纷，文化厅设解决著作权纠纷的调解委员。调解成为文化厅的日常行政职能之一，纠纷调解委员会也是日本文化厅的常

---

〔1〕 邓文武：《知识产权纠纷行政调解的服务转向和制度供给》，载《重庆大学学报》2017 年第 4 期。

设机构。

2. 调解以当事人双方合意为基础,尊重当事人的意愿。这意味着没有调解会在违反任何一方当事人意愿的情况下进行,调解的启动起于当事人的申请。但是,同时规定:“文化厅长官认为案件的性质不适合调解或者认为当事人出于不正当目的随便申请调解的,可以不交付调解。”

3. 著作权纠纷调解委员会的地位是中立的居间调解。《日本著作权法》第109条规定:“委员应当作为当事人的中间人,准确查明双方主张的要点,按照案件的性质努力促成案件的解决。”

4. 在调解程序上,一方面,调解的启动和终结必须向文化厅长官报告。著作权纠纷调解委员会的调解是在文化厅主导之下展开,这在性质上类似我国的行政调解。另一方面,调解收取手续费,没有按照政令规定缴纳手续费的当事人,案件将无法进入调解程序。可见缴费是进入调解程序的一个前提条件。

5. 日本文化厅在著作权纠纷调解中享有自由裁量权。文化厅长官认为在案件性质上不属于调解范围或认为当事人出于非正当目的胡乱申请调解时,可不托付委员调解。著作权法赋予文化厅在纠纷解决机制上的主动权,文化厅长官可以把控纠纷调解的整个过程,发挥自身的主观能动性。[1]

四、我国台湾地区

(一)立法规定

我国台湾地区在历次知识产权相关的法律修订及机构设置中陆续将行政调解机制引入到知识产权法律体系中。在著作权法领域,专门出台了“著作权争议调解办法”“积体电路布局鉴定暨调解委员会设置办法”“经济部智慧财产局著作权审议及调解委员会组织规程”等,其中新修订的“著作权法”规定,行政主管机关设置著作权审议及调解委员会,办理下列事项:(1)为教育目的利用他人已公开发表著作涉及的使用报酬率之审议;(2)著作权中介团体与利用人间对使用报酬争议之调解;(3)著作权或制版权争议之调解;(4)其他有关著作权审议及调解之咨询。另外,在著作权行政调解的主体方面、程序方面、效力方面、错误纠正方面都作了明确规定,内容系统

---

〔1〕 柯林霞:《著作权纠纷调解委员会制度借鉴与完善》,载《出版发行研究》2017年第5期。

全面，制度相对合理。

(二)行政调解书的效力

著作权审议及调解委员会制作的调解书本身并没有法律强制力，但可以通过专门的司法审核赋予知识产权纠纷行政调解书以法律效力。根据相关法律规定，调解书须由著作权审议及调解委员会在作出后7日内及时送至管辖法院，予以司法审核，否则将不具备强制执行力。由此可见，虽然调解书是由行政机关主动送请法院审核，带有类似中国大陆执法模式的痕迹，但这样做的前提是充分尊重当事人双方所为的程序处分意愿，促使已达成的调解协议尽快实现，为当事人提供更高效、便捷的服务。法院应尽快审核调解书，除有违反不正当竞争法令、公序良俗或不能强制执行者外，应由法官签名并盖法院印信，除储存一份外，发还著作权主管机关送达当事人。

调解经法院核定后，当事人就不得再对同一案件提起诉讼，也不得向其他机关请求告诉或自诉。一旦民事调解获得管辖法院的核定，该调解就与民事判决具有同一的确定力和执行力。此外，还规定了行政调解协议的司法救济程序，即民事调解经法院核定后，有无效或得撤销之原因者，当事人应于法院核定的调解书送达后30日内，向原核定法院提起宣告调解无效或撤销调解之诉。由此，在一定程度上实现了著作权纠纷行政调解与司法程序的良性衔接，不过行政调解是否具有强制执行力仍有赖于公权力的作为及服务功能的发挥。[1]

总之，从英国、韩国、我国台湾地区的知识产权纠纷行政调解实务中来看，我们可以看到行政调解都更多地强调行政管理机关在知识产权纠纷处理过程中的服务性，在纠纷解决的过程中最大化地尊重当事人的意思自治，采取作为中立第三方促成矛盾消弭，彻底解决纠纷。

随着行政机关服务理念的倡导，这种趋势在世界各国日益得到认可和强化，这就要求我们必须对中国现有的知识产权纠纷行政调解制度进行新的审视和构建。

---

〔1〕 邓文武：《知识产权纠纷行政调解的服务转向和制度供给》，载《重庆大学学报》2017年第4期。

第四节　我国知识产权纠纷行政调解的现状、问题及完善建议

一、我国知识产权纠纷行政调解的法律规制

从立法的规定来看，目前我国知识产权行政管理机关可以调解的知识产权纠纷范围涵盖了专利、商标、集成电路布图设计、植物新品种等领域。

（一）专利权领域

在专利权领域有五类：专利权属争议、发明人/设计人资格争议、职务发明人/设计人奖励和报酬争议、在发明专利申请公布后专利权授权前使用发明而未支付恰当费用的争议以及知识产权管理机关对侵权赔偿数额的调解以及在处理专利侵权争议时可以根据当事人的意愿进行调解。[1] 我国知识产权局于2011年6月27日出台的《关于加强专利行政执法工作的决定》第8条明确指出，大力开展各类专利争议的行政调解工作，创新工作机制，根据专利类型和争议实际情况，简化调解程序，采取快速有效的调解方式；2012年《专利法修改草案（征求意见稿）》第60条明确规定了专利权纠纷的行政调解制度；2016年5月国家知识产权局发布的《专利纠纷行政调解指引（试行）》，对调解程序作出详细规定，并针对专利权属纠纷、署名纠纷、奖酬纠纷、侵权损害赔偿额计算等多个方面问题的处理进行指导，还附有多个案例进行解释说明。

（二）商标权领域

在商标权领域，工商行政管理部门可以对商标侵权争议中的赔偿事项进行调解；还可以在商标评审期间，就当事人之间存在的商标权争议以及与商标评审有关的权利争议进行调解。[2] 现行《商标法》第60条规定：对侵犯商标专用权的赔偿数额的争议，当事人可以请求进行处理的工商行政管理部门进行调解，也可以依照《中华人民共和国民事诉讼法》向人民法院起

---

〔1〕《专利法》第60条、《专利法实施细则》第85条、《专利行政执法办法》第13条。

〔2〕《商标法》第60条、《商标评审规则》第8条。

诉。《商标评审规则》第 8 条第 1 款规定:“在商标评审期间,当事人有权依法处分自己的商标权和与商标评审有关的权利。在不损害社会公共利益、第三方权利的前提下,当事人之间可以自行或者经调解以书面方式达成和解。”工商行政管理部门还可以依当事人的请求受理侵犯奥林匹克标志专有权的赔偿数额的调解、[1]侵犯世界博览会标志专有权赔偿数额的调解[2]等。

(三)著作权领域

在著作权领域,《著作权法》第 55 条仅简单规定“著作权纠纷可以调解,也可以根据当事人达成的书面仲裁协议或者著作权合同中的仲裁条款,向仲裁机构申请仲裁。”但是,该条款并没有对调解主体、范围及程序等作出明确规定。在实践中,我国各级版权行政管理机关在实践中不同程度地履行着行政调解的职能,包括应当事双方请求调解争议;或者立案查处版权侵权争议案件中,征得双方当事人同意进行调解。为了调整已经存在的现实法律关系,规范著作权争议的行政调解行为,2012 年公布的《著作权法》(修改草案)将第 54 条内容调整为第 82 条,规定:“著作权和相关权纠纷的当事人可以按照《中华人民共和国仲裁法》向仲裁机构申请仲裁,或者向人民法院起诉,也可以申请行政调解。”同时新增第 83 条规定:“著作权行政管理部门设立著作权争议调解委员会,负责著作权和相关权争议的调解。调解协议具有法律拘束力,一方当事人不履行调解协议的,另一方当事人可以申请人民法院司法确认和强制执行。著作权调解委员会的组成、调解程序以及其他事项,由国务院著作权行政管理机关另行规定。”

(四)其他领域

国家知识产权局设立集成电路布图设计行政执法委员会,负责处理侵犯布图设计专有权的争议,并对所涉及的赔偿数额进行调解。调解不成的,当事人可以向人民法院起诉。[3]

省级以上人民政府农业、林业行政部门依据各自的职权,根据当事人自

〔1〕《奥林匹克标志保护条例》第 10 条。

〔2〕《世界博览会标志保护条例》第 9 条。

〔3〕《集成电路布图设计保护条例》第 31 条。

愿的原则,对植物新品种侵权所造成的损害赔偿进行调解。调解达成协议的,当事人应当履行;调解未达成协议的,品种权人或者利害关系人可以依照民事诉讼程序向人民法院提起诉讼。[1]

综上,虽然我国知识产权纠纷涉及确权、侵权、许可、转让、出资、奖酬、异议、复审、无效等多种类型,但相关的法律法规仅就侵犯相应知识产权的赔偿数额规定了调解。但是,最新修订的《著作权法》和《专利法》都对纠纷行政调解有一定程度的规范,这反映了一种立法趋势,即行政调解在知识产权纠纷解决中的可适用空间正在扩张。

二、我国知识产权行政调解中存在的主要问题

由于行政调解所具有的天然优势,以及相关立法、政策的不断出台,调解方式在知识产权纠纷行政执法中的运用大幅度增加。以专利为例(见表10－1),在2008年,通过调解方式结案的专利纠纷占比仅为26.01%,而在2015年已达到79.94%。[2]

表10－1　侵权纠纷专利执法案件调解结案率

年度	2008	2009	2010	2011	2012	2013	2014	2015	2016
总结案量(件)	838	741	712	1019	1294	3536	7640	14,040	19,682
调解结案量(件)	218	234	218	330	603	1774	5256	11,223	12,788
占比(%)	26.01	31.58	30.62	32.38	46.60	50.17	68.80	79.94	64.97

虽然知识产权行政调解已经成为知识产权纠纷,尤其是侵权纠纷解决的主要渠道之一,但是由于相关制度缺失及疏漏,实践运作中仍然存在大量问题,主要如下。

(一)缺乏明确法律规范

2018年4月中国政法大学法治政府研究院、中国法学会行政法学研究

[1]《植物新品种保护条例》第39条第1款规定:"未经品种权人许可,以商业目的生产或者销售授权品种的繁殖材料的,品种权人或者利害关系人可以请求省级以上人民政府农业、林业行政部门依据各自的职权进行处理,也可以直接向人民法院提起诉讼。"

[2] 国家知识产权局:《国家知识产权局统计年报》,载 http://www.sipo.gov.cn/tjxx/,最后访问日期:2018年10月27日。

会在北京发布的《法治政府蓝皮书:中国法治政府发展报告(2017)》指出,行政调解的发展和运用情况不尽如人意,成为三大调解制度体系中的“短板”。报告分析称,主要原因在于,截至目前,我国尚未出台统一的《行政调解法》和《行政调解条例》,仅有零星的条文对其进行描述。由于行政调解制度不统一、不规范、不明晰,于是出现反复调解、越权调解、以调代罚、乱调滥调、拒绝调解等问题。[1]

目前,我国还没有制定《行政程序法》和《行政调解法》,而规定有行政调解这一解纷方式的法律、法规则种类繁多,层级不一,法律冲突时有发生。就知识产权纠纷的行政调解规则而言,相关的规范分布在《著作权法》、《专利法》、《商标法》及《集成电路布图设计条例》等不同的法律文件当中,不仅内容过于简略,而且在不同领域的规定缺乏协调性和整体性。比如,《专利法》在授予行政管理部门对于专利纠纷行政调解权时,既没有规定调解的基本程序规则,也没有规定调解的具体制度内容,几乎都没有对调解的程序设置、管辖机构、调解人员等进行规定,造成实践中行政调解机关处理争议时无据可依的困境;[2]另外,从各地有关专利争议的调处条例规定中可以发现,主要是规制专利侵权争议的行政裁决程序,对专利争议的行政调解一般只是附带提及,鲜有将侵权裁决程序与调解程序区分的制度。

现行《著作权法》第55条虽然规定了著作权纠纷行政调解的相关制度,但是仅有的两个条款缺乏现实可操作性:一方面,没有设立强制性的著作权纠纷调解委员会制度,这与修改草案赋予当事人可以申请行政调解权利的初衷相悖。而且依据该规范,是各级著作权管理部门都应当设立纠纷调解委员会,还是省级以上著作权管理部门才有必要设立纠纷调解委员会。另一方面,这两个条款内容也没有明确著作权调解委员会如何组成,调解程序如何开展,哪些案件可以进入调解范围,以及调解与仲裁、诉讼关系如何等。

(二)机构不健全

机构是职能的载体,没有机构或者机构不健全,则不能发挥相应的作

〔1〕《北京去年行政调解成功30余万件建立行政调解委员会》,载 https://baijiahao.baidu.com/s? id=1597407041527216863&wfr=spider&for=pc,最后访问日期:2018年10月15日。

〔2〕梁宏辉:《论我国知识产权纠纷行政调解制度的完善》,载《行政与法》2014年第7期。

用。国务院2004年发布的《全面推进依法行政实施纲要》明确指出:要合理划分和依法规范各级行政机关的职能和权限。科学合理设置政府机构,核定人员编制,实现政府职责、机构和编制的法定化。

行政机关行政调解职能的发挥,有赖于行政调解组织的建设。事实上,我国各地专利局、工商局、版权局等少有设立专门的行政调解机构,一般由行政执法机构代替履行调解职能,调解不成功立即转入裁决和查处程序。机构临时性和组织的松散化使行政调解职能的履行大大被弱化。

(三)调解人员的配置欠缺合理性

在对行政调解员的要求上,只有少数机构制定了专门文件,对调解员的资历、经验和法律知识方面提出特殊要求。比如,《上海市处理和调解专利纠纷规定》(2002年8月22日)第4条规定,处理专利侵权纠纷和调解专利纠纷的案件承办人员应当持有国家知识产权局或者上海市人民政府颁发的行政执法证件。但是,目前在法律层面尚没有统一的关于行政调解主体资质的规定。相关制度对于行政调解主体资质规定的缺失或者错误定位,会导致纠纷调解人员资质、专业能力、独立性和中立性缺乏保障,使调解效果大打折扣。

实践中,常见的做法就是由行政执法人员直接担任调解员,比如《云南省专利纠纷调解和处理规程(试行)》中规定:"调解人员的组成:管理专利工作的部门调解专利纠纷,可以由1名或1名以上执法人员主持调解。"这一做法难以保障调解人员的中立地位,加之部分调解人员没有及时转变观念,在调解过程中以管理者自居,呈现"家长式"调解,习惯性地运用行政规制手段,向当事人施加压力。当事人迫于该种压力可能会暂时接受调解建议,达成调解协议;但之后很快就会反悔,不履行调解协议,使另一方当事人只能重新寻求法院的司法救济,导致纠纷行政调解制度形同虚设,公众对行政调解的制度价值预期也会逐渐丧失认同感。[1]

(四)程序规则缺失

对于行政调解需要遵守的程序性要求目前没有统一的法律规定,部分法律法规虽然有一定的程序规则,但是总体都比较简陋,缺乏可操作性。比

[1] 李雷、梁平:《专利纠纷行政调解制度重构》,载《知识产权》2014年第8期。

如,《专利行政执法办法》第 20～25 条对于专利纠纷行政调解的程序作了简要规定,但是缺乏可操作性的实施细则。而地方有关专利纠纷调解的程序往往也是笼统地体现在专利纠纷行政执法规定中,缺乏单独的行政调解程序规定。实践中,行政调解主体往往依照其他行政程序或自创调解程序进行调解,缺乏统一的标准,程序较为混乱。行政调解程序的不规范既是现代立法不完备的体现,也是我国传统法律文化中重实体轻程序的表现。

缺乏统一程序约束的行政调解机制,不仅容易导致行政机关在调解过程中滥用权力损害当事人的基本权利,不利于行政调解制度的规范化,而且导致行政调解程序无法利用程序公正吸收当事人的不满,使当事人对行政调解公正性产生怀疑,影响调解协议的执行力和行政调解设置的效果。实践中强制调解、越权调解的情况时有发生。调解者既受自己价值判断的影响,也并没有起到组织者的作用,对于当事人双方更多的是一种父母式的干预,所追求的主要是一种目光狭隘的相安无事,由此便不免造成个人权利在群体中的湮没与丧失。[1]

(五)行政调解协议的效力不明确

我国《专利法》第 60 条规定:"进行处理的管理专利工作的部门应当事人的请求,可以就侵犯专利权的赔偿数额进行调解;调解不成的,当事人可以依照《中华人民共和国民事诉讼法》向人民法院起诉。"《商标法》第 60 条及其他知识产权方面的法律法规也有类似规定。也就是说,我国涉及知识产权纠纷行政调解的法律法规并未对行政调解协议的法律效力作出明确规定,至于行政调解与诉讼的衔接也只是简单的规定;调解不成的,可以向法院提起诉讼,并没有一个有效的机制把二者联系起来。

2009 年最高人民法院发布《关于建立健全诉讼与非诉讼相衔接的矛盾纠纷解决机制的若干意见》后,这一状况有所改观。该意见赋予了行政调解协议民事合同的法律效力,并规定包括行政调解协议在内的具有民事合同性质的调解协议,当事人双方可以共同向人民法院申请司法确认,经确认后的调解协议可以获得人民法院的强制执行。

由于司法确认需要双方当事人的共同申请,司法确认工作尚在试点和探索当中,有关行政调解的司法确认案件还很少,至于知识产权纠纷行政调

[1] 于浩:《行政调解与中国法律传统的契合与断裂》,载《云南大学学报》2014 年第 1 期。

解协议的司法确认就更少了，实践中绝大多数的行政调解协议尚徘徊在司法确认的大门之外。而未经司法确认只具有民事合同性质的行政调解协议在当事人反悔或不服的情况下，对双方当事人并无实质性的法律约束力，而只能以原争议向人民法院起诉，由人民法院对争议重新进行审理。[1] 行政调解协议缺乏实效性，不仅导致争议难以及时、有效解决，浪费行政资源，而且制约了行政机关调解的积极性，抑制了当事人选择行政调解动机，最终可能导致行政调解机制的逐渐萎缩。

三、完善我国知识产权纠纷行政调解机制的具体建议

（一）扩大知识产权纠纷行政调解的范围

如前所述，我国目前知识产权立法中可以适用行政调解的民事争议大多仅限于侵权争议赔偿金额的调解，范围过窄，而且还在某些程度上呈现出逐步萎缩的态势。立法对行政调解范围的明确承认，不仅是法治原则对行政机关行使行政行为的基本要求，而且事实上只有专业的机构才能对其管辖范围内的争议提供公共政策、法律依据、专业知识的指导和帮助，提出合理的争议解决方案，有效促成争议解决。只有在有法可依的情况下，才能充分调动行政机关通过调解方式解决争议的积极性，是完善整个知识产权纠纷行政调解机制的基础和保障。因此，应当合理拓展行政调解知识产权纠纷的范围，这样既有利于行政机关更好地履行行政职能，也有利于知识产权纠纷的及时化解，促进社会和谐发展。

我们认为，公民、法人或者其他组织之间发生的与知识产权行政管理职能相关的，且争议双方同意调解，法律法规没有禁止性规定的知识产权纠纷都应当纳入行政调解的范畴。行政机关调解知识产权纠纷的范围应当涵盖所有当事人可合意处分的又不损害公共利益或第三人利益的纠纷，包括知识产权权属争议、侵权争议以及合同争议等。但是，对于与知识产权授权审查、强制实施相关的纠纷则不宜纳入行政调解的范围，因为专利、商标等权利的取得、确认或强制许可关涉申请人和公众利益的平衡。

（二）规范行政调解程序

司法诉讼的弊端之一在于过分程序化和形式化，但是不能就此简单认

---

〔1〕 梁宏辉：《论我国知识产权纠纷行政调解制度的完善》，载《行政与法》2014 年第 8 期。

为诉讼外的解决机制就不应当提倡程序观念。行政机关调解民事争议采取非正式的立场,仅仅是在与严格形式主义相对抗的意义上存在,而并不意味着不讲究任何程序的要求。“调解虽然灵活,但也要有一定程序,如果没有程序的适当规制,缺乏最低限度要求的正当程序的保障,当事人也难以达到完全自由的合意的理想状态,就不可能有公正与合法的调解结果,并可能出现合意贫困化的现象。”[1]调解讲究程序正义和程序理性,源于对效率和稳定的目标追求。同时,调解程序化可以保障争议解决的一贯性,符合争议解决的正义理念。行政调解程序规范化的基本要求需要对行政调解的原则、范围、程序、方法、时限,行政调解协议的内容和效力,救济和法律责任等作出制度性规定,目前在我国尤其需要强调行政调解的组织规范和程序控制。

1. 组织规范

目前我国知识产权管理体系的主要特点是行政管理与行政执法一体化,知识产权管理机构不仅享有专利授权、商标注册、版权登记等职权,同时还进行这些权利争议的调解、裁决及知识产权违法行为的查处。换言之,知识产权的管理授权主体同时也是知识产权的执法主体,集管理和处罚职能于一身。在行政调解与行政执法混淆或者竞合的情况下,可能导致行政机关在调解的过程中过分强调是与非、合法与非法,偏重维护知识产权权利人利益和国家的知识产权法律及公共政策,而不是从争议解决本身出发促成当事人之间互谅互让;不仅不利于争议的最终解决,而且背离了行政调解的本质和基本原则。比如,国家知识产权局 2011 年修订并且颁布的《专利行政执法办法》中,调解专利争议与处理专利侵权争议、查处假冒专利行为一并被认定为是管理专利工作的部门所开展的专利行政执法行为。事实上,知识产权行政机关履行对知识产权民事争议的行政调解职能具有非强制性、服务性等基本特征,行政调解的本质是促成当事人达成纠纷解决的合意,调解整个程序应当充分贯彻当事人主义;而行政执法具有强制性、主动性、惩罚性等基本特征,行政调解与行政执法在行为本质、对象以及程序等方面均存在很大的差异。正如有学者指出,行政调解被定性为是行政执法行为,调解主体与执法主体存在竞合,调解程序与执法程序存在混同,必然

[1] 强世功主编:《调解、法制与现代性:中国调解制度研究》,中国法制出版社 2000 年版,第 543 页。

会偏离行政调解应然的轨道。[1] 因此,行政调解机构应当与执法机构分离,由此才能保障行政调解在尊重各方当事人意愿下,在遵守法律、法规和政策的前提下,平等协商处理利益争议,达到定分止争,案结事了。

另外,目前我国相关法律法规仅明确了特定行政机关的行政调解职责,没有明确规定具体承担调解职责的工作机构和人员应当具备的条件和资格,由此导致行政调解的专业性、独立性和公正性难以保障。行政调解应当朝着专门化和职业化的方向发展,首先,应当重视在知识产权行政机关内部设立专门的行政调解机构,配备具有专业法律知识和行政经验的调解人员。行政机关建设好行政调解工作人员队伍,重视行政调解人员培训,建立规范有效的人员培训机制。其次,对行政调解机构和调解人员的义务予以明确和规范化,在其不履行或者不当履行义务时,设置责任追究制度,保障行政调解有序、健康运行。

2. 程序控制

具体的行政调解程序一般应当包括申请和受理、调解和调解终结等几个基本阶段。尤其需要注意以下几个方面:

第一,启动方式。行政机关调解知识产权民事争议,应当尊重争议主体的处分权,实行争议主体申请启动原则。当事人有权拒绝以行政调解的方式解决争议,当事人享有程序选择权和拒绝权。

第二,调解时限的明确规定。为了防止案件久调不结,行政调解机关应当在合理时间内终结调解程序,有助于保障行政调解的效率。目前我国大部分规范规定了行政机关对民事争议调解的期限为 2 个月,特殊情况下可以适当延长。

第三,适当回避原则。回避对保证调解工作公正、合法、及时解决有重要意义。但是,立法只应当列举回避的具体情形,把是否回避决定权交给当事人。一般而言,调解人员有下列情形之一应当回避:是争议当事人的近亲属;与争议当事人有利害关系;与争议当事人有其他关系,可能影响案件公正处理的等。

第四,程序参与。行政主体在调解过程中应当听取当事人陈述和申辩。由于“权力行政”影响,行政主体往往不能充分听取当事人陈述和申辩,这种

---

[1] 何炼红:《英国知识产权纠纷行政调解服务的发展与启示》,载《知识产权》2011 年第 7 期。

程序性缺陷往往导致当事人对行政主体信任感的缺失，损害行政调解功能的发挥。

第五，引入行政告知程序。行政告知是指当争议当事人向行政机关诉请行政调解时，该行政机关必须向争议主体说明行政调解应该注意的事项和正确途径，不得置之不理和随意拒绝。由于目前知识产权行政调解并不是常规性的知识产权纠纷解决途径，社会大众对行政调解的认知并不深入，对选择和利用这一途径更好地解决争议还存在较为模糊的认识，因此行政机关应当履行好公共服务的职能，积极引导和帮助当事人更好地参与争议解决途径。

（三）赋予行政调解协议法律效力

行政调解行为是不具有行政处分性质的行政指导行为，不是行政机关的职权行为。经过行政机关调解所达成的调解协议，是当事人通过妥协让步所达成的自由合意，具有契约性的本质特征，不体现行政机关强制性的主观意愿。因此，行政调解协议的履行一般需要依靠双方当事人自觉行为和社会舆论等道德力量来维护。如果一方当事人反悔的，另一方当事人无权请求行政机关或法院强制执行。但是如果行政调解协议不具备法定的强制执行力，导致一方面浪费了国家争议解决资源，另一方面在很大程度上降低了行政机关处理民事争议的权威性和效力，当事人的争议也没有得到实质性的解决。

2009 年 7 月 24 日，最高人民法院出台的《关于建立健全诉讼与非诉讼相衔接的矛盾争议解决机制的若干意见》对于行政调解的效力作出了规定。该意见第 8 条规定，人民法院鼓励和支持行政机关依当事人申请或者依职权进行调解、裁决或者依法作出其他处理。调解、裁决或者依法作出的其他处理具有法律效力。当事人不服行政机关对平等主体之间民事争议所作的调解、裁决或者其他处理，以对方当事人为被告就原争议向人民法院起诉的，由人民法院作为民事案件受理。行政机关依法对民事争议进行调处后达成的有民事权利义务内容的调解协议，经双方当事人签字或者盖章后，具有民事合同性质，法律另有规定的除外。此外，该意见第 12 条规定，行政调解达成的具有给付内容的协议，当事人可以按照《公证法》的规定申请公证机关依法赋予强制执行效力。债务人不履行或者不适当履行具有强制执行效力的公证文书的，债权人可以依法向有管辖权的人民法院申请执行。该意见第20条规定："经行政机关、人民调解组织、商事调解组织、行业调解组织或者其他具有调解职能的组织调解达成的具有民事合同性质的协议，经调解组织和调解员签字盖章后，当事人可以申请有管辖权的人民法院确认其效力。当事人请求履行调解协议、请求变更、撤销调解协议或者请求确认调解协议无效的，可以向人民法院提起诉讼。"

该意见出台后，部分地方开始探索通过行政调解与法院诉讼程序的有效衔接来实现行政调解的法律效力。比如，目前北京市部分区县工商部门、人力资源和社会保障部门与所在区县法院探索构建的"行政调解与司法调解确认、追认及共同调解"机制，即是这方面的有益尝试。在行政调解探索过程中，北京市将行政调解与司法调解相衔接，确定了行政调解司法确认原则：在行政调解完成后，双方当事人共同以《行政调解书》向人民法院提出申请，并承诺愿意承担相应的民事及其他相关法律责任。经人民法院审查，认为确为双方当事人真实意思表示且不构成规避法律或侵害第三人合法权益的，由人民法院以决定书的形式，对《行政调解书》的内容进行司法确认，赋予其法律效力。决定书一经送达，立即发生法律效力，具有执行效力，一方拒绝履行时，对方可据此依法申请法院强制执行。〔1〕

现行《专利法》第60条明确规定，专利行政部门可以应当事人的请求就侵权赔偿数额进行调解；调解不成的，当事人可以向人民法院起诉。该条规定首次将司法确认制度引入知识产权解纷领域。〔2〕

行政调解协议的司法确认途径与《人民调解法》第33条规定的人民调解协议的司法确认路径不谋而合，不仅符合"大调解"的要求，也完美地实现了诉调对接。可以预见，如果施行这种司法审查模式，将会直接带来如下的良性效果：第一，可以切实提高调解方式的利用价值，充分释放调解这种传统的纠纷解决方式的效用和功能；第二，可以大大缓解司法机关的压力，有效地节约司法资源；第三，可以提高纠纷解决的效率和社会效益，为当事人节省大量的时

〔1〕秦佩华、朱安奇：《北京：行政调解走向规范化、制度化》，载 http://theory.people.com.cn/GB/16179104.html，最后访问日期：2018年10月9日。

〔2〕何炼红、舒秋膂：《论专利纠纷行政调解协议司法确认的审查边界与救济路径》，载《知识产权》2017年第1期。

间和人力、物力，从而使其乐于利用调解这种方式解决纠纷。[1]

（四）完善行政调解的司法监督机制

虽然行政调解本质是当事人自愿解决争议，但是行政主体的参与必不可少，因此为了防止行政主体随意扩张权力、滥用权力，建立行政调解监督机制和制约机制才能最终完善整个行政调解程序。

1.行政诉讼的监督模式

第一，在行政调解法律关系中，如果行政相对人不愿意接受行政主体的调解，意味着行政相对人对这种权利的放弃。行政调解对这种放弃不具有强制性，而行政主体出于某种目的，运用手中的权力，要求行政相对人必须接受这种调解，就是一种违法要求行政相对人履行义务的行为。行政相对人认为行政主体违法要求履行义务而提起行政诉讼，人民法院应当以行政诉讼的案件受理。

第二，行政法律规范明确规定行政主体负有行政调解职责，行政相对人向负有这种行政调解职责的行政主体提出要求给予行政调解的申请，行政主体懈怠或无正当理由予以拒绝，则申请人可以以该行政主体不履行法定职责为由提起行政诉讼，属于行政诉讼的受案范围。

第三，行政主体在履行行政调解职责的过程中，由于行政主体主观故意或重大过失导致损害当事人利益的情况发生，如在调解过程中以欺骗、强迫等违反自愿、诚实信用的方式导致行政相对人权利损害，而权利人以行政机关侵权为由，要求人民法院确认行政调解行为违法并请求行政赔偿的，人民法院不得拒绝。只要这种损害结果与行政主体的违法行为存在直接的因果关系，行政主体的责任就不应免除。

总之，如果行政主体违法调解或者在调解过程中存在违法行为，包括强制调解、不依法承担调解工作、因主观故意或者重大过失对调解当事人造成损害的，允许被侵害的当事人就该违法的行政主体为被告提起行政诉讼。

2.否定调解协议效力的监督模式

人民法院有权监督和审查行政调解过程和结果的合法性。在调解协议生效后，当事人应当立即履行调解协议所确定的义务。如果一方当事人拒

---

〔1〕 赵旭东：《纠纷与纠纷解决原论：从成因到理念的深度分析》，北京大学出版社2009年版，第128～129页。

不履行,另一方当事人可以申请人民法院强制执行。人民法院在决定是否强制执行相关调解协议的过程中,可以对调解协议进行合法性的监督。如果被申请执行人提出证据证明行政调解协议存在下列情形,人民法院应当裁定不予执行,包括:(1)行政调解实现不属于调解机关的职权范围或者行政机关无权调解的;(2)行政调解程序违反正当程序的基本要求的;(3)调解人员在对案件进行调解时存在欺诈、胁迫或者乘人之危等违反一方当事人真实意思的情形的;(4)调解人员在对案件进行调解时有贪污受贿、徇私舞弊等渎职行为的;(5)调解协议的订立存在欺诈、胁迫或者乘人之危等违背一方当事人真实意思的;(6)调解协议的内容存在合同无效情形等。

另外,如果一方当事人认为行政调解协议存在违法或者显失公平的情形,可以向法院提起撤销之诉或者变更之诉。撤销的情形可以参照上述不予执行的情况,而变更调解协议的请求一般是在当事人认为调解协议显失公平的情况下。而且,当法院发现行政调解不符合相关法律规定时,可以向行政机关发送司法建议书,要求行政机关及时纠正。

3. 有限的司法审查

司法确认程序的核心功能在于确认行政调解协议合法有效,并赋予其法律上的强制执行效力。当前,关于专利纠纷行政调解协议司法确认程序中,人民法院是否应对行政调解协议进行司法审查,以及如何进行审查,存在不同的观点。

一种观点认为,人民法院对行政调解协议不需要进行司法审查,而应直接确认并予执行。如《专利法修订草案(送审稿)》第61条在规定专利纠纷行政调解协议司法确认机制时,没有规定法院需进行司法审查,而是规定一方当事人可以径行要求法院确认调解协议并进行强制执行。另一种观点认为,人民法院对行政调解协议应当进行司法审查,而且必须进行全面、深度的实质性审查,只有这样才能保证当事人之间达成的行政调解协议由私协议效力转变为强制执行效力时的质量,防止协议内容违法以及当事人合意侵害第三人利益等,防范司法确认的风险。

我们不赞成以上两种观点,认为人民法院对专利纠纷行政调解协议应当进行适度司法审查,即以形式审查为主,兼顾部分实质内容审查,合理划定司法确认中的审查边界。适度司法审查主要是指,司法审查不能干预当事人的自主意愿。对于当事人在自主权利处分范围内的意思表示,司法只能尊重其意愿而不能依职权审查和改变。司法确认中的审查,更多的是对超出双方当事人处置权范围的那部分内容,即对能涉及案外第三人合法权益的相关内容,进行一种保护性和防范性的审查。[1]

(五)引导各类主体认识并熟悉行政调解机制

1. 立法主体应当重视和推动关于行政调解的统一立法,厘清行政调解的适用范围、调解期限、调解协议的效力以及与其他调解之间的有效衔接等问题。在知识产权法律法规中,也应当明确行政调解是一类解决与行政主体管理职能相关的知识产权民事争议的重要途径,加强相关的立法建设。

2. 对于行政调解主体而言,应当正确认识到行政调解是行政服务中不可或缺的重要环节,而且应当将这类柔性的行政手段置于优先考虑的地位,同时在行政机关内部将行政调解纳入绩效考核体系。行政主体在行政管理体制改革中应当大力加强争议调解职能建设,不断提高调解水平和能力,同时主动与法院及各类民间调解机构加强沟通和交流,发挥职能优势,指导行业和地区调解机构业务工作。

3. 我国社会大众对行政调解解决争议也较为陌生,究其原因,主要有三个方面:(1)争议解决司法中心主义倾向的影响;(2)行政机关刚性权力管理职能的影响;(3)行政调解长期附属于人民调解的影响。[2] 因此,应当通过多渠道、多手段的宣传让普通民众了解行政调解制度,包括其解决争议的优越性、具体程序及法律效力等,强化行政调解对公众在选择知识产权纠纷解决方式时的吸引力和关注度。

问题与思考

一、你认为行政调解的法律性质是什么?

二、请简述在知识产权纠纷行政调解中应当坚持的基本原则。

三、请简述在我国利用行政调解解决知识产权纠纷的优势和意义。

四、你认为我国当前知识产权行政调解机制建设中主要问题有哪些?以及未来如何进行完善?

---

〔1〕何炼红、舒秋膂:《论专利纠纷行政调解协议司法确认的审查边界与救济路径》,载《知识产权》2017年第1期。

〔2〕张海燕:《大调解视野下的我国行政调解制度再思考》,载《中国行政管理》2012年第1期。

第十一章 知识产权纠纷诉讼调解机制

第一节 知识产权诉讼调解的兴起及优越性

诉讼 ADR,又称司法 ADR,与法院解决争议的传统方法相比,被视为一种非诉讼的、不经审判解决争议的程序。作为一种同样以法院为主持机构的程序,司法性 ADR 迥异于诉讼程序却又与之存在一种制度上的联系,兼具 ADR 本质与诉讼程序特征之“双重人格”。

诉讼 ADR 的类型包括诉讼调解、诉讼中小型审理、诉讼中的简易陪审团审判、诉讼中事实发现程序等,目前在我国实践中较为成熟的机制是诉讼调解。诉讼调解是指在诉讼过程中,在双方当事人自愿的前提下,由法院主持,双方达成协议并最终终结诉讼的过程或制度等。

一、知识产权诉讼调解兴起的原因

(一)新诉讼目的理论:争议解决论

诉讼调解的出现就是诉讼接纳和借鉴以合意为基础的诉讼外争议解决方式基本理念的必然结果。解决争议是诉讼最原始的功能。理想主义者认为,诉讼目的是通过诉讼实现准确认定事实和正确适用法律,进而实现实体正义。为了避免人们在追求实体正义方面的无节制,诉讼目的理论实现了第二次飞跃,即追求程序正义。这种追求的基础是,科学设计法律程序本身,在绝大多数情况下有查明真相的内在素质,只要坚持法律程序,就可以在绝大多数情况下正确解决案件。然而,这种程序正义思想,在 20 世纪六七十年代,特别是 20 世纪 80 年代以来,受到诉讼案件激增的强烈挑战,固守程序正义往往意味着案件令人无法容忍的积压,于是以解决争议为目的的新诉讼目的理论产生了。主张只要能让当事人接受诉讼结果,使矛盾得以化解,就可以视为案件得到了成功解决。[1] 事实上,诉讼调解更关注实际存在的争议是否解决,使诉讼解决争议的功能更为明确,可以在很大程度上弥补诉讼“官了民不了,案结事未结”的不足。

英美法系国家最近20年来在司法制度中的重大变化就是开始将民事司法根本的最重要的目的变为“争议解决”。法院也认为,其功能不仅仅是作出判决,还应当包括促进协商。两大法系进入20世纪以来普遍强调法官负有积极促进诉讼和解的义务,督促法官积极促进当事人之间达成和解。另外,鼓励法院对进入诉讼程序的案件委托给社会团体、民间人士进行调解,实现法院调解的社会化。

(二)诉讼调解促进诉讼机制成熟与完善

诉讼审判程序与积极追求当事人合意解决争议的程序之间并不存在根本矛盾。法院最明显的特征是带有最少双方同意和最多强制压迫的三方组合式冲突解决机构。法院与它的三方组合式冲突解决这共同存在于一个需要引出同意的连续统一体中,但是调解等手段并不被看作判决的对立面,相反却被看作判决的一部分。大多数法院系统保留了很大的调解成分。[2] 在司法救济背景下,法官不能只专注于指向判决的程序,而是应当综合考虑争议妥善解决的多方面因素,并在此基础上形成能够超越判决内容的解决方案并积极说服当事人达成合意,当事人自我决定和自行交涉应当作为审判最终的正当性依据。“时代要求诉讼外程序吸收诉讼程序与生俱来的各种价值,并在诉讼中有效利用诉讼外程序的优点和程序运作的各种方法,在各个间壁发生已流动化的相互交流、共荣共存的姿态中摸索普遍性的争议调整程序的理想状态。”[3]

---

[1] 马贵翔、倪泽仁:《从程序正义到形式正义——辩诉交易的价值与本土化评析》,载《杭州商学院学报》2002年第6期。

[2] [英]西蒙·罗伯茨、彭文浩:《争议解决过程:ADR与形成决定的主要形式》,刘哲玮、李佳佳、于春露译,北京大学出版社2011年版,第329页。

[3] [日]小岛武司、伊藤真编:《诉讼外争议解决法》,丁婕译,中国政法大学出版社2005年版,第212页。

通过诉讼外解决机制与诉讼解决机制合作与衔接，使国家正式司法制度不断成熟和完善。这类争议解决机制以其自身的灵活性、柔韧性、开放性，打破正式与非正式法律规范的封闭与对立，深化两者的交流与融合，为国家正式法律制度构建提供参照和评价，从而使国家与社会互动成为可能。诉讼与 ADR 的衔接将实现对传统诉讼文化的变革，将使诉讼的对抗性大大缓和，更多地向和解性转化，平和地解决争议的价值更加受到推崇。[1] 正如埃里克森所指出："法律制定者如果对那些会促成非正式合作的社会条件缺乏眼力，他们就可能造就一个法律更多但秩序更少的世界。"[2]

（三）诉讼调解兼具多项社会功能

诉讼调解的产生既有理论依据，也有现实需要，蕴含的是尊重当事人程序主体地位、保障当事人程序选择权的司法理念。诉讼调解有利于实现实体正义、矫正诉讼所追求的程序正义的结果，促使潜在的争议外在化，增强对法律的需求，促进法律的发展。同时，这类救济途径的存在及其运作功效客观上起到了评价法律制度和社会秩序的作用，从而促进对诉讼机制的反思和改进。

诉讼调解为当事人提供了法院内自治解决争议的途径，有效弥补了诉讼刚性、僵化等内生性不足，体现了尊重当事人自治性与协商性解决争议的权利。诉讼调解可以很好地实现案件的繁简分流，分担司法压力，有利于维护司法权威、节约国家司法资源，降低当事人争议解决的成本。当然，诉讼调解不仅能够给民事案件的司法解决带来量的分流和质的改善，还能够很好地实现其他诸多社会功能，包括有利于我国循序渐进地建立现代司法制度，维护法律和司法权威；改善社会关系和社会治理方式；通过争议解决积累经验，促进新的社会规范和法律规则的形成；有利于我国探索新的协商性或和谐式司法模式。[3]

---

〔1〕 范愉主编：《多元化争议解决机制》，厦门大学出版社 2005 年版，第 5 ~6 页。

〔2〕 [美]罗伯特 · C. 埃里克森：《无需法律的秩序——邻人如何解决争议》，苏力译，中国政法大学出版社 2003 年版，第 1 页。

〔3〕 范愉：《争议解决的理论与实践》，清华大学出版社 2007 年版，第 179 ~181 页、第 318 页。

二、诉讼调解解决知识产权纠纷的优越性

在我国，诉讼调解因其所具有的法定性、正当性和权威性，在解决知识产权纠纷过程中，发挥着重要的、积极的、无可替代的作用，是知识产权纠纷解决的主要渠道之一。近十年来，我国知识产权案件通过诉讼调解解决的比例迅速攀升。[1] 为什么知识产权纠纷容易通过诉讼调解得到解决并且能够收到良好的效果？与其他种类的调解制度相比，诉讼调解具有明显的优越性，具体如下。

（一）司法机关主持且规范性更强

在诉讼调解机制中，主持调解的中立第三方是行使国家司法权的司法机关。司法机关以其专业性、权威性对双方当事人排解疏导，引导当事人之间的交流沟通，有利于当事人在充分理解事实问题和法律问题的基础上，权衡利弊，达成争议解决的协议。

诉讼调解同样是法院行使审判权确定并且宣告主体之间的法律关系和法律责任的司法活动，与其他形式的调解相比，具有更严格的规范性，需要遵循法律所确定的基本原则和程序，因此对于当事人的程序利益保护更为周全，而且调解协议具有较高的权威性、正当性和公信力。

（二）诉讼的对抗性反而有利于促成当事人进行协商

我国目前知识产权诉讼制度中赋予当事人较多的相互制约手段，比如，原告可以通过申请诉前证据保全、财产保全，申请诉前禁令或者诉中禁令制约被告，而被告可以通过对原告权利证据的抗辩，攻击原告权利有效性以及抗辩不侵权等制约原告，原被告之间对抗情势的变化导致任何一方都无法占据绝对优势时，往往可以在很大程度上促进当事人从诉讼转向调解。而且，诉前禁令措施以其及时有效地制止侵权行为的优势，在调解中发挥着重要的作用，而诉前证据保全措施也因为固定了关键证据而可以在很多情况下有效促进调解。另外，在知识产权侵权争议诉讼调解中，法官不需要准确

---

〔1〕 最高人民法院：《中国法院知识产权司法保护状况（2009）、（2010），上半年知识产权案一审调撤率72.53%》，载 http://www.legaldaily.com.cn/index/content/2011-08/03/content_2842632.htm?node=20908，最后访问日期：2018年10月20日。

查明相关事实和适用法律，只要站在中立立场引导双方当事人达成一个各方均能接受的案件处理结果或方案即可。[1] 而且，由于当事人往往难以举证证明权利人因侵权行为所受损失或者侵权人因侵权行为获利，则必须适用我国目前特有的法定赔偿制度来确定损害赔偿数额，法定的赔偿制度为当事人提供了谈判空间，从而有利于以调解方式结束争议。[2]

（三）可以形成多样化的、双赢的纠纷解决方案

与诉讼解决争议相比，诉讼调解又具有柔性特征，能够避免特定情形下情理与法律规定之间的不协调，回避法律规定不合理等问题。通过引导权利人的让步化解争议，有助于当事人之间关系的协调发展，实现互利双赢。通过诉讼调解能够获得更能满足当事人实际需要而通过诉讼无法获得争议解决方式或者方法。

（四）协议具有强制力

诉讼调解所达成的协议具有与司法判决相同的法律效力，当事人可以直接向法院申请强制执行。通过诉讼调解解决争议，有效消除各种矛盾和对立，有助于提升司法公信力，可以较好地实现法律效果与社会效果的有机统一。

正是由于诉讼调解在知识产权纠纷中的优势，近年来，我国知识产权一审民事案件的调解撤诉率平均在66.57%左右（见表11－1）。[3]

表11－1　知识产权民事案件一审调解撤诉率

年度	2008	2009	2010	2011	2012	2013	2014	2015	2016	平均
一审调解撤诉率（%）	—	61.08	66.76	72.72	72.26	68.45	65.96	63.12	64.21	66.57

〔1〕 朱和庆主编：《知识产权司法保护理论与实务》，知识产权出版社2008年版，第60～61页。

〔2〕 陶凯元主编：《冲突与平衡——广东法院知识产权审判十年巡礼》，法律出版社2006年版，第323页。

〔3〕 最高人民法院：《中国法院知识产权司法保护状况》，载http://www.court.gov.cn/zixun－xiangqing－42362.html，最后访问日期：2018年10月25日。

当然,也有学者通过调研发现阻碍知识产权调解成功的重要因素,其中,当事人由于不能正确认识和理解知识产权制度的基本理念、原则和法律规定,导致权利人对自己权利估计过高,侵权人对自己行为认识错误是最主要的原因。比如,知识产权权利人在举证证明权利受保护内容以及被告实施了何种侵权行为方面存在困难,因而侵权人难以认同权利人的指控,不能接受妥协和调解;另外,由于知识产权是智力劳动成果,权利人倾注了大量的精力和心血,因而其对权利的看重和评估往往高于实际市场价值,往往提出过高的侵权损害赔偿金额,使侵权人往往难以接受等;当然,调解机制本身建设不完善也存在很大的消极影响。比如,目前我国知识产权诉讼调解中,基本由承办案件法官组织、主持调解,没有单独的诉讼调解程序,也没有专门的调解法官等。

第二节　我国知识产权诉讼调解的类型

知识产权纠纷调解依据中立第三方即调解主持者性质不同,可以分为民间调解、行政调解以及仲裁程序中调解和法院调解。依据调解与诉讼的关系不同,可以分为诉讼外调解与诉讼调解,一般而言,法院调解属于诉讼调解,其他组织调解均为诉讼外调解。依据调解主体不同,我国知识产权诉讼调解可以分为法院调解和法院附设调解两大类,法院调解主要是指在案件审理过程中,完全由主审法官主持的调解程序,包括"边审边调"或者"边调边审"等;而法院附设调解主要是指非完全由诉讼程序主审法官主持的诉讼调解,具体包括委托调解、协助调解以及和解协调等基本类型。

一、法院调解

根据我国《民事诉讼法》的规定,法院调解是指人民法院对受理的民事案件、经济争议案件和轻微刑事案件,在审判组织的主持下,双方当事人自愿平等协商,达成协议,经人民法院认可后,终结司法程序的活动。[1] 法院调解是我国民事诉讼活动中一项极具特色的重要制度。

我国的法院调解是人民法院依照法律规定行使审理权并结案的一种方式,它是法院的职权行为。法院调解的进行虽然需要得到当事人的同意,调

〔1〕 柴发邦主编:《民事诉讼法新编》,法律出版社 1992 年版,第 46 页。

解成功依赖双方合意的达成，但是在诉讼过程中由法院主持，法院是调解活动的主体之一，调解是法院诉讼行为的一种。[1]

目前，我国法院调解可以贯穿民事审判的全过程，包括立案阶段、审前阶段、审判阶段、执行阶段等。法院调解协议具有与司法裁判相同的法律效力，一方当事人不履行调解协议，另一方当事人可以直接向法院申请强制执行。[2]

二、法院附设调解

法院附设调解是诉讼外解决争议的方法或技术渗入司法领域形成的争议解决机制，基本特征是在法院指导下或主持下不经过审判解决争议的程序，属于法院内诉讼外的争议解决机制。

法院附设调解机制的主要特征包括：第一，从本质上是属于合意解决争议的机制；第二，主持调解程序的通常是法院以外的专业人士、社会团体以及法院辅助人员等，而不是诉讼案件的主审法官；第三，调解程序获得的结果通常是非约束性的，除非经过法院的司法认定程序；第四，法院对附设调解机制负有主持、管理和监督的责任。法院在具体程序的开始和结果上介入司法力量，包括当事人首先应当在法院立案，由法院作为诉讼案件处理，而且争议解决后应当由法院通过响应方式赋予结果以执行力，但是争议调解的具体过程与法院没有直接关联。

我国1982年《民事诉讼法（试行）》第99条规定，人民法院进行调解，根据案件需要，可以邀请有关单位和群众协助。被邀请的单位和个人，应当协助人民法院进行调解。1991年《民事诉讼法》第87条作出了类似的规定，这是中国法院ADR中早期的协助调解制度。2004年9月，最高人民法院在《关于人民法院民事调解工作若干问题的规定》（以下简称《调解规定》）中将上述规定具体化，同时创设了委托调解与和解协调制度。有学者认为，《调解规定》的颁布将中国司法ADR的发展推向一个新的阶段，成为我国司法ADR勃兴的里程碑。[3] 2007年4月，最高人民法院又发布了《关于进一

〔1〕 张艳斐、高翔：《日本法院附设调停制度与我国法院调解制度的比较研究》，载《法制与社会》2007年第2期。

〔2〕 张嘉军：《民事诉讼调解政策研究》，郑州大学出版社2011年版，第37页。

〔3〕 蒋惠岭：《法院附设ADR对我国司法制度的新发展》，载《审判研究》2005年第1期。

步发挥诉讼调解在构建社会主义和谐社会中积极作用的若干意见》,进一步强化了引入社会力量进行调解的工作机制。2009年最高人民法院《关于建立健全诉讼与非诉讼相衔接的矛盾争议解决机制的若干意见》(以下简称《若干意见》)进一步深化了"法院调解社会化"政策,建构了多元化委托调解体系。由此,依据《民事诉讼法》、《调解规定》以及《若干意见》的相关规定,我国确立了三种类型的法院附设调解,即协助调解、委托调解与和解协调制度。

(一)协助调解

根据2004年《调解规定》的规定,人民法院可以邀请与当事人有特定联系或者与案件有一定联系的企业事业单位、社会团体或者其他组织和具有专门知识、特定社会经验、与当事人有特定关系并有利于促成调解的个人协助调解工作。2009年《若干意见》第16条第1款也规定,对于已经立案的民事案件,人民法院可以按照有关规定邀请符合条件的组织或者人员与审判组织共同调解。调解应当在人民法院的法庭或者其他办公场所进行,经当事人同意也可以在法院以外的场所进行。达成调解协议的,可以允许当事人撤诉,或者由人民法院经过审查后制作调解书。调解不成的,人民法院应当及时审判。

法院吸收有关单位和个人协助进行诉讼调解的做法,是我国司法的优良传统,也是司法民主的体现。一般而言,所有适用调解的案件,都可以采取协助调解的做法。关键是当事人是否接受协助调解人制度、是否存在与案件有联系的个人或单位,比如,如果争议一方当事人是某个协会的成员,可以邀请所在协会派员参与调解;如果争议涉及专业技术性问题,可以邀请某一领域专家协助调解等。相对于其他调解机制,协助调解强调调解人在法官的主导下进行调解,具有较强的司法特征,或者说对司法具有较强的附属性。而具体的协助方式则是多样化的,可以与法官共同调解,提出调解思路和想法,并说服当事人;也可以与法官分开调解,调解达成协议的要求法官对调解协议进行司法认定;还可以协助法官了解案件情况,或者分别做当事人的说服教育工作,为案件的进行做准备工作等;协助调解可以发生在诉讼全过程,法官与协助调解人之间相互配合,共同实现调解解决争议的目标。

目前,我国协助调解中的主要问题是法院邀请参与调解者不能成为调解的主体，只有法官才是支持诉讼调解的唯一和必需的主体。然而，在我国，只要是法官，特别是诉讼中参与案件审理的法官，可以利用其资源和权威带给当事人一定的强制，在调解不能的情况下，有机会把其强制的愿望最后通过判决予以最终实现。[1] 因此，今后可以允许在一些专业较强领域，由非法官的专家来担任协助调解的主持者，不仅有利于调动调解者的积极性；同时，可以在更大程度上保障当事人对争议解决的自治性和自主性。

（二）委托调解

委托调解是指起诉到法院的民事案件，法院在征得当事人同意后，委托人民调解委员会、基层群众自治组织、工会、妇联等有关组织或者人大代表、政协委员、律师等个人进行调解的制度。[2] 具体形式包括立案前委托调解和立案后委托调解。立案前委托调解是指人民法院在收到起诉状或者口头起诉之后，正式立案之前，可以依职权或者当事人申请后，委派行政机关、人民调解组织、商事调解组织、行业调解组织或者其他具有调解职能的组织进行调解（《若干意见》第 14 条）。立案后委托调解是指经过双方当事人同意，或者人民法院认为确有必要的，可以在立案后将民事案件委托相关组织协助进行调解。当事人可以协商选定有关机关或者组织，也可以商请人民法院确定（《若干意见》第 15 条）。与协助调解是“请进来”的调解方式不同，委托调解主要是“托出去”的调解方式，但是两者宗旨都在于利用社会资源促进调解主体多元化和社会化。《调解规定》第 3 条第 2 款明确指出，经各方当事人同意，人民法院可以委托前款规定的单位或者个人对案件进行调解，达成调解协议后，人民法院应当依法予以确认。

相对于协助调解，委托调解是更独立、更正式的借助社会力量解决民事争议的制度。接受调解的个人或组织独立行使调解职责，具有较大的自主性和调解空间，既可以接受法官指导进行调解，也可以根据案件情况自行决定调解的方式、内容、程序等。

---

〔1〕 李祖军：《调解制度论：冲突解决的和谐之路》，法律出版社 2010 年版，第 36 页。

〔2〕 肖建国：《中国司法 ADR 建构中的委托调解制度研究》，载盛勇强主编：《中国法院附设社会调解在长宁的创设与发展》，人民法院出版社 2008 年版，第 172 页。

（三）和解协调

和解协调是指在争议解决过程中，虽然双方当事人有和解的意愿，但是由于各种主客观因素的阻碍，可能影响双方当事人达成和解协议，为此，法院审判人员、其他单位或者个人等中立第三方根据当事人的要求介入，引导并且促成当事人达成和解协议的一种司法 ADR 模式。

《调解规定》第 4 条第 2 款明确规定，当事人在和解过程中申请人民法院对和解活动进行协调的，人民法院可以委派审判辅助人员或者邀请、委托有关单位或者个人从事协调活动。在和解协调制度中，当事人可以不经过法院直接选择双方都同意的协调人，也可以请求法院委派或者指定法官或者其他专业人士从事协调工作。当然，在实践中，由于当事人发生争议起诉至法院，已经产生对抗情绪，主动和解情形并不多见，而且和解往往为法院调解活动所吸收，因此独立和解的现象并不多见。正如有学者指出，在实践中，调解与和解几乎难以截然分开。[1] 我国审判程序中当事人和解没有独立的制度特征，在不同的情况下，它只是导致撤诉或者调解的原因而已。

第三节　我国知识产权诉讼调解的基本政策及发展

一、我国知识产权诉讼调解的基本政策

我国诉讼调解机制度自中华人民共和国成立以来大致经历了四个发展阶段：

第一阶段从 1949 年至 1982 年，第一部《民事诉讼法（试行）》颁布，是“调解为主”阶段。第二阶段从 1982 年至 1991 年《民事诉讼法》颁布实施，是“着重调解”阶段。第三阶段从 1991 年至 2003 年，是“自愿合法调解”阶段。第四阶段是 2003 年至今，主要是“优先调解与调解社会化”的阶段。

最高人民法院 2002 年出台了《关于审理涉及人民调解协议的民事案件的若干规定》，2003 年提出民事审判“能调则调、该判则判、调判结合”的审判原则，2004 年出台《调解规定》等，专门就民事调解问题作出具体规定。自 2007 年起，最高人民法院更是启动了以调解为核心内容的“建立多元争议解

---

〔1〕 范愉：《非诉讼纠纷解决机制研究》，中国人民大学出版社 2000 年版，第 183 页。

决机制”的司法改革项目。在2009年最高人民法院的工作报告中,时任王胜俊院长进一步重申了“调解优先,调判结合”的原则方针。这些司法政策使中国民事诉讼特有的调判结合的模式获得了新的发展。[1]

就知识产权诉讼调解而言,2008年2月最高人民法院组织召开的第二次全国法院知识产权审判工作会议上,时任最高人民法院副院长曹建明就明确指出全国法院系统要综合采取各种有效措施,健全和完善知识产权诉讼调解机制,着力化解矛盾,增加和谐因素,确保社会稳定。[2] 最高人民法院《关于贯彻实施国家知识产权战略若干问题的意见》中明确指出,坚持“调解优先、调判结合”原则和“定分止争、案结事了”要求,加大知识产权案件调解力度,将调解贯穿于案件审理的全过程。2011年12月16日最高人民法院发布《关于充分发挥知识产权审判职能作用推动社会主义文化大发展大繁荣和促进经济自主协调发展若干问题的意见》,明确指出,各级人民法院应当深刻把握知识产权案件的特点与规律,建立健全适合知识产权案件特点的争议解决机制。正确把握“调解优先、调判结合”的工作原则。为此,“能调则调,当判则判,调判结合,案结事了”成为我国新时期知识产权审判工作的重要原则。各地法院纷纷贯彻落实司法调解的基本精神,并将知识产权诉讼调解工作朝制度化、规范化、理性化方向推进。上海、天津等地高级人民法院出台了进一步加强知识产权民事争议调解的指导性意见,广东、河北、四川、河南、广西、贵州等高级人民法院以及北京市第二中级人民法院、福建省福州市中级人民法院等探索和总结出了一整套知识产权案件诉讼调解的规范方法。

2012年11月召开的党的十八大明确指出,要实施创新驱动发展战略。将科技创新提高社会生产力和综合国力摆在国家发展全局的核心位置,而完善知识创新体系,实施知识产权战略,离不开知识产权的司法保护的保障和支撑。构建和谐社会需要综合运用法律、政策、经济、行政等手段和教育、协商、疏导等办法,妥善处理人民内部矛盾。司法调解作为鼓励创新和化解人民内部矛盾的重要审判制度,有利于实现公权力主导下对私权的处分和

---

〔1〕 范愉:《“当判则判”与“调判结合”——基于实务和操作层面的分析》,载《法制与社会发展》2011年第6期。

〔2〕 最高人民法院:《我国知识产权诉讼调解撤诉率达到一半以上》,载 http://news.xinhuanet.com/legal/2008-02/19/content_7632740.htm,最后访问日期:2018年10月19日。

让与，为自主创新和构建和谐社会创造良好的法治环境。[1]

二、我国知识产权诉讼调解的发展及完善建议

（一）主要成就

到目前为止，诉讼调解已经成为解决我国当下知识产权纠纷的主要渠道之一，我国知识产权诉讼调解机制的建设和发展也积累了一定的经验，主要有：

1. 明确知识产权诉讼调解应当贯彻自愿原则、合法原则等。就本质而言，调解是当事人处分权和意思自治原则在纠纷解决领域的延伸。[2] 在调解程序中，当事人应当平等地享有决定是否调解、调解时机、调解方式、调解内容和调解协议生效方式的权利，人民法院不得强制调解。另外，知识产权诉讼调解应当贯彻合法原则，人民法院应当对内容是否违反反不正当竞争法律、行政法规的禁止性规定和是否损害社会公共利益、第三人合法权益进行审查。

2. 确立了诉讼阶段全过程调解制度。法院将调解工作贯穿于案件审理的各个阶段，包括文书送达、诉前临时措施、财产保全、证据保全以及证据交换、质证、庭审及庭后实施调解工作。强调诉讼全过程调解，把握双方达成合意的恰当时机，尤其是证据交换期间和开庭审理阶段的调解，例如，适当增加证据交换的次数，及时采取有效的诉前禁令措施和证据保全措施，为调解创造条件。另外，将立案阶段的调解工作向前延伸到立案审查阶段；创立庭前阶段调解模式，实行立审相对分离；将诉讼调解向后延伸至案件裁判后到执行前。

3. 逐渐摸索出适宜诉讼调解的知识产权案件的类型。从司法实践来看，知识产权案件的标的、法律关系的繁简和案件审理的难易程度是影响调撤率的主要因素。一般来说，法律关系简单、难度较低、标的额较小的案件的调撤率要高于法律关系复杂、难度较高、标的额较大的案件；同时，特殊类型、新类型案件的调解相对较难，其主要原因在于此类案件的法律关系相对复杂，缺乏成熟的案例参照，当事人甚至法官对于侵权的认定和侵权责任的

---

〔1〕 湖北省武汉市中级人民法院知识产权审判庭：《充分发挥知识产权审判的调解职能作用》，载《人民司法》2007 年第 3 期。

〔2〕 李炳烁：《论司法调解规范化的实践问题与路径选择》，载《法学杂志》2016 年第 12 期。

承担都存在认识上的偏差，这造成了案件结果的可预期性降低，从而增加了纠纷调和的难度。有法官指出，下列知识产权案件应当将调解程序前置：(1)原被告均有调解意向案件；(2)原告指控侵权行为成立案件；(3)原告权利存在瑕疵案件；(4)被告确认侵权行为成立案件；(5)原被告仅就赔偿数额存在争议案件；(6)被告已停止侵权案件。

下列案件无调解必要，不应当主持调解：(1)原被告均无调解意向案件，当事人无法协商和解、调解的案件，法院应当在审限内作出判决；(2)认定驰名商标案件；(3)双方当事人调解意见相去甚远案件；(4)经法官释法后，被告仍不确认实施侵权行为案件；(5)被告缺席到庭案件，当事人本人未出庭，代理律师没有调解权；(6)公告送达案件。[1]

还有法官指出，适宜调解的知识产权案件包括：(1)适用调解能够体现尊重历史、传承文化的案件。比如，涉及地理标志、特殊标志的案件，涉及遗传资源、传统知识、民间文艺及其他非物质文化遗产的案件。这些案件往往影响范围广，受到社会关注；案件所涉知识产权是经过历史传承逐步形成的；案件当事人主观不存在恶意。(2)适用调解促进智力成果商品化、产业化的案件。比如，诉讼当事人之间具有合作基础的知识产权侵权案件、知识产权许可合同争议案件、出版合同争议案件等。(3)适用调解实现知识产权民事案件审理公正的案件，比如，在专利侵权案件和著作权争议案件中，证据难以取得或者不可能取得，如果依据现有的法律规定作出判决，很难实现实体公正，可能偏离知识产权制度的初衷。通过调解结案对证据没有严格要求，通过双方当事人自愿、合法达成协议，能够实现案件审理公平、公正。(4)适用调解实现知识产权民事案件诉讼经济的案件。比如，专利权争议案件审理时间长，虽然胜诉但是知识产权产品销售黄金时期已经过去或者已经被类似产品占据市场，不如调解结案节约时间和费用。(5)适用调解有利于实现当事人诉讼目的或满足当事人特定需求的案件，比如涉及技术秘密、商业秘密案件，权利人一般不愿意让他人知晓其秘密细节；或者还有一些企业、组织，不希望因为知识产权而涉诉的事件为公众所知。因此不公开的调解结案能够满足当事人的特定需求。

不宜适用调解的知识产权民事案件包括：(1)知识产权虚假民事诉讼案

---

[1] 《用科学调解观化解知识产权矛盾争议——兼谈知识产权诉讼调解“六法”心得》，载 http://www.marketbook.cn/qtzhl/215846752.html，最后访问日期：2018 年 9 月 10 日。

件。比如,通过拟定虚假的调解协议,炒作自己的智力成果,明确知识产权的价值,可以在以后的知识产权转让、许可使用中牟取丰厚的商业利益。(2)审判结果具有示范带动效应的知识产权民事案件。人民法院以判决方式结案,明确当事人的是非过错,可以很好地发挥司法引导作用。[1]

4. 总结出一套较为实用的知识产权调解中的方式和方法。例如,上海市高级人民法院总结出知识产权纠纷诉讼调解的一般方法,编写了《知识产权纠纷诉讼调解导引》,对知识产权各类争议诉讼调解方法和技巧等进行了归纳和总结。[2] 包括:(1)抓住知识产权纠纷的症结,合理确定诉讼指导、释明与调解工作的方向;(2)区分对象确定指导与释明内容与释明力度,便于诉讼程序与调解工作顺利进行;(3)整合司法资源与社会资源,采用灵活的工作机制;(4)以在先案例辅助本案指导、释明与调解;(5)针对具体情况,找准利益平衡点,设计合理调解方案。广西壮族自治区高级人民法院也总结出从知识产权法律的立法宗旨出发,从知识产权案件当事人多为“经济人”特点出发,从知识产权权利归属和管理的特点出发,从知识产权权利人对行业协会、专业代理律师比较依赖和比较信任特点出发,从知识产权权利人的权利和知识产权案件的证据往往存在瑕疵的特点出发,从知识产权民事案件判决书必须全部上网的特点出发,以及发挥院、庭领导在调解中的重要作用出发等做当事人的调解工作。[3]

(二)主要问题

1. 我国知识产权诉讼调解“调审合一”模式存在风险和弊端

目前我国法院调解中采取“调审合一”模式,也就是将调解置于审判程序之中,没有独立的机制或者体系设置。法官集调解权和审判权于一身,可以在诉讼的全过程“边调边审”或者“边审边调”。由于法官在对案件进行调解过程中了解整个案情及当事人的想法和动机等,调审合一模式可以让具备双重身份的法官享有充分裁量权,有助于法官对案件的审理,降低了法院

---

〔1〕 朱红彦:《论调解在知识产权民事案件审理中的适用》,载《经济研究导刊》2012 年第 7 期。

〔2〕 上海市高级人民法院知识产权庭:《知识产权纠纷诉讼调解》,载钱峰编:《中国知识产权审判研究》(第 2 辑),人民法院出版社 2010 年版,第 216 ~ 221 页。

〔3〕 刘拥建、韦晓云:《知识产权纠纷案件的调解策略》,载《人民司法》2011 年第 9 期。

解决争议的成本，提高了争议解决效率。而且当事人可以在一审、二审及再审中随时提起调解请求，有助于争议的灵活解决。

但是，调审合一模式中，一方面，诉讼调解依据司法权进行，结果的正当性源于合法性而不是当事人的自愿性，因此，当事人在调解的过程中可能从根本上屈从于司法权的强制性，特别是调解书与判决书具有同等效力，当事人能够合意的空间遭到严重挤压，因而当事人违背真实意志接受调解的风险相应增大。另一方面，审判行为也因为缺乏法律约束而表现出相当大的随意化和非规范化。案件承办法官可能出现对案件先入为主的偏见，在调解和判决过程中违反公平的原则。虽然诉讼调解也强调以当事人自愿为基础，但是案件的主审法官是调解活动的主导，法院调解的职权性与调解本身的自愿性和平等性之间存在天然矛盾，所谓尊重当事人的合意只是一种理论上的前提。有学者指出，调审合一模式容易导致审判和调解二者价值的冲突和矛盾，引起调解功能的扩张和审判功能的萎缩，其结果使得程序法和实体法的约束被双重软化了，不仅造成法官行为失范和审判权的滥用，同时可能造成调解结果隐形违法和审判权滥用，不利于法院公正执法。[1]

2009 年，最高人民法院发布的《关于建立健全诉讼与非诉讼相衔接的矛盾纠纷解决机制的若干意见》，建构了相对的调审分离政策。该意见第 16 条第 2 款规定，开庭前从事调解的法官原则上不参与同一案件的开庭审理，当事人同意的除外。当然，如果当事人同意，从事过该案调解工作的法官也可以继续审理案件。这样的规定对调审分离的思想有了一定的回应，即立案阶段进行调解的法官原则上不可以参加案件的庭审。但是，在实践中强制调解的问题更多的是庭审中的调审不分。在庭审中，法官提出调解方案，要求当事人接受；在当事人不接受时，法官以判决方式把与调解方案类似或者差不多强制实现，于是判决就成为一种变相的调解结果。调审合一模式下的法院调解，法官既是调解人又是审判法官，充满了“强制”色彩，使法院调解本质成为一种公权主导或干预下的私权让与，从而导致诉讼调解被人为扭曲，异化了调解作用。[2] 因此，有必要建立调审分离的基本政策。

---

〔1〕 李浩：《论法院调解中程序法与实体法约束的双重软化——兼论民事诉讼中偏重调解与严肃执法的矛盾》，载《法学评论》1996 年第 4 期。

〔2〕 唐力：《诉讼调解合意诱导机制研究》，载《法商研究》2016 年第 4 期。

就构建调审分离的具体模式而言，有两种主张，一种主张是要求把调解程序从审判程序中分离出来，独立于诉讼审判程序，与审判并行不悖，作为解决争议的另一种途径供当事人选择。调解程序的主体是由双方当事人共同选定或者法官指定的第三人，本质是在诉讼程序外开展的争议解决活动，因此应当与诉讼完全剥离。调解从诉讼程序分离出去后留下的空缺，则可以用诉讼上的和解制度来填补，即双方当事人可以在诉讼过程中达成和解协议，终结诉讼的争议解决模式。另一种主张是诉讼内的调审分离，即在诉讼调解中要保障当事人完全基于自愿达成和解以及对法官调解权限进行必要的约束实行调审分离机制。在法院系统内部应当设立专门的调解法官，将调解法官作为与审判法官并列的、独立的人事序列，独立从事调解活动，强化程序法对法官的约束，保证审判的公正性。

我国2012年修订的《民事诉讼法》对法院调解制度进行了补充和完善，新增加了两项调解制度——先行调解以及审前调解。这两项制度的引进昭示了我国法院调解程序节点的前移，反映了立法者愿意尝试调审分离模式的态度，并为更好地厘清调解与审判的关系奠定了一定的程序性基础。但是，需要我们注意的是，先行调解与审前调解制度并非取代了庭审调解制度，立法者在尝试弱化庭审调解的同时，将调解制度贯穿于民事诉讼的全过程——除先行调解以及审前调解之外，还规定了法庭辩论终结后宣判之前的调解。很显然，修正后的《民事诉讼法》依然没有突破“调审结合”的模式范围，如此，“调审结合”模式下滋生出的诸多问题依旧存在。[1]

2. 知识产权诉讼调解之“矫枉过正”

目前，我国大力提倡的“司法为民”和“以调解促和谐”的司法政策，以及知识产权纠纷本身适合调解的特征，使新形势下的知识产权诉讼调解被过分推崇和强调，导致知识产权纠纷诉讼调解的异化和非理性。比如，实践中，大部分法院将知识产权诉讼调解工作贯穿于整个诉讼过程中，实施包括送达相关文书时的“送达调”、被告答辩时的“答辩调”、庭前证据交换的“听证调”、庭审阶段的“庭审调”以及案件宣判送达前的“庭后调”等。部分法院探索建立了知识产权纠纷全方位调解制度，遵循“普遍调解、全案调解、全员调解”的原则，调审结合、相互促进，以达到“能调则调”的目的。在这种背

---

〔1〕 石玲：《“调审适度分离”模式的构想与研析——兼评〈民事诉讼法〉修正后的法院调解》，载《辽宁工业大学学报》（社会科学版）2016年第6期。

景下，审判人员难免过于追求调解率，“片面理解调解原则，坚持多次、反复调解，在调解不成的情况下久拖不决”[1]。事实上，这种没有调解次数和调解时间的限制而导致周而复始的劝解，背离了调解本质和争议解决的基本规律，必定会在很大程度上导致审判迟延和低效率，同时发生变相强迫接受调解的行为；另外，许多法院将诉讼调解率或者调解撤诉率作为评价调解工作优劣的指标，采取确定调解率的最低线，调解案件结案数折抵案件数，调解率与法官个人的业绩、薪酬及升迁直接挂钩等方式来激励知识产权诉讼调解结案，由此导致的后果可能是法官将调解作为结案的首要选择，当判不判，久调不决，出现“以劝压调、以拖压调、以判压调和以诱压调”的做法，这不仅与法官作为中立调解人的角色相背离，而且可能就本不能或者不该调解的案件进行调解，剥夺了当事人争议解决的自主权和自治权，结果造成“案结事不了”。事实上，我国还处在利用知识产权基本规则保护知识产权的阶段，而在大多数案件中，权利人在有形或者无形压力下被迫作出让步，可能导致知识产权软化和弱保护，与我们保护知识产权促进建设创新型国家的政策是相违背的。目前我国部分法院公布的知识产权诉讼调解比例都超过60%，有些甚至高达70%～80%。[2] 如果这完全是司法政策强势介入的后果，而不是科学的争议分流机制所形成，必将导致与调解的原则背道而驰，无法实现调解解决争议的预期目的和作用。

因此，我们认为，在提倡知识产权诉讼调解的过程中，首先，要坚持调解程序的自愿原则和当事人主义。诉讼调解存在的前提是当事人的自愿，源于当事人对自己权利的合法处分，这是诉讼调解制度得以存在的核心和基础。诉讼调解制度功能能否有效发挥，很大程度上取决于自愿原则的贯彻程度。在诉讼中进行调解，虽然是在合议庭或主审法官的主持下进行，但选择调解必须建立在充分尊重当事人意愿基础上，即使法官认为调解解决争议对当事人有利，但只要一方当事人拒绝，法官不得调解。法院只能通过鼓励、引导和建议等方式促进当事人选择调解的方式解决争议，尊重当事人关

---

[1] 陈斯、段体操：《转型时期司法调解的推进路径——以东莞法院为视角》，载徐昕主编：《司法：调解的中国经验专号》，厦门大学出版社2010年版，第183页。

[2] 《江苏“十一五”期间全省知识产权诉讼80%调解结案》，载 http://www.ipr.gov.cn/gndtarticle/updates/localupdates/201104/1217592_1.html，最后访问日期：2018年9月21日。

于是否调解、调解时机、调解方式、调解内容和调解协议生效方式等权利，不得以追求社会效益为出发点，劝诱或者威胁当事人“自愿”放弃利益，接受调解协议。

其次，法官在调解中应处于公正、中立的地位，法官应当清楚作为调解者的职责。一般而言，法官主持调解的职权应当仅限于以下几个方面：[1]一是适时为双方提供协商、对话的机会和场合，起中介、沟通作用。二是法官在调解过程中应当了解争执的真相，帮助双方当事人归纳争议的焦点和分歧，对相关的法律、政策及调解方案作出解释。三是指导双方当事人集中地对争议的问题按时提交诉辩理由和证据，并对提交的证据作出归类和认定。四是在调解因争议陷入困境时，法官应当在当事人之间传达信息，提出建议，及时疏通，帮助当事人恢复对话。五是在必要和可能时，提出争议解决的建议和方案，供当事人协商讨论。六是在双方当事人达成协议后，予以审查和确认。如果符合法律规定，予以笔录，协议具有与确定判决同等的法律效力。为了实现争议解决的实体公正，法官还必须保持中立，其核心在于他应该与引起争议的特定利益不存在关系，并且他对争议结果的固有利益越小，对于争议的解决就越具有中立性，也就越容易获得当事人的信任。[2]

再次，对于调解期限和次数应当有一定的限制。现行立法虽然对答辩期限和立案阶段调解的期限有了较为明确的规定，但是对于诉讼中的调解，只是对调解和审限冲突问题进行了解决，在当事人同意的情况下可以继续延长调解期限。这为一些法官或当事人尽量利用调解来拖延案件审理提供了机会。法官超越正常的审理期限或者根据审限的延长而延长继续适用调解，可能导致案件久调不决。因此，有必要对诉讼中调解期限进行一定的限制，尤其注意避免调解期限与诉讼期限的混淆；另外，基于当事人主义的要求，虽然民事诉讼调解应该能适用于诉讼的任何阶段，不应有任何的限制，包括立案阶段、在诉讼中以及二审和再审期间等，调解同样可以进行。但是，为了避免个别当事人借申请调解之名行拖延诉讼之实，或者以调解揣摩对方的诉讼心理底线，对当事人申请调解的次数进行一定限制是必要的，主

---

〔1〕 蔡虹：《法院调解的正当性评估》，载《广东行政学院学报》2008 年第 1 期。

〔2〕 [日]棚濑孝雄：《争议的解决与审判制度》，王亚新译，中国政法大学出版社 1994 年版，第 12 页。

要目的在于及时、高效地化解争议,恢复正常秩序。

最后,科学理性地对待知识产权诉讼调解率。虽然知识产权权利及其争议特征在很多情况下是适宜通过调解方式予以解决的,但是,是否启动调解、调解能否解决争议则很大程度上取决于当事人的判断、想法、利益衡量等。只要建立起完善的调解程序和机制,鼓励当事人采取调解的方式来解决争议,至于争议是否最终一定要通过调解方式解决、调解结案的指标要达到多少则不应纳入硬性的规定之中,否则可能导致调解违背当事人意思自治的基本原则,出现强行调解、压制调解等不当行为。

(三)提高调解效率的策略建议

上海市第二中级人民法院民五庭充分发挥调解在知识产权案件中的作用,2008~2012 年全庭年均调撤率达 60.40%。为此上海市第二中级人民法院民五庭深入剖析知识产权纠纷案件高调撤率背后的原因所在,并在此基础上全面梳理知识产权纠纷案件调解的方式、方法,提出以下提高知识产权案件调撤率的有益建议。

1. 调解前准备充分

(1)思想上重视,态度决定一切。必须从思想上认识到调解亦是法院的基本审判职能,调解能力是群众工作能力的重要组成部分,是为民司法的重要体现。

(2)制订调解预案和计划。调解成功最关键的步骤是对调解方案事先进行周密计划,对于疑难复杂案件的调解特别需要预先形成调解的框架方案,并视案情的发展适时补充调整,以保证调解方案得以稳妥有效地执行。

(3)全面掌握案情。法官充分地掌握案件的法律问题和事实问题是调解工作顺利进行的基础。特别是在专利案件中,虽然法官不能深度掌握每一案件的技术或产品,但充分了解该技术或产品的基本性能和特点仍是法院调解或审判工作的基础,只有了解涉案技术或产品,才能为调解工作的展开提供强有力的技术支持。

2. 调解中巧用各种方法

(1)全过程调解。当事人出于自身利益考虑,在审理案件的不同阶段都可能产生调解的意愿。因此,以答辩期、证据交换、庭审等环节为调解节点,在答辩期内、证据交换中及证据交换后,庭审前、庭审中及庭审后,展开调解工作,可取得较好的效果。

(2)集体调解。充分发挥集体的力量和智慧,利用合议庭集体的公信力及审判长的威信,开展调解工作。但采用集体调解的方式必须注意做好合议庭内部的协调工作,切忌调解口径不一;否则会造成当事人认为合议庭意见不统一,由此造成对调解方案犹豫难决,甚至产生对合议庭公正性的怀疑,丧失信任,最终导致调解失败。

(3)第三方调解。最高人民法院《关于人民法院民事调解工作若干问题的规定》第 3 条规定,人民法院可以邀请与当事人有特定关系或者与案件有一定联系的企业事业单位、社会团体或者其他组织,和具有专门知识、特定社会经验、与当事人有特定关系并有利于促成调解的个人协助调解工作。

(4)以判促调。对某些类型的案件,先通过判决确定法律关系,确定行为的性质,确定赔偿的标准,使当事人对其行为及法律后果有预见性,以此促进之后相关案件的调解。

(5)以案促调。当事人在诉讼的初始阶段可能对案件性质认定不准,对案件的期望过高,对诉讼的准备不足,致使诉讼请求较为不客观。法院通过向当事人介绍、阐释本院在类似案件中的判决、处理的标准和思路,促使当事人端正诉讼态度,准确定位诉讼目标,并对诉讼结果有一定的预判,这对当事人顺利达成调解协议有重要作用。

(6)以诉前禁令、保全措施等促调解。诉前禁令措施能够及时有效地制止侵权行为,诉前证据保全措施可以及时固定关键证据,这些措施对被申请人有直接的影响,从而促使其积极参与调解,尽早解决纠纷。

(7)以合作促调解。知识产权只有在经济活动中加以使用方能发挥其应有的作用。通过调解,被控侵权人可以通过向知识产权权利人支付许可费甚至购买该知识产权的方式继续使用该知识产权,同时知识产权的权利人也通过知识产权的许可或出售获得了相应的对价,实现了双赢。

3. 调解后司法功能的进一步延伸

(1)调后答疑和案件跟踪。法院在调解过程中要摒弃“为调而调”的工作方式,要更加注重调解的效果和质量,对当事人在调解后及调解履行过程中出现的问题及时予以释明,以确保案结事了。

(2)及时发送司法建议。为进一步延伸司法功能,针对当事人公司在案件调解过程中暴露出的问题,可通过司法建议的方式督促其加以整改,以引起涉案单位对该问题的重视，促使单位合法经营，避免类似的违法行为再次发生。

问题与思考

一、请简述我国诉讼调解的基本类型及主要区别？

二、请分析诉讼调解与其他调解机制相比，在解决知识产权纠纷中的优越性有哪些？

三、你认为我国当前诉讼调解解决知识产权纠纷机制还存在哪些问题？

四、请问你认为在诉讼调解中应当采取哪些方式提高调解率？

结　语

构建知识产权纠纷多元化调解机制

基于单一机制难以为身份不同、追求不同的当事人对案件中实体利益与程序利益的别样追求提供转圜的空间，多元争议解决机制不但意指各种争议解决程序的建立与完善；也意味着争议解决机制要在各种争议解决方式之间进行不断地选择与平衡，以克服单一争议解决方式的缺陷，同时各种程序间要进行合理衔接甚至是彼此接纳对方的优点。通过将不同类型的纠纷解决方式相互协调、融合适用、取长补短，可起到优化纠纷解决功能、拓宽纠纷解决渠道的作用。

在多元化配置的理论下，知识产权各个调解机制之间是平行关系，当事人可以自由选择，并且解决机制之间具有完善的衔接和对接制度。多元化调解机制的构建需要搭建对各种争议解决机制进行协调的平台，同时建立一整套长效的争议协调程序，以克服协调中的随意性与临时性，增强科学性、规范性及透明度。

一、人民调解、行政调解和诉讼调解机制的衔接与互动

目前，我国人民调解、行政调解和诉讼调解衔接主要有以下几种情形。

（一）司法委托行政调解和人民调解

人民法院根据案件性质及实际情况，将受理的知识产权纠纷案件委托相关具有行政调解职能的单位调解或邀请相关单位的人员参与司法调解。比如，最高人民法院知识产权审判庭与中国互联网协会签署了《关于合作建立互联网知识产权纠纷调解机制备忘录》，双方约定：经征得当事人同意，各级人民法院知识产权庭可以委托中国互联网协会，依法调解双方或一方为

互联网单位，争议涉及互联网的著作权、商标权、不正当竞争、技术合同等知识产权纠纷案件。[1] 还有上海市高级人民法院下发了《关于开展著作权纠纷委托调解工作的意见（试行）》，对上海市法院委托上海版权纠纷调解中心调解版权纠纷案件的工作原则、范围、阶段、期限和诉调衔接等内容作了明确规定。经上海版权纠纷调解中心主持调解达成书面调解协议的，当事人可以申请撤诉、申请司法确认或者经当事人申请由人民法院经过审查后制作调解书。2010～2015 年，上海版权纠纷调解中心接受法院委托调解案件 239 件，占全部案件来源的 30%，调解成功 138 件，成功率达 58%。[2] 浙江省义乌市于 2015 年 7 月成立了全国首批吸收社会中介组织参与的知识产权民事纠纷诉调对接第三方平台。中心是在浙江省高级人民法院、省知识产权局的指导下，义乌市人民法院联合中国互联网协会调解中心、义乌市市场监督管理局、海关、公安局、检察院、司法局、律师协会等共同成立。中心自成立以来，截至 2018 年 6 月 30 日，接受法院委托调解案件 2587 件，案件标的总额 13,121.1 万元。

北京市知识产权局依托商（协）会在电子信息、软件和信息服务等重点领域建立 10 家知识产权纠纷人民调解委员会，培养了一支 200 余人的人民调解员队伍，同时联合北京市高级人民法院、北京知识产权法院和相关基层法院，积极推进知识产权纠纷诉前委派、诉中委托调解全覆盖，为权利人搭建了高效、便捷、低成本的维权渠道。截至 2018 年 6 月，北京市各知识产权纠纷人民调解委员会共受理调解案件 1325 件，结案 870 件，调解成功 532 件，成功率达 61.15%，调解平均用时 15 天。可见通过委托调解，法院办案压力大大减轻，法官不必耗费大量精力在协调当事人的诉求之上，得以专注于审判工作。同时多元化调解主体利用专业优势进行针对性调解，能够大幅提高纠纷解决的效率和质量。

（二）特邀调解、指定调解、共同联合调解等

自 2016 年 7 月 1 日起施行的最高人民法院《关于人民法院特邀调解的

---

[1] 《网络知识产权调解机制正在全国铺开》，载 http://www.5book.com/Class/yenei/111622K5.html，最后访问日期：2010 年 1 月 4 日。

[2] 《上海版权纠纷调解中心与上海知识产权法院版权多元化纠纷解决机制合作协议签约》，载 http://www.Shanghai.gov.cn/nw2/nw2314/nw2315/nw18454/u21aw1090271.html，最后访问日期：2018 年 10 月 1 日。

规定》(以下简称《规定》)建立起司法特邀调解机制。特邀调解是指人民法院吸纳符合条件的人民调解、行政调解、商事调解、行业调解等调解组织或者个人成为特邀调解组织或者特邀调解员,接受人民法院立案前委派或者立案后委托,依法进行调解,促使当事人在平等协商基础上达成调解协议、解决纠纷的一种调解活动。目前《民事诉讼法》及其司法解释主要集中于规范法院诉讼调解,《人民调解法》及相关司法解释主要集中于规范人民调解,都没有涉及法院委派与委托调解的主体和处理程序问题,也没有涉及其他调解类型。[1]《规定》的出台明确了司法特邀调解的法律定位,也为知识产权纠纷特邀调解的程序和效力做出了清晰明确的指引。

另外,知识产权行政机关也可以积极邀请人民调解员共同调解、联合调解以及参与调解等。比如,对于可以由人民调解组织参与调解的知识产权纠纷,当地人民调解委员会可以应相关知识产权行政管理部门的邀请参与调解,经调解达成协议的,由相关行政管理部门出具行政调解协议书;对于重大的或者社会影响广泛的知识产权民事纠纷,当地人民调解委员会在接到邀请函后可以与相关知识产权行政管理部门进行联合调解,经调解达成协议的,出具行政调解协议书;行政调解过程中,争议一方有异议并自愿接受人民调解的,相关的行政管理部门可以指定有关人民调解委员会进行调解,经指定调解达成协议的,出具人民调解协议书。

(三)人民调解、行政调解达成的协议通过司法确认发生强制执行力

鉴于司法确认程序会冲击或改变法院与非诉调解主体(尤其是行政机关)的关系结构,加之非诉调解的实践样态复杂多样,我国《民事诉讼法》把司法确认程序的客体范围限定在人民调解协议,最高人民法院《关于建立健全诉讼与非诉讼相衔接的矛盾纠纷解决机制的若干意见》的开放式设计未能得到《民事诉讼法》的承认。[2] 目前,由于我国的诉调对接机制主要建构在人民调解组织与人民法院之间,且对非诉调解的生存与发展具有重要意义的调解协议司法确认制度,目前还只能严格地适用于人民调解之中。但

---

〔1〕《人民法院特邀调解制度7月起施行》,载 http://news.sohu.com/20160629/n456904461.shtml,最后访问日期:2018年10月15日。

〔2〕刘加良:《非诉调解协议司法确认程序的实践误区及其矫正》,载《政治与法律》2018年第5期。

是,在大调解的背景之下,应当构建各类非诉调解的司法确认制度,尤其是行政调解的司法确认机制。

实践中已经开始有尝试和突破。比如,2011 年 11 月,湖南省人大常委会审议通过了《湖南省专利条例》,在我国首次以地方立法的形式明确规定了专利纠纷行政调解协议的司法确认机制;2013 年 4 月,长沙市岳麓区人民法院成为全国首家开展专利纠纷行政调解协议司法确认试点工作的基层人民法院。2016 年 4 月,全省共有 23 件专利纠纷行政调解协议的双方当事人向长沙市岳麓区人民法院提出了司法确认案件申请,该院正式立案并裁定予以司法确认的 19 件,双方当事人均自觉履行,纠纷得到了实质性解决,充分体现了行政调解和司法确认对接的功能优势。湖南的实践经验已为其他各地所参考和吸收,同时也直接推动了《专利法》条文的修订,在《专利法修订草案(送审稿)》第 61 条中即明确规定,当事人可以就专利侵权赔偿纠纷的行政调解协议向人民法院申请司法确认。[1] 另外,北京市部分区县工商部门、人力资源和社保部门与所在区县法院探索构建的"行政调解与司法调解确认、追认及共同调解"机制;福建省福州市工商局联合知识产权、海关、文化新闻出版等部门制定《关于建立知识产权纠纷"大调解"联动机制的若干意见》。依据该意见,行政部门受理知识产权侵权行政投诉时,可以引导争议双方达成行政调解协议,并请求法院对和解协议进行司法确认。[2] 另外,法院在司法审查过程中应当尊重调解机构作出的决定,不轻易宣布结果无效,并且通常仅审查争议解决过程的合法性和自愿性,尊重调解组织在争议解决中使用的行业标准、交易管理和行政规范等。[3] 只有及时确认各类调解协议,通过审查、确认、执行等各环节工作的有效衔接,让调解协议经过法院确认后具有法定执行力,避免因同一争议再次进入司法程序,提高调解

〔1〕 参见《湖南专利纠纷行政调解协议司法确认改革打造专利纠纷多元化解"全国样板"》,载 http://www.hnipo.gov.cn/xxgk/dtlm/mtgz/201704/t20170412 - 4134255.html,最后访问日期:2018 年 5 月 2 日。

〔2〕 《福州建立知识产权纠纷调解联动机制》,载 http://www.saic.gov.cn,最后访问日期:2018 年 9 月 6 日。

〔3〕 比如,《广东省高级人民法院关于加强知识产权司法保护积极推进自主创新战略实施的意见的通知》(2006 年 8 月 16 日　粤高法发〔2006〕27 号)第 8 条指出,"切实发挥对涉及知识产权行政执法的司法审查职能,行政机关的行政处理决定证据充分确凿、适用法律正确、符合法定程序的,要及时依法予以维持,支持行政机关依法打击侵权行为"。

的实效性。

在实践中，各种调解在功能、程序规定和效力上都不尽一致，彼此之间缺乏制度衔接，在运行中表现出各自为政、自成一系的分散、平行化状态。与法院受案"压力山大"的状态相反，目前社会调解呈现出资源大量闲置的状态，[1]造成了调解资源分配比例的严重失衡与浪费。中共中央《关于全面深化改革若干重大问题的决定》提出，"完善人民调解、行政调解、司法调解联动工作体系，建立调处化解矛盾纠纷综合机制"。在多元化调解的机制中，立足预警、疏导，把人民调解工作做在行政调解、司法调解、仲裁、诉讼等方法前，对矛盾纠纷做到早发现、早调解；而司法调解作为大调解的中心，应当起到承上启下的重要作用，在实现本身制度和程序完善的同时，注重发挥其他调解机制价值，实现程序衔接和配合，发挥多元调解的合力作用。

二、各类非诉调解机制的衔接与互动

目前在知识产权纠纷解决体系中存在民间调解、行政调解、仲裁调解、商业调解、行业调解等多个以调解为基础的制度性争议解决方式，因此有必要重视各个调解机制之间的协作与配合，包括整合政府部门以及民间组织等各类调解力量和资源，努力形成各类调解机制之间的联系与沟通，尽量避免争议解决资源的浪费和滥用。知识产权纠纷大多复杂程度高，主体多元化，而条块相隔、彼此孤立的争议解决程序难以解决多样化和复杂化的争议，多种调解模式结合与互动的大调解则可以整合争议解决的其他力量，调动一切积极因素，采取综合手段定分止争。提高全社会知识产权纠纷调解意识和运用知识产权多元调解的能力，快捷、低耗、和谐化解知识产权纠纷，已经成为一种迫切要求。

知识产权纠纷对调解方式多样化、调解技能专业化、调解渠道多元化的诉求，要求社会提供纠纷调解的多元协同服务。在多元化调解机制构建和运行中需要建立各类调解机制对接的组织结构和制度，确保调解对接工作制度化、规范化，为调解工作提供有力保障，可以从以下几个方面着手进行：

(1)搭建平台，努力实现组织网络的衔接。整合民间组织、相关行业协会或商会、技术专家等进入解纷中心，发挥各自所长，在技术知识、专业素养、特定实践经验以及纠纷解决能力等方面为当事人提供多元化的调解纠

[1] 王福华：《中国调解体制转型的若干维度》，载《法学论坛》2010 年第 6 期。

纷主体选择。

(2)明确统一领导。可以由司法行政机关牵头,成立调解工作指导委员会,建立起调解组织之间的常态化的工作联席和沟通机制。比如,北京市司法局与市知识产权局、工商局、文化市场执法总队等8部门联合出台《北京市加强知识产权纠纷多元调解工作的意见》,组建北京市知识产权纠纷多元调解协调指导委员会,推动知识产权行业性、专业性人民调解组织建设。同时,推进诉调对接工作,明确提出建立诉前调解组织与其他调解组织对接制度,通过在16个区法院建立的诉前调解委员会,与知识产权各人民调解委员会进行对接。[1] 以司法行政机关系统负责管理的争议解决组织为主,同时建立行业性、专门性的多元调解解决机构,明确其合法地位,增强其解决争议的能力,通过行业协会进行自律,保障其争议解决的公正性。

(3)努力实现工作制度的衔接。在各社会调解组织与行政调解组织之间,开展联系会议制度、情况通报制度、复杂疑难争议问题联调制度。共同研究争议产生的规律和特点,分析对策,制定预警和防控方案。[2]

也有学者建议依托国家知识产权局在全国各地建立的知识产权维权援助机构,设立知识产权纠纷调解中心,综合开展纠纷的行政调解、人民调解、行业调解、商事调解和专家调解等,为当事人提供纠纷调解方式的多样化选择。同时建立知识产权纠纷调解中心与人民法院之间的衔接机制,构建知识产权纠纷多元调解的司法确认机制,培育和支持公益调解与收费调解共存、普通调解与专业调解混合、单独调解与联合调解共用的多元化调解格局。[3]

(4)国家应当加大对民间调解组织的扶持力度。一方面,将其纳入制度化、法治化的轨道,从而为其正常的争议解决活动提供保障和制度供给;另一方面,从政策上予以倾斜,赋予其应有的自主性、独立性,从资金上予以扶持,取消经费来源、税收等方面不必要的限制,确保其经济独立性。只有注意通过发挥各类争议解决机制的优势吸引当事人的偏好和选择,强调各类

〔1〕 丁琳芳:《知识产权纠纷人民调解服务首都科技创新中心建设》,载《人民调解》2017年第6期。

〔2〕 张延灿主编:《调解衔接机制理论与实践》,厦门大学出版社2009年版,第6~10页。

〔3〕 何炼红:《多元化纠纷调解机制助力知识产权强国建设》,载《中国知识产权报》2016年7月13日。

机制不同于诉讼的各种程序利益和特殊价值，才能有效发挥其作用。

综合开展知识产权纠纷的行政调解、人民调解、行业调解、商事调解、仲裁、谈判等，当事人可根据自身需要自主选择中意的解纷组织，综合运用判断型调解、交涉型调解、教化型调解等诸多形式，为其提供纠纷的多元化解服务。不同类型解纷组织要互相尊重、充分交流，共享知识，增进彼此的信任，形成职业共同体，承认彼此的个性和优势，坚持求同存异，多元发展。[1]

三、对立法、行政及司法机关的相关建议

（一）制度的完善与统一

未来在各类调解机制足够成熟情形下，可以制定一部统一综合性的调解法，确立调解的基本规范和原则，有利于提升人民调解、司法调解以及行政调解的地位，提高调解的正当性、合理性。制定综合调解法不仅可以明确界定各种调解机构的权限、效力、人员构成及资质，划定该三大非正式争议机构的地位、功能、建立方式、活动空间、权利义务等，还可以解决调解程序与司法程序之间的衔接问题，减少各类调解机制之间的冲突和重复。另外，还可以完善对调解的司法审查与救济程序，保障当事人的合法权益和社会公正。通过国家制定统一的综合调解法确立基本原则和发展方向，同时授权各地以地方性立法或者细则进行充实和补充，不仅可以统合各种形式和功能的调解机制，又能很大程度上保留其发展空间。

（二）政府必要的支持与引导

政府应当利用其权威地位和强大的影响力，在构建知识产权纠纷多元化解决问题上发挥积极作用。正如有学者指出："中国市民社会正处于形成之中，其内部自生机制远不够完善和成熟，客观上尚不能充分应对日益激增的争议解决的现实需要。这就需要一个行使较多公共职能的强大国家的存在，需要依托一个现代的、理性化的、法制化的政治架构来实现争议的解决。"[2]除了出台支持知识产权纠纷多元化解决机制发展的法律、法规和地

[1] 龙飞：《多元解纷机制助力知识产权强国战略》，载 http://news.sina.com.cn/sf/news/fzrd/2017-06-05/doc-ifyfuzny3238341.shtml，最后访问日期：2018 年 10 月 5 日。

[2] 左卫民等：《变革时代的争议解决——法学与社会学的初步考察》，北京大学出版社 2007 年版，第 10 页。

方性政策，还需要大力培育解决知识产权纠纷的民间专业组织及机构，鼓励行业协会以及各类知识产权中介组织开展解决知识产权纠纷的服务，并相应完善组织结构的设置以及人员配备的规定。鼓励和扶持这些组织的发展，引导其利用自身的灵活机制，面向社会开展各种知识产权法律咨询和服务。另外，政府应当加大鼓励调解解决知识产权纠纷的舆论导向宣传，引导各类社会主体采用调解这类非对抗的方式解决知识产权纠纷，逐步培养和唤起社会主体的合作、协商和诚信的理念。“争议当事人无法更好地应用调解或者其他对诉讼的替代性手段，对此最常见的解释就是他们不知道这些手段的存在。尽管对替代性争议解决方式的推广与日俱增，大多数公民仍然把法院和律师视为理想的争议解决者并对之重视有加。”[1]政府应当承担起宣传以及积极引导的作用，通过对一些调解解决知识产权纠纷案例及经验的介绍，让企业及个人深刻认识和体会到调解解决知识产权纠纷的优越性，增强利用的信心，从而为调解解决知识产权纠纷政策的实施奠定良好的思想基础和创造良好的外部环境。

（三）司法机关的推动与引领

司法机关应当鼓励和积极支持调解解决知识产权纠纷活动，推动多元化争议解决机制的发展。“争议解决程序蓬勃发展的应用在很大程度上是因为法院和公共机构支持这些项目，同时法官也大力推动争议当事人应用这些程序。”[2]由于司法诉讼是争议解决的最后一道防线，所有的诉讼外争议解决结果都受到司法审查。正如有学者指出，法院的态度、政策和司法解释能够引起全国的争议解决机制的格局发生根本性变化，各级法院在多元化争议解决机制的建构和发展中具有非常重要的作用，能够弥补立法的不足，促进实践发展。司法应当加强对人民调解、行政调解的业务指导，帮助调解人员提高调解技能、水平和法律素养。通过联席会议、案件反馈、司法审查等多种形式，实现各类调解机构之间的信息共享、资源共享、功能互

---

〔1〕［美］斯蒂芬·B. 戈尔德堡：《纠纷解决——谈判、调解和其他机制》，蔡彦敏、曾宇、刘晶晶译，中国政法大学出版社2004年版，第568页。

〔2〕［美］斯蒂芬·B. 戈尔德堡：《纠纷解决——谈判、调解和其他机制》，蔡彦敏、曾宇、刘晶晶译，中国政法大学出版社2004年版，第383页。

补。[1] 另外,法院可以改革案件审判方式,将非诉的理念贯彻到整个审判的流程之中。比如,法院应当积极支持和鼓励当事人利用调解方式解决知识产权纠纷。当事人将案件起诉到法院后,法院可以在给当事人发出立案通知时寄送调解宣传资料,在该资料中可以介绍调解性质、优势、种类、程序以及专家库成员等,引导当事人采取调解方式解决争议。同时,通过法院对案件的分配管理、诉讼费用补偿、惩罚机制和法律援助机制促使当事人采取调解解决争议,在案件进入法院之后,可以要求当事人填写案件分配调查表,说明案件可供选择的争议解决方式及其利弊、风险等;法院还可以通过经济手段,包括补助费或者诉讼费管理办法等鼓励双方当事人积极利用调解方式。如果诉讼收费标准和办法不能使当事人从参加调解方式中获得益处,不能让调解者或者协调人获得相应回报,包括经济利益、社会承认等,调解制度难以真正获得发展;最后,可以根据案件的性质,采取由法院依职权、法院建议或由当事人主动提出三种方式来启动审前调解程序。如果当事人无正当理由不接受调解方案,在案件进入诉讼程序审理结束,法官裁判诉讼费用时,可以根据当事人在调解过程中的不同行为给予诉讼费用补偿或惩罚等。

综上所述,当我们反思目前知识产权纠纷解决过程中存在的种种困难和弊端时,不难发现,合作与对话的贫乏,尊重与沟通的不足,往往是争议难以解决的主要障碍。因此,随着知识产权纠纷解决手段在现实生活中呈现出多样化的趋势,尤其是以调解为代表的非诉讼解决机制日益成为实践的迫切需求,国家应当通过各种不同的制度设计构建多元化争议解决机制,包括依据合意的治理与依据规则治理并存、自治型争议解决与裁判型争议解决并存、公共利益与私人利益协调平衡等错综复杂的制度设计,合理配置争议解决资源,实现各类争议解决模式之间的良性互动与互通有无,满足当事人选择争议解决模式的需求,减少争议解决成本,提高解纷的效益,保障当事人合法权益和社会公正。多元化争议解决机制的发展"反映并促进着一种时代理念和精神的变化——从对抗走向对话,从冷战走向协商,从单一价值走向多元化,从胜负之分走向争取双赢的结局"[2]。这种变化对于能够促进科技进步和文化传播并以此促进社会财富最大化的知识产权来说显得

[1] 张延灿主编:《调解衔接机制理论与实践》,厦门大学出版社2009年版,第107页。

[2] 范愉:《非诉讼争议解决机制研究》,中国人民大学出版社2000年版,第3页。

尤为重要。当然,构建知识产权纠纷多元化解决机制是一项浩大的系统工程,需要国家、政府、司法机关、行政机关、民间组织以及社会主体的共同参与和努力,需要从培育争议解决组织,完善争议解决程序,加强争议解决效力,塑造公民对争议解决机制的正确认识等多方面同时展开,整个机制的建设绝非一朝一夕之功。但是,可喜的是,知识产权纠纷多元化解决机制建设这一课题已经从我们十几年前开始研究时的纸上谈兵,到现在从中央到地方层面都开始落地生根并有全面开花之势,时间并不漫长,过程也很顺遂,这是顺应现实需求和时代发展的必然,可以预见在不远的未来,建设一个成熟的、有效的多元化纠纷解决机制的目标就能实现。

图书在版编目(CIP)数据

知识产权纠纷调解理论与实务 / 倪静著. -- 北京：
法律出版社，2020
(调解员高级研修(职业培训)丛书)
ISBN 978-7-5197-4764-0

Ⅰ.①知… Ⅱ.①倪… Ⅲ.①知识产权-民事纠纷-调解(诉讼法)-中国-职业培训-教材 Ⅳ.①D923.4

中国版本图书馆CIP数据核字(2020)第129209号

知识产权纠纷调解理论与实务
ZHISHI CHANQUAN JIUFEN TIAOJIE LILUN YU SHIWU

倪 静 著

策划编辑 解 锟
责任编辑 解 锟
装帧设计 李 瞻

出版 法律出版社
总发行 中国法律图书有限公司
经销 新华书店
印刷 固安华明印业有限公司
责任校对 王晓萍
责任印制 张建伟

编辑统筹 独立项目策划部
开本 710毫米×1000毫米 1/16
印张 23
字数 362千
版本 2020年8月第1版
印次 2020年8月第1次印刷

法律出版社/北京市丰台区莲花池西里7号(100073)
网址/www.lawpress.com.cn
投稿邮箱/info@lawpress.com.cn
举报维权邮箱/jbwq@lawpress.com.cn
销售热线/400-660-8393
咨询电话/010-63939796

中国法律图书有限公司/北京市丰台区莲花池西里7号(100073)
全国各地中法图分、子公司销售电话：
统一销售客服/400-660-8393/6393
第一法律书店/010-83938432/8433 西安分公司/029-85330678 重庆分公司/023-67453036
上海分公司/021-62071639/1636 深圳分公司/0755-83072995

书号:ISBN 978-7-5197-4764-0 定价:76.00元
(如有缺页或倒装,中国法律图书有限公司负责退换)